VALABLE POUR TOUT OU PARTIE DU
DOCUMENT REPRODUIT

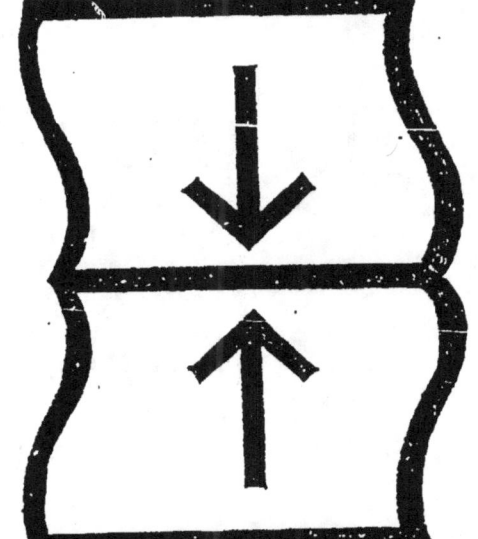

RELIURE SERRÉE
ABSENCE DE MARGES INTÉRIEURES

Couvertures supérieure et inférieure
manquantes

CORRESPONDANCE

DE

H. DE BALZAC

1819-1850

AVEC UN BEAU PORTRAIT
GRAVÉ PAR GUSTAVE LÉVY

II.

PARIS
CALMANN LÉVY, ÉDITEUR
ANCIENNE MAISON MICHEL LÉVY FRÈRES
RUE AUBER, 3, ET BOULEVARD DES ITALIENS, 15
A LA LIBRAIRIE NOUVELLE
—
1876
Droits de reproduction et de traduction résérvés

CORRESPONDANCE

CCXVIII.

A M. LE RÉDACTEUR EN CHEF DU JOURNAL .....

Les Jardies, 1840.

.Monsieur,

Comme j'ignore le nom du critique auquel je dois l'article qui a été fait sur mon livre dans votre journal, voulez-vous avoir la complaisance de vous charger vous-même de lui exprimer ma reconnaissance. Il a si bien dégagé la pensée fondamentale du livre, dédaigneusement traité par ceux qui en ont déjà parlé, que je lui dois un sincère et cordial remercîment.

Plus tard, monsieur, cette pensée, qui est réellement de présenter une formule abstraite de la vie humaine sans acception d'individualité, ressortira plus ferme, lorsque dans la deuxième édition j'expliquerai le plan de cette entreprise, en commençant à grouper les existences individuelles depuis les plus pauvres, et de nuance en nuance, jusqu'au *roi,* jusqu'au *prêtre,* en suivant l'effet de la *pensée* dans la *vie.* Puis, après avoir dessiné une vue générale de *l'humanité sociale* en la poétisant, si je puis, j'essayerai d'empoigner (passez-moi le mot), dans la dernière raillerie humaine qui reste à la littérature moderne, *les gouvernements* eux-mêmes, en en flagellant (si je puis) l'imbécillité continue, et en montrant qu'il ne s'agit que de *hiérarchiser* la capacité et mettre le despotisme dans la forme sociale et non dans les individus.

Puisque vous m'avez indirectement encouragé, par une rare intelligence de mon livre, permettez-moi de vous exprimer ma gratitude en vous montrant l'œuvre difficile pour laquelle vous m'avez rendu quelque courage. Les critiques de bonne foi sont si faciles à compter par le temps de haine et d'envie où nous sommes, que ce serait un devoir pour un écrivain de sympathiser avec les âmes généreuses dont il est compris, si ce n'était déjà un plaisir.

Agréez l'expression de ma haute considération et mes compliments empressés.

CCXIX.

A M. THÉODORE DABLIN, PROPRIÉTAIRE, A PARIS.

Paris, 2 mars 1840.

Mon vieil ami,

Si vous avez, dans votre cercle, des personnes qui souhaitent assister à la première représentation de *Vautrin* et qui soient bienveillantes, j'ai le droit de faire louer des loges à mes amis plutôt qu'à des inconnus. Je tiens à ce qu'il y ait de belles femmes. — Ainsi faites-moi savoir promptement, dans ce cas-là, les noms, pour que je les indique. Je vous enverrai, à vous, une stalle; il y a déjà plus de demandes que de loges, et nous sommes obligés de sacrifier les journalistes!

Mille amitiés.

CCXX.

A M. DE LAMARTINE, A PARIS[1].

Paris, 13 mars 1840.

Monsieur,

Je conçois parfaitement que, chez vous, l'homme politique absorbe l'homme littéraire à ce point que vous ignoriez ce qui se passe dans un petit théâtre de boulevard.

J'aurai donc l'honneur de vous apprendre que je fais jouer demain un drame en cinq actes à la Porte-Saint-Martin.

Si, comme je l'espère, je tombe de bonne heure, je m'empresserai d'aller demander à votre amitié des consolations de circonstance.

CCXXI.

A M. LÉON GOZLAN[2], HOMME DE LETTRES, A PARIS.

Paris, mars 1840.

Mon cher Gozlan,

Je vous ai fait parvenir une stalle de balcon. Le mot de Dutacq m'épouvante, car il m'a fallu racheter celle que je lui envoie.

1. *César Birotteau* lui est dédié.
2. *Autre Étude de femme* lui est dédiée.

Enfin ! Je suis mort dans les répétitions !

Vous verrez une chute mémorable. J'ai eu tort d'appeler le public, je crois.

Morituri te salutant, Cæsar !

Vous avez dû signer une feuille, et la stalle envoyée est le numéro 12.

CCXXII.

MADAME DE V...

(en lui envoyant les épreuves corrigées de *Béatrix*).

Paris, 1840.

Ma chère amie,

Voici les épreuves de *Béatrix,* ce livre auquel vous m'avez fait porter une affection que je n'ai jamais eue pour aucun livre, et qui a été l'anneau par lequel nous avons fait amitié.

Je ne donne jamais ces choses qu'à ceux qui m'aiment, car elles témoignent de mes longs travaux et de cette patience dont je vous parlais. C'est sur ces terribles pages que se passent mes nuits ; et, parmi tous ceux à qui j'en ai offert, je ne sache pas de cœur plus pur et plus noble que le vôtre, malgré ces petites atteintes à la foi qui ne viennent sans doute que de l'excessif désir que vous avez de trouver un pauvre auteur plus parfait qu'il n'est possible.

Ce matin, j'achevais de vous écrire, chère amie, quand le directeur des beaux-arts est venu pour la seconde fois. Il m'a offert *momentanément* une indemnité qui ne faisait pas votre somme[1]... J'ai refusé. Je lui ai dit que j'avais droit ou non, et que, si c'était oui, il fallait que mes obligations envers des tiers fussent au moins remplies; que je n'avais jamais rien demandé; que je tenais à cette noble virginité, et que je voulais ou rien pour moi, ou tout pour les autres.

Il s'en est allé très-heureux, m'a-t-il dit, de ce que je lui disais, et m'a remis pour une plus ample satisfaction à l'issue de la lutte parlementaire.

Je vous rapporte cela, parce que ce sont vos affaires.

D'ailleurs, malgré cet échec et ma maladie, mon courage n'est pas abattu. Je pourrai puiser à d'autres sources, celles de la librairie, pour remplir mes engagements.

Je vous envoie mille amitiés, et me sens un peu fatigué, ce soir.

Adieu, chère!

CCXXIII.

A M. DUJARIER, GÉRANT DU JOURNAL *LA PRESSE*, A PARIS.

Aux Jardies, Sèvres, 23 mai 1840.

Il y a bien longtemps que j'ai de prêts *les Paysans*, qui serviront près d'un mois le feuilleton de *la Presse*; il ne faut pas quinze jours pour les mettre en état de paraître, mais il faut savoir à qui s'adresser, où aller pour les faire composer. L'ouvrier qui se chargeait de cela a disparu.

---

1. Cette indemnité était offerte à Balzac, au nom de l'État, pour compenser le dommage que lui avait causé l'interdiction des représentations de *Vautrin*.

MM. Béthune et Plon font des corrections une bouteille à l'encre, et il faudrait pouvoir composer mon ouvrage en vieux caractère quelque part. Ces difficultés ne peuvent être résolues par correspondance. Si vous voulez me venir voir à la campagne, nous nous entendrons. *Les Paysans* peuvent paraître en juillet, du 1er au 10.

Agréez, monsieur, mes compliments.

J'ai besoin d'examiner aussi mon compte, afin de voir s'il n'y a pas confusion entre deux traités ; ceci sans aucun soupçon d'inexactitude.

CCXXIV.

A M. HIPPOLYTE SOUVERAIN, A PARIS.

Les Jardies, lundi matin, 1840.

Voici trois fois, mon cher monsieur Souverain, que j'envoie aux Gondoles [1], et qu'il ne s'y trouve pas de paquet pour moi. Je ne puis vous en dire davantage : nos relations, relativement à l'exécution de conventions presque impossibles à remplir de mon côté, ont été un leurre du vôtre. Vous avez voulu m'y faire manquer, et je comprends très-bien que vous ne viendrez me voir que le 16 juin. Vous imprimez *Pierrette* sans que je puisse vérifier les épreuves, et il y aura des fautes horribles ; vous trouvez inutile ou nuisible l'intervention de l'auteur dans l'impression de son œuvre !

1. Diligences qui faisaient alors le service de Paris à Versailles.

Je n'ai point mon premier volume du *Curé* complet, et, s'il était tiré, je devrais l'avoir.

Ma copie est prête; mais vous savez bien que je ne la confie jamais à des tiers.

Enfin, vous mettez, je le vois, des entraves à tout par système, et c'est à dégoûter du travail. Vous savez qu'il m'est souvent impossible d'aller et de venir, et il n'y a pas eu, de votre part, la moindre complaisance pour tout ceci. Il aurait fallu que j'allasse aux imprimeries. Avec ce système, en deux ans, on ne ferait pas deux volumes.

Je vous ai attendu, avant-hier et hier, toute la journée; et attendre quelqu'un, c'est ne rien faire. Vous ne savez pas tout ce que cela me cause d'ennuis, de pertes, de peines, maintenant et dans l'avenir !

Vous ne voulez pas faire paraître *le Curé*; il aurait pu être fini le 15 mai. Le 15 mai, il n'y avait pas six feuilles composées sur la copie !

Mille compliments.

CCXXV.

A M. ARMAND DUTACQ, A PARIS.

Paris, 17 juillet 1840.

Mon chèr Dutacq,

Aujourd'hui vendredi 17 juillet, à midi, après avoir donné depuis huit jours[1] la lettre sur la littérature, et depuis quatre jours la lettre sur la politique, je n'ai pas

---

1. A la *Revue parisienne*.

les épreuves! Il m'est impossible d'aller comme cela. Il ne faut pas compter sur moi, si vous n'avez pas les moyens d'exécution. Je suis incapable de demeurer trente heures, trois jours, à attendre. Les pensées s'en vont, la faculté de travail aussi. Si cela se renouvelle, je renonce franchement. Je m'userais inutilement dans des attentes stériles. Il n'en est pas de ces travaux-là comme de ceux des peintres, qui, en attendant un modèle, font une esquisse. Avoir mes épreuves huit jours après, c'est faire un autre travail plus considérable que le premier.

Ce n'est pas à la pensée de se mettre au service des instruments; c'est aux instruments à servir la pensée. Aller ainsi, c'est se consumer en pure perte. Voilà comme les libraires nous font manquer des travaux, puis se plaignent de nos retards.

Votre imprimeur se moque de vous et de moi, mon vieux.

CCXXVI.

A M. AUGUSTE BORGET, CHEZ M. CARRAUD, A FRAPESLE.

Aux Jardies, 13 août 1840.

Mon bon, vieil et sûr ami, à toute heure, à tout moment, vous avez chez moi et les entrées et une chambre. J'ai bien pensé à vous, madame Carraud vous le dira. Quant à ma situation, elle est pire. L'amitié pour vous, les dettes, les travaux, tout a grandi.

Au moment où je vous écris, il y a un *Vautrin* à Frapesle, et un mot pour la chère et bien-aimée châtelaine.

Je ne puis vous en écrire bien long, mon cher Borget. Il y a la plus touchante histoire que j'aie faite, *la Messe de l'athée,* qui vous est dédiée. Cela vous dira tout.

Venez, cher! vous serez reçu comme la veille de votre départ.

Pendant que vous travailliez, que vous parcouriez le monde, j'avançais dans cette œuvre dont vous savez le plan, l'étendue et les détails innombrables. Point d'amis, beaucoup d'ennemis, voilà ce qui est du personnel.

Je suis bien heureux de vous savoir revenu en France, bien portant et persévérant dans votre carrière; mais j'eusse été plus content encore de vous savoir rapportant de quoi établir votre indépendance. Je suis un triste exemple de ceux qui comptent sur l'art pour vivre.

Là où je suis, je suis dans Paris, et bien moins éloigné du centre que je n'étais à Chaillot et rue Cassini.

Adieu, cher, bien cher! je n'ai pas le temps de vous envoyer autre chose qu'une poignée de main et un baiser fraternel. Vous savez que j'ai fait une perte cruelle et qui a blessé ma vie. On tient bien aux amitiés qui nous restent et qui sont anciennes; aussi plus viennent les années, plus on s'attache. Dites-le bien à madame Zulma, à qui j'envoie mille tendresses. Mes amitiés au commandant. Embrassez Yorik pour moi, puis trouvez ici les plus vives effusions de mon cœur.

CCXXVII.

A M. CHARLES DE BERNARD, A PARIS.

Paris, jeudi matin, 1840.

Mon cher de Bernard,

Je pars pour les Jardies jusqu'à mercredi prochain; si vous voulez venir voir un matin la niche dont je vous ai parlé, venez! puis prenez la réponse que vous savez pour les deux ouvrages de *Mitouflet ou l'Élection en province* et *Qui a terre a guerre*; il faut, et pour cause, une décision avant jeudi prochain; il y a marchand, comme disent les acquéreurs aux ventes.

Mille gracieusetés et fleurs d'amitié; venez m'aider, avec *la Fosseuse*[1], à ranger mes livres; vous aurez cinquante sous par jour et le vin.

CCXXVIII.

A MADAME DESBORDES-VALMORE[2], A PARIS.

1840.

Cher rossignol,

Il m'est arrivé deux petites lettres, trop courtes de deux pages, mais toutes parfumées de poésie, sentant le ciel d'où elles venaient, et qui m'ont rappelé, comme les plus

---

1. Surnom d'amitié donné par Balzac à madame Charles de Bernard. La Fosseuse est un personnage du *Médecin de campagne*.
2. *Jésus-Christ en Flandre* lui est dédié.

beaux endroits d'une symphonie de Beethoven, les deux jours que j'ai eus de vous; en sorte que — ce qui m'arrive rarement — je suis resté les lettres à la main, pensif, me faisant un poëme à moi tout seul, me disant : « Elle a donc conservé souvenir d'un cœur dans lequel elle a pleinement retenti, elle et ses paroles, elle et ses poésies de tout genre? » Car nous sommes du même pays, madame, du pays des larmes et de la misère. Nous sommes aussi voisins que peuvent l'être en France la prose et la poésie, mais je me rapproche de vous par le sentiment avec lequel je vous admire, et qui m'a fait rester une heure de dix minutes devant votre portrait au Salon.

Allons, adieu. Ma lettre ne vous dira pas toutes mes pensées; mais trouvez-y intuitivement toute l'amitié dont je la charge, et tous les trésors dont je voudrais pouvoir disposer. Ah ! si Dieu me prêtait sa puissance, tous ceux que j'aime auraient, selon leur goût, une grande, une petite, une moyenne Grenadière et toutes les joies du paradis par avance, car à quoi bon les faire attendre?

Adieu donc; baisez Ondine au front pour moi, et gardez, je vous prie, comme quelque chose de vrai, mon sincère attachement et ma vive et sympathique admiration.

CCXXIX.

A MADAME LAURE SURVILLE, A PARIS.

Les Jardies, 23 septembre 1840.

Je ne peux aller te voir, chère sœur : la fatigue me cloue ici; j'arrête mon travail de nuit je me couche tôt et dors.

Je ne vais nulle part, je suis brouillé avec M. de Girardin ; j'ai déjà rompu avec ce coin du monde.

Ma troisième livraison de la *Revue parisienne* paraîtra dans deux jours.

Ne te tourmente pas, j'arrangerai le payement dont tu me parles. Pourquoi ma mère est-elle triste ? J'ai encore à souffrir, il est vrai ; mais, dans le combat, il faut marcher sans s'attendrir.

A bientôt, quoique cela ; tu sais si le faubourg Poissonnière m'attire. Venez à Ville-d'Avray, d'ailleurs, si vous vous ennuyez trop après le frère.

CCXXX.

A M. LOUIS DESNOYERS, A PARIS.

Sèvres, vendredi soir, 1840.

Mon cher Desnoyers,

On m'a jeté, sans aucun égard à ma qualité de membre de la Société des gens de lettres, dans une ignoble prison à Sèvres, pour ne pas avoir été, dans les vignes, voir si des échappés de Paris ne mangeaient pas les raisins. Grave crime envers la garde nationale rurale instituée pour préserver les vendanges ! Et j'en ai pour soixante-douze heures.

Il m'est impossible de me rendre à l'assemblée[1], et je vous explique le cas, afin qu'on n'y voie pas autre chose que la difficulté de sortir. C'est absolument aussi rigou-

---

1. La séance du comité de la Société des gens de lettres.

reux, et plus, que si j'avais volé quelques millions à des actionnaires.

Mille compliments.

CCXXXI.

A M. CHARLES DE BERNARD, A PARIS.

Aux Jardies, 1840.

Mon cher de Bernard,

Des Italiens, des Polonais, des gens de province, enfin tout le monde a trouvé ce que l'homme le plus spirituel a vainement cherché. Si vous êtes venu à Ville-d'Avray, vous avez passé devant ma chaumière; elle est sur la route, elle se voit de partout. Je ne suis pas au milieu des bois; je suis sur la commune de Sèvres, et non sur Ville-d'Avray. Malheureusement pour moi, les deux mille voyageurs du chemin de fer journalier me verront en allant et revenant de Paris à Versailles. Enfin, je suis dans le parc de Saint-Cloud, comme la lanterne de Démosthènes, que tout le monde dit *de Diogène*. Je suis convaincu maintenant, si j'en avais douté, que vous êtes un homme de talent; car il n'y a que les rêveurs occupés de littérature qui ne trouvent pas les vulgarités situées au bord des routes.

Je n'avais pas compté sur moi pour vous attirer, mais sur les charmes d'un admirable pays, et je suis sûr que, tôt ou tard, vous et votre compagne, vous voudrez faire connaissance avec les bois de Saint-Cucufa et autres. Quant à moi, je ne viens à Paris que pour peu d'instants, pour d'ennuyeuses affaires, en sorte que j'ai peu de chances pour vous rencontrer, quoique je compte, à la première occasion, vous donner quelques-uns de ces instants qui feront alors, si je vous trouve, contraste avec les ennuis que j'y subis.

Mille compliments.

CCXXXII.

A MADAME ZULMA CARRAUD, A FRAPESLE.

Les Jardies, 1840.

Vous me croyez heureux! mon Dieu, le chagrin est venu, chagrin intime, profond et qu'on ne peut dire.

Quant à la chose matérielle : seize volumes écrits, vingt actes faits, cette année, n'ont pas suffi ! Cent cinquante mille francs gagnés ne m'ont pas donné la tranquillité !

J'ai rendu quinze cents francs sur deux mille à Auguste; mais, par la manière dont je les rends, les cinq cents francs ne doivent être comptés pour rien, car il lui faut des intérêts. Je me regarde comme lui devant encore mille francs; mais tout ce que je pourrai faire sera de les lui donner cet hiver, aussitôt que j'aurai eu un succès au théâtre.

Ne croyez pas que les Jardies me fassent oublier Frapesle. J'irai plus d'une fois causer sous votre toit avec vous que j'aime tant, et comme esprit et comme caractère. En ce moment, je suis épuisé physiquement et moralement; mais les affaires d'argent sont si cruellement pressantes, que je ne puis vous aller voir.

Un travail me repose d'un autre travail, voilà tout. Il me faut encore six mois d'une activité pareille à celle qui m'a empêché de vous aller voir, quoiqu'à une demi-heure de chemin l'un de l'autre, cet hiver, pour m'en tirer ; mais c'est creuser ma tombe.

Les Jardies devaient être le bonheur de bien des manières, ils sont une ruine. Je ne veux plus avoir de cœur. Aussi pensé-je très-sérieusement au mariage. Si vous vous rencontrez vous-même, jeune fille de vingt-deux ans, riche de deux cent mille francs ou même de cent mille, pourvu que la dot puisse s'appliquer à mes affaires, vous songerez à moi. Je veux une femme qui puisse être ce que les événements de ma vie voudront qu'elle soit : femme d'ambassadeur ou femme de ménage aux Jardies ; mais ne parlez pas de cela, c'est un secret. Ce doit être une fille ambitieuse et spirituelle.

Adieu : les mondes ne sont rien pour les amitiés vraies, et moi, je ne vous tends pas la main, je serre la vôtre. Mille choses d'amitié au commandant.

Je ne vous ai pas envoyé mes livres, parce que je ferai, d'ici à deux ans, une belle édition complète. Tout à vous.

CCXXXIII.

A MADAME LAURE SURVILLE, A VIARMES.

Aux Jardies, novembre 1840.

Ma chère Laure,

Tu imagines bien que j'ai peu de temps pour écrire, quand je suis obligé de faire de l'argent au moins pour trois mois à l'avance, et que mon déménagement me condamne à autant de démarches que de frais. La chambre de ma mère sera prête dans une dizaine de jours, et tout sera fini d'ici au 5 décembre. J'ai rencontré hier ta belle-sœur, qui m'a dit que Surville se plaignait de ne pas me voir. Je lui ai dit que je ne concevais pas que lui, mathématicien, n'étendît pas les pages d'in-octavo sur les jours pour en additionner la somme. Je n'ai pas d'argent à dépenser en frais de voitures, il faut des courses énormes pour les moindres difficultés; enfin, je prends toujours sur mon sommeil, j'ai plus de trois cents colonnes de journal à écrire :

Les Lecamus.	120 colonnes.
Une Ténébreuse Affaire (dans le *Journal du Commerce*)	120 —
Un article à *la Mode*.	64 —
Un article à *la Sylphide*	14 —
Les Deux Frères, à *la Presse*. . . .	60 —
Total. . . .	378 colonnes.

Et tout cela doit paraître d'ici à un mois!

En outre, j'ai sur les bras Souverain, pour *le Curé de village* et *Sœur Marie-des-Anges*, quatre volumes in-octavo qui m'accablent d'épreuves.

Or, mes chers enfants, ce petit bulletin vous fera voir qu'il faut m'abandonner à moi-même et ne pas souffler mot à quelqu'un qui supporte un pareil fardeau. Dis à ton mari que c'est comme s'il faisait sept ponts à la fois. Les quatre volumes ne me donnent pas un liard, ni *les Lecamus*, ni *la Presse*. Il faut que je trouve à Surville l'argent qu'il a payé pour moi ; et j'ai auparavant à éteindre une autre créance. L'univers sera effrayé de mes travaux avant que mes proches ni mes amis s'en doutent.

Comme personne ne peut me venir voir, que je ne puis plus aller chez personne, il faut me résigner et souffrir. Recommande à ma mère d'envoyer son lit de plume, sa pendule, ses flambeaux, deux paires de draps, son linge à elle chez toi : je ferai tout prendre le 3 ou le 4 décembre. Si elle le veut, elle sera très-heureuse ; mais dis-lui bien qu'il faut se prêter au bonheur et ne jamais l'effaroucher. Elle aura auprès d'elle une personne de confiance et une servante ; elle sera soignée comme elle le voudra. Sa chambre est aussi élégante que je sais les faire : elle a le tapis de Perse que j'avais rue Cassini dans ma chambre. Obtiens d'elle de ne pas faire la moindre résistance à ce que je veux lui demander pour sa toilette ; je ne veux pas qu'elle soit autrement qu'elle ne *doit être*, elle me causerait de grandes souffrances. Elle ne connaît ni la Suisse ni les Alpes ; si je vais étudier sur les lieux mes Scènes de la Vie militaire (et il est probable que j'irai voir les Alpes de Gênes), je compte l'emmener avec moi, à moins que cela ne la fatigue trop ou que l'argent ne manque ; et, en voyage, à l'étranger, il me serait impossible de ne pas vouloir lui faire rendre tous les honneurs dus à *Madame mère*.

Adieu ; tu vas rentrer à Paris : je ne te verrai pas souvent, mais j'aurai de tes nouvelles par la mère, qui ira quelquefois chez vous.

Tu ne pourrais pas te tirer du manuscrit des *Lecamus*; il faut, d'ailleurs, gagner de vitesse ceux qui feraient d'après le feuilleton, et je le retarde pour savoir avec Laurent-Jan si nous pouvons en faire d'avance une pièce.

Je vous embrasse toutes, mes chères nièces, ma sœur, ma mère, et fais bien mes amitiés au Surville. A propos, j'attaque à mort son École polytechnique, et j'irai lui communiquer l'épreuve, ainsi qu'à toi, car c'est capital. Ainsi, je vous verrai quelque chose comme le 2 décembre, quand vous serez réinstallés.

Mille tendresses.

CCXXXIV.

A M. CHARLES DE BERNARD, A PARIS.

1840.

J'ai vu de mes yeux la sainte copie. Allez, mon enfant, et bon courage! Clémentine[1] m'a débauché : je suis venu, j'ai dîné avec elle, mais sans vous. Pends-toi, brave Bernard! car nous avons attendu jusqu'à sept heures.

Mille amitiés, à bientôt! A ma honte, je dors, et c'est l'influence des *Petites Misères de la Vie conjugale* que j'ai à écrire cette nuit.

1. Madame Charles de Bernard.

CCXXXV.

A M. JULES HETZEL, LIBRAIRE ÉDITEUR, A PARIS.

1841.

Mon cher Hetzel,

Tout ce que vous ferez pour cet article du *Lion*[1] sera bien fait. J'ai la plus grande confiance dans M. Stahl, et il ne fallait pas m'écrire quatre pages de précautions oratoires. Seulement, envoyez-moi l'épreuve quand tout sera arrangé, que j'y mette la dernière façon, afin que M. Stahl ne prenne pas plus de peine qu'il ne faut.

Tout à vous.

CCXXXVI.

A M. VICTOR HUGO, A PARIS.

1er juin 1841.

Mon cher Hugo,

Si vous m'avez mis de côté les deux billets que je vous ai demandés, et que je suis allé chercher déjà deux fois sans avoir pu vous rencontrer, ayez la complaisance de les remettre sous enveloppe au porteur, ou envoyez-les-moi, par la poste, rue des Martyrs, 47. — Sinon, que le diable emporte l'Académie et ses habits verts!

Mes adorations et mille amitiés.

1. *Voyage d'un lion d'Afrique à Paris* (SCÈNES DE LA VIE PRIVÉE ET PUBLIQUE DES ANIMAUX).

CCXXXVII.

A M. POMMIER,
AGENT CENTRAL DE LA SOCIÉTÉ DES GENS DE LETTRES,
A PARIS.

Paris, 1841.

Mon cher monsieur Pommier,

Ne serait-il pas bien important que vous fissiez savoir aux membres du comité les plus dévoués (Merruau, Hugo, David, Lacroix, Cellier, Pyat) de se trouver exactement à notre réunion, mardi à deux heures? Car, avec le désir de finir et de corriger promptement, le manifeste[1] paraîtrait, et il y a urgence. Quant à moi, j'y viendrai à deux heures sonnantes. J'ai travaillé sur l'épreuve, et il faudrait que chacun arrivât avec ses réflexions.

Mes compliments.

CCXXXVIII.

A MM. LES MEMBRES DU COMITÉ
DE LA SOCIÉTÉ DES GENS DE LETTRES, COMPOSANT
LA COMMISSION DITE DU *MANIFESTE*.

1841.

Messieurs,

Il m'est impossible d'aller lundi ou tout autre jour de cette semaine à la commission, car je serai absent pour huit jours; mais j'ai maintenant, sur ce qu'on nomme le

---

1. *Notes sur la propriété littéraire.*

manifeste, une opinion arrêtée et mûrie. Je suis d'avis de cesser, comme commission, ce travail, et de demander l'ajournement à trois mois ; voici mes raisons :

1º Je désirerais que l'écrit fût adressé au roi, ce qui rendrait la chose plus grave, le langage d'une respectueuse audace ;

2º Que toutes les questions y fussent traitées d'une manière générale, d'abord grief par grief, mais ensuite en entrant dans la question jusqu'au vif, aux choses et aux intérêts, en y mêlant des faits *statistiques* venus de source qui les rendissent frappants pour les gens d'affaires des Chambres ;

3º Qu'il n'y eût pas d'autres conclusions que celles-ci :

Demander l'exécution de la législation par une loi nouvelle du décret sur les prix décennaux ainsi modifiés ;

Un prix de *cent mille francs* pour la plus belle tragédie ;

Idem pour la plus belle comédie ;

Idem pour le plus bel opéra (paroles et musique) ;

Un prix de cinquante mille francs pour le plus beau drame des scènes inférieures ;

Un prix de cent mille francs pour le plus beau roman ;

Un prix de cent mille francs pour le plus beau livre de philosophie chrétienne ;

Un prix de cent mille francs pour le plus beau travail de recherches archéologiques ou linguistiques, ou de comparaison transcendante de diverses méthodes, ou de faits historiques et scientifiques, afin de récompenser les créateurs philosophiques ;

Deux cent mille francs pour le plus beau poëme épique ou demi-épique ;

Ne rien demander pour l'histoire, qui a une fondation suffisante, ni rien pour les ouvrages utiles aux mœurs, qui ont le prix Montyon ;

Demander que l'Académie française soit juge ; qu'elle ne puisse diviser les prix ; que, si elle ne trouve point d'œuvre digne du prix, elle le joigne à celui d'une nouvelle période de dix années jusqu'à ce que l'œuvre soit produite ;

Que les honneurs accordés aux pairs de France soient également accordés aux membres de l'Institut ;

Que les soixante-cinq mille francs de rente nécessaires à ces prix soient donnés à l'Académie par une fondation, afin que l'exécution de la loi ne soit point un caprice des régimes ou des législatures, quitte au gouvernement à diminuer d'autant l'allocation annuelle qu'il demande aux Chambres pour les lettres ;

Enfin, que les places littéraires, telles que bibliothèques, etc., ne puissent être données qu'à des littérateurs, âgés de quarante ans, depuis dix ans dans les lettres, et sur une liste de dix candidats présentés par l'Académie française, et qu'on ne puisse être destitué que par suite d'un jugement encouru ;

Que la distribution des prix décennaux soit l'objet d'une fête solennelle ;

Que le poëte qui aura remporté le prix de poëme épique soit désigné comme candidat à l'Académie ;

Que celui qui aura deux fois remporté le prix de la tragédie ou de la comédie, soit candidat désigné à l'Académie, et, musicien de l'Opéra, désigné candidat à l'Institut.

J'irai au comité expliquer mes motifs si vous adoptez mes idées.

Agréez, messieurs, l'expression de mes sentiments les plus affectueux et distingués.

CGXXXIX.

AUX MÊMES.

1841.

Messieurs,

Votre commission, après un travail de quatre séances, a reconnu :

1° Qu'il était presque impossible de rédiger collectivement un manifeste, attendu que l'on obtenait constamment sept idées pour une, et que, de la discussion perpétuelle, il ne sortait que des phrases incolores;

2° Par suite de la discussion, il est résulté cet avis unanime :

Que le manifeste contenait une suite d'allégations plus ou moins éloquentes, mais essentiellement sujettes à la contradiction;

Que les corps constitués ne devaient pas procéder par allégations;

Que toute affirmation, essentiellement bonne en elle-même, devait reposer sur des faits;

Qu'en conséquence, il était impossible de donner les affirmations sans les faits; qu'à chaque articulation grave, il était de la dignité du comité d'apporter les preuves ou les faits;

3° Que, de ces considérations, il résultait la nécessité de diriger la publication à faire en autant de parties qu'il y a d'ordres de faits différents;

Que chaque paragraphe actuel peut très-bien constituer le sommaire ou le résumé des faits qui sont à recueillir;

Mais qu'alors ce travail exige une division, une augmentation et une distribution nouvelles; que, dans tous les cas, le travail doit offrir des conclusions.

En conséquence, la commission propose à l'unanimité au comité:

1º La division de la publication en autant de chapitres qu'il y a d'ordres de faits comme idées générales : journalisme, librairie, publicité, loi sur la propriété littéraire, encouragements;

2º La distribution de chaque chapitre à un membre différent du comité, avec la charge de recueillir les documents qui s'y rattachent;

3º La nomination d'un président qui puisse conduire le travail.

Quand tous les éléments seront réunis, la publication aura les caractères qu'elle doit offrir au public, à l'administration et à la Société.

CCXL.

A M. CAUCHOIS-LEMAIRE,
PRÉSIDENT DE LA SOCIÉTÉ DES GENS DE LETTRES,
A PARIS.

Paris, 6 octobre 1841.

Monsieur,

L'agent central de votre société m'a communiqué la décision du comité relative à ma démission, qui, aux termes des satuts, devait être purement et simplement acceptée ; je n'ai pas besoin de protester contre cette délibération ; je me regarde comme n'étant plus membre de la Société.

Mais j'ai des droits, comme ancien membre de la Société, qui ont été méconnus dans la délibération, et je viens me plaindre d'un manque de délicatesse qui m'étonne de la part du comité, et qui nécessite ma demande formelle en radiation d'une partie de la délibération sur ma démission.

Je n'ai point dit au comité les motifs de ma démission, non-seulement pour conserver en entier le droit de tous les membres de la Société, mais encore parce qu'il est des motifs que l'on doit taire. Pour faire comprendre au comité l'imprudence de sa doctrine, qui ne résulte d'aucun article des statuts, car il n'est dit nulle part que le comité sera juge d'une démission, j'invoque le témoignage de deux de ses membres : MM. Pyat et Merruau. Tous deux savent que ma démission était donnée à la séance où, M. Pyat et moi, nous fûmes obligés de quitter le comité par le doute élevé sur notre impartialité comme juges, ce que j'ai regardé comme un manque d'égards suffisant. M. Pyat m'a dit : « Attendez une autre occasion de vous retirer de la Société. » M. Merruau me conseilla d'envoyer ma démission, que je donnai malgré l'avis de M. Pyat.

Je dis alors à M. Pyat que j'avais déjà des raisons majeures de me retirer.

Le jour où j'apportai ma démission, le 5 septembre, il y eut une séance incomplète du comité, où assistaient MM. Pyat, Paul Lacroix, Bonnelier, Cauchois-Lemaire, Alby et Cellier. Si, ce jour-là, un sixième membre fût venu, il n'y avait aucune difficulté, ma démission était admise. Ce jour-là, j'ai, sous la foi donnée par ces messieurs que ce que je leur disais n'avait rien d'officiel et devait être regardé comme confidentiel, parlé de ma démission.

Or, la délibération du comité rapporte des motifs qui doivent être des suppositions gratuites, si aucun des membres de la précédente séance n'a violé la foi sous laquelle notre conversation a eu lieu, et qui, dans ce cas, aurait été infidèlement rapportée. La délibération, sous ce rapport, repose sur des données entièrement fausses, et qui me sont préjudiciables.

Maintenant, je fais observer au comité que c'est le lendemain même de la séance où ma démission ne fut pas consentie, faute d'un membre, que l'agent central a inventé le système de difficultés dont parle, au grand détriment de la Société, votre délibération; ainsi l'agent se substituait au comité, se faisait fort de sa décision; entre ses deux lettres écrites dans l'intervalle des deux séances, il me prouvait que les assurances qui m'ont été données par les fondateurs de la Société, sur la facilité que j'aurais à me retirer, étaient des *tromperies*, et que nous sommes plus liés, d'après lui, que nous ne le pensons tous. Et cela constitue pour moi une raison suffisante de retraite.

Par tous ces motifs, je demande la radiation formelle de toute la partie de votre délibération qui porte sur mes prétendus motifs, attendu que j'ai positivement refusé de les dire au *comité en nombre*, et que ce que j'ai dit aux membres d'un comité incomplet l'a été sous le sceau du secret.

Agréez, monsieur le président, l'assurance de ma considération la plus distinguée.

Je garde copie de la présente lettre, qui sera remise en séance par l'un des membres du comité pour être lue comme observation sur le procès-verbal.

CCXLI.

A M. LE DIRECTEUR GÉRANT DU JOURNAL......[1].

Paris, 1er janvier 1842.

Vos rapports avec la Société des gens de lettres ont dû vous apprendre que, dès le 5 octobre dernier, j'avais donné ma démission de membre de cette Société, et qu'à partir de cette époque, il ne vous était plus permis de reproduire aucun de mes ouvrages sans mon autorisation.

J'apprends cependant que le comité veut élever la prétention contraire.

Pour que vous ne soyez pas induit en erreur sur mes intentions, je crois devoir vous prévenir qu'à partir du jour de ma démission, le comité de la Société des gens de lettres ne peut vous autoriser à reproduire mes ouvrages et que j'entends poursuivre comme contrefacteur quiconque porterait atteinte à mon droit, en reproduisant tout ou partie de mes ouvrages, sans mon consentement exprès ou par écrit.

Agréez, monsieur, mes salutations empressées.

1. Lettre circulaire.

CCXLII.

A M. ALOPHE MENUT, A PARIS.

Paris, 1842.

Mon cher peintre,

Votre œuvre est entre les mains de Philippon, qui la fait lithographier pour vous suspendre à tous les étalages, sous cette rubrique : *Alophe Menut, d'après Gérard-Séguin,* et pour en tirer parti. Ce sera bientôt fait, et vous aurez chez vous votre page que vous mettrez à l'exposition.

Si je ne vous ai pas vu, c'est que je passe les jours et les nuits à des travaux qui eussent déjà fait crever des hommes qui n'auraient eu que les quatre-vingt-dix-neuvièmes de ma santé, de ma cervelle et de mon courage. Faire une œuvre qui attire Paris à l'Odéon ! voilà le programme.

Mille compliments affectueux.

CCXLIII.

A M. GERMEAU, A PARIS

(en lui envoyant un exemplaire du *Martyr calviniste*).

Paris, 16 janvier 1842.

Monsieur,

Vous reconnaîtrez facilement votre bien. Toutes les couronnes ont des diamants volés. Si je m'étais laissé aller, je vous aurais tout pris[1].

1. Allusion au roman de M. Germeau *le Tumulte d'Amboise*, dont Balzac s'inspira pour *le Martyr calviniste*.

CCXLIV.

A MADAME LAURE SURVILLE, A PARIS.

Février 1842.

Ma chère Laure,

Ma mère me dit que tu préfères à une toilette quelque chose dont tu as besoin au mois d'avril : tu peux y compter. Si tu pouvais, en t'ingéniant à tes moments perdus, me trouver un sujet dans le genre de celui des *Jeunes Gens*[1], pour les jeunes filles en pension et un pour les enfants au-dessous de dix ans, tu me rendrais le garçon le plus heureux du monde.

Nous ne nous verrons pas de sitôt, car je suis accablé de travail. *Les Jeunes Gens* ont fait un volume et je regarde cela comme une des perles de ma couronne ; j'en suis tout fier pour toi. Tu verras comment j'ai été amené à ne pas employer ton écriture.

Mille tendresses, chère sœur. Bien des câlineries à mes nièces, et mes amitiés à Surville.

CCXLV.

A LA MÊME.

Paris, 1842.

Ma chère sœur,

Je ne fais que passer par Paris, je n'y serai pas pour la fête de maman ; je voudrais cependant m'y associer

1. *Un Début dans la vie.*

par quelque chose qui lui fit plaisir. Voici trois louis, disposes-en à son gré.

Je te verrai à mon retour, dans une semaine.

Mille tendresses.

CCXLVI.

À MADEMOISELLE SOPHIE KOSLOVSKI[1], À PARIS.

Paris, 6 mars 1842.

Chère Sofka,

Je voudrais bien avoir l'adresse de la princesse Constantine Razumovska, pour savoir si elle veut une loge à la première de *Quinola*.

Sachez, de votre côté,

Si les deux princesses Troubetskoï en veulent ;

Si votre chère Kraïeska en veut une ;

Si les Makanof, *idem* ;

Si la comtesse Léon ;

Si la comtesse Nariskine.

En tout sept loges ; il faut que je sache si on les veut premières fermées ou premières découvertes. — Je veux mettre les belles femmes en avant.

Enfin, quant à vous, Sof, sachez si votre adorateur l'Évangéliste veut une loge ou une place de balcon, et combien de places de stalles ou de balcon pour tous les jeunes gens de votre société.

Vous irez avec votre mère, sans doute, à moins que vous

1. *La Bourse* lui est dédiée.

n'alliez avec mademoiselle Kraïeska. Dans ce cas, dites-moi si votre mère veut quatre places ou six places.

Entre nous, les premières fermées sont de trente francs la place, les premières découvertes de vingt-cinq francs, et je vous veux, vous, aux premières découvertes avec des élégantes. Les deuxièmes découvertes ne sont que de vingt francs la place.

Faites-moi la *presse aux spectateurs*, mais riches, bien posés et incapables de témoigner leur désapprobation autrement que par des bâillements.

C'est maintenant une faveur que d'être à cette solennité ; il y a au théâtre cent cinquante loges demandées par des inconnus qui n'auront rien. — Si votre mère prend avec elle Martinez de la Rosa[1], que je le sache ; car madame Merlin le voulait, et je l'en ai dissuadée.

Allons, Sophie, à l'œuvre ! ça chauffe ! ça brûle !

Mille tendres amitiés et mes respects à votre mère.

CCXLVII.

A LA MÊME.

Paris, 12 mars 1842.

Chère Sophie,

Les avant-scènes appartiennent au roi et aux ministres, qui les louent pour toute l'année ; je ne puis donc assurer à la princesse Troubetskoï que deux loges aux premières

---

[1]. *El Verdugo* lui est dédié.

découvertes, mais c'est les meilleures places de la salle.

Nous jouerons mercredi prochain, à moins de malheur. Les premières découvertes de quatre places sont de cent francs la loge, et tout le monde veut être là. Mais la place fashionable, où sont les Aguado, les Rothschild, les Doudeauville, les Castries, etc., c'est la loge des premières fermées, parce qu'on est chez soi. La place là est de trente francs.

Les stalles sont à vingt francs.

Les deuxièmes découvertes sont à vingt francs la place; le balcon à trente francs.

Voilà tous les renseignements que vous désiriez.

Ah! si vous saviez quel monde de jolies femmes! Il n'y aura pas de claqueurs au parterre, qui est mis à cinq francs.

Dites à Stubert d'enrégimenter le plus de bravi dans son escouade.

La Mina m'a écrit que vous étiez malade, et ça m'a porté un coup comme si on avait dit à Napoléon que son aide de camp était mort. Je suis accablé, sur les dents! je fais répéter les acteurs le matin, tout le personnel de la distribution pendant la journée, et les actrices le soir.

Il y a dans la pièce pour vingt mille francs de costumes. Les décors sont tout neufs. On me soutient que l'ouvrage est un chef-d'œuvre, et ça me fait frémir! Ce sera toujours d'une solennité effrayante. — Lamartine m'a demandé une loge : je le mettrai entre les Russes.

La princesse Troubetskoï n'est pas la même dont je connais le mari. Vous verrez à écrire au prince. — Puis vos Makanof, ne les oubliez pas.

Il me vient, par matinée, des trente demandes de places, et je ne voudrais pas avoir des inconnus.

Ainsi : les balcons, vingt-cinq francs; les stalles, vingt francs; les premières découvertes, vingt-cinq francs la place; les deuxièmes découvertes, vingt francs; les deuxièmes fermées, vingt-cinq francs; les baignoires, vingt francs la place.

Écrivez aussi un petit mot à la princesse Constantine Razumovska. Je n'ose pas le faire moi-même.

Pour vous et pour votre mère, vous irez aux premières découvertes; je vous placerai bien.

Addio, carissima Sofi!

J'irai vous voir samedi. Mille compliments à Stubert, et mes hommages à votre chère mère.

Dites à toutes vos Russes qu'il me faut les noms et les adresses, avec *leur recommandation écrite et personnelle*, pour ceux de leurs amis (hommes) qui voudront des stalles. Il m'en vient cinquante par jour, sous de faux noms, et qui refusent de dire leur adresse; DES ENNEMIS QUI VEULENT FAIRE TOMBER LA PIÈCE. Nous sommes obligés aux plus sévères précautions !

Dans cinq jours, je ne saurai plus ce que je ferai. Je suis ivre de ma pièce.

Il y a un acteur malade.

Le jour sera mercredi 16, ou, au plus tard, vendredi 18; l'un ou l'autre, mais plutôt mercredi.

CCXLVIII.

A MADAME DE BALZAC, A PARIS.

Avril 1842.

Ma chère mère,

Il m'est bien difficile de prendre l'engagement que tu me demandes, et je le prendrais d'une manière irréfléchie, que les suites en seraient alors graves, et pour toi et pour moi.

L'argent nécessaire à ma vie est en quelque sorte disputé à celui qu'exigent les créances, et bien péniblement obtenu.

L'existence que je mène ne convient à personne, elle lasse parents et amis, tous délaissent ma triste maison; ainsi, les choses vont se trouver plus difficiles encore, pour ne pas dire impossibles.

L'insuccès d'argent de la pièce que j'ai faite complique encore ma situation.

Il m'est impossible de travailler, au milieu des petits orages suscités par un intérieur où l'on ne s'accorde pas, et ma production s'est affaiblie depuis un an, cela est visible. Je ne sais quel parti prendre; mais j'en aurai pris un d'ici à peu de jours.

Quand le mobilier que j'ai sera vendu, quand j'aurai vendu les Jardies, je n'aurai pas obtenu grand'chose et je me trouverai seul avec ma plume et un grenier. Dans cette situation, serais-je plus en état de te secourir qu'en ce moment? je vivrai au jour le jour, d'articles que je ne puis faire avec l'agilité d'une jeunesse que je n'ai plus!

On prend — même mes proches! — l'égoïsme de mon travail pour un égoïsme personnel.

Je ne m'abuse pas : si, jusqu'ici, en travaillant comme je travaille, je n'ai pu réussir à payer mes dettes ni à vivre, le travail à venir ne me sauvera pas ; il faut faire autre chose, chercher une autre position.

Et c'est dans ce moment-là que tu me demandes de prendre un engagement pareil ! Il y a deux ans, je l'aurais pris et je me serais trompé moi-même.

Aujourd'hui, je ne puis que te dire de venir partager mon pain.

Tu étais dans une situation supportable; j'avais une personne d'un grand dévouement qui te sauvait tous les ennuis du ménage; tu n'avais pas besoin d'entrer dans les détails de la maison, tu étais dans le silence et dans la paix. Tu as voulu me compter pour quelque chose, quand il fallait oublier que j'existais, et me laisser mouvoir dans toute ma liberté, sans quoi je ne puis rien. Ce n'est pas un tort, c'est dans la nature même des femmes.

Aujourd'hui, tout est changé. Si tu veux revenir, tu auras un peu du poids qui va peser sur moi, et qui jusqu'alors ne t'atteignait que parce que tu le prenais de toi-même.

Tout cela, c'est des affaires et ne regarde en rien mon affection pour toi, qui est toujours la même ; aussi trouve ici les mille tendresses de ton fils bien dévoué.

CCXLIX.

A M. AMÉDÉE POMMIER, HOMME DE LETTRES, A PARIS.

23 avril 1842.

Monsieur,

Je vous remercie et de votre recueil[1] et de ce que vous y dites de flatteur pour moi; malgré la modestie de votre lettre d'envoi, j'ai lu tout, et je vous trouve trop de talent et d'avenir pour ne pas vous dire d'écouter ce que vous vous êtes adressé à vous-même par la bouche de Boileau.

J'aurais, en qualité d'admirateur presque enthousiaste des poëtes, beaucoup d'observations à vous faire, dans votre intérêt; mais je n'ai point le temps de les écrire, hâté que je suis de tracer, comme un pauvre bœuf de prosateur, mon sillon tous les jours; mais, si je me trouve un matin de bonne heure vers le quartier où vous demeurez, j'irai frapper à votre porte et vous soumettre de vive voix mes critiques amicales.

Agréez, monsieur, mes compliments et mes vœux pour de nouveaux succès.

CCL.

A M. D'APPONYI, AMBASSADEUR D'AUTRICHE, A PARIS.

Paris, 17 août 1842.

Si j'ai pris la liberté de vous offrir LA COMÉDIE HUMAINE pour votre belle bibliothèque, c'est moins à titre d'orne-

---

1. *Crâneries et Dettes de cœur.*

ment littéraire que comme curiosité bibliographique. Ce livre a cela de curieux qu'il est le premier où l'on ait pu réunir le luxe et la perfection qui distinguent *les livres tirés à la presse à bras*, tout en exécutant le tirage *à la presse mécanique*. Cette espèce de triomphe qui consiste à faire tomber juste les lignes les unes sur les autres dans *la retiration*, c'est-à-dire en tirant le second côté de la feuille au revers du côté déjà noirci, s'est constamment bien accompli. Cela, de même que l'égalité de la couleur et du foulage, n'avait jamais été obtenu ni en Angleterre ni à Paris, et n'a pu être réalisé à Paris que dans une seule imprimerie où l'on a spécialement étudié la presse mécanique.

Sous le rapport du bas prix, c'est aussi l'un des effets de notre librairie, qui, malgré le défaut de protection, tâche de lutter contre la Belgique, laquelle n'a pas de droits d'auteur à payer sur ses publications. Dans tout autre pays que la France, le prix du papier de ce livre coûterait ce que coûte tout le livre.

A part la curiosité typographique, les gracieusetés de Votre Excellence et de madame la comtesse d'Apponyi m'auraient donné le droit de vous l'offrir comme un remercîment. Nous serons encore deux années à terminer cette longue entreprise, car LA COMÉDIE HUMAINE aura près de vingt volumes; mais j'espère que Votre Excellence restera plus longtemps encore à un poste où elle a si justement conquis tant de sympathies dans la société parisienne.

Veuillez, monsieur l'ambassadeur, présenter mes hommages à madame la comtesse d'Apponyi, que mes occupations si exigeantes m'ont privé de voir depuis quelque temps, et agréer l'expression de ma considération la plus respectueuse.

Je suis de Votre Excellence le très-humble et très-obéissant serviteur.

CCLI.

A M. DAVID (D'ANGERS)[1], STATUAIRE, A PARIS.

1842.

Monsieur,

Je suis naturellement bien flatté de la proposition que vous m'avez faite. Mais, s'il n'existe ni lithographie ni portrait, ni quoi que ce soit de moi, c'est que je suis lié par une promesse à cet égard. Cette promesse est, d'ailleurs, en harmonie avec mes goûts. Nous ne savons pas si nos gloriettes ne sont pas des affaires de mode, et il n'y a rien de plus affreux que de se voir le revenant de sa propre gloire.

Plus tard, si je suis quelque chose, et si l'interdiction se lève, je serai tout à vous. Mais je sais qu'une médaille, quelque honorable que soit cette distinction, affligerait la personne qui est derrière le rideau.

Si je vous donne ces explications, c'est pour vous convaincre qu'il n'y a ni mauvaise grâce ni fatuité dans ma réponse négative.

Agréez, monsieur, mes remercîments pour votre offre gracieuse, et l'expression d'une admiration sincère, à

1. *Le Curé de Tours* lui est dédié.

laquelle je voudrais donner une tournure qui ne fût pas banale ; mais vous devez être trop gâté pour que j'essaye de vous offrir autre chose que mes sentiments de sympathie pour le talent.

CCLII.

A M. HIPPOLYTE SOUVERAIN, A PARIS.

Novembre 1842.

Monsieur Souverain,

Il m'est impossible de donner des *bons à tirer* sur placard, dans une imprimerie où, *après un an,* on ne sait pas encore que l'on compose des lettres [1].

Voyez feuille 10, page 150, on a fait suivre et on a confondu deux lettres, et je vous ai montré sur les placards les indications soigneusement tracées. Quand on commet de ces fautes, ce n'est pas moi, c'est l'imprimerie qui en est cause, et la remise en pages de la feuille 10 ne me regarde point.

Il n'y a plus d'ajoutés possibles ; vous avez eu tort d'arrêter la composition de la copie qui finit l'ouvrage : ce qu'il y a sur le deuxième placard que je vous renvoie était annoncé et ne fait pas deux pages de matière. Donc, si l'imprimeur a des garnitures, rien, dans l'état actuel des choses, ne s'oppose à ce qu'il m'envoie d'un seul coup toutes les feuilles imposées, depuis la feuille 11. Je les attends, et il suffit d'une journée pour les mettre en pages ; ce n'est que six à sept feuilles.

1. Les *Mémoires de Deux Jeunes Mariées,* roman par lettres.

Je n'admets pas les niaiseries que les compositeurs vous ont dites. Il n'y a rien de difficile dans ce qu'ils ont et ont eu à faire; donc il dépend entièrement d'eux et de vous de m'envoyer au plus tard lundi toutes les feuilles jusqu'à la nouvelle composition.

Samedi matin, vous trouverez jointe aux épreuves la préface corrigée de *Catherine de Médicis*, et, comme c'est en saint-augustin, on peut la faire simultanément.

CCLIII.

A M. CHARLES DE BERNARD, A PARIS.

Paris, 6 mars 1843.

Mon cher de Bernard,

On donne demain, contre toute espèce de règle, *les Burgraves*, un mardi; il m'est impossible de n'y pas aller, Hugo m'a réservé des places.

1º Ou dînons à cinq heures un quart, et je reviens après *les Burgraves*;

2º Ou soupons après *les Burgraves*;

3º Ou remettons à jeudi.

Vous avez le choix entre les trois propositions; elles me sont assez égales; mais, comme je crois avoir une place en trop, j'avoue que le souper à dix heures et demie serait adorable!

Mille gracieusetés à *Mentine*, et tout à vous.

CCLIV.

A M. ARMAND DUTACQ, A PARIS.

Mars ou avril 1843.

Mon cher Dutacq,

Il m'est impossible de ne pas vous rappeler l'affaire du *Siècle*. Voici deux mois d'écoulés depuis votre promesse.

Quand vous m'avez envoyé le *Gavarni* en échange de la première *Caricature* (deux volumes in-quarto reliés), vous ne m'avez pas donné la première série des *Fourberies de femmes en matière de sentiment*, ni *les Coulisses*, ni *les Enfants terribles*. Je m'en suis aperçu en les faisant relier. Si vous pouvez réparer cet oubli, vous savez quel sera mon plaisir de collectionneur !

Enfin, je ne sais pas si vous faites *le Soleil*; mais je suis sur le point de traiter pour une affaire comme celle d'Eugène Suë, absolument dans les mêmes conditions, avec une des premières maisons de banque. Il s'agit des SCÈNES DE LA VIE MILITAIRE et de la partie la plus agissante sur les masses : à savoir, la République et Napoléon.

Venez m'apporter ce qui me manque de *Gavarni* d'ici à trois ou quatre jours ; car, dans une semaine, je crois que je serai engagé pour deux ans.

Mille amitiés.

CCLV.

AU MÊME.

Paris, 4 juin 1843.

Mon cher Dutacq,

David (Jules-Auguste) a, je crois, une assez bonne combinaison à vous soumettre relativement au *Parisien*. Il m'a prié de vous voir à ce sujet; mais je suis forcé d'aller à Lagny pour dix jours, afin d'y terminer des ouvrages commencés qui paraissent dans deux journaux (*le Parisien* et *l'État*), et je ne puis que vous prier d'aller voir Jules-Auguste David, ou de lui indiquer un rendez-vous pour qu'il vous expose son plan. Enfin témoignez-lui d'une manière quelconque que je me suis occupé de lui vis-à-vis de vous.

Je n'ai pas besoin de vous recommander de nouveau l'affaire du *Siècle*; vous savez que je pars dans un mois au plus tard, et que, pour beaucoup de raisons, il faut que cela soit fini, attendu que je n'aurai plus aucune obligation de ce genre.

Tout à vous.

CCLVI.

A MADAME HANSKA, A SAINT-PÉTERSBOURG.

Berlin, 14 octobre 1843.

Chère comtesse,

Je suis arrivé ce matin ici, à six heures, n'ayant eu pour tout repos que douze heures à Tilsitt, desquelles il faut déduire trois heures données au directeur des postes, à qui j'avais été recommandé et qui m'a rendu bien assez de services pour que je prisse le thé chez lui le soir. Je suis arrivé trop tard pour y dîner avec Stieglitz, comme on l'eût désiré.

Tant que j'étais sur le sol russe, il me semblait que j'étais encore avec vous, et, sans que je fusse précisément d'une gaieté folâtre, vous avez dû voir, par ma petite lettre de Taurogen, qu'il me restait assez de forces pour plaisanter de mon chagrin. Mais, une fois sur la terre étrangère, je ne puis vous rien dire, si ce n'est qu'on peut faire ce voyage pour venir vous voir, et non en vous quittant. L'aspect des terres russes sans culture, sans habitants, me semblait naturel; mais voir le même spectacle en Prusse m'a paru d'une horrible tristesse, d'accord d'ailleurs avec celle qui m'a empoigné. Ces maigres terres, ce sol stérile, cette froide désolation, cette misère, tout m'a saisi et glacé. Je m'en suis senti tout autant assombri que s'il y avait eu des contrastes entre mon cœur et la nature. Et le noir chagrin s'abattait sur moi de plus en plus pesamment, à mesure que la fatigue physique m'envahissait. D'ailleurs, ne me plaignez pas d'avoir fait la route par terre, car nous avons essuyé des orages qui ont dû rendre la navigation de la Baltique bien mauvaise.

Je sais comment vous allez par la manière dont je vais: je sens en moi un vide immense qui s'agrandit de plus en plus profondément, et dont rien ne me distrait. Aussi ai-je déjà renoncé à Dresde, je ne me sens pas le courage d'y aller; on ne volera pas la Madone d'Holbein, d'ici à l'an prochain; le théâtre de la bataille et les défilés de Kulm ne changeront pas, et j'aurai une raison, au mois de mai prochain, de refaire ce chemin avec d'autres idées. Ne m'en veuillez pas de mon défaut de cœur, rien ne me plaît plus de ce qui me plaisait de ce voyage dans le salon de l'hôtel Koutaïtsof. Vous me disiez : « Vous irez là ! » je vous écoutais, j'y allais, car c'était vous qui le disiez ; mais, que voulez-vous ! loin de vous, tout est sans vie et sans âme. L'an prochain, peut-être ! mais, aujourd'hui, je n'ai plus que l'abîme de mon travail et j'y vais par le plus court chemin.

J'ai dormi ce matin de sept heures à midi, quelques heures fatiguées, tourmentées ; j'ai déjeuné, je me suis habillé, j'ai fait les trois visites : Bresson, Redern, Mendelssohn, et, à mon retour, je me suis mis à vous écrire, car vous parler était l'instinct le plus grand, le plus vital du moment.

J'ai été interrompu par le comte Bresson, qui est immédiatement venu m'inviter à dîner pour demain, car il part, ou plutôt sa femme part dans deux jours ; elle le devance à Madrid. Autant que j'en ai pu juger, c'est un homme d'esprit et d'un grand sens, et surtout sans aucune espèce de prétention, ce qui est rare chez un diplomate et ce que je prise beaucoup. Il m'a engagé à écrire un mot à Humboldt, que j'ai beaucoup vu à Paris, chez Gérard et ailleurs ; il me montrera sans doute Potsdam. M. Bresson va en Espagne, et Salvandy à Turin.

Je reprends mes chères doléances, et je vous dirai que la chaussée de Pétersbourg à Tilsitt n'est praticable que sur deux parties, de Pétersbourg à Narva et de Riga à Taurogen, moins deux stations ; en sorte que, sur environ une moitié, le chemin est détestable quand il a plu, et il avait beaucoup plu, hélas! Figurez-vous les soubresauts que nous faisions! mais les voitures sont excellentes, car elles y résistent. Tout ce qui est russe a la vie très-dure. On trace une chaussée dans les sables de la Livonie avec des bruyères; mais, quoique alors le chemin ait *les caractères de la bruyère,* il n'en a pas moins une physionomie peu rassurante et d'un style marécageux. C'est un miracle que de faire cette route en trois jours et demi, et cela donne une idée suprême de la ténacité russe. Nous allions à huit chevaux et quelquefois à dix en certains endroits. Là où la chaussée existe, elle est magnifique. Ah! j'aurai bien du plaisir à revenir! ce ne sera pas sur des bruyères, mais sur des fleurs que je croirai être secoué. A la lettre, on ne mange rien, car il n'y a rien à manger sur la route; mais les stations sont fort belles et il y a toujours d'excellent thé russe. Je pourrais donc faire les honneurs à mon chagrin d'une maigreur due à la diète du voyage; mais, si j'ai souffert, je dois à ma situation morale de ne m'en être pas aperçu : la douleur de vous quitter a dompté la faim, comme le plaisir de vous revoir a dompté le mal de mer. Vous êtes au-dessus de tout.

Je suis ici à l'hôtel de *Russie;* on y est passablement et pas trop cher. De Berlin, j'irai à Leipsick et, de Leipsick, à Francfort-sur-Mein, encore par la *Schnell-post* prussienne, et, de Francfort jusqu'en France, tout sera bateau à vapeur ou chemin de fer; ce qui, je crois, est plus économique que toute autre façon de voyager.

J'ai trouvé pour compagnons de route deux sculpteurs, dont l'un, je vous l'ai dit, parle le français d'une manière assez peu compréhensible, et je viens d'aller faire un tour dans la ville avec lui. Ces jeunes gens ont été pleins d'attentions pour moi tout le long de la route, depuis Riga, lieu de séparation de mon premier compagnon de voyage, le Français. La nature artiste est partout la même. Ces deux jeunes gens m'ont tiré d'affaire dans les auberges, et je viens de les inviter à dîner (un dîner de rapins, bien entendu). C'est bien le moins que je fasse dîner avec moi ces obligeants garçons pour les remercier de leurs bons soins, avant de leur faire mes adieux.

Le maussade Berlin n'est pas comparable au somptueux Pétersbourg. En premier lieu, on taillerait une vingtaine de petites villes mesquines comme la capitale du Brandebourg dans la grande cité du plus vaste empire européen, qu'il lui resterait encore assez d'espace bâti pour en écraser les vingt petits Berlin qu'elle aurait extraits sans se gêner de sa vaste étendue; mais, au premier aspect, Berlin semble plus peuplé, car j'ai aperçu quelques individus dans les rues, ce qui ne se voit pas souvent à Pétersbourg. Du reste, les habitations ici, sans être belles, paraissent bien construites; on s'aperçoit même qu'elles ne manquent pas de confort à l'intérieur. Les monuments, assez laids d'aspect, sont en belles pierres de taille; les espaces sont, d'ailleurs, ménagés de manière à les faire valoir, et sans doute est-ce à ce charlatanisme que Berlin doit d'avoir l'air plus populeux que Pétersbourg; j'aurais dit *plus animé* s'il s'agissait d'un autre peuple; mais le Prussien, avec sa brutale lourdeur, ne saura jamais qu'écraser il faut moins de bierre et de mauvais tabac, il faut plus d'esprit français ou italien, pour produire le mouvement des grandes capitales de l'Europe, ou il faut les grandes idées industrielles et commerciales qui ont fait le développement gigantesque de Londres; mais Berlin et ses habitants ne seront jamais qu'une vilaine petite ville, habitée par un vilain gros peuple. Cependant, il faut l'avouer, pour qui revient de Russie, l'Allemagne a un air indéfinissable qui ne s'explique pas encore par le mot magique de *liberté*, mais qui se traduit par *mœurs libres* ou mieux *liberté dans les mœurs*. Les principaux monuments de Berlin sont, au reste, concentrés autour de l'hôtel où je suis et j'ai pu tout voir en moins d'une heure. La fatigue m'a repris, et j'aspire au dîner; ce sera le premier depuis les splendeurs de la Russie.

A demain donc, chère comtesse.

15.

Notre dîner se composait de : potage, chevreuil, mayonnaise de poisson, macaroni au gratin, un peu de dessert, une demi-bouteille de madère, une bouteille de bordeaux. *Ecco, signora!* A huit heures, j'ai congédié mes convives et je me suis mis au lit, le premier lit qui ressemble à un lit, depuis que j'ai quitté Dunkerque. Avant de m'endormir, j'ai pensé à vous, à ce que vous pouviez faire à huit heures du soir, samedi. Je me suis imaginé que vous étiez au spectacle; j'ai revu le théâtre Michel; mais je n'ai pas eu le cruel plaisir, comme en *Schnell-post* et comme en *Karéta potchtóvaïa*, de penser à minuit, car, à minuit, je dormais d'un bon sommeil, et, le matin, je dormais encore à huit heures. Vous avez tant de fois dompté les plus impérieuses choses de la nature, que vous pardonnerez à cette pauvre nature d'avoir pris sa revanche une fois. Les âmes exclusivement tendres ont le culte des souvenirs, et le vôtre, vous n'en doutez pas, est toujours dans mon cœur et dans ma pensée; je me suis donné la fête d'y songer pendant ce court moment de demi-rêve où l'on se sent encore entre la veille et le sommeil, et toutes les douces impressions de ces deux mois que j'ai passés avec vous sont revenues enchanter mon âme de leurs images radieuses et pleines d'harmonie. Vous voyez donc que la Vierge de Pologne est la même que la Notre-Dame de France; et que, si mon voyage est attristé par une séparation comme celle dont j'ai déjà souffert trois fois, il se fait du moins sans accident.

A propos d'accident, *Paméla Giraud* n'a pas été portée par mon nom : elle est tombée tout à plat, à ce qu'il paraît. Vous conviendrez qu'alors, vu les circonstances, l'affaire a été très-bonne pour moi. Dès que je serai de retour, j'expliquerai le fait par une pièce où je ne me contenterai pas de livrer mon idée à des faiseurs. Je viens de lire le feuilleton du *Courrier français* : il n'est ni bien ni mal, mais il entre dans les questions antilittéraires de l'argent et de la paternité douteuse, tandis qu'il sait probablement l'affaire telle qu'elle est.

Je reçois de M. de Humboldt la lettre qui sert d'enveloppe à la mienne et qui, certes, est curieuse dans les circonstances actuelles. Je vous l'envoie et je puis parler ici à cœur ouvert, car cette lettre vous sera portée par Viardot, que je viens de rencontrer et qui s'en charge volontiers; c'est un des hommes les plus honorables que je connaisse, et en qui on peut avoir une entière confiance; il vous la rendra en main propre,

L'affaire de Posen n'est rien. On présume qu'un des hommes qui étaient derrière la voiture a eu peur et a tiré au hasard. Les secrétaires, qui sont parfaitement sains et saufs, en ont voulu faire un moyen de carrière ou de fortune pour eux-mêmes. Une enquête sévère a eu lieu et il n'en est rien résulté contre votre *povera gente*. Dans l'auberge où dînaient les gens de la suite impériale se trouvaient des individus qui se régalaient après avoir signé un contrat de vente quelconque. C'était là les prétendus conspirateurs. Les deux secrétaires avaient, d'ailleurs, énormément dîné et auront vu double.

16.

Je viens de dîner chez madame Bresson, née de Guitaut; car il y avait grand dîner aux Affaires étrangères à cause de la fête du roi. Excepté l'ambassadrice, tout était vieux et laid, ou jeune mais affreux; la plus belle femme, sinon la plus jeune, était celle à qui je donnais le bras; devinez?... la duchesse de Talleyrand (ex-Dino), venue là avec le duc de Valençay, son fils, qui a l'air d'avoir dix ans de plus que sa mère. On a fait la conversation de noms propres, de petits incidents arrivés à la cour depuis quarante-huit heures; cela m'a du moins expliqué les plaisanteries d'Hoffmann sur les cours d'Allemagne. Impossible de joindre le Redern; j'avais sa femme à côté de moi : figure d'héritière, et d'héritière bien riche pour avoir pu faire oublier une telle disette d'agréments. Au reste, rien de plus ennuyeux au monde que Berlin; je suis dévoré d'ennui, l'ennui m'a pénétré jusqu'aux os, j'ai peur de faire une maladie. Je vous écris ceci avant de me coucher, il est neuf heures! mais que faire à Berlin? il y a pour distraction *Médée*, traduite du grec en allemand et jouée littéralement. On a essayé hier à la cour de jouer aussi littéralement *le Songe d'une nuit d'été* de Shakspeare! Le roi de Prusse protége les lettres comme vous voyez, mais surtout les lettres... mortes.

16 au soir.

Je pars demain, il faut aller à Leipsick par le chemin de fer pour gagner Mayence; alors, autant pousser jusqu'à Dresde, et voir la Galerie; car il n'y a que trois heures de route de Leipsick à Dresde.

M. de Humboldt m'a fait ce matin une visite d'une bonne heure, chargé, m'a-t-il dit, de compliments du roi et de la princesse de Prusse. Il m'a donné les indications nécessaires pour trouver Tieck à Potsdam. Je veux aller voir Tieck et j'en profiterai pour étudier la physionomie de la grande caserne de ce Frédéric dont le comte de Maistre a dit : « Ce n'est pas un grand homme, c'est tout au plus un grand Prussien. » Je vais en chemin de fer, bien entendu, et, en montant dans le wagon, j'y trouve ma fantastique duchesse de Talleyrand, coiffée de cheveux très-bien, avec une masse de diamants et de fleurs, enfin une apparition d'*un Songe d'une nuit d'hiver*. Elle allait à la cour et s'y rendait tout habillée. Elle dîne avec la princesse de Prusse et nous avons en tiers le comte de Redern, un vieux bellâtre prussien moisi, sec comme un Genevois, et important comme un diplomate en disponibilité. J'ai chargé la bergère de soixante ans de mettre mes respects aux pieds de la princesse de Prusse.

J'ai vu Tieck en famille ; il a paru heureux de mon hommage. Il avait une vieille comtesse, sa contemporaine en lunettes, quasi octogénaire, une momie à garde-vue vert, qui m'a paru être une divinité domestique. Je suis revenu, il est six heures et demie du soir, je n'ai rien mangé depuis ce matin. Berlin est la ville de l'ennui, j'y mourrais en une semaine. Le pauvre Humboldt en meurt, il traîne partout sa nostalgie de Paris. Comme je pars demain matin par le chemin de fer, il faut vous dire adieu ; je ne pourrai plus vous écrire que de Mayence.

En causant ce matin avec M. Bresson, je lui ai dit que j'avais été chassé de Pétersbourg par des cancans de portières et d'ignobles commérages, qu'on n'y croyait pas aux sentiments généreux et désintéressés, et que j'en voulais aux gens de ce pays pour avoir attaqué ma liberté sacrée, en imaginant que je ferais comme Loëve-Weymar. Là-dessus, M. Bresson m'a fortement approuvé, en me disant qu'un Français ne devait jamais épouser qu'une Française, et je lui ai dit que j'étais de son avis et qu'ainsi ferais-je. On m'a dit que, si je voulais rester ici huit jours au moins, j'y serais fêté ; mais huit jours, c'est trois cents francs, et vraiment pour Berlin ce serait trop cher ; si je ne pouvais fuir cette affreuse villasse qu'à ce prix, je ne dis pas ; et j'y ajouterais même encore, pour en être plus vite quitte. Plus que jamais je vois qu'il n'y a rien de possible sans vous pour moi, et plus je mets d'espace entre nous, plus je sens la force des liens par lesquels je vous suis attaché. Je ne vis que par le passé et je ne vis qu'en lui, retiré dans l'abîme profond de mon cœur. N'est-ce pas une horrible souffrance que de se trouver seul comme je le suis, avec la continuelle préoccupation de ces deux mois dont ma pensée recueille les fleurs pétale à pétale, avec une mélancolique et religieuse tendresse ?

17 au matin.

Je vous quitte ce matin à nouveau, car c'est vous quitter encore une fois que de ne plus vous écrire le soir ce que j'aurai fait dans la journée. Je vais à Leipsick et j'aurai arrêté ma place à la *Schnellpost* pour Francfort ; je coucherai à Leipsick ; puis, le lendemain, j'irai voir Dresde, et, le 20, je serai revenu pour me mettre dans la diligence prussienne. L'isolement qui remplace l'intimité donne les allures du remords : j'éprouve un violent besoin de changer de place, de me remuer, d'aller et venir ; comme si, au bout de ces agitations physiques et de tous ces mouvements inutiles, je finissais par vous trouver. Je regarde avec attendrissement ce papier que je porte dans l'instant à Viardot en pensant que vos jolis doigts le tiendront dans ce salon où les heures fuyaient si douces et si rapides ! Viardot vous remettra fidèlement ce paquet, dans lequel je puis vous dire que ma vie sera une angoisse jusqu'au jour où je vous reverrai. De Mayence, vous aurez une lettre où je vous dirai mes faits et gestes depuis Berlin. Je serai vers le 10 novembre à Passy ; ainsi écrivez-moi le 3 de votre style.

Adieu ; si j'ai manqué à nos conventions, si quelque chose vous a déplu dans cette lettre, soyez bonne comme toujours et pardonnez-moi. Songez à mon chagrin, à ma tristesse, à ma douleur, et vous serez pleine de pitié et d'indulgence pour le pauvre exilé.

CCLVII.

A LA MÊME.

Dresde, 19 octobre 1843.

Je suis parti de Berlin avec l'ennui, chère, et j'ai trouvé ici la nostalgie. Rien de ce que je prends ne me nourrit, rien de ce que je vois ne me distrait. J'ai vu la fameuse Galerie et la Vierge de Raphaël et celle de Holbein, et je me suis dit : « J'aime mieux ma mie, ô gué ! » En parcourant le fameux trésor, j'aurais tout donné pour une demi-heure devant la Néva, à la place où vous demeurez. Pour comble de malheur, je suis ici pour deux jours de plus que je n'y voulais être, et voici comment : de Berlin, je suis venu à Leipsick par le chemin de fer et j'ai été forcé d'y passer une nuit. J'avais compté sans la foire de Leipsick! Toutes les places étaient prises à la *Schnell-post*. J'ai eu alors l'idée de prier l'hôte de m'arrêter ma place et de garder mes paquets, au lieu de les faire traîner de Leipsick à Dresde et de Dresde à Leipsick, car on me prend partout une infinité de thalers pour l'excédant de bagages. L'hôte m'a dit qu'il était douteux que j'eusse de la place pour le jour où je voulais partir, c'est-à-dire pour le 20 courant, mais qu'au surplus il me l'écrirait, et je viens de recevoir une lettre par laquelle il me prévient que je n'ai de place que pour le 22. Or, que faire en un gîte à moins qu'on ne vous écrive?

Hier, au lendemain de mon arrivée, ayant manqué l'heure de la Galerie, j'ai parcouru Dresde en tout sens, et c'est, je vous jure, une charmante ville, bien préférable, comme séjour, au mesquin et triste Berlin. Elle tient de la capitale; elle est partie ville suisse et partie ville allemande; les environs sont pittoresques et tout y est charmant. J'ai conçu qu'on pût vivre à Dresde; il y a un mélange de jardins et d'habitations qui récrée l'œil. Quant au palais commencé par Auguste le Fort, c'est bien le chef-d'œuvre le plus curieux de l'architecture rococo. Comme fantaisie, c'est presque aussi beau que le gothique, et, comme art, c'est exquis. Quel malheur qu'une si ravissante conception soit inachevée et reste dans un état déplorable! il faudrait, d'ailleurs, des millions pour réparer, achever, arranger et meubler ce délicieux papillotage. Il n'y a rien, ni en Russie, ni encore moins en Prusse, dans tout le Nord enfin, qui vaille cela. Quel homme que cet Auguste, qui se disait électeur en Pologne et roi en Saxe!

J'ai vu tant de Titiens à Florence et à Venise, que ceux de la Galerie ont perdu de leur prix à mes yeux; *la Nuit* du Corrége me paraît avoir été trop vantée; mais sa *Madeleine*, deux Vierges de lui, les deux Madones de Raphaël et les tableaux flamands et hollandais valent bien le voyage. Le trésor est une plaisanterie; des trois ou quatre millions de diamants ne pouvaient pas éblouir les yeux qui venaient de voir ceux du palais d'Hiver. D'ailleurs, le diamant ne me représente rien : une perle de rosée, illuminée par un rayon du soleil levant, me semble mille fois plus belle que le plus beau diamant du monde. De même un certain sourire est plus précieux pour moi que le plus beau tableau. Donc il me faudrait revenir à Dresde avec vous pour que les tableaux me dissent quelque chose. Rubens m'a parfois ému, mais les Rubens du Louvre sont encore plus complets. Le vrai chef-d'œuvre de la Galerie est un tableau d'Holbein qui éteint tout le reste; comme j'ai regretté de ne pouvoir tenir votre main dans la mienne pendant que je l'admirais avec ce ravissement intime, avec cette plénitude de bonheur que donne la contemplative jouissance du beau ! La Madone de Raphaël, on s'y attend; mais la Madone d'Holbein, c'est cet imprévu qui saisit.

Chère comtesse, vous ne vous ferez jamais une idée exacte de mon affreux isolement. Ne parlant pas la langue et ne trouvant personne qui me parle, je n'ai pas dit cent phrases depuis Riga, où j'ai quitté le négociant français. Je suis toujours en face de moi-même, et, le pays étant toujours le même désert et la même plaine, je n'ai rien pour intéresser les yeux; le cœur a passé de l'excessive richesse à la pauvreté la plus absolue. La récapitulation des heures qui se sont envolées, hélas! si rapidement, les rêveuses pensées qui les remplacent impriment une amère tristesse à un caractère naturellement gai et rieur; aussi mes deux sculpteurs me disent — c'est-à-dire celui qui croit parler français — sans cesse et à tout moment : « Qu'avez-vous donc? » Encore quinze jours ainsi, et je mourrais tout doucettement, sans aucune maladie apparente. Je vois qu'il me faut renoncer au Rhin, à la Belgique, et retrouver une occupation forte dans les affaires et les travaux de Paris. L'air me fait mal, je me suis affaissé en dedans, rien ne me rend du ton, rien ne me réconforte et je n'ai soif de rien. J'ai deux nostalgies : celle du paysage de la Néva que j'ai quitté et celle de la France où je vais.

Au reste, les chemins de fer allemands sont un prétexte pour boire et manger ; on s'y arrête à tout moment, on descend, on boit, on mange et l'on remonte pour recommencer ; en sorte que la poste de France va aussi vite que cette vapeur-là.

Il est onze heures du soir ; je suis dans un hôtel où tout dort. Dresde est calme comme une chambre de malade et je ne me sens aucune envie de dormir. Ai-je vieilli, que cette Galerie m'ait si peu ému? ou bien la source de mes émotions a-t-elle changé? Ah! certes, je reconnais l'infini de mon attachement et sa profondeur à l'immense vide qu'il y a dans mon âme. Aimer, pour moi, c'est vivre, et aujourd'hui plus que jamais je le sens, je le vois, tout me le prouve, et je reconnais qu'il n'y aura jamais pour moi d'autre goût, d'autre envahissement, d'autre passion, que ce que vous savez et qui remplit ainsi non-seulement mon cœur, mais mon cerveau tout entier.

20 octobre.

Absolument rien à vous dire que vous ne sachiez de reste Je reviens du théâtre, qui est bien le plus charmant théâtre que j'aie jamais vu ; c'est Despléchin, Séchan et Diéterle, les trois décorateurs de notre Opéra français, qui sont venus l'arranger. Rien n'est plus joli. Si vous optez pour Dresde, Anna aura la plus belle salle qu'elle ait pu rêver. On a quasi chanté *Fra Diavolo* en allemand ; ça m'a paru une excellente préparation pour dormir. J'avais vu le matin les collections de porcelaines et les antiquités,

Je me sens fatigué; c'est une puissance que la fatigue, et je vais me coucher à onze heures. Vous savez à qui je rêverai en m'endormant.

21 octobre.

Je pars demain, ma place est retenue, et je vais finir ma lettre, car il faut que je la mette à la poste moi-même; j'ai la tête comme une citrouille vide, et je suis dans un état qui m'inquiète plus que je ne saurais vous le dire; si je suis ainsi à Paris, il me faudra revenir. Je n'ai le sens de rien, je n'ai aucun goût à vivre, je n'ai plus la moindre énergie, je ne me sens même aucune volonté. Vous ignorerez, jusqu'à ce que je vous l'explique verbalement, le courage que je déploie en vous écrivant. Ce matin, je suis resté jusqu'à onze heures au lit, ne pouvant pas me lever. C'est une horrible souffrance que celle qui n'a de siége nulle part et qui est partout, qu'on ne peut décrire et qui attaque à la fois le cœur et le cerveau. Je me sens stupide, et plus je vais, plus la maladie augmente. Je vous écrirai de Mayence si je vais mieux; mais, quant à présent, je ne puis peindre ma situation que comme Fontenelle centenaire expliquait la sienne, *une difficulté d'être*. Je n'ai point souri depuis que je vous ai quittée. Ceci se traduit en anglais par le mot *spleen*; mais c'est le spleen du cœur, et c'est bien autrement grave, car c'est un double spleen.

Adieu, chère étoile mille fois bénie! il viendra peut-être un moment où je pourrai vous exprimer les pensées qui m'oppressent; aujourd'hui je ne puis que vous dire que je vous aime beaucoup trop pour mon repos, car, après cet août et ce septembre, je sens que je ne puis vivre qu'auprès de vous, et que votre absence, c'est la mort... Ah! que je serais heureux de me promener, tout en causant avec vous, dans ce jardinet qu'on élève à la brochette au bout du pont de Troïsk, et où il n'y a encore que des manches à balai, sous prétexte d'y mettre un jour des arbres! Pour moi, c'était le plus beau jardin de l'Europe, bien entendu quand vous y étiez. Il y a des instants où je revois parfaitement les moindres petits objets qui vous entourent; je regarde le coussin encadré d'un dessin en façon de dentelle noire, sur lequel vous vous appuyez et j'en compte les points! Jamais je ne me suis senti une si fraîche mémoire; ma vue intérieure, où se mirent les maisons que je bâtis, les paysages que je crée, est tout entière au service de ces souvenirs les plus complétement heureux de ma vie, et vous ne sauriez imaginer les trésors de rêverie qui m'embellissent certaines heures; il y en a où mes yeux se mouillent de larmes. Mes yeux d'en dedans revoient les angles de bronze ornés de fleurs où je m'attrapais le genou en arpentant votre salon bleu, et ce petit fauteuil où vous reposiez vos pensées rêveuses! Quelle puissance et que de bonheur il y a dans ces retours à un passé qu'on revit ainsi à nouveau; dans ces moments-là, c'est plus que la vie, car il a tenu toute une vie dans cette heure arrachée à l'existence réelle, au profit des souvenirs qui inondent mon âme à torrents. Quelle douceur et quelle force n'y a-t-il pas dans la simple pensée de certains objets matériels, qui ont à peine attiré l'attention dans les jours heureux du passé; et que je me sens heureux de sentir ainsi!

Adieu; je vais porter ma lettre à la poste. Mille tendresses à votre enfant mille fois bénie; mes amitiés à Lirette, et à vous tout ce qu'il y a dans mon cœur, mon âme et mon cerveau.

CCLVIII.

A MADAME DAVID (D'ANGERS), A PARIS.

1843.

Madame,

Je suis sorti de mon lit, que je n'avais pas quitté depuis que j'ai eu l'honneur de vous présenter mes hommages, pour vous apporter votre livre de thé (russe), qui n'a d'autre mérite que les excessives difficultés qu'elle a eues à traverser vingt douanes; et j'ai le petit chagrin de savoir que l'enveloppe du marchand, dans laquelle elle est encore, n'a pas été respectée. La qualité exquise est une consolation.

Toutes mes amitiés à David, et à vous mes plus gracieux compliments.

CCLIX.

A M. LE CONTRE-AMIRAL BAZOCHE, GOUVERNEUR DE L'ÎLE BOURBON.

Paris, le 31 décembre 1843.

Monsieur le contre-amiral,

J'ai l'honneur de vous adresser les plus touchants remerciments en mon nom et au nom de toute ma famille, pour l'intérêt que vous avez témoigné et pour le bien que vous voulez à mon frère. J'ai eu l'occasion, comme vous le verrez, de faire publiquement ce que je renouvelle ici avec le plus grand plaisir en vous dédiant *l'Interdiction*, dans les SCÈNES DE LA VIE PARISIENNE.

M. Coster, notre ami commun, vous fera passer par un bâtiment de l'État, en mars prochain, les volumes parus de la collection complète de mes œuvres, que je vous destinais, en attendant qu'il y en eût assez pour les envoyer si loin.

Monsieur le gouverneur, vous avez pu voir que le malheur avait bien changé mon frère ; il me paraît tout disposé à profiter des terribles leçons qu'il donne et qu'il n'a épargnées à personne dans notre famille ; aussi viens-je vous prier de nous aider en continuant votre protection à mon frère et de la rendre efficace en ceci :

Ayez la bonté de le proposer, ce qui est dans vos attributions, pour la place de *commis de la marine de deuxième classe*, et ne vous inquiétez pas du résultat de votre proposition officielle : nous aurons ici sa nomination prête pour le moment où viendra votre proposition, et nous ne le laisserons à ce poste que le temps nécessaire, s'il s'y comporte bien, pour atteindre à celui de première classe. MM. Coster, Fleurian et Gerbidon doivent vous écrire une lettre qui vous priera de faire cette demande.

Par la lettre qui est destinée à mon frère et que je mets sous ce pli, nous l'autorisons à tirer sur nous, en la personne de M. Surville, une lettre de change de douze cents francs, dont les fonds seront prêts. Nous sommes forcés par l'incertitude des relations de prendre ce mode ; ayez, monsieur le gouverneur, la bonté de lui faciliter, par une personne honorable qui soit en partance pour France, l'escompte de cette valeur, destinée à lui ménager l'attente de sa nomination et ses futurs appointements.

Joignez, je vous prie, à toutes ces bontés celle de prévenir M. Coster de l'envoi de votre proposition officielle, et saisissez, je vous en supplie, la première occasion pour l'envoyer; car vous savez qu'en France les ministres se suivent et ne se ressemblent pas.

Croyez, monsieur l'amiral, à toute la reconnaissance d'une famille et à la mienne en particulier, et trouvez ici l'expression de mes sentiments d'estime les plus distingués.

CCLX.

A M. DAVID (D'ANGERS), A PARIS.

Paris, 9 janvier 1844.

Mon cher David,

Je suis allé pour vous voir, à l'heure où vous quittez votre atelier, et je vous ai manqué : vous étiez déjà sorti. Je voulais vous montrer la lettre que j'ai écrite à Dunkerque à mon ami. Je suis en ce moment plongé dans mes travaux, comme quand je m'y plonge, c'est-à-dire travaillant depuis trois heures du matin jusqu'à quatre heures après midi. J'ai plus d'un esquif sur le chantier, et vous m'excuserez si je ne vais pas vous voir. D'abord, quand je le puis, ce ne peut être qu'entre quatre et cinq, à l'heure de ma récréation; et, comme je voudrais beaucoup vous trouver en allant me voir en plâtre, ce ne sera qu'à ces heures-là. Vous êtes libre, vous me reconduirez à travers le quartier.

Mes hommages à madame David. Ne me croyez pas oublieux; mais croyez à des travaux surhumains qu'a entrepris celui qui se dit pour toujours votre admirateur et ami.

CCLXI.

A MADAME HANSKA, A SAINT-PÉTERSBOURG.

Passy, 5 février 1844.

Hier donc, j'ai fait des courses; car il faut penser à faire composer *les Petits Bourgeois* par un imprimeur aux frais d'un nouvel éditeur. Je suis allé chez le successeur de M. Gavault, et j'y ai trouvé une assignation de cet affreux *Locquin-coquin*. Rien de plus audacieux qu'un fripon! il crie au secours, au voleur, pour faire pendre sa victime. Ceci m'a fortement remué la bile, et, comme j'étais levé depuis trois heures du matin, je me suis trouvé très-las; je me suis couché à six heures pour me lever à quatre. Au milieu de mon sommeil, le cher journal est arrivé; je l'ai gardé pour mon réveil et je viens de le lire. Or, toutes ces émotions contraires, les unes exaspérantes, les autres douces, pour ne pas dire divines, m'ont fait beaucoup de mal; je me sens brisé, ce qui m'arrive rarement. Il faut que je sois à neuf heures chez M. Gavault, pour que nous consultions M. Picard, son successeur, sur l'affaire Locquin; or, être là à neuf heures suppose le déjeuner à sept heures. Et moi qui ai encore cinq feuillets à écrire pour Hetzel et qui les lui ai promis pour ce matin ! je les avais gardés afin de passer *une nuit calme* à les chercher; il y faut de l'esprit, et j'ai l'esprit tout bouleversé !

De grâce, ne vous faites pas de chagrin pour les *Revues*, ce serait même fâcheux qu'il en fût autrement. On est perdu en France du moment que l'on s'est fait un nom et qu'on est couronné de son vivant. Injures, calomnies, négations, tout cela m'arrange. Un jour, on saura que, si j'ai vécu de ma plume, il n'est jamais entré deux centimes dans ma bourse qui ne fussent durement et laborieusement gagnés; que l'éloge ou le blâme m'ont été très-indifférents; que j'ai construit mon œuvre au milieu des cris de haine, des mousqueteries littéraires, et que j'y allais d'une main ferme et imperturbable. Ma vengeance, c'est d'écrire, dans les *Débats*, *les Petits Bourgeois*; c'est de faire dire à mes ennemis avec rage : « Au moment où l'on peut croire qu'il a vidé son sac, il lance un chef-d'œuvre ! » C'est le mot de madame Reybaud lisant *Honorine*, *David Séchard*, etc. Vous lirez l'étrange comédie d'*Esther !* je vous l'enverrai bien corrigée, et vous y verrez un monde parisien qui vous est et qui vous sera toujours inconnu, bien différent du faux Paris des *Mystères* et constamment comique, et où l'auteur, comme dit George Sand, applique un coup de fouet à faire sauter toutes les enveloppes mises sur les plaies qu'il découvre. Vous m'écrivez : « Quel volume que celui qui contient : *la Maison Nucingen*, *Pierre Grassou*, *les Secrets de la princesse de Cadignan !* » Peut-être avez-vous raison, et j'en suis fier (entre nous).

Vous verrez si la corruption de l'abbé espagnol, qui

vous contrarie, n'était pas nécessaire pour arriver à l'œuvre de Lucien à Paris finissant par un épouvantable suicide. Lucien a servi de chevalet pour peindre le journalisme; il ressert pour peindre la classe piteuse et pitoyable des filles entretenues : la corruption de la chair, après la corruption de l'esprit. Ensuite viendront *les Petits Bourgeois*, et, comme conclusion, *les Frères de la Consolation*[1]; il ne manquera plus dans mon *Paris* que *les artistes, le théâtre* et *les savants !* j'aurai alors peint le grand monstre moderne sous toutes ses faces.

En somme, voici le jeu que je joue : quatre hommes auront eu, en ce demi-siècle, une influence immense : Napoléon, Cuvier, O'Connell; je voudrais être le quatrième. Le premier a vécu du sang de l'Europe, il s'est inoculé des armées; le second a épousé le globe; le troisième s'est incarné un peuple; moi, j'aurai porté une société tout entière dans ma tête. Autant vivre ainsi, que de dire tous les soirs : « Pique ! atout ! cœur !... » ou chercher pourquoi madame une telle a fait telle ou telle chose ? Mais il y aura eu en moi un être bien plus grand que l'écrivain et plus heureux que lui, c'est votre esclave. Mon sentiment est plus beau, plus grand, plus complet que toutes les satisfactions de la vanité ou de la gloire. Sans cette plénitude du cœur, je n'aurais pas accompli la dixième partie de mon œuvre, je n'aurais pas eu ce courage féroce ! Dites-vous cela souvent dans vos moments de mélancolie, et vous devinerez par l'effet-travail, la grandeur de la cause !

1. *L'Envers de l'histoire contemporaine.*

Votre journal m'a fait du bien à lire et je le relirai demain plus d'une fois. Il est six heures, il faut voir à inventer, puis à écrire de petites niaiseries pour Hetzel. Je vous quitte en vous envoyant ici mille fleurs de cœur!

Mercredi 0.

Hier, je suis sorti, mais j'ai beaucoup souffert; ce voleur qui m'assigne, votre lettre, ces émotions violentes et contraires m'ont fait beaucoup de mal. Si la colique, au dire de lord Byron, met l'amour en fuite, elle met bien plus certainement encore la faculté imaginative à bas; et non-seulement j'ai souffert, mais encore j'ai eu le cerveau comme voilé. Cette nuit a été affreuse et le réveil peu agréable. Après avoir déjeuné, je me sens un peu mieux; mais il faut sortir pour les affaires courantes et je n'y pense qu'avec répugnance, tant je me sens faible et malade encore. Je n'en ai pas moins corrigé l'article pour Hetzel, et j'y ai fait *la coda*, le morceau le plus difficile à arracher. Il me reste un chapitre horriblement difficile qui fait trois feuillets; après quoi, je serai délivré; mais j'ai trouvé en déjeunant l'idée d'une jolie comédie en trois actes; je vous dirai si je la fais. Cette semaine, je vais achever *le Programme*, et, ensuite, je me mets sérieusement à *Mercadet*.

Je dîne aujourd'hui chez Girardin, et je vais faire une visite à M. de Barante pour le remercier de sa lettre. Je m'aperçois avec tristesse que mes travaux me vieillissent beaucoup; si je ne vais pas en Allemagne par la grâce de Dieu et la vôtre, j'irai voyager à pied dans les Alpes.

4.

Ne croyez pas que je me blase sur le Daffinger[1]; je me l'accorde comme récompense, quand j'ai fait ma tâche, et, la nuit, il est là, près de moi sur ma table, et j'y cherche mes idées.

Jeudi 7.

Je suis toujours un peu souffrant, je me suis même couché dans la journée; je me sens un peu mieux et je vais dîner chez mon docteur. Je viens de finir l'article pour Hetzel, qui sera, comme toutes les choses arrachées malgré Minerve, détestable. Hier, j'ai consulté M. Roux, le successeur de Dupuytren (hélas!), et il m'a fortement conseillé le voyage à pied, comme le seul moyen de faire cesser la disposition qu'a mon organe cérébral à s'enflammer.

Je sors pour aller à deux imprimeries et pour traiter quelques affaires, entre autres terminer avec un libraire pour *les Petits Bourgeois*.

Samedi matin 9.

Quand je ne souffre pas de la tête, je souffre des intestins, et j'ai toujours un peu de fièvre; néanmoins, ce matin, au moment où je vous écris, je vais bien, ou plutôt je me sens mieux.

Hier, j'ai causé avec un libraire nommé Kugelmann; c'est un Allemand qui me paraît plein de bonne volonté; nous terminerons quelque chose ce matin, quand j'aurai fini avec les *Débats*: je vais chez Bertin à onze heures et demie. Si les deux affaires s'arrangent, j'aurai à peu près

---

1. Nom d'un peintre viennois qui avait fait la miniature de madame Hanska.

vingt mille francs des *Petits Bourgeois*. On veut illustrer soit *Eugénie Grandet*, soit la *Physiologie du mariage*; on me fait des propositions à ce sujet; si elles aboutissent à un résultat quelconque, vous le saurez, bien entendu. Hier j'ai rencontré Poirson, le directeur du Gymnase, dans un omnibus, et il m'a proposé d'arranger avec lui la comédie de *Prudhomme* en la faisant jouer par Henry Monnier. C'est une de mes deux béquilles pour cette année que cette pièce-là; j'irai la lui exposer lundi prochain, et, si cela lui va, je me mets à la faire immédiatement pour être jouée en mars ou plutôt en mai, car mars m'a été deux fois fatal!...

Adieu pour aujourd'hui, étoile céleste, implorée et suivie avec tant de religion! Tous les jours, je me dis, en pensant à votre cher ménage à vous trois : « J'espère qu'elles sont heureuses!... que rien ne les trouble! que Lirette se sanctifie de plus en plus, qu'Anna va quelquefois au spectacle (pour sa santé, comme elle le dit si gentiment), et que madame veut bien de loin en loin regarder la Néva du côté de Paris. » Quant à moi, je ne pense qu'à ce salon rococo, et, en y pensant, je fais une petite prière mentale à une divinité humaine, surtout à neuf heures, quand le thé me fait penser que vous prenez le vôtre à la lumière, à cette table de bois blanc dont je vois les ondes jaunâtres par moments, ainsi que le samovar. Quels amis que les choses, quand ces choses entourent les êtres aimés! Il n'y a pas jusqu'au stupide éléphant qui ne me revienne parfois en mémoire. Quant à la causeuse, au petit tapis et à l'écran Louis XIV, quant au fauteuil où vous reposez votre noble tête chérie, c'est un culte. Vous sentez-vous aimée jusque dans les objets extérieurs auxquels vous avez donné plus de vie réelle qu'à des êtres vivants et animés ? Vos tristesses m'ont fait sourire, je me suis dit : « Elle n'était donc pas dans son fauteuil ? elle ne regardait donc pas le coin de son feu ? » Mais c'eût été dommage de ne pas écrire ces quatre pages ; elles sont sublimes, et, sans ce profond respect que j'ai de vous, je les mettrais orgueilleusement dans un de mes livres pour vous donner la jouissance de vous savoir supérieure à bien des écrivassiers comme nous autres. C'est un vrai diamant comme style et comme pensée que cette lettre ; vous avez la bile inspiratrice, *belle dame !...*

Voyez donc comme je bavarde avec vous ! Que voulez-vous ! je me suis fait de mes lettres une de ces voluptés chattes auxquelles on s'accoutume et qui vous enveloppent si doucement, qu'elles vous font oublier *la copie nourricière !...* Allons ! encore un regard à cette chère rue Millionne et un bien profond soupir, hélas ! de ne pas y être. Pourquoi donc n'auriez-vous pas un poëte, comme d'autres ont un chien, un singe, un perroquet, d'autant plus que je tiens de ces trois bêtes, je vous répète toujours la même phrase : *Je suis fidèle !* (Ici, la comtesse hoche la tête, et jette un regard superbe.)

Adieu jusqu'à demain ; j'ai repris un peu de gaieté depuis deux jours : est-ce qu'il se passerait des événements heureux pour vous ?... Dieu vous les doit ; n'avez-vous pas assez souffert pour expier les fautes de tout ce qui vous entoure, je suppose ? car, pour vous, vous n'avez jamais compris et pratiqué que le beau et le bien.

Dimanche 10.

Hier, Bertin était malade, mais il m'a fait dire que l'affaire tenait. Je suis allé à l'imprimerie, et le libraire n'est pas venu; c'est mauvais signe. Chose étrange! ne voilà-t-il pas que l'imprimeur s'amourache du titre et qu'il veut m'acheter *les Petits Bourgeois de Paris*, pour les publier illustrés, et me les payer vingt mille francs! Je suis revenu dîner à la maison, je me suis couché, j'avais pour ce matin sept feuilles de COMÉDIE HUMAINE à lire, puis l'article Hetzel tout entier. Ça m'a assommé. Après avoir déjeuné, je me suis couché, j'ai dormi jusqu'au dîner; et, comme je ne pourrai plus dormir de six heures du soir à trois heures du matin, j'ai pris du café, et me voilà, à neuf heures du soir, assis à ma table et écrivant.

Si j'avais quelque bonheur, je vendrais le droit d'illustrer *Eugénie Grandet*, l'affaire des *Petits Bourgeois* se ferait, et je serais tout à fait hors d'affaires (je veux dire d'affaires ennuyeuses). On donnait hier une tragédie nouvelle à l'Odéon; mais je n'ai pas voulu y aller, je me réserve pour mardi : *les Mystères de Paris* à la Porte-Saint-Martin.

Jeudi 14.

Les Mystères ont fini ce matin à une heure et demie après minuit; je ne suis rentré qu'à trois heures du matin à Passy. Il est une heure, et je viens de me lever. Frédérick craignait une congestion cérébrale, je l'ai trouvé hier à midi, couché; il venait de se plonger dans un bain de moutarde jusqu'au-dessus des genoux. Il avait deux fois perdu la vue la veille. *Les Mystères* sont la plus mauvaise pièce du monde, mais le talent de Frédérick va causer une fureur de *Mystères*. Comme acteur, il a été sublime. On ne peut pas décrire ces effets-là, il faut les voir. Je suis content du succès qu'il va donner aux *Mystères*, car cela me donne le temps d'achever *Mercadet*. Les princes étaient dans une loge d'avant-scène, et, comme le prince de Joinville ne m'avait jamais vu, le duc de Nemours s'est fait le cicerone de ma personne.

J'ai dès lors écrit à Poirson que j'irais le voir vendredi, pour nous entendre au sujet de *Prudhomme en bonne fortune*. Je vais dîner chez mon ancienne amie la duchesse de Castries, qui en ce moment, pour une raison ou pour une autre, redouble de prévenances à l'égard de votre serviteur. Toute ma prose est prête pour Hetzel. Je dîne ce soir chez Lingay, celui qui voulait mettre à profit pour l'État, comme il disait, mon talent d'observateur... Il a l'air de ne pas trop m'en vouloir pour mon manque de complaisance, ou peut-être il a trop d'esprit pour ne pas me comprendre. J'ai aussi mon compte à régler avec le *Musée des familles*, à qui je dois encore quelques lignes.

Samedi 10.

Je suis sorti vendredi pour beaucoup d'affaires.

1° On demande à acquérir mes meubles florentins. On vient les voir de toute part, même les marchands de curiosités, et ils témoignent tous la plus ébouriffante admiration. Vous ne vous doutez pas de ce que c'est! C'est l'article du *Messager*, que vous verrez sans doute répété par les *Débats* et d'autres journaux, qui a soulevé ainsi l'attention.

2° L'affaire des *Petits Bourgeois* reste jusqu'ici aux *Débats*; mais le libraire qui me les demande va sans doute illustrer soit *Eugénie Grandet*, soit la *Physiologie*.

3° Poirson trouve l'idée de la pièce excellente, il me propose *de me guider !*... et, une fois l'exécution répondant au plan, il m'assure tous les avantages que je puis désirer. Je comparaîtrai donc peut-être encore une fois devant le public d'ici au 1er avril. Me voilà avec *Prudhomme* et les *Petits Bourgeois* sur le corps! Et pas d'argent! il faut battre monnaie de manière à conquérir ma tranquillité pour trois mois! C'est effrayant! Voici le samedi gras; il faut que je le passe à travailler, ainsi que mon dimanche, et avec une furie non pas française, mais *balzacienne*.

Dimanche 17.

Vous savez, chère comtesse, qu'il y a des jours où le cerveau devient inerte; malgré toute ma bonne volonté, je suis resté pendant tout ce jour dans mon fauteuil, à feuilleter le... *Mu...sée... des... familles !*... qu'en dites-vous? à regarder de temps en temps le Daffinger, sans y trouver autre chose que la plus sublime et la plus charmante créature du monde; mais pas un mot de *copie!* J'ai voulu revenir à *Madame de la Chanterie* et je n'ai pu faire que deux feuillets.

Lundi 18.

Je vais dîner chez Poirson, mon directeur de théâtre.

Hier, j'ai dîné en ville; un dîner de vingt-cinq personnes, c'est être au restaurant; mais quel dîner! il coûterait bien deux ou trois mille roubles sous le 60e degré.

Je sors ce matin pour terminer avec Berlin. Je reviens ce soir pour vous dire que tout est conclu : 3,150 francs par volume, semblable à ceux des *Mystères*; cela fera 9,500 francs. Je me couche brisé de fatigue.

Mardi, six heures du matin.

Mardi gras, 19 février ! ô bonheur j'ai trouvé votre n° 8 à mon réveil, et je viens de le lire. Vous me demandez pourquoi je ne vais plus du côté de Versailles ? Mon Dieu, simplement parce qu'on ne recherche guère ce qui ennuie et déplaît. Tenez, voulez-vous savoir la seule manière de n'être plus pour moi l'*unica* et la *dilecta*, c'est de m'en parler. Tout cela fut un mauvais rêve qu'il faut oublier pour ne pas en rougir devant soi-même. Privé de vos lettres, je ne vis plus, je ne revis que par la vue de votre chère petite écriture. Et vous parlez de Versailles ! ce seul nom m'écœure, avec les idées qui s'y rattachent, et cela quand je suis si loin de vous et que des espaces immenses nous séparent ! Mais ne savez-vous donc pas qu'en votre absence je suis privé d'âme et de cerveau ? Je ne revis qu'à la réception d'une lettre, et je l'ai à peine reçue que j'en veux une nouvelle. J'ai maintenant, d'ici au 20 mars, à corriger et compléter *les Petits Bourgeois*, et à faire *Prudhomme en bonne fortune*, sans compter *le Programme d'une jeune veuve*.

Ah ! votre lettre m'était bien due au milieu des ennuis et des chagrins de tout genre qui m'ont assailli, au milieu d'écrasants travaux qui implorent la paix et n'ont jamais pu la trouver qu'auprès de vous ! Jusqu'à Hetzel, que je croyais un ami et qui, chez Bertin, se formalise d'une niaiserie et se brouille à demi avec moi, me laissant par ce procédé, brouillé tout à fait avec lui.

Si vous saviez dans quel accès de misanthropie je me suis couché... Non, c'en est effrayant! Mais aussi dans quels délices j'ai lu ces pages si pleines de sincérité et d'affection! Une heure de cette pure et céleste jouissance ferait accepter tous les martyrs de l'existence humaine.

Oui, vous avez raison d'être fière de votre enfant! et c'est surtout en voyant les jeunes personnes de sa sphère, les mieux élevées ici, que je vous dis et que je vous répète : vous avez le droit d'être fière de votre Anna. Dites-lui bien que je l'aime et pour vous, dont elle est le bonheur et la gloire, et pour le fond de son âme angélique, que j'apprécie si bien. Vous me dites, chère comtesse, qu'au milieu de votre beau succès il y a, dans la décision suprême, quelque chose qui vous contrarie, et vous ne me dites pas ce que c'est. Réparez cette omission, de grâce, et ne me laissez pas broyer du noir sur cette incertitude... Oh! qu'il est beau de se faire si noble, quand on sait que c'est inutile! Pardonnez-moi cette plaisanterie; elle amène naturellement la sincère déclaration de vos droits sur un cœur bien plus à vous qu'à moi-même. Rien, aucun événement dans les choses de la vie, aucune femme tant belle soit-elle, *rien* ne peut *muer* ce qui *est* depuis dix ans, parce que j'aime votre âme autant que votre personne et que vous serez toujours pour moi le Daffinger. Savez-vous ce qu'il y a de durable en fait de sentiment? *C'est la sorcellerie à froid;* eh bien, tout de vous a passé par les examens les plus raisonnés, par les comparaisons les plus étendues et les

plus minutieuses et tout vous est plus que favorable.
Vous, chère âme fraternelle, vous êtes cette sainte et noble
et dévouée créature à qui l'on confie toute sa vie et son
bonheur avec la plus ample certitude. Vous êtes le phare,
l'étoile lumineuse et *la sicura ricchezza, senza brama*
surtout. J'ai tout compris de vous jusqu'à vos tristesses,
et je les aime. Dans toutes les raisons de vous aimer, et de
vous aimer avec cette flamme de jeunesse qui fut le seul
beau moment de ma vie passée, il n'y en a pas une
seule de ne pas aimer, de ne pas respecter, de ne pas
admirer. Avec vous, la satiété morale n'existe pas ; ce
que je vous dis est un grand mot, c'est le mot du bonheur. Vous reconnaîtrez d'heure en heure, d'année en
année, la profonde vérité de ce que je vous écris aujour-
d'hui. A quoi cela tient-il ? Je ne sais !... à la similitude
des caractères peut-être, ou à celle des intelligences,
mais par-dessus tout à cet admirable phénomène de
l'entente cordiale, — ô Guizot! tu ne te douterais guère
de cette application peu diplomatique! — et encore aux
circonstances de la vie. Car nous avons été tous les deux
excessivement éprouvés et très-tourmentés dans le cours
de notre existence ; nous avons également soif de repos
dans le cœur et dans la vie extérieure ; nous avons le
même culte de l'idéal, la même foi et le même dévouement l'un pour l'autre. Eh bien, si ces éléments ne
produisaient pas le bonheur, comme les contraires produisent le malheur, il faudrait nier que le salpêtre, le
charbon, etc., produisent la poudre. Outre ces beaux rai-
sonnements, il faut convenir, chère, qu'il y a un fait, une
certitude, *une animation de sentiment*, encore au-dessus

de tout cela : il y a l'inexplicable, l'intangible, l'invisible flamme que Dieu a donnée à certaines créatures et qui les embrase, car je vous aime comme on aime tout ce qui est au-dessus de notre portée; je vous aime comme on aime Dieu, comme on aime le bonheur.

Si l'espérance de toute ma vie venait à me manquer, si je vous perdais, je ne me tuerais pas, je ne me ferais pas prêtre ; votre seule pensée me donnerait la force de supporter la vie; mais j'irais dans quelque coin ignoré, dans l'Ariége ou les Pyrénées, y mourir lentement en ne m'occupant plus de rien au monde; j'irais tous les deux ans voir Anna et parler à mon aise de vous avec elle. Je n'écrirais plus. Pourquoi écrirais-je? N'êtes-vous pas le monde entier pour moi? A examiner ce que j'éprouve seulement en attendant une lettre et ce que je souffre pour un jour de retard, il me paraît prouvé que je mourrais de chagrin. Oh! soignez-vous! oh! pensez qu'il y a plus d'une vie attachée à la vôtre; prenez garde à tout! Chaque jour, mon égoïsme à deux augmente; chaque jour, l'espérance accroît son trésor d'heures envieuses, d'anticipations, de rêves. Oh! restez ce que je vous ai vue à la Millionne...

Que si vous me demandez, madame la comtesse, pourquoi je me livre à ce verbiage qui, un jour ou l'autre, amènera un nuage menaçant sur votre front olympien, si vous voulez savoir enfin pourquoi je me lance dans l'épistolaire avec tant d'abondance, je vous dirai que je lis votre lettre, que nous sommes au mardi gras et que c'est le seul plaisir que j'aurai de ce carnaval.

Enfin il faut parler santé, vous ne me pardonneriez pas

de l'oublier en vous écrivant. Je vais bien, malgré un peu de grippe, et je crois que je pourrai surmonter les énormes travaux que je dois entreprendre d'ici au 20 mars. Le 20 mars, les *Débats* commencent, et nous entrerons en répétition au Gymnase. Je crois bien que, vu l'innocence du sujet, votre chère enfant verra, avant son départ, ma pièce jouée au théâtre Michel. Le rôle de Prudhomme sera le fait de Dufour. Ne vous occupez pas de mes peines, de mes travaux, ne me plaignez pas trop; car, sans cette avalanche à balayer, je mourrais consumé d'un mal indéfinissable qui s'appelle : absence, fièvre, consomption, nerfs, langueur, et que Chénier a décrit dans *le Jeune Malade*. Aussi je bénis le ciel des obligations que le malheur m'a imposées. Je ne compte pas, je crois vous l'avoir dit, sur le succès au théâtre pour payer mes dettes, je ne compte que sur les cinquante feuilles de LA COMÉDIE HUMAINE que j'ai à faire et qui me représentent cinquante mille francs environ. Il est vrai que je compte mener à bien l'affaire de l'illustration d'*Eugénie Grandet* et de la *Physiologie*, et que ces deux choses-là représentent vingt mille francs au moins. J'aurai donc largement, et au delà, le chiffre de mon voyage et de mon séjour à Dresde.

Ainsi, adieu jusqu'à demain. Demain je continue mon journal en allant mettre celui-ci à la poste. Si vous saviez quelle émotion me prend quand je jette un de ces paquets dans la boîte ! Mon âme s'envole vers vous avec ces papiers ; je leur dis comme un fou mille choses; comme un fou, je crois qu'ils vont vers vous pour vous les redire ; il m'est impossible de comprendre comment ces papiers imprégnés de moi seront, en onze jours, dans vos mains, et pourquoi seul je reste ici. En somme, vous verrez que, pendant cette période de quatorze jours, j'ai été secoué, j'ai peu travaillé, j'ai pensé à vous, j'ai été agité par l'attente du travail pour Frédérick; les *Mystères*, qui, grâce à lui, ont eu un succès, peu durable d'ailleurs, m'ont jeté sur les planches désertes du Gymnase. Je cours après Henry Monnier; vous pouvez, en lisant ces pages griffonnées avec tant de hâte, vous dire que votre pauvre serviteur travaille à corps perdu; maintenant, toutes les minutes sont précieuses; il faut écrire une scène, corriger une épreuve et faire du manuscrit. Vous aurez donc peu de chose de moi comme écriture et beaucoup comme pensée dans le journal qui va suivre celui-ci.

Allons! — oh! qu'il y a de choses dans cet *allons!* — allons, adieu! Hier, j'étais triste; aujourd'hui, grâce à votre adorable lettre reçue, je suis tout gai, tout heureux. Vous êtes ma vie, ma lumière, ma force, ma consolation, et j'ai su que je n'avais que vous au monde à force de mécomptes et d'amertumes.

Adieu donc; soyez sûre que je vis beaucoup plus aux pieds de votre fauteuil que dans le mien.

CCLXII.

A M. CHARLES NODIER[1], A PARIS.

1844.

Mon bon Nodier,

Je sais aujourd'hui trop sûrement que ma situation de fortune est une des raisons qui me sont opposées à l'Aca-

1. *La Rabouilleuse* (un *Ménage de garçon en province*) lui est dédiée.

démie, pour ne pas vous prier avec une profonde douleur de disposer de votre influence autrement qu'en ma faveur.

Si je ne puis parvenir à l'Académie à cause de la plus honorable des pauvretés, je ne me présenterai jamais aux jours où la prospérité m'accordera ses faveurs. J'écris en ce sens à notre ami Victor Hugo, qui s'intéresse à moi.

Dieu vous donne la santé, mon bon Nodier.

CCLXIII.

A MADAME HANSKA, A SAINT-PÉTERSBOURG.

Paris, 28 février 1844.

Chère comtesse,

Je me décide à finir le tome VII de LA COMÉDIE HUMAINE, avec *le Lys dans la vallée*, qui certes peut passer pour une SCÈNE DE LA VIE DE PROVINCE. Cela m'épargne la peine d'écrire trois volumes que je n'aurais pas le temps d'exploiter en librairie, et, d'ailleurs, je ne veux pas avoir une ligne à écrire d'ici au 1er octobre.

Malgré ce que vous me dites de vos projets pour Dresde, j'y crois peu. Vous quittez Pétersbourg vers la mi-mai; vous serez chez vous, à Vierzschovnia, vers la fin de juin; or, comment voulez-vous, de juillet à octobre (en quatre mois!), vous être remise en possession de vos droits, vous avoir fait rendre des comptes d'administration, de tutelle, et avoir rétabli le *statu quo* de votre gouvernement personnel? Oh! si vous saviez avec quelle profonde tristesse je compte sur mes doigts et je suppute toutes ces difficultés: le temps du voyage, les comptes à examiner et à vérifier, les affaires courantes et les embarras imprévus! Il s'ensuit pour moi des heures affreuses, impitoyables, implacables. Vous êtes toute ma vie; les infiniment petits incidents comme les événements les plus graves de cette vie se rapportent à vous et uniquement à vous seule; et je sais maintenant toutes les difficultés de vos affaires; les deux mois que j'ai passés à Pétersbourg m'ont, hélas! suffisamment éclairé là-dessus. Non, vous ne pourrez jamais partir en octobre, car je connais votre inquiète tendresse pour votre enfant, vous ne la ferez pas voyager en hiver, j'en ai la conviction et la certitude. Comprenez-vous ce qu'il y a de désespoir dans ce que j'écris là? L'existence était supportable avec l'espérance de Dresde; elle m'accable, elle m'anéantit s'il faut attendre encore...

Vous devriez profiter de votre séjour à Pétersbourg pour obtenir main levée de l'administration des tuteurs d'Anna, et qu'il n'y ait plus que vous et son oncle pour la direction de ses affaires. Vous ferez cela, j'en suis sûr, à moins qu'il ne vous paraisse plus simple et plus aisé de réussir chez vous, je veux dire dans votre chef-lieu départemental ou plutôt gouvernemental, puisque vos provinces sont divisées en gouvernements et non pas en départements comme en France.

Dans tous les cas, chère comtesse, revenue à Vierzschovnia, vous examinerez bien les *si*, les *mais*, les *car*, les *oui* et les *non*, et vous jugerez si je puis venir. Soyez *juge!* ne soyez pas *partiel!* Et si votre haute sagesse décidait que non, je demanderais au travail son absorption et son entraînement, à défaut de la résignation que je ne saurais vous promettre. Mon Dieu! un an de perdu, mais c'est une vie pour un être qui trouve une vie dans un jour, quand ce jour est passé avec vous !

Je vous quitte pour aller dîner chez M. de Margonne et faire une petite visite à la princesse Belgiojoso, qui demeure à côté.

20.

J'ai eu hier, après vous avoir écrit, un violent coup de sang. J'avais, de trois heures du matin à trois heures après-midi, corrigé sans désemparer six feuilles de LA COMÉDIE HUMAINE (les *Employés*), où j'avais à intercaler des fragments pris dans la *Physiologie de l'Employé*, un petit livre fait à la hâte que vous ne connaissez pas. Le travail, qui équivalait à faire, en douze heures, un volume in-octavo ordinaire, m'a valu cette attaque. J'ai mouché du sang depuis hier jusqu'à ce matin. Je me sens plutôt soulagé qu'affaibli par cette petite saignée naturelle, et bienfaisante, je n'en doute pas.

Je suis allé chercher l'épreuve de tout ce que j'ai fait sur *les Petits Bourgeois*. L'imprimerie où cela se compose est tout près de Saint-Germain-des-Prés; j'ai eu l'idée de passer par l'Église, où l'on peint une coupole en ce moment, et j'ai prié pour vous et votre chère enfant, à l'autel de la Vierge. Les larmes me sont venues aux yeux en demandant à Dieu de vous conserver à toutes deux la santé et la vie. Ma pensée a rayonné jusque sur la Néva; en revenant de si haut, peut-être ai-je rapporté quelque lueur de ce trône idéal où nous nous prosternons. Avec quelle ferveur, avec quelle ardeur et quel abandon de moi-même je me sens lié à vous pour toujours, *pour le temps et l'éternité*, comme disent les dévots.

En revenant, j'ai acheté pour quinze sous, sur le quai, les *Mémoires de Lauzun*; je ne les avais jamais lus : je les ai parcourus dans l'omnibus, en retournant à Passy, où je viens de réintégrer votre esclave dans son fauteuil d'où il vous écrit ceci en attendant le dîner. Quelle chose étrange qu'un homme brave, courageux, qui paraît plein de cœur en toute occasion où il en faut avoir, puisse déshonorer si légèrement les femmes qu'il prétend avoir aimées! Je crois que la fatuité, étant le côté dominant de son caractère, étouffait ce qu'il pouvait y avoir de réellement bon et généreux en lui. Ne nous fait-il pas sous-entendre qu'il n'a pas voulu de Marie-Antoinette dans la fleur de sa jeunesse et le prestige de sa grandeur? C'est à la fois une odieuse calomnie et une cruauté inutile, quand on songe à la position de cette pauvre reine à l'époque où ces *Mémoires* s'écrivaient. Ce pauvre Lauzun, au reste, fait pitié! il ne se doute seulement pas que, tout en se croyant adoré, il n'a jamais été aimé, faiblement même. Un homme aussi vain peut à peine être supporté par la plupart des femmes, qui veulent un culte exceptionnel à leur profit, et qui n'accepteront que pour un moment la présence d'une rivalité aussi agressive qu'insatiable d'un amoureux de... lui-même. Aussi voyez comme la princesse G... l'a lestement quitté; c'est affreux!

Après avoir lu et fermé ce mauvais livre, je me suis écrié : « Qu'on est heureux de n'aimer qu'une seule femme! » Et je persiste dans cette opinion; c'est à la fois un cri du cœur, et le résultat de la force du raisonnement et de l'observation; car je vous analyse avec le plus beau sang-froid et je reconnais avec conviction et bonheur que personne ne peut vous être comparé ; je ne sais pas au monde une plus belle intelligence, un plus noble cœur, une humeur plus douce et plus charmante, un caractère plus droit, un jugement plus sûr et tant de raison et de sagesse ! J'en dirais davantage si je ne craignais de me faire gronder, et cependant c'est ce qui explique et justifie cet entraînement plus fort encore aujourd'hui qu'il ne l'était en 1833, et qui me fait monter des vagues de sang au cœur à la vue d'une page de ce pauvre Töpfer qui restera sur ma table toute ma vie, et de mon ravissement à l'aspect du Daffinger. Ah ! vous ne savez pas ce qui s'est passé en moi quand, au fond de cette cour, dont les moindres cailloux sont gravés dans ma mémoire, ainsi que ses longues planches, ses remises, etc., j'ai vu votre doux visage à la fenêtre ! Je n'ai plus senti mon corps, et, quand je vous ai parlé, j'étais hébété. Cet hébètement, ce torrent qui dans son impétuosité retarde son cours pour bondir avec plus de force, a duré deux jours. « Que doit-elle penser de moi ? » fut une phrase de fou que j'ai dite et redite avec terreur. Non, vrai, et croyez-le bien, je ne suis pas encore habitué à vous connaître après des années... Des siècles ne suffiraient pas, et la vie est si courte ! Vous en avez vu l'effet dans ces deux mois ; je suis parti dans l'extase où j'étais le premier jour que je vous ai revue. De toutes les figures que vous m'avez fait connaître là-bas, il ne reste rien dans ma mémoire. Tout cela s'est enfui, évaporé, et n'a laissé aucune trace ; mais je puis dire avec certitude les plus petits détails de tout ce qui vous entoure, jusqu'au nombre des marches de l'escalier, jusqu'aux pots de fleurs massés dans les angles de cet

escalier. De mon appartement chez madame Tardif, rien!
Rien de Pétersbourg non plus, si ce n'est le banc où nous
nous sommes assis dans le jardin d'Été, et les marches
des escaliers du quai Impérial où je vous donnais la main.
Oh! si vous saviez comme l'épingle qui a roulé sur les
dalles du quai m'est précieuse! j'ai attaché à ma cheminée, sur le velours rouge qui encadre le profil, une feuille
de votre lierre, de ce lierre à lustre qui vous faisait peur.
Eh bien, cette feuille me jette dans des rêveries sans fin.

On m'apporte à dîner, il faut m'interrompre jusqu'à
demain.

1er mars.

En me réveillant à deux heures du matin, j'ai trouvé
votre journal n° 10, que j'avais lu fort rapidement hier,
et que je viens de relire; j'y ai mis une heure! Il est
trois heures! Est-ce une heure?... C'est mille ans de paradis. Quelle chose bizarre! Vous m'y dites sur le mois
d'octobre les mêmes craintes que j'exprimais il y a quelques jours! Avons-nous deux pensées? Voyez! vous me
parlez de votre douleur au cœur; et moi qui hier priais
pour votre santé à Saint-Germain-des-Prés! Vous ignorez
donc que votre vie est ma vie et que votre mort serait la
mienne? vos joies sont mes joies, vos chagrins mes chagrins. Il n'y a jamais eu pareille affection au monde;
l'espace n'y fait rien, j'ai senti mon cœur battre violemment quand j'ai lu le récit de votre palpitation. Et cette
page où vous me dites tant de gracieuses vérités sur mon
attachement inaltérable, profond, infini pour vous, m'a
trouvé les yeux humides. Non, une lettre semblable fait
accepter tous les ennuis, tous les chagrins, toutes les

misères !... Oh ! oui, chère étoile lointaine et présente, comptez sur moi comme sur vous-même ; ni moi ni mon dévouement ne vous feront pas plus défaut que la vie à votre corps. On peut croire, chère âme fraternelle, ce qu'on dit de la vie à l'âge où je suis ; eh bien, croyez qu'il n'y a pas d'autre vie pour moi que la vôtre. Mon thème est fait ! S'il vous arrivait malheur, j'irais m'ensevelir dans un coin obscur et ignoré de tous, sans voir qui que ce soit au monde ; allez, ce n'est pas une vaine parole. Si le bonheur pour une femme est de se savoir unique dans un cœur, seule, le remplissant d'une manière indispensable, sûre de rayonner dans l'intelligence d'un homme comme sa lumière, sûre d'être son sang, d'animer chaque battement du cœur, de vivre dans sa pensée comme la substance même de cette pensée, et ayant la certitude qu'il en sera toujours et toujours ainsi : eh bien, chère souveraine de mon âme, vous pouvez vous dire heureuse, et heureuse *senza brama*, car tel je serai pour vous jusqu'à la mort. On peut éprouver de la satiété pour les choses humaines, il n'y en a pas pour les choses divines, et ce mot peut seul expliquer ce que vous êtes pour moi. Jamais lettre ne m'a fait éprouver plus de jouissances que celle que je viens de lire ; elle est pleine de ce cher esprit si fin, si gracieux, et de cette bonté infinie et sans la moindre petitesse. Ce front d'homme de génie que j'ai tant admiré se retrouve toujours et partout ! Aussi, tenez, j'ai eu tort ; écrivez à Lara. Comment ai-je pu croire que ce que vous feriez ne serait pas bien fait, et convenablement fait. Au point de vue du monde, cette jalousie est jolie et peut-être même flatteuse pour certaines femmes, mais, au point de vue d'une affection aussi exceptionnellement céleste que la mienne, c'est une défiance que je me reproche et que je vous supplie de me pardonner.

L'idée de votre nouvelle est si jolie, que, si vous voulez me faire un immense plaisir, c'est de l'écrire, de me l'envoyer; je la corrigerai et je la publierai sous mon nom. Vous n'aurez pas altéré la blancheur de vos bas, ni taché d'encre vos jolis doigts au profit du public, et vous jouirez des plaisirs d'auteur en voyant ce que j'aurai conservé de votre belle et charmante prose[1].

Il faut peindre d'abord une famille de province et placer au milieu des vulgarités de cette existence une jeune fille exaltée, romanesque, et puis, par la correspondance, *transiter* vers la description d'un poëte à Paris. L'ami du poëte, qui continuera la correspondance, doit être un de ces hommes d'esprit qui se font les caudataires d'une gloire; on peut faire une jolie peinture de ces cavaliers servants qui soignent les journaux, font les courses utiles, etc. Le dénoûment doit être en faveur de ce jeune homme contre le grand poëte... Et s'appliquer à montrer avec vérité les manies et les aspérités d'une grande âme qui effraye et rebute les âmes inférieures. Faites cela, vous m'aurez aidé, vous m'aurez fait gagner la sympathie de quelques esprits d'élite, avec un peu de ce doux loisir dont j'ai tant besoin. Quelle tentation pour une âme comme la vôtre!

Adieu pour aujourd'hui, car le loisir me manque et

---

[1]. Il s'agit de *Modeste Mignon*, que Balzac publia dans le *Journal des Débats*, en remplacement des *Petits Bourgeois de Paris*.

le travail m'appelle. A demain; je relirai votre adorable lettre et j'y répondrai.

2 mars.

J'ai eu hier à dîner l'ennuyeux premier président de Bourges ; le vote de la Chambre pour la reine Pomaré l'a retenu tard, et il s'ensuit que, levé à deux heures du matin, je me suis couché à huit heures et demie et que j'ai dormi toute la nuit comme une masse. Voilà mon travail bien compromis. Je suis lourd, sans idées, sans activité. La régularité des heures me sauve. J'attends les meubles de Florence et je relis la lettre adorée en attendant. La mort de Suzette me semble comme une petite calamité. Elle était gaie, elle vous aimait: c'est un grand titre à mon souvenir. Elle y est gravée éternellement, ne serait-ce que pour son entrée à *l'Arc* avec une lettre de votre part. Chère comtesse, je vous en supplie, ne luttez jamais ni pour moi, ni pour mes œuvres ; j'ai peur que ce ne soit quelque piège tendu à votre bonne amitié et à votre gracieuse et sympathique partialité. La meilleure mystification à faire à ces critiques, c'est d'abonder railleusement dans leur sens, en les faisant aller plus loin qu'ils ne comptent et ne veulent, et, quand on les a conduits à l'absurde, de les y laisser. Plus j'y pense, plus je trouve l'idée de votre nouvelle charmante. Faites-la pour moi, je m'en servirai.

Nodier est mort comme il avait vécu, avec grâce et bonhomie, avec tout son esprit, toute sa sensibilité, toute sa tête enfin, et catholiquement ; il s'est confessé, il a voulu recevoir les sacrements. Il est mort non-seulement avec calme, mais avec joie ; cinq minutes avant de mourir, il a demandé des nouvelles de tous ses petits-enfants et il a dit : « Il n'y en a pas de malade ? alors, tout va bien ! » Il a voulu être enseveli dans le voile de mariage de sa fille. On lui a dit la messe dans sa chambre, et il l'a entendue avec un véritable recueillement. Enfin il a été convenable, gai, charmant, gracieux jusqu'au dernier moment. Il m'a fait dire qu'il avait été profondément ému de ma lettre, et qu'il regrettait de mourir avant d'avoir obtenu que l'Académie réparât son injustice à mon égard; qu'il avait toujours souhaité que je fusse son successeur et qu'il espérait que je le serais. Je vous donne ces détails sachant l'intérêt que vous y prendrez.

Vous m'aurez peut-être trouvé un peu froid à l'annonce du gain de votre procès; et, en effet, si j'en suis satisfait, c'est surtout par l'idée de vous savoir enfin délivrée des ennuis judiciaires. Cependant croyez que, bien que peu sensible à la fortune pour moi-même *quoi qu'on die*, je vous suis trop dévoué pour ne pas vous souhaiter toutes les douceurs de l'aisance, parce qu'on ne jouit ni de la vie ni de ce qu'elle peut offrir de bon et de charmant, quand on lutte contre la mauvaise fortune. Si je suis destiné à vivre toujours éloigné de vous, je n'en penserai pas moins, avec une joie d'enfant, que vous êtes libre enfin de soucis pour le présent et pour l'avenir, que vous pourrez faire du bien autour de vous, selon vos admirables instincts de bonté compatissante et généreuse, et je dirai, avec la satisfaction de Pelméja : « Je n'ai rien, mais Dubreuil est riche ! » Croyons que l'avenir ne sera pas sombre pour moi non plus, à ce point de vue-là au moins, et que, mes dettes une fois payées, je pourrai enfin me livrer à ce loisir et à ce repos si attendus, si espérés et si chèrement achetés, avant de m'endormir de ce sommeil éternel où l'on se repose de tout, et surtout de soi-même enfin!...

En attendant, mon jardin verdit, il a des pousses nouvelles ; dans quelques jours, il aura des fleurs ; je vous en mettrai dans ma lettre avant de la fermer. La page que vous a dictée, le plaisir infini que m'a causé la gravure de Töppfer, ont donné un nouvel élan et de nouvelles forces à mon courage ; avec un tel appui et de telles paroles, l'attente n'est plus seulement de l'héroïsme, elle devient un devoir. Oui, je souffre beaucoup, et plus que vous ne le croyez peut-être, d'être cloué, enchaîné ici, quand vous, libre de tous vos mouvements, êtes toujours absente et toujours si loin ! mais l'espérance est une berceuse si complaisante et si persuasive, qu'elle parvient à me rassurer et à me convaincre même que la réalité ne m'échappera pas toujours. Quand je suis ainsi calmé, et que l'inspiration et l'entrain du travail se mettent de la partie, tout va passablement ; mais cela ne dure pas ! Hélas ! il y a des moments où le découragement est si fort et la lassitude si complète, que le travail me devient impossible, que je n'ai plus mes facultés libres et que je suis distrait de mes pensées par quelque chose d'impérieux, d'inexplicable, de volontaire qui régit ma cervelle et m'empoigne le cœur. Il y a je ne sais quelle figure qui va, vient, traverse la chambre et revient, qui me touche du doigt et qui me dit : « Pourquoi travailler ? quelle niaiserie ! pourquoi t'user ainsi ? Pense donc que, quelques mois encore, et tu la verras ! Amuse-toi plutôt en attendant ! » Je ne fais pas du roman, croyez-le bien ; je vous raconte cela comme cela m'arrive, que ce soit rêverie, hallucination ou n'importe quel phénomène d'un cerveau fatigué qui divague. Mais je reviens bientôt à mon *idée fixe*, et je reprends le passé miette à miette, je m'y complais et je suis avec l'avenir comme les enfants sont avec le drap blanc qui leur cache des étrennes, et je reviens à vos lettres comme à la pâture de mon âme.

Je suis entré à l'église pour prier et demander à Dieu votre santé, avec une ardeur pleine d'égoïsme, comme le sont tous les fanatismes. J'ai eu peur, je n'ai plus osé prier... Je me suis dit : « C'est si plein d'intérêt personnel, que je l'irriterai peut-être !... » Et je me suis arrêté subitement, comme la plus scrupuleuse des dévotes, comme la plus niaise des pensionnaires. Voilà où l'on arrive à force de préoccupation ou, pour mieux dire, d'obsession ; voilà ce que l'on devient quand on n'a plus qu'une seule idée au cerveau et qu'un seul être au cœur.

Je vais faire beaucoup de théâtre. La librairie m'est fermée jusqu'au 1ᵉʳ de septembre ; il est inutile de laisser beaucoup d'œuvres dans les feuilletons, c'est assez des *Petits Bourgeois*, du *Programme* et de *Sabine*. Je vais donc travailler pour les planches. Dieu veuille qu'il y en ait une de salut !

4 mars.

Je ne sais pas si c'est une phase de cervelle, mais je n'ai pas de continuité dans le vouloir. Je fais des plans, je conçois des livres et, quand il faut exécuter, tout s'échappe. J'ai retourné de cent manières votre idée de roman, qui est une très-belle chose : c'est le combat de la réalité et de la poésie, de l'idéal et du positif, de la poésie physique et de celle qui est une faculté, un effet d'âme. Je ferai cette œuvre, elle peut devenir quelque chose de grand et de beau; mais, en ce moment, tout me fuit; c'est une mauvaise influence, comme si un vent de sirocco avait passé sur les cordes de la harpe; un souvenir, un rien, un retour en arrière, un caprice de la folle du logis, qui se révolte et veut sa proie, dissout mon énergie et m'abat corps et âme. Eh bien, pourquoi ne la laisserais-je pas dévorer un peu de mon temps, cette passion sainte et sublime? Je me sens si heureux d'aimer ainsi! Mais c'est une effroyable dépense! Je suis royalement dissipateur!... *Les Petits Bourgeois* sont là, sur mon bureau, les *Débats* les ont annoncés; vous savez au nom de qui ils sont faits, je n'ose y toucher. Cette montagne d'épreuves m'épouvante, et je me sauve jusque sur les bords de la Néva, où il n'y a pas de *Petits Bourgeois*, et je me plonge dans un fauteuil bleu, si complaisant au *far niente*.

Quelle lecture me ravira jamais comme celle des sèches notices académiques de Mignet ou de tel autre livre que je prenais au hasard sur la table de votre salon et que je feuilletais en attendant le frou-frou d'une robe de soie, et l'émotion que me causait des pieds à la tête le bruit de la porte... Si je savais dessiner, je ferais de mémoire le portrait du moujik qui allumait le poêle! Je revois le petit bout de ganse décousu au dossier de la causeuse devant le lierre... Voilà mes grandes occupations! De temps en temps je me remémore toutes les toilettes que je vous ai vue porter, depuis la blanche mousseline doublée de bleu du premier jour de Péterhof, jusqu'à la magnificence de cette robe couverte de dentelles dont vous vous pariez pour sortir le soir. Ah! c'est pour moi le poëme le mieux su par cœur qui existera jamais, que les versets, les stances, les chants du poëme de ces deux mois.

Oui, je n'aurai aimé qu'une seule fois dans ma vie, et, heureusement, cette affection remplira ma vie.

Mais je sens qu'il me faut cesser toutes ces pures et saintes orgies du souvenir, car je tiens à paraître avec éclat dans le journal.

Je vous mets dans ce paquet la première fleur éclose dans mon jardin; elle m'a souri ce matin et je l'envoie chargée de mille élans et de pensées qui ne s'écrivent point. Ah! ne vous étonnez jamais de me voir si bavard en vous écrivant et vous disant les mêmes choses pour la millième fois; je n'ai d'autre confidente que vous, et vous seule. Jamais de ma vie vivante, jamais je n'ai dit un mot de vous, ni de mon culte, ni de ma foi; et probablement le bloc de pierre qui pèsera sur ma dépouille un jour gardera le silence comme moi. Donc, jamais il n'y eut au monde un sentiment immaculé et frais dans une âme comme celui que vous savez. J'espère que le Cyclope du travail reviendra enfin, en ne chassant pas tout à fait l'Ariel des souvenirs.

Adieu donc; tâchez de penser un peu à celui qui pense à vous toujours, à tout moment, comme l'avare à son trésor caché, comme le dévot à son salut.

CCLXIV.

A M. DE POTTER, LIBRAIRE-ÉDITEUR, A PARIS.

Paris, 1844.

Mon cher monsieur de Potter,

Vous n'avez envoyé chez Hetzel ni la copie d'*un Prince de la bohème*, ni mes exemplaires. Je me propose de demander votre tête au procureur général. Je suis accablé de travaux en ce moment et ne puis courir après rien; je vous prie de ne pas oublier ces deux choses, pour quelqu'un qui ne vous a pas fait attendre ce que vous lui avez demandé.

Mes compliments.

CCLXV.

A M. DAVID (D'ANGERS), A PARIS.

1844.

Mon cher David,

Voilà bien sept ou huit fois que je viens chez vous sans vous trouver.

Je voulais vous dire que j'ai été six semaines au lit, bien malade, et que l'on m'envoie à Carlsbad. Je tenais à vous voir avant mon départ. J'aurais désiré vous avoir à dîner le jour de ma fête, 16 mai, et je n'ai pu vous parler. Il fallait absolument que je vous visse; car je ne puis donner mon adresse que de vive voix, et il n'y a pas plus de cinq ou six personnes à qui je l'aie donnée. Telles sont les causes de mon insistance et de mes regrets.

Vous auriez vu votre modèle bien maigri! J'ai eu le prix de tant de travail, une inflammation du foie.

J'ai su, par Hippolyte Valmore, que votre chef-d'œuvre avait encore grandi en passant de la terre au marbre; ce que nous avions cru impossible. J'irai encore une fois vous voir d'ici à mon départ, et j'espère être plus heureux; car comptez qu'il y a chez moi autant d'admiration que d'amitié pour vous.

CCLXVI.

A M. L'ABBÉ ÉGLÉ, VICAIRE GÉNÉRAL DE L'ARCHEVÊCHÉ DE PARIS.

Paris, juin 1844.

Monsieur le vicaire général,

J'ai eu l'honneur de me présenter aujourd'hui avec mademoiselle Borel, la personne qui se destine, d'après vos avis, à l'ordre de la Visitation, et qui vient se mettre sous votre conduite. N'ayant pas eu le bonheur de vous trouver, nous nous sommes enquis de l'heure à laquelle vous serez visible demain, pour que vous puissiez donner à cette future sainte toutes les indications et les protections que vous avez bien voulu me promettre.

Trouvez ici, monsieur le vicaire général, l'expression des sentiments avec lesquels j'ai l'honneur d'être

Votre humble serviteur.

CCLXVII

AU MÊME.

Passy, juin 1841.

Monsieur le vicaire général,

J'ignorais, en me présentant hier à l'archevêché, avec ma lettre prête pour le cas où je n'aurais pas le plaisir de vous trouver, les fatigues de vos travaux actuels en compagnie de Sa Grandeur. J'ai affaire avec une pauvre fille à qui la vocation rend chaque jour de retard si amer, qu'elle est triste de se trouver dans les rues de ce Paris, qualifié d'antichambre de l'enfer, ce qui est vrai pour bien des gens, même pour les écrivains qui le décrivent. Elle a surtout un bien ardent désir de saluer son protecteur spirituel ; mais j'ai eu tant de peine à lui faire comprendre que les devoirs des généraux n'étaient pas ceux des soldats, et que vous étiez, ainsi que Monseigneur, sur votre brèche, que je vous prie de m'envoyer un petit mot pour déléguer les soins que réclame cette âme en peine, soit à M. le curé de Passy, soit à M. l'abbé Jousselin, notre précédent curé. Puis ayez la bonté de m'indiquer l'heure et le jour où je pourrai, sans vous trop ennuyer, vous présenter mademoiselle Borel.

Vous pourrez me répondre, monsieur l'abbé, sous le nom de M. de Brugnol, rue Basse, n° 19, à Passy, en me rendant le petit service d'oublier que je suis là, car le secret de ma retraite est important pour ma tranquillité.

Si vous aviez l'excessive bonté de donner un mot pour la supérieure de la maison de la Visitation où il vous plaira d'envoyer mademoiselle Borel, en demandant qu'on ait quelques égards pour sa modique fortune, vous me rendriez heureux. Si je tiens à ce que vous puissiez voir cette sainte fille, c'est pour la déterminer à entrer dans l'ordre de Saint-Thomas-de-Villeneuve.

La persécution est telle, aux lieux d'où elle vient, qu'elle et sa compagne ont apporté la *croix* des dominicains de Pétersbourg pour ceux de Paris, car les pauvres Pères prévoient le moment où ils seront chassés. Cette mission vous donne la mesure de ce qu'on souffre dans le Nord, et du degré d'estime où était mademoiselle Borel dans l'esprit et le cœur des dominicains de Pétersbourg.

Je suis fâché de vous savoir si fatigué, bien plus chagrin aussi de ne pas vous avoir trouvé. Mes travaux m'ont donné une inflammation de foie qui m'a retenu six semaines au lit, je suis en convalescence, et j'avais oublié la fête-Dieu, les confirmations, et vous me le pardonnerez, monsieur le vicaire général, en faveur de mes souffrances.

Agréez mes respectueux sentiments.

CCLXVIII.

A M. AUBER, MEMBRE DE L'INSTITUT, A PARIS.

Passy, 1844.

Mon cher maître,

Je suis de votre avis, et la strophe *On sent dans l'air pur*[1], etc., est la plus jolie; aussi, peut-être vaut-il mieux

---

[1]. Il s'agit de la pièce de vers qui est publiée avec la musique dans *Modeste Mignon* (voir tome Ier, page 452).

intervertir l'ordre des strophes, la mettre la première, et faire porter l'air dessus. D'ailleurs, l'ordre des pensées exige qu'elle vienne en premier, car c'est parce que l'ange des roses a béni les fleurs qu'elles éprouvent l'envie de se voir et de se mirer dans leur goutte de rosée.

Veuillez donc avoir la bonté de faire vous-même cette correction en prenant cette strophe et mettant la musique dessus, et pardonnez-moi de vous causer tant d'ennuis ; depuis que je vous sais si occupé, j'ai des remords.

J'ai du moins le plaisir de vous exprimer ici mon admiration pour votre beau talent.

CCLXIX.

A MADAME ***

(en lui envoyant un livre qu'il venait de publier).

1844.

Le temps des dédicaces n'est plus. Aujourd'hui, l'écrivain a remplacé le prêtre, il a revêtu la chlamyde des martyrs, il souffre mille maux, il prend la lumière sur l'autel et la répand au sein des peuples ; il est prince, il est mendiant ; il console, il maudit, il prie, il prophétise ; sa voix ne parcourt pas seulement la nef d'une cathédrale, elle peut quelquefois tonner d'un bout du monde à l'autre ; l'humanité, devenue son troupeau, écoute ses poésies, les médite, et une parole, un vers, ont maintenant autant de poids dans les balances politiques qu'en avait jadis une victoire. La presse a organisé la pensée, et la pensée va bientôt exploiter le monde ; une feuille de papier, frêle instrument d'une immortelle idée, peut niveler le globe; le pontife de cette terrible et majestueuse puissance ne relève donc plus ni des rois ni des grands ; il tient sa mission de Dieu; son cœur et sa tête embrassent le monde et tendent à le sertir en une seule famille. Une œuvre ne saurait donc être cachetée aux armes d'un clan, offerte à un financier, prostituée à une prostituée; les vers trempés de larmes, les veilles studieuses et fécondes ne s'avilissent plus aux pieds du pouvoir, elles sont le pouvoir.

A l'écrivain toutes les formes de la création; à lui les flèches de l'ironie, à lui la parole douce et gracieuse qui tombe mollement comme la neige au sommet des collines; à lui les personnages de la scène; à lui les immenses dédales du conte et des fictions; à lui toutes les fleurs, à lui toutes les épines; il endosse tous les vêtements, pénètre au fond de tous les cœurs, souffre toutes les passions, devine tous les intérêts. Son âme aspire le monde et le reflète. L'imprimerie lui a fait avancer l'avenir, tout s'est agrandi : le champ, la vue, la parole et l'homme.

Je ne vous ai donc point fait de dédicace, mais je vous ai obéi. Pourquoi? Je le sais et je vous le dirai.

CCLXX.

A MADAME HANSKA, À VIERZSCHOVNIA.

Passy, 11 octobre 1844.

Chère comtesse,

Je reçois votre lettre du 25 septembre, elle est venue hier au soir; cela fait quinze jours seulement. Je ne vais pas très-bien ; hier, je suis allé chez mon docteur ; il faut attaquer la névralgie par les sangsues et une petite mouche volante ; cela va prendre trois ou quatre jours. J'ai fait *César Birotteau* les pieds dans la moutarde, et je fais *les Paysans* la tête dans l'opium. En dix jours, j'ai écrit six mille lignes pour *la Presse*; il faut que j'aie fini le 30 octobre. Votre lettre est encore une raison de me hâter, car, si vous voyagez, je veux être prêt.

Mes souffrances sont au comble ! cette inflammation de l'enveloppe des nerfs, bien décidément causée par un coup d'air, produit des effets de douleur comme des décorateurs font des effets à la scène. Voilà quinze nuits passées à *paysanner* malgré mes douleurs. Ainsi vous voyez qu'il n'y a pas eu de voyage de Belgique. Soyez tranquille, chère comtesse, vos recommandations quant à la voyageuse sont inutiles ; je m'étais dit déjà que, pour vous, je devais obéir aux sottises de l'opinion publique ; nous avons, comme toujours, pensé de même.

Il est quatre heures du matin : il va falloir me recoucher pour les sangsues à l'oreille droite ; mais je n'ai pas voulu que ces trois jours de plus fussent ajoutés à votre attente. Avant le départ de M. Gavault, on était arrivé à trente mille francs pour les Jardies ; mais le terrain de l'allée des Veuves augmente, et j'ai donné l'ordre au notaire de revenir sur ses offres. Est-ce être sage?... J'attendrai ; peut-être trouverai-je une maison toute bâtie et à bon compte. Cette névralgie me dérange beaucoup, car j'ai à faire encore un ouvrage pour Chlendowski, qui est très-chicanier, vous me l'aviez bien prédit et vous avez eu raison comme toujours ; j'en serai peut-être payé, mais, ce qui est sûr, c'est que je ne recommencerai pas d'affaires avec lui.

Que vous avez bien fait de me rendre de l'espoir pour Dresde ou Francfort, car, ces jours derniers, je me mourais de chagrin tout en travaillant! je voulais tout quitter pour aller vous trouver à Vierzschovnia. Laissez-moi au moins l'espoir; n'est-ce pas tout maintenant pour moi? Ah! si vous avez entendu les paroles tristes et tendres que je vous ai dites, vous devez regarder en vous-même, sinon avec orgueil, du moins avec une certaine complaisance. La grandeur de mon affection a rendu petites toutes les grandes difficultés de ma vie. Je surprends tout le monde en disant que je ferai les vingt mille lignes des *Paysans* dans le mois d'octobre.

Personne n'y a cru, même au journal; mais, quand ils m'ont vu faire six mille lignes en dix jours, ils ont été vraiment épouvantés. Ce qui n'arrive pas une fois sur cent, les compositeurs lisent l'ouvrage; il s'est répandu parmi eux une rumeur d'admiration, et c'est d'autant plus extraordinaire que c'est dirigé contre la multitude populaire et la démocratie.

Votre lettre a bien tardé; dans mon impatience, j'ai demandé la tête de tous les Rzewuski, hors la vôtre; ne froncez pas votre beau front aristocratique, mais pensez au travail..., à la souffrance sans consolation!

Je suis assez content que vous ayez vu clair sur la pauvre religieuse; mais elle ne vous a abandonnée que pour Dieu, et c'est un peu votre faute : vos exemples, vos lectures, vos conseils l'ont forcément amenée là; ne vous inquiétez pas pour elle, elle se plaît là où elle est; elle espère être bientôt reçue novice. J'espère que, si vous voulez lui envoyer quelque chose, vous ne vous servirez que de moi; pour le moment, je puis très-bien lui remettre en votre nom mille ou deux mille francs sans me gêner le moins du monde; je suis un riche malaisé, voilà tout.

Vous me dites que vous avez encore le temps de recevoir une lettre de moi avant votre départ; je me hâte, vous le voyez, de vous envoyer de mes nouvelles et de corps et d'esprit. Je ne suis pas sorti de chez moi depuis vingt jours; à la lettre, je vis dans l'*hébétation* que produit un travail si forcé, car j'ai en surplus mes petits articles Hetzel, etc. Le pauvre garçon a besoin que *le Diable* se vende à vingt mille exemplaires, et le voilà qui tire à quinze mille. Votre serviteur y a contribué, j'y ai mis toute cette fine bêtise qui plaît à la masse. Avoir payé pour vingt mille francs de dettes et me trouver en décembre sur la route de Dresde; *les Paysans* finis, voilà mon rêve, et ce rêve se réalisera, il le faut. Je ne sais pas comment je traverserai 1845. Il y a un moment où l'on a *la folie* de l'espérance, et j'en suis là. J'ai tellement tendu ma vie à ce but, que je sens tout craquer en moi! Je voudrais ne pas penser, ne pas sentir. Oh! qui vous peindra les heures où je suis resté, pendant ces vingt jours, le coude appuyé, regardant le salon de Pétersbourg et Vierzschovnia, ces deux pôles de ma pensée dont le midi était là devant moi dans son cadre. Espoir et réalité, le passé, l'avenir, tout se heurtait, c'était une mêlée de souvenirs qui me donnait le vertige. Ah! vous êtes bien debout et tout entière dans ma vie, dans mon cœur, dans mon âme; il n'est pas un mouvement de ma plume, de mon être ni de ma pensée qui ne soit un des rayons dont le centre est vous, vous seule, vous la trop aimée, quoi que vous en disiez.

La mort de Thaddée que vous m'apprenez m'a fait du chagrin; vous m'en aviez tant parlé, que j'aimais qui vous aimait ainsi, *quoique!...* Vous avez bien deviné pourquoi j'avais appelé Paz *Thaddée,* en lui donnant le caractère et les sentiments de votre pauvre cousin. Mais, tout en le pleurant, dites-vous bien que je vous aimerai pour tous ceux qui vous manqueront. Pauvre chère comtesse, la situation où vous êtes et que vous me dépeignez si bien m'a fait sourire; car j'étais ainsi, avant votre dernière lettre : « Ferais-je, ou ne ferais-je pas *les Paysans?* Partirais-je ou ne partirais-je pas? Que devenir? Faut-il m'engager à un travail? faut-il le refuser? etc. » J'ai coupé le nœud, je me suis mis à l'ouvrage en me disant : « Si je pars, je finirai tout, comme à Lagny en 1843. » M. Nacquart me disait hier brutalement en m'écrivant son ordonnance : « Vous y crèverez! — Non, lui ai-je dit; j'ai pour moi un dieu particulier, un dieu plus fort que toutes les maladies. — J'espère que, si vous vous mariez, m'a-t-il dit, vous vous reposerez deux ans. — Deux ans, docteur! je me reposerai jusqu'à mon dernier soupir, si par repos vous entendez être heureux. »

16.

Cette interruption, chère, a été prise par l'exécution des ordonnances du docteur; je n'ai pas quitté le lit, il a fallu sangsues et vésicatoire volant, pendant trois ou quatre jours; mais, de ce matin, tous les symptômes et toutes les souffrances atroces de cette inflammation ont cessé. Dans trois jours au plus tard, je reprendrai mes travaux. Ces quelques jours donnés à la médecine sont des jours de plaisir pour moi ; car, lorsque je ne travaille plus avec cette absorption de toutes les facultés morales et physiques, je ne cesse de penser à 1845 ; j'arrange des maisons, je les meuble, je m'y vois, je m'y sens heureux. Je repasse tous les moments si rares où nous avons été ensemble, je me querelle de n'avoir pas prolongé ces heures de douce et intime causerie.

Chère ingrate, vous ne remarquez guère ma persistance à vous satisfaire sur le petit désir des autographes ; je vous envoie aujourd'hui du Peyronnet, et je veux m'arranger pour que vous ayez l'écriture de tous les ministres qui ont signé les ordonnances de Juillet.

Vous êtes donc bien contente de ce jeune homme[1] ! Examinez-le bien et sans prévention, car les avantages de votre enfant contribuent nécessairement à rendre un prétendu parfait ; mais je ne sais pas comment je puis recommander prudence et finesse à celle qui a volé tout l'esprit des Rzewuski, qui a des petites pattes de souris blanche au bout desquelles il y a des yeux. Enfin, chère comtesse, faites bien vos affaires et surtout adoucissez le dragon gouvernemental du Nord.

Je suis exactement comme l'oiseau sur la branche : il est nécessaire que je quitte la rue Basse et que j'aille ailleurs, où je puisse être plus convenablement. Je suis comme ma chère voyageuse avec ses paquets et ses provisions ; je n'ose rien faire, car, si je vais pour quatre

---

1. Le comte Georges Mniszeck, fiancé de mademoiselle Anna Hanska.

mois à Dresde, j'ajournerai toutes dépenses ; et puis j'aime mieux les faire définitivement que les faire provisoirement encore. Ma nature abhorre le changement, c'est une face de mon caractère que vous avez bien été forcée de reconnaître et que vous reconnaîtrez de plus en plus ; vous l'admirerez même, et puis vous finirez par ne plus m'en savoir gré pour les choses du cœur, en trouvant cette constance énormément justifiée par l'esprit Rzewuski de votre race, et par le charme exquis de la personne que vous voyez dans votre miroir en vous y regardant.

Comment pouvez-vous me recommander votre parfumeur ? je ne pense qu'à cela ! j'ai maudit Viardot de ne pas m'avoir averti de son arrivée ; vous auriez déjà votre provision. Mais, si nous nous voyons à Dresde, vous aurez, chère comtesse, des parfums pour le reste de vos jours, j'en réponds. Nous avons donc aussi les mêmes vices, car je porte la passion des fines odeurs jusqu'à en faire un défaut.

Hélas ! je le vois bien, il faut vous dire adieu ; mais souvenez-vous que vous m'avez laissé près d'un grand mois sans lettres, et que vous n'êtes pas à Paris, et que vous n'avez pas de feuilletons à faire pour excuse. À propos, je suis déjà allé trois fois à l'Arsenal, et je n'ai pas encore obtenu l'autographe de Nodier, mais je l'aurai.

On m'annonce que David a terminé le marbre de mon buste et que le marbre n'est pas moins beau que la terre ; ce sera à la prochaine Exposition sans doute. Vous ne sauriez croire combien je regrette de ne pas avoir pris le vase en malachite ; j'ai trouvé pour trois cents francs un piédestal magnifique qui m'aurait épargné les folles dépenses de celui que j'ai fait fabriquer, avec des bronzes.

Je souffre toujours, je suis obligé de m'arrêter; peut-être vous donnerai-je de meilleures nouvelles en fermant ma lettre ce soir.

17.

Tout va bien, les douleurs névralgiques ont disparu comme par enchantement, et, si je n'ai pas fini ma lettre, c'est que j'ai dormi douze heures de suite, en retrouvant la tranquillité de la non-souffrance.

Adieu, chère souveraine aimée; examinez bien le jeune comte Mniszeck; il s'agit de toute la vie de votre enfant. Je suis bien heureux que vous ayez trouvé ce premier point si nécessaire à votre bonheur à toutes les deux, celui du goût et de la sympathie personnelle; mais étudiez-le, et soyez sévère comme s'il ne vous plaisait pas; il s'agit surtout des principes, du caractère, de la fermeté, etc. Suis-je stupide de faire ces recommandations à la meilleure, à la plus dévouée des mères !

Je reprends demain mes travaux, et j'aurai fini, je l'espère, pour le mois de décembre en travaillant avec activité. Je ne puis pas vous donner des nouvelles de Lirette, n'ayant pu aller à son couvent au milieu de ma maladie et de mes ordonnances à exécuter; mais ma première lettre vous en donnera. Devinerez-vous que je suis plus à vous aujourd'hui, que je vous aime davantage après avoir été quelques jours souffrant dans mon lit à penser à vous, à votre cher esprit fraternel et enfantin. Aussi vous ai-je dit tant de choses, que je crois fermement qu'il vous en sera arrivé quelque nouvelle à l'oreille qui vous aura tinté ; vous aurez eu quelque étincelle à votre bougie, un fil se sera soudain cassé sans cause, et vos oreilles auront entendu ces bruits étranges que font les ailes des idées en voulant s'y reposer, fatiguées d'un si long voyage. Mais rien de tout cela ne vaut à mes yeux cette petite feuille de papier sur laquelle je vous mets toutes les fleurs de mon âme et de mon cœur en la regardant avec une curiosité désespérante. Je ne suis pas encore fait à cette idée que ce papier sera dans dix-huit jours entre vos mains, et que, moi, je reste, en maugréant, si loin de vous et si malheureux!... oh! oui, bien malheureux! J'ai faim et soif de votre chère présence, étoile de ma vie, *for but present*. Peut-être pensez-vous aussi à moi quelquefois. Qui sait?... mais, hélas! vous m'avez si peu écrit ces derniers temps!... et je suis bien noir en pensant que, vous, vous ne pouvez pas me donner un souvenir au moins tous les deux jours, au milieu de vos moujiks, dans vos déserts, dans cette solitude absolue. Je suis là-dessus incorrigible! Moi si occupé, pris par tant de travaux, souvent malade, je vous écris tous les jours. Ah! c'est que je vous aime, moi! Allez, je sens profondément votre indifférence, j'allais dire votre ingratitude, tant je suis exaspéré par cet intervalle d'un mois entier. Vous seriez effrayée si vous saviez quelles idées me travaillaient! Enfin, quand la lettre est arrivée, tout a été oublié, j'étais comme une mère qui revoit son enfant. Mais il ne faut pas que cela finisse par des reproches.

Trouvez ici tout mon cœur, toute ma foi, toute ma pensée et toute ma vie.

CCLXXI.

A M. ALBERT MARCHAND DE LA RIBELLÉRIE,
A TOURS [1].

Paris, 1844.

Mon cher Albert,

Tu crois que nous sommes quittes de l'infâme Berrué; M. Odier a renvoyé la caisse, qui ne lui appartenait pas, sans s'en inquiéter davantage; *et elle n'avait pas d'adresse!* et il ne sait pas, après avoir regardé la lettre de voiture, à quel roulage elle est retournée! Il faut donc que, courrier par courrier, tu me dises à quel roulage de Paris la caisse a été expédiée.

Voilà un cadre qui, par les démarches qu'il a nécessitées, me coûtera trois cents francs de temps perdu. N'avais-je pas raison de vouloir l'emporter par la diligence? il m'aurait coûté moins, et je ne sais pas s'il sera temps.

Merci de ta bonne lettre. Quoi qu'il arrive des *perles*, il faut les donner quand on en doit. M. Loiseau ne se doute pas que les Anglais et autres étrangers offrent des billets de mille de ce que je lui ai envoyé si coquettement arrangé.

Toi, si rien ne s'y oppose, je te donnerai le manuscrit des *Illusions perdues*, puisque je l'ai martelé dans ton grenier de peintre.

Je ne te répéterai pas ce que tu m'as dit sur les amitiés

---

1. *Le Réquisitionnaire* lui est dédié.

d'enfance, parce que tu imagines bien que ce sont des choses vissées dans le cœur, quand on a un cœur.

Tout à toi.

Courrier par courrier, entends-tu? Il n'y a guère de chance d'avoir des doreurs, et Boulanger est chagrin s'il ne voit pas un cadre taillé.

Tous les beaux cadres que tu verras, achète-les-moi, tant qu'ils seront entre dix et trente francs et bien richement sculptés. J'en ai besoin de cinq, dont deux de 46 sur 34, carrés.

Addio caro! Surveille les bois; quand tu trouveras qu'ils sont beaux, écris-moi; j'irai à Tours.

CCLXXII.

A MADAME HANSKA, A VIERZSCHOVNIA.

Passy, 21 octobre 1844.

Je vais tout à fait bien et j'ai repris mes travaux; c'est une bonne nouvelle qui vaut bien la peine que je vous écrive un mot. O chère! un an est un an, voyez-vous; le cœur ne se trompe pas, il souffre toutes ses douleurs, malgré les faux remèdes de l'espérance; l'espérance est-elle autre chose qu'une douleur déguisée? J'ai beau regarder le salon de Colmann, chaque regard est un coup de poignard, la pensée entre dans mon âme comme une lame aiguë. Entre cette gouache et le grand paysage de Vierzschovnia, il y a la porte de mon cabinet, et cette porte représente les espaces infinis qui s'étendent entre les souvenirs attachés à ces meubles, à cette tenture bleue et au tableau de Vierzschovnia. « Nous étions là ensemble, elle est là et je suis ici ! » Tel est mon cri, et chaque regard ou plutôt chaque nouveau coup de poignard le redouble. Pourquoi Colmann n'a-t-il pas fait le second côté du salon ? pourquoi ne pas avoir fait faire le poêle et la petite table qui était devant ce poêle, et près de laquelle vous m'avez dit des choses si compatissantes et si doucement, si fraternellement raisonnables ? Ah ! je payerais bien de tout mon sang le bonheur de les entendre encore. Voilà tout ce que bavarde mon cœur ce matin.

La Bocarmé est revenue. Bettina adore en tout bien tout honneur votre esclave ; elle m'a dit que les cinquante aquarelles de Colmann étaient des chefs-d'œuvre, que c'est à la Russie ce que les Pinelli sont à Rome.

J'ai fait ma première sortie avant-hier. J'ai acheté une pendule d'une magnificence royale et deux vases en céladon grenat qui ne sont pas moins magnifiques. Tout cela pour presque rien. Une grande nouvelle ! Un riche amateur a envie de mes meubles florentins ; il va venir sans doute les voir chez moi. J'en veux quarante mille francs. Autre nouvelle. *Le Christ* de Girardon, acheté deux cents francs, est estimé cinq mille francs, et vingt mille avec le cadre de Brustolone.

Et vous vous moquez, chère comtesse, de mes affaires dans le royaume de *Bricabraquie*. M. Nacquart s'opposait hier violemment à ce que je vendisse, même à ce prix-là, ces magnifiques choses ; il disait : « Vous allez, dans quelques mois, sortir de votre position par quelques travaux obstinés; ces magnificences seront vos rayons! — J'aime mieux l'argent, » lui ai-je dit. Comme vous voyez, cet Harpagon faisait le poëte, et le poëte faisait l'Harpagon. Chère, croyez-moi, je ne puis souffrir toujours ainsi. Y songez-vous?... Encore un retard! Quand *les Paysans* seront finis, ainsi que les articles dus à Chlendowski, je réclame un mot de vous, qui me permette de venir vous rejoindre dans vos steppes, si vos difficultés de passe-port se prolongent et s'éternisent ainsi.

J'ai trouvé le plus splendide des piédestaux pour le buste de David, qu'on dit d'un *réussi* étonnant. Cette belle gaîne n'a coûté que trois cents francs, et feu Alibert, pour qui elle a été faite, a dû la payer au moins quinze ou seize mille francs. Chère comtesse, je voudrais bien avoir votre avis sur ce que je veux faire. Il m'est impossible de rester où je suis. Or, à quatre pas de mon logis actuel, il y a une maison qui coûtera mille à quinze cents francs de loyer, et où l'on peut vivre aussi bien avec quinze mille francs de rente qu'avec soixante mille. Je voudrais la louer pour quelques années et m'y établir. Je pourrai très-bien économiser, là, la valeur d'un petit hôtel à Paris, en n'allant l'habiter que dans quelques années. On va et on vient de Passy à Paris comme on veut avec sa voiture, et, au moins, comme cela, je serai à peu près convenablement. Mais l'installation va coûter bien près de six mille francs et je ne voudrais pas faire cette dépense pour le roi de Prusse, surtout quand il me faut payer vingt mille francs de dettes d'ici au 1er janvier. Tout serait aplani si je vendais les florentins. Le *Musée des Familles* ne publie les gravures et l'article de Gozlan qu'en décembre, et ce n'est qu'en janvier que l'attention publique sera éveillée à ce sujet. L'enchère aura lieu entre les dilettanti et les capitalistes dès qu'on saura, dès qu'on verra ce que c'est.

Quant à vos projets, j'aimerais mieux renoncer à la tranquillité que de l'obtenir à ce prix. Lorsqu'on a troublé son pays et qu'on a intrigué à la cour et à la ville comme le cardinal de Retz l'a fait, on a le droit d'aller payer ses dettes à Commercy; mais, à notre époque bourgeoise, on ne peut s'en aller qu'après avoir payé tout le monde; autrement on aurait l'air de fuir ses créanciers. Que voulez-vous, *belle dame!* nous sommes peut-être moins grands, moins rayonnants, mais nous sommes certainement plus réguliers, voire même plus honorables, que les grands seigneurs du grand siècle. Cela vient peut-être de ce que nous comprenons autrement le sens de l'honneur et du devoir, ou que nous l'avons placé ailleurs, et c'est tout simple. Eux, c'étaient des acteurs d'un grand théâtre qui s'agitaient pour être admirés; on les payait pour cela. Nous, nous sommes le public payant et réel, qui ne s'agite qu'en lui et pour lui. Donc ne me parlez ni de Suisse, ni d'Italie, ni de rien de pareil; ma meilleure, ma seule patrie est l'espace entre le mur de l'octroi et les fortifications de Paris. Si je la quittais, vous le savez bien, ce ne serait que pour vous; ce serait déjà fait, si vous l'eussiez voulu. Travaillez donc de vos petites pattes de souris blanche, pour élargir le trou de votre geôle, afin que l'heure de votre libération ne tarde plus. Jadis je vivais de cet espoir; maintenant j'en meurs. J'ai des impatiences fébriles, des doutes, je crains tout: la guerre, la mort de

Louis-Philippe, quelque maladie, quelque révolution; enfin les obstacles renaissent dans mon imagination angoissée. Je vois vos affaires personnelles vous étreignant et vous lassant, et votre bonté inépuisable se lassant aussi.

En y pensant tristement, et m'agitant dans le vide pour vos intérêts et ceux de votre enfant, j'ai trouvé une affaire admirable où il n'y a que cent mille francs à risquer et qui peut devenir colossale. Il s'agit de la publication d'un livre encyclopédique pour l'instruction primaire. Rien qu'à le bien rédiger, il y a la renommée d'un Parmentier à récolter, car c'est un livre qui est comme la pomme de terre de l'instruction, une nécessité, un bon marché fabuleux, etc. J'ai foi dans cette affaire et je m'occupe en ce moment du manuscrit. Cet ouvrage aura le prix Montyon bien certainement. Oh! si vous étiez ici, dans la même ville au moins, comme tout irait bien! quel nouveau courage j'aurais! quelles nouvelles sources jailliraient! Mais l'absence donne de la stérilité et de la sécheresse aux idées comme à l'existence. Je suis heureux que le jeune Mniszeck vous plaise, ainsi qu'à la chère enfant, et qu'il s'y attache aussi. Tenez-moi bien au courant de choses si importantes à votre avenir à toutes deux. Au nom du ciel, écrivez-moi bien régulièrement trois fois par mois. Songez à tous mes travaux et voyez comme vous êtes partout dans mon cabinet. Il m'est impossible, quand je donne un regard à votre cadre, de ne pas prendre la plume et vous griffonner quelques paroles pleines d'autant d'affection que de murmures. Si je vais à Dresde, j'ajournerai l'affaire de la maison, bien que cette incertitude mette des obstacles à tout. Décidément je m'en vais faire encadrer les deux vues du quai de la Cour, de Colmann, pour les mettre de chaque côté de son salon Koutaïtsof. Ce quai que nous avons tant de fois arpenté ! J'ai voulu, chère comtesse, que ma première page écrite en santé fût pour celle qui aurait dû avoir tous les prémices de mon âme, de ma vie, de ma pensée, puisqu'elle est le mobile, l'inspiration et le but de ce que j'ai fait et ferai désormais.

Adieu ; soignez bien votre santé, votre enfant et vos biens, puisqu'ils vous préoccupent au point de vous faire oublier vos plus fidèles amis.

CCLXXIII.

A UN JEUNE AUTEUR DRAMATIQUE.

Paris, 5 novembre 1844.

Monsieur,

Sans deux petites indispositions qui se sont suivies, et qui m'ont tenu successivement au lit, je vous eusse répondu plus tôt. J'ai reçu votre essai dramatique et je l'ai lu avec plaisir ; néanmoins vous savez que, si l'on répugne déjà beaucoup à la vérité dramatique de nos histoires, il est presque impossible de montrer à la scène les Romains tels qu'ils étaient et sans les échasses que leur ont adaptées de beaux génies.

Je vous remercie d'autant plus des choses flatteuses que vous voulez bien me dire sur mes travaux, que je ne suis pas accoutumé à ces sortes de gracieusetés. Un travailleur éternel, enseveli dans les difficultés, n'a pas le temps de vendre un sou d'éloges à chaque passant, pour en recevoir cette masse d'or qu'on nomme la gloire ; mais, quelque occupé que je sois, je suis bien sensible à ces paroles spontanées et parties du cœur, qui sont au moins signées par l'occupation que donne une lettre à écrire ; les noms qui les marquent sont tous à part dans une place de mon cabinet. Vous me permettrez de ne pas accepter de ss magnifiques éloges dans leur entier, mais de vous remercier avec cordialité du sentiment auquel je les dois. Je suis un de ceux qui disent à tous les gens de bonne volonté : « Travaillez! » Nous nous en allons, nous autres, et il faut continuer l'œuvre.

Agréez donc, monsieur, l'assurance de mes sentiments les plus distingués.

CCLXXIV.

A MADAME ÉMILE DE GIRARDIN, A PARIS.

Paris, décembre 1844.

Je suis très-susceptible de vous présenter M. Hetzel, aujourd'hui à trois ou quatre heures. Je profite de cet avis pour mettre à vos pieds un homme fort comme Nicolas Tonsard, et malicieux comme le père Fourchon[1], mais bête quand il vous voit, et qui n'est autre que l'un des trois auteurs, selon vous, de *la Bilboquéide.*

Il est huit heures, jeudi ; je reçois votre lettre d'invitation pour *voir* Lautour[2]. Jugez de mon chagrin! Hier,

1. Personnages du roman *les Paysans*, que publiait alors *la Presse.*
2. Lautour-Mézeray, fondateur du *Journal des Enfants.*

j'avais un dîner d'affaires ; mardi, Dujarier me retint, et j'appris l'arrivée de Lautour. J'irai tantôt, vers trois heures, causer de mes malheurs avec vous. J'ai du monde à dîner aujourd'hui.

CCLXXV.

A M. CHLENDOWSKI, LIBRAIRE ÉDITEUR, A PARIS.

20 décembre 1844.

Mon cher monsieur Chlendowski,

J'ai le plus urgent besoin des bonnes feuilles d'*une Passion dans le désert*. J'ai eu plus tôt fini votre ouvrage que vous n'avez fait composer et tirer ce petit fragment ; ayez la complaisance de l'envoyer pour dimanche ou lundi au plus tard.

Vous n'avez donc pas fait paraître les deux derniers volumes de *Modeste Mignon*, que je n'ai pas reçu mon exemplaire ? Mercredi, *les Petits Manèges d'une femme vertueuse*[1] paraissent dans *le Messager* ; vous pouvez venir chercher toute la copie jeudi prochain, et je suis en mesure de vous donner sous peu de jours les cinq feuilles et neuf pages de LA COMÉDIE HUMAINE qui manquent pour que vous ayez reçu toute la copie due aux termes de notre traité.

Mille compliments.

1. Troisième partie de *Béatrix*; aujourd'hui, elle porte le titre d'un *Adultère rétrospectif*.

CCLXXVI.

A M. THÉODORE DABLIN, A PARIS.

Janvier 1845.

Mon cher Dablin, voici le manuscrit corrigé et les épreuves des *Chouans*. Dès que j'ai mis un nom ami en tête de chacune de mes compositions, celle-ci vous était destinée ; mais les hasards qui dominent les livres ont fait que, depuis 1834, les *Chouans* n'ont pas été réimprimés, quoique plusieurs personnes aient trouvé ce livre meilleur que sa réputation.

Si j'étais de ceux qui marquent dans leur temps, ceci pourrait avoir une grande valeur un jour ; mais ni vous ni moi ne saurons le mot de cette énigme ; aussi n'y voyez qu'un témoignage de cette amitié qui m'est restée au cœur, quoique vous l'ayez peu cultivée depuis bien des années.

Tout à vous.

CCLXXVII.

AU MÊME.

Janvier 1845.

Mon cher Dablin,

Ma sœur m'a dit qu'une parole qui m'était échappée vous avait fait de la peine. Ce serait me bien mal connaître que de croire que je sois ami à demi. Il y a bientôt dix-huit ans, un jour de Pâques, passant sur la place Vendôme entre vous et M. Pépin-Lehalleur, au pied de la colonne, j'étais bien jeune, mais je sentais ce que je serais un jour. Vous dites que les honneurs et la fortune changeaient les cœurs ; je vous répondis que rien ne me ferait changer en fait d'affection. Cela est vrai : je n'en ai trahi aucune. Aujourd'hui, tous ceux qui sont mes amis vrais sont sur le pied de la plus parfaite égalité. Si vous me pratiquiez un peu plus, vous le sauriez. Je suis resté bien enfant, malgré la réputation que j'ai pu acquérir. Seulement, j'ai l'égoïsme des grands travailleurs ; seize heures par jour données à un monument littéraire qui sera gigantesque, ne me laissent rien dont je puisse disposer. Cette privation des plaisirs du cœur est le plus fort impôt que je paye à l'avenir ; quant aux plaisirs du monde ou de la vie, l'art a tout tué, sans regret de ma part. Je pense que l'intelligence et les sentiments sont deux choses qui égalisent tout.

Ainsi, mon bon Dablin, ne mettez jamais au singulier ce que je dis pour les masses. J'ai été quatre fois chez vous pour vous voir, vous êtes je ne sais où. Si je ne rafraîchis pas moi-même votre cœur froissé, cette lettre vous dira que je crois avoir peu de chose à faire, car mon étonnement a été des plus grands quand Laure m'a eu dit que je vous avais fait de la peine.

Adieu ; une si longue lettre est du luxe pour moi.

Si vous voyez M. Pépin-Lehalleur, demandez-lui de ma part quel est l'agréé le plus habile et le plus dévoué à ses affaires qu'il y ait au tribunal de commerce : j'ai deux procès commerciaux à faire promptement finir.

Voici *les Chouans*. Mille choses de cœur, et tout à vous.

Envoyez-moi le nom de l'agréé.

CCLXXVIII.

A MADAME ZULMA CARRAUD, A FRAPESLE.

Janvier 1845.

Chère,

Et vous ne m'écrivez plus, ne fût-ce que tous les trois mois! Vous me laissez me cuisant dans les ardeurs d'un travail gigantesque et qui s'accroît d'efforts en efforts! Oh! c'est très-mal. J'ai causé beaucoup de vous hier avec un jeune professeur qui n'était pas la rose, mais qui avait vécu près d'elle à Frapesle, et nous avons fait un hymne d'éloges en votre honneur.

Vous ne vous figurez pas ce que c'est que LA COMÉDIE HUMAINE; c'est plus vaste, littérairement parlant, que la cathédrale de Bourges architecturalement. Voilà seize ans, ma chère et ingrate amie, que j'y suis, et il faut huit autres années encore pour terminer! J'attends que j'aie fini mon édition actuelle pour vous l'envoyer, toujours à condition que vous brûlerez tout ce que je vous ai donné, qui vraiment est indigne, à cause des fautes, de figurer près d'une perfection céleste comme la vôtre.

Borget ne vient pas me voir une fois par an! J'ai vu Périollas au Havre; il a sa niche dans LA COMÉDIE HUMAINE, comme tous ceux qui seront bons amis, serviables ou obligeants pour moi. Dans deux mois, l'édition en seize volumes sera finie, et, dans un mois, je vais en Allemagne pour six ou sept mois; ainsi, c'est presque un adieu que je vous fais ici.

On dit Yvan un beau garçon ; et Borget ne me l'a pas amené !...

Mille tendresses à vous, et mes amitiés au commandant.

Plaignez-moi ; je travaille seize heures par jour, et je dois encore plus de cent mille francs ! et j'ai quarante-cinq ans ! Voilà une triste chose.

Quand vous reverrai-je dans mon atelier, où vous avez laissé votre parfum pour vous faire regretter de temps en temps?

Allons, adieu !

CCLXXIX.

A MADAME HANSKA, A DRESDE.

Passy, 15 février 1845.

Pouvais-je donc vous écrire sans imprudence avant d'avoir reçu contr'ordre, votre dernière lettre me prescrivant de ne plus vous écrire à Dresde? Depuis cette lettre, j'ai reçu un petit mot de quelques lignes écrit à la hâte, qui ne pouvait pas m'engager à répondre et où le *statu quo* était maintenu.

J'éprouve même une certaine inquiétude en voyant que vous ne me parlez pas de mes dernières lettres; une d'elles contenait un article intitulé *les Boulevards*; je vous en demandais votre avis. Je ne sais même pas si vous avez reçu tout ce qui a paru des *Paysans*, et qui vous a été envoyé en deux fois. Enfin, *je mets la main à la plume* sur l'invitation contenue dans votre lettre écrite le 8, et qui m'est arrivée hier, où vous me dites que vous ne partirez pas avant le 1er mars environ. Ces préambules sont nécessaires pour expliquer la position. Si vous m'aviez écrit deux fois la semaine, ainsi que je vous l'avais demandé, il n'y aurait pas eu de ces lacunes ; mais je vous vois si triste et si tourmentée, que je n'ose ni gronder, ni récriminer, ni rien dire.

Il y a seulement une observation que je veux faire, rien que pour éclaircissement. Je suis sûr que vous envoyez vos lettres à la poste par quelqu'un d'infidèle, car les deux dernières n'étaient pas franches de port, et vous avez donné sans doute l'ordre d'affranchir ; donc, ou affranchissez vous-même, ou n'affranchissez pas du tout. Nous recommençons, comme à Pétersbourg, à payer chacun de notre côté. Prenez, de grâce, des habitudes d'ordre et d'économie. En voyage, on a sans cesse besoin de son argent ; c'est bien assez d'être volé par les aubergistes, sans s'y prêter encore d'autre part comme vous faites. Depuis douze ans que j'ai le bonheur de vous connaître, c'est moi-même qui mets à la poste les lettres que je vous écris.

Pauvre chère comtesse ! combien de choses à vous dire ! Mais, avant tout, parlons raison. Sans votre inexorable défense, il y a un mois que je serais à Dresde (*Stadt-Rom*), en face de l'hôtel de *Saxe* ; et, si vous levez la défense, répondez courrier par courrier et j'arrive. Puisque vous voulez, ainsi que votre enfant, revoir absolument votre Lirette, il n'y a pour cela qu'un moyen : c'est de venir la trouver à Paris. Ce voyage ne peut avoir lieu que de la manière suivante : Vous venez à Francfort, vous vous y établissez ; vous vous proposez un voyage sur les bords du Rhin; vous commencez par Mayence, où vous me trouvez avec un passe-port pour ma sœur et ma nièce. Vous prenez la malle-poste, et vous passez du 15 mars au 15 mai à Paris, sans en rien dire à qui que ce soit au monde. Vous regagnez votre chez vous à Francfort, et j'y arrive quelque temps après. Comme vous n'aurez vu personne dans les premiers jours de votre arrivée à Francfort, on n'aura fait aucune attention à vous deux, et l'on ne s'occupera peut-être de vous qu'à votre retour. Seulement, obtenez de votre diplomate un passe-port pour Francfort et les bords du Rhin; vous serez quitte pour revenir par Coblence, Cologne, etc., en faisant viser le passe-port pour ces endroits-là.

J'aurai trouvé, pendant ce temps, pour vous deux, un petit appartement meublé à Chaillot, non loin de Passy. Vous verrez à votre aise la grande ville incognito. Il y a douze théâtres pour votre enfant, puisqu'elle les aime et que vous voulez l'amuser. Cela fera bien des courses, sans compter les visites au couvent, qui seraient plus fréquentes que celles du théâtre, si je consultais vos goûts; mais ils sont tellement mêlés à ceux de votre fille et vous passez si bien votre vie à vous sacrifier l'une pour l'autre, que l'on ne sait jamais laquelle de vous veut une chose ou ne la veut pas. Vous ne dépenserez presque rien, si vous voulez faire le voyage en garçon, et garder un silence absolu sur cette escapade. Vous verrez l'Exposition, les théâtres, les monuments; je me précautionnerai pour les concerts du Conservatoire; enfin, je m'arrangerai pour qu'en deux mois vous en ayez pour votre argent. Voilà mon plan.

Mais, dans ces sortes de choses, il faut de la hardiesse et du secret, peu de bagages, le strict nécessaire. On trouve, ici, tout de meilleure qualité et à meilleur marché que partout ailleurs, comparativement aux prix où je vous ai vues acheter vos robes et vos chiffons en Italie, en Suisse et en Allemagne!

J'ai dit, et je me résume. — Arriver à Francfort, vous y établir comme à votre quartier général d'excursion sur le Rhin; et, au bout de trois jours, venir à Mayence par le chemin de fer; vous livrer à une excursion du 15 mars au 15 mai, et revenir enchantées du Rhin. La malle-poste contient trois personnes. Elle vous emmène, elle vous ramène. A Chaillot, vous trouverez un bon petit appartement meublé par mes soins, des domestiques, une cuisinière, une femme de chambre, un valet de pied, le tout pour deux mois. Le matin, vous irez dans Paris à pied, ou en fiacre pour diminuer les distances. Le soir, vous aurez votre voiture. Pas une rencontre possible en suivant ce programme et n'allant pas dans le monde.

Chère comtesse, les incertitudes de votre arrivée à Francfort ont bien durement pesé sur moi; car que pouvais-je faire, attendant à toute heure une lettre qui pouvait me faire partir sur-le-champ? Je n'ai pas une ligne d'écrite sur la fin des *Paysans*. Ces incertitudes ont tout désorganisé chez moi. Au point de vue des intérêts matériels, cela m'a été fatal. Malgré votre belle intelligence, vous ne sauriez jamais le comprendre; car vous ne savez rien de l'économie parisienne, ni des moyens pénibles qui constituent la vie d'un homme qui veut vivre avec six mille francs par an. Ainsi, je dois absolument quitter

Passy, où je suis trop à l'étroit. Eh bien, je n'ai rien osé faire, ni rien entreprendre, à cause de toutes vos incertitudes. Mais le plus grand mal est mon inoccupation. Comment puis-je me jeter dans un travail absorbant avec une idée comme celle de partir sous peu et de partir pour vous revoir? C'est impossible! il faudrait n'avoir ni tête ni cœur. J'ai donc été tenaillé, torturé comme jamais je ne l'ai été. C'est un triple martyre, celui du cœur, celui de la tête, celui des affaires, et, mon imagination aidant, il a été si violent, que je vous déclare que je m'en suis senti hébété, et tellement hébété, que, pour échapper à la folie, je me suis mis à aller en soirée et à jouer au lansquenet chez madame Merlin et chez d'autres ; il fallait bien appliquer un moxa sur un pareil mal. Je n'ai fort heureusement ni perdu ni gagné. Je suis allé au spectacle, j'ai dîné en ville ; enfin, j'ai mené une vie folle depuis une quinzaine. Maintenant, je vais essayer de travailler nuit et jour, afin de terminer *les Paysans* et un petit bout du livre pour Chlendowski.

Je vous envoie, par les messageries, le tome XI de LA COMÉDIE HUMAINE, où vous trouverez *Splendeurs et Misères des courtisanes;* le tome IV, qui renferme « votre » *Modeste Mignon* et la fin de *Béatrix;* puis *le Diable à Paris.* Ces livres vous amuseront peut-être; dans tous les cas, dites-m'en votre avis, comme vous avez coutume de le faire, c'est-à-dire avec la sincérité d'un esprit fraternel et la sagacité, la sûreté de jugement d'un vrai critique. Si la réduction de mon buste de David est faite, je vous l'enverrai également. Non-seulement l'achèvement des *Paysans* est une nécessité absolue devant laquelle *tout* doit céder, relativement à la littérature et à la réputation de loyauté que j'ai pour les engagements de plume, mais c'est d'une absolue nécessité pour mes intérêts.

Cette année est une année climatérique pour mes affaires. Sous quarante-cinq jours, l'impression de LA COMÉDIE HUMAINE va se terminer. Les éditeurs ont mis là-dessus les deux plus fortes imprimeries de Paris, et il faut que je voie deux fois plus d'épreuves qu'auparavant; il en résulte une somme importante pour moi. *Les Paysans*, s'il y a succès, peuvent donner trente mille francs en librairie et donnent dix mille francs au journal, c'est quarante mille francs; quinze mille francs de LA COMÉDIE HUMAINE font cinquante-cinq mille; trente mille francs des Jardies dans le mois de mars font quatre-vingt-cinq mille; dix mille francs de mes autres travaux font quatre-vingt quinze mille, et les vingt mille du Nord font cent quinze mille francs. Otez-en soixante-cinq mille pour le demi-hectare du parc Monceaux, reste cinquante mille francs; et ces cinquante mille francs payent la portion la plus ennuyeuse de ma dette... Je ne construirai à Monceau qu'après avoir payé mes derniers créanciers et après avoir gagné les cinquante mille francs nécessaires à la construction. Mais, comme il faut deux ans pour bâtir, sécher et meubler une maison, si l'on fait le gros œuvre en 1846, elle ne sera habitable qu'en 1848. J'ai donc à me loger dans un appartement convenable pendant trois ans, et je ne puis cependant quitter Passy que mes dettes pressantes payées. Donc, il faut finir *les Paysans*, il faut finir LA COMÉDIE HUMAINE, et *les Petits Bourgeois*, et *le Théâtre comme il est*. Or, chère comtesse, vous m'avez fait perdre tout le mois de janvier et les quinze premiers jours de février à me dire : « Je pars — demain — dans huit jours; » à me faire attendre des lettres; enfin, à me tordre dans des rages que moi seul connais! Ceci a fait un dégât effroyable dans mes affaires, car, au lieu d'avoir ma liberté le 15 février, j'ai aujourd'hui pour un mois de travaux herculéens, et à inscrire dans ma cervelle ceci, qui sera démenti par mon cœur : *Ne pense ni à ton étoile, ni à Dresde, ni à voyager, reste à la chaîne et travaille misérablement!*

Or, chère, ce que j'appelle *travailler*, c'est quelque chose qu'il faut voir et qu'aucune prose ne peut dépeindre; car, depuis un mois, ce que j'ai fait aurait mis sur les dents un homme bien organisé. J'ai corrigé les treizième et quatorzième volumes de LA COMÉDIE HUMAINE, qui contiennent *la Peau de chagrin, la Recherche de l'absolu, Melmoth réconcilié, le Chef-d'œuvre inconnu, Jésus-Christ en Flandre, les Chouans, le Médecin de campagne* et *le Curé de village*. J'ai fini *Béatrix*, j'ai fait et corrigé des articles pour *le Diable à Paris*, et j'ai noué des affaires. Tout cela n'est rien, ce n'est pas travailler; travailler, chère comtesse, c'est me lever tous les soirs à minuit, écrire jusqu'à huit heures, déjeuner en un quart d'heure, travailler jusqu'à cinq heures, dîner, me coucher et recommencer le lendemain; et, de ce travail, il sort cinq volumes en quarante jours. C'est ce que je commence après avoir achevé cette lettre; il faut faire six volumes des *Paysans*, et six feuilles de COMÉDIE HUMAINE, pour Chlendowski et pour LA COMÉDIE HUMAINE elle-même, attendu que c'est la seule chose qui me manque pour terminer cette édition, qui aura dix-sept volumes. J'en espère une deuxième pour 1846, et cette deuxième aura vingt-quatre volumes et peut me donner deux cent mille francs.

Ainsi voilà un rapport sur les affaires de votre serviteur et sur le projet de voyage de Votre Seigneurie.

Maintenant, laissez-moi arriver à ce qui est plus grave que tout, je veux dire ce nuage de tristesse que j'aperçois sur votre front olympien. Comment! parce qu'une folle n'a pas pu être heureuse, *elle vient cracher sur la vendange,* comme dit Charlet, et vous brouiller le cœur, et vous l'écoutez! vous! Prenez-y garde, ceci est un crime de lèse-camaraderie, de lèse-fraternité. Et vous m'écrivez des tristesses à faire mourir le diable. Dans votre avant-dernière lettre, vous me proposiez gracieusement, avec ces formes russes que vous avez sans doute empruntées pour cette occurrence, un petit congrès où les deux grandes puissances auront à décider si elles doivent continuer ou non leur alliance offensive et défensive. Ceci, *ma chère dame,* est, croyez-le, un plus grand crime que ceux sur lesquels vous me raillez agréablement, car je n'ai jamais eu besoin de consulter là-dessus, et, depuis 1833, vous savez très-bien que je vous aime, non pas seulement comme un insensé, mais comme un clairvoyant, et les yeux bien ouverts, et que, depuis cette époque, j'ai eu toujours et sans cesse le cœur plein de vous. Les erreurs que vous me reprochez sont de fatales nécessités humaines, très-bien jugées par Votre Excellence elle-même. Mais je n'ai jamais mis en doute que je ne dusse être heureux avec vous!

Décidément, chère comtesse, je vous conseille de quitter Dresde au plus tôt. Il y a là des princesses qui vous empestent et vous empoisonnent le cœur, et, n'étaient *les Paysans*, je serais parti sur l'heure pour montrer à cette vénérable invalide de Cythère comment aiment les hommes de mon espèce, qui n'ont pas reçu, comme son prince, une citrouille russe au lieu d'un cœur français des mains de la nature hyperboréenne. En France, nous sommes gais et spirituels et nous aimons, nous sommes gais et spirituels et nous mourons, nous sommes gais et spirituels et nous créons, nous sommes gais et spirituels et néanmoins constitutionnels, nous sommes gais et spirituels et nous faisons des choses sublimes et profondes!... Nous haïssons l'ennui, mais nous n'en avons pas moins de cœur, nous allons à toute chose gais et spirituels, frisés, pommadés, souriants! Voilà pourquoi on dit sur un air sublime :

La Victoire, en chantant, nous ouvre la carrière !

ce qui nous fait prendre pour un peuple léger, nous qui, dans ce moment même, applaudissons les tartines de George Sand, d'Eugène Suë, de Gustave de Beaumont, de Tocqueville, du baron d'Eckstein et de M. Guizot. Nous légers! sous le règne du sac de mille francs et de Sa Majesté Louis-Philippe! Dites à votre chère princesse que la France sait aimer. Dites-lui que je vous connais depuis 1833, et qu'en 1845, je suis prêt à aller de Paris à Dresde pour vous voir un jour; et il n'est pas impossible que je fasse ce voyage : si, mardi prochain, j'étais heureux au jeu chez madame Merlin, je serais dimanche 23 à l'hôtel de *Rome*, pour en repartir le 24.

Chère étoile de première grandeur, je vois avec peine

dans votre lettre que vous commettez la faute de me défendre quand on m'attaque en votre présence, et de prendre feu à mon endroit. Mais vous ne songez pas, chère, que c'est un piége que vous tendent d'infâmes galériens de la galère du monde, pour jouir de votre embarras. Quand, devant vous, on dit du mal de moi, vous n'avez qu'une seule chose à faire, vous moquer de ceux qui me calomnient en enchérissant sur ce qu'ils disent, et conclure en leur disant: « S'il échappe à la vindicte publique, c'est qu'il est si habile qu'il endort le glaive de la loi! » C'est le mot de Dumas, à qui quelqu'un vient dire que son père était noir, et qui répond : « Mon grand'père était singe! »

Non, quand je pense que je pouvais partir le 1ᵉʳ janvier, être à Dresde le 7, et qu'en en repartant le 7 février, je vous aurais vue un mois sans avoir fait aucun dégât à mes affaires, que je serais à mon bureau comme j'y suis, heureux, rafraîchi, plein d'ardeur au travail, sans avoir subi les plus atroces supplices de l'attente, il me prend des rages qui tourbillonnent comme la vapeur quand elle siffle hors de son tube. Je vois que vous ignorez complétement ce que vous êtes pour moi. Cela ne fait honneur ni à votre jugement ni à votre pénétration. Aujourd'hui, cette délicieuse escapade m'est impossible. Dans les premiers jours de mars, il faut régulariser la vente des Jardies ; il faut remplir promptement les formalités légales pour mettre ces précieux trente mille francs de côté; il faut terminer LA COMÉDIE HUMAINE et réaliser les quinze mille francs qui me seront dus ; il faut enfin compléter soixante-trois mille francs pour mon arpent et payer vingt-cinq mille francs de dettes qui pourraient m'empêcher de devenir ostensiblement propriétaire.

Villemain est à Chaillot; il n'est pas plus fou que vous et moi. Il a eu quelques hallucinations qui ont porté sur les idées comme j'en ai eu sur les mots en 1832, à Saché; je vous les ai racontées : je prononçais des mots involontairement; mais il est si bien guéri, qu'il parle de ce qu'il a eu, avec la sagesse et le sang-froid d'un médecin; il avait beaucoup baissé comme talent, il était impropre aux négociations avec le clergé, on a profité de sa démission pour se débarrasser de lui. Nous avons, lui et moi, causé de cela ensemble pendant plus de deux heures. D'après ce qu'il m'a dit, je crois qu'il est à jamais perdu pour la politique.

Je vois bien que je n'ai rien de mieux à faire qu'à m'ordonner à moi-même de travailler pendant un mois, sans regarder ni en avant ni en arrière. Si quelque chose a pu adoucir l'humeur rageuse que j'ai eue, c'est votre lettre qui m'a appris que tous ces délais et toutes ces incertitudes ont été occasionnées par votre santé. Ce mot-là est un talisman, il me ferait rester un doigt pris dans une porte sans rien dire. Aussi je vous supplie de ne plus penser à moi dès que votre chère santé se trouve en jeu, cette chère et précieuse santé qui vous donne ce frais, jeune et radieux visage; je ne sais pas ce que je ferais pour voir un instant, par un pouvoir magique, le sourire sur vos lèvres, le soleil de la joie et du contentement dans vos yeux, et vos petites pattes blanches et agiles, tracassant les perles de votre collier. Dans ces moments-là, voyez-vous, je serais prêt à faire toutes les folies possibles et les sacrifices les plus grands et les plus réels, à laisser là *Paysans* et journaux et à m'enfoncer, de deux ans de profondeur, dans ma dette pour vous voir une heure seulement. Mais, hélas! vous le savez, je ne suis que trop lié par les chaînes pesantes de l'argent. Je ne rêve que de Dresde, je connais la façade et le côté de l'hôtel de *Saxe*, à vous dire comment sont les rideaux des fenêtres; je vois tout cela devant mes yeux. Et la terrasse, donc! oh! combien je voudrais y être, aller vous y dire un mot qui durerait deux jours à prononcer, puis repartir!

Allons, adieu! Mais je m'aperçois que je vous dis adieu dans mes lettres comme je vous disais bonsoir à Pétersbourg, à l'hôtel Koutaïtsof; nous nous promenions du canapé à la porte et de la porte au canapé plus de dix minutes sans parvenir à l'adieu définitif. Si je pouvais faire en huit jours la deuxième partie des *Paysans*, je partirais, et, dans six jours, je vous verrais. Dites-vous bien qu'il ne se passe pas une heure sans que vous soyez dans ma pensée; car, pour mon cœur, vous y êtes toujours et sans cesse.

L'hiver a repris ici avec une grande rigueur. Vous avez bien fait de rester à Dresde. Évitez, je vous en supplie, ces passages subits du chaud au froid et du froid au chaud, dont vous me parlez. C'est bien de penser sans cesse comme vous faites à votre enfant; mais ce serait mal, et ne pas l'aimer, que de vous oublier toujours vous-même pour elle. De tous les personnages dont vous m'avez entretenu, il n'y a que la comtesse de L... qui m'ait souri : cette aimable vieille qui a reconnu en vous l'enfant du comte Rzewuski m'est allée au cœur, elle est bien de mon monde. Quant à Lara, vous me ferez le plaisir de ne plus le recevoir chez vous dorénavant. Pour le porte-glaive, passe encore !

¶ Vous ai-je dit qu'on a nommé le bœuf gras de cette année *le Père Goriot,* et qu'à ce propos il y a eu force calembours et puffs à mon endroit? Ceci est un petit restant de nouvelles. ¶ Je suis assez fâché de n'être pas allé à Dresde; je n'ai pas eu le temps, quand j'y ai été uniquement pour voir la Galerie, de visiter le pays et d'aller à Kulm, afin de pouvoir écrire la bataille de Dresde; ce sera une des pages les plus importantes de mes SCÈNES DE LA VIE MILITAIRE.

A bientôt; soignez-vous bien, et dites à votre chère enfant les choses les plus tendrement aimables de la part d'un des plus sincères et fidèles amis qu'elle aura jamais, sans excepter son mari, car je l'aime comme l'aimait son père.

Néanmoins, mes bons anges, pensez-y bien et que votre affection pour votre ami ne vous entraîne pas trop loin; pesez bien les inconvénients, les dangers de ce voyage; quelque plaisir immense que me donne la seule idée de vous montrer Paris à toutes deux, de vous l'expliquer, de vous initier à cette vie, etc., j'aime mieux y renoncer que de vous exposer au moindre regret. Examinez donc bien si j'ai tout prévu; et, si vous trouvez les risques trop forts, sachez renoncer à ce mirage; il ne faut pas se donner des regrets éternels pour deux mois d'un plaisir qui n'est que retardé, celui de voir un visage ami, à travers les grilles d'un couvent.

CCLXXX.

A MADAME ÉMILE DE GIRARDIN, A PARIS.

Paris, mars 1845.

Madame,

Puisque je me suis, avant-hier, si bien acquitté de la présentation de la princesse Gallitzine, permettez-moi de croire que je ne serai pas plus malheureux en remplissant une autre mission près de vous.

Vous avez désiré, je crois, voir madame de Castries : elle me charge de vous dire qu'elle sera charmée de vous recevoir.

J'ai acquis la précieuse nouvelle que ma bêtise, à l'endroit d'un faux Rességuier, est devenue tout ce que l'esprit français pouvait faire de plus ingénieux ; le jeune homme rêve de vous, avec l'imagination d'un *homme de seize* (dirait Lautour), et j'ai comblé ses désirs en ne croyant faire qu'une mauvaise plaisanterie. J'ai donc eu du bonheur dans ma bêtise. Mais, maintenant, je ne me risquerai avec nulle autre que vous ; car vous seule pouvez offrir de semblables chances.

Agréez, je vous prie, l'expression de mes sentiments et les plus affectueux hommages de qui a l'honneur d'être votre humble serviteur.

CCLXXXI.

A M. ARMAND DUTACQ, A PARIS.

Passy, 18 mars 1845.

Mon cher Dutacq,

Vous ne m'avez rien envoyé. *Et d'un!*

Vous avez dû voir Dumont; il faut prendre jour et m'en aviser. *Et de deux!*

Maintenant, on pense qu'Amyot, libraire, rue de la Paix, un de ceux qui sont les mieux placés pour la vente, et qui veut établir son fils, peut faire l'illustration d'*Eugénie Grandet* ou du *Médecin de campagne*. Ça vous va-t-il? Il y a plus d'éléments de tranquillité qu'avec tout autre. *Et de trois!*

Je pense que Lemud et Meissonier feraient quelque chose de très-bien, et qu'on aurait une belle propriété.

Mille amitiés.

CCLXXXII.

A M. BERTALL (ALBERT D'ARNOUX), DESSINATEUR, A PARIS.

Passy, jeudi 20 mars 1845.

Mon cher Bertall,

Vous savez combien nous avons peu de temps à perdre. Nous aurions besoin de nous entendre sur plusieurs points, et, si vous vouliez venir dîner chez moi, demain vendredi, à quatre heures, nous conférerions sur les *Petites Misères*[1]; vous remporteriez tout l'ouvrage en épreuves, et, pour la première fois, vous pourriez embrasser l'illustration d'un coup. Le texte est arrêté *bon à tirer*.

Nous causerions aussi du prospectus.

Mille compliments,

Vous serez libre de vous en aller à six heures et demie; ainsi vous ne perdrez pas de temps.

CCLXXXIII.

AU MÊME.

Passy, 2 avril 1845.

PRÉFACE

OU CHACUN RETROUVERA SES IMPRESSIONS DE MARIAGE.

En haut, mon cher Bertall, il faudrait grouper deux cornes d'abondance, la conque en l'air et la pointe en bas. Il sortirait du haut des enfants et des joujoux; d'un côté, Adolphe; de l'autre, Caroline : Caroline timide, Adolphe très-joyeux.

---

1. Il s'agissait de publier l'édition illustrée des *Petites Misères de la Vie conjugale*.

CORRESPONDANCE.

AVANT.

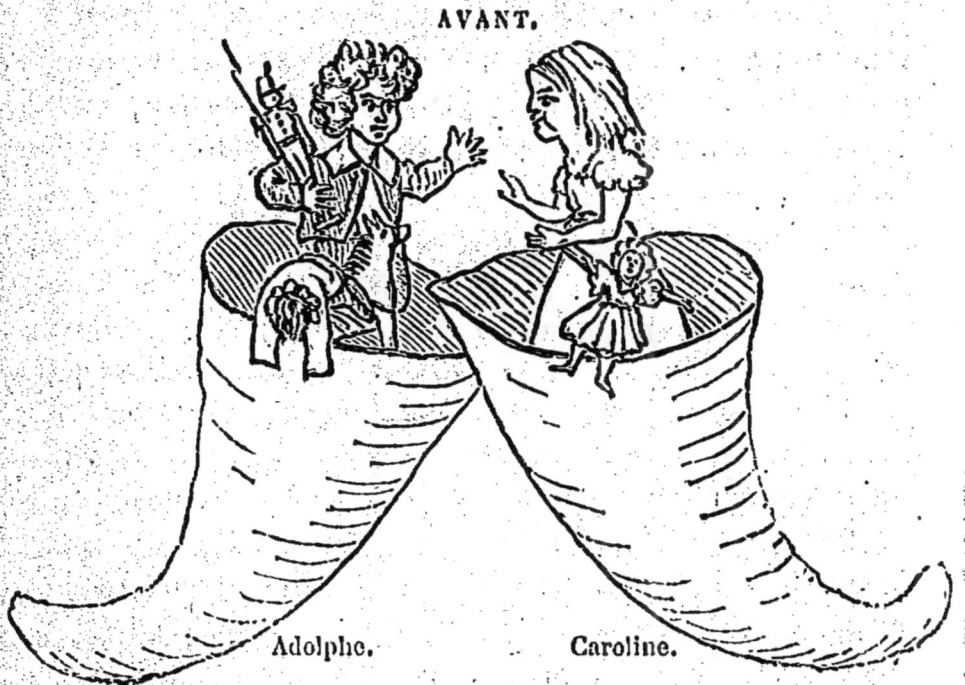

Adolphe.   Caroline.

En bas, il faudrait renverser les cornes, mettre les pointes en haut, et faire sortir des conques les ennuis de la vie : Caroline impérieuse, agressive, et Adolphe défait et penaud.

APRÈS.

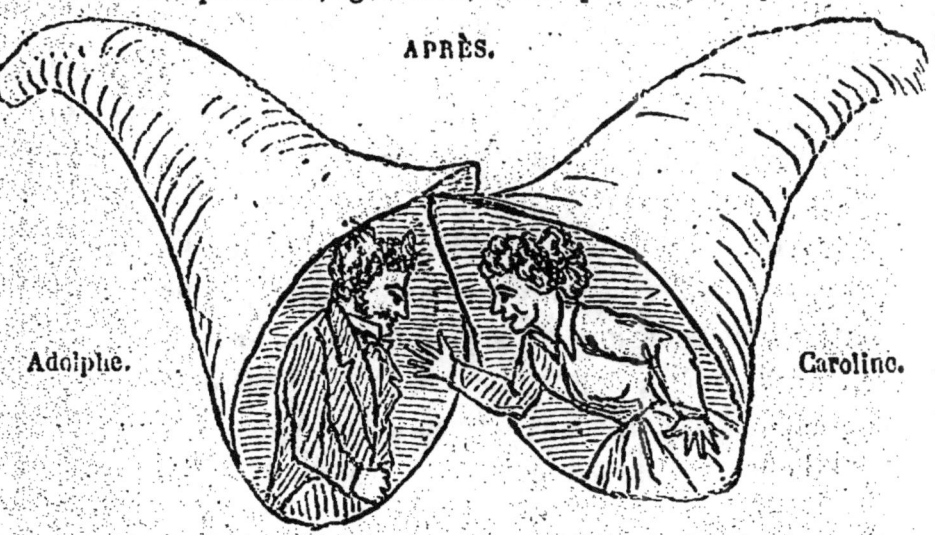

Adolphe.   Caroline.

Vous recevrez une épreuve complète et corrigée d'ici à deux jours.

Peut-être faudrait-il nous entendre pour toute cette préface, qui doit faire prospectus.

CCLXXXIV.

A MADAME HANSKA, A DRESDE.

Paris, 3 avril 1845.

Je reçois votre lettre du 27 et je ne sais que penser, en la lisant, de tout ce que vous me dites de la mienne. Moi, vous faire la moindre peine, le moindre chagrin, moi de qui la constante pensée est de vous les épargner! L'épithète de *meurtrière*, appliquée à ma prose, m'a fait bondir. Mon Dieu, quelque bonnes que soient mes intentions, il paraît que je vous ai fait mal, et c'est assez. Quand nous nous verrons, vous comprendrez peut-être combien l'incertitude qui plane sur moi a été fatale; fatale à mes intérêts si gravement compromis, fatale à mon bonheur, puisque je me vois séparé de vous pour trente jours au moins, car je n'ai pas une ligne d'écrite et je ne serai guère à Francfort que dans les premiers jours de mai. Dans des circonstances si irritantes, il est permis d'être impatient. J'écris d'ailleurs mes lettres bien à la hâte, sans jamais les relire; je me laisse aller à moi-même sans aucune réflexion, et, si j'avais relu celle-là, peut-être en aurais-je fait, comme de beaucoup d'autres (*où j'élevais un peu trop la voix*), un sacrifice à Vulcain.

Néanmoins, laissez-moi vous dire qu'il est deux cœurs

qui sont pleins de vous, qui vous aiment uniquement pour vous seule. C'est Lirette et moi. Eh bien, Lirette, avec qui je parlais de votre situation, à la grille de son couvent, partage entièrement mes idées sur l'avenir auquel j'ai fait allusion, à propos duquel je me suis mêlé, indiscrètement peut-être, de vous donner des conseils bien sages. Quant aux dangers personnels dont vous me parlez *pour moi*, c'est de ces choses dont je ris et avec lesquelles vous n'êtes pas familiarisée. Il y a ici, à Paris, des gens à qui ma figure déplaît, qui me voudraient hors de ce monde, qui ont des haines plus que féroces contre moi, et qui ne m'en saluent pas moins. Il est très-possible que, comme Carter, à qui l'on proposait deux lions, j'eusse trouvé vos Saxons trop peu féroces, et mon métier de dompteur de bêtes peu en lumière. Mais je puis vous assurer, chère comtesse, que, si c'est là la cause des affreux trois mois que je viens de passer, ah! cher cœur fraternel, ce serait plutôt à moi de vous répéter les mots sublimes que j'ai baisés dans votre lettre : *Je vous pardonne!* je les ai contemplés avec une larme à l'œil, car il y avait là votre adorable caractère tout entier. Vous vous êtes crue offensée par le serviteur le plus fidèle, le plus dévoué qui sera jamais, et vous lui avez pardonné. J'ai été plus touché de cela que de tous mes chagrins réunis. Oh! merci de la douleur qui m'a fait sonder la profondeur de votre perfection, et pardonnez-moi de vous avoir méconnue; soyez *vous* tant que vous voudrez, faites tout ce que vous voudrez, et si, par impossible, vous faisiez mal, ce serait mon bonheur que de réparer la maille rompue du filet. J'ai eu tort, j'ai été coupable et très-coupable, car, à une bonté comme la vôtre, il faut toujours répondre par la douceur et l'adoration. Écrivez-moi peu ou prou, ne m'écrivez pas du tout, j'en souffrirai, mais je saurai me taire. Faites comme vous l'entendrez pour votre avenir et celui de votre enfant; seulement, ne vous enracinez pas trop dans le présent, regardez toujours devant vous et arrachez à l'avance les épines du chemin que vous devez traverser.

Je me suis déterminé à demander un arpent et demi à Monceau, parce qu'il en faut huit cents toises (un arpent et demi fait quinze cents toises superficielles) pour un jardin et une maison avec les dépendances. Tant que les sept cents toises restantes ne vaudront pas trois cent cinquante mille francs, je les garderai en jardin et j'en jouirai. Cet arpent et demi coûtera quatre-vingt-dix mille francs et la maison à bâtir cinquante mille francs; en tout, cent quarante mille francs. Ce sera fini et payé en 1846, et je n'aurai plus alors un sou de dettes; ce sera six mille francs de loyer; à cette époque, je ne pourrais convenablement me loger à moins...

Voici encore un académicien de mort, Soumet; il y en a cinq ou six qui inclinent à la tombe; la force des choses me fera peut-être académicien, malgré vos railleries et vos répugnances.

J'ai tout tenté pour rester à Passy, où je suis tranquillement et commodément, mais tout a échoué. On me donne congé pour octobre de cette année, et il faudra se transporter à Paris, pour attendre deux ans, dans un appartement, que mon petit hôtel soit bâti à Monceau. Je vais aller chercher au faubourg Saint-Germain; c'est une dépense de quelques milliers de francs que je regrette énormément. Mes affaires d'argent exigeront aussi impérieusement, sinon plus que mes travaux, que je reste tout le mois d'avril à Paris. Il me faut vingt-cinq mille francs ce mois-ci, et il faut que je règle avec les trois libraires de LA COMÉDIE HUMAINE, qui me doivent de quinze à seize mille francs. Il est plus que probable que, si j'eusse pu appliquer tout ce que j'ai en portefeuille au payement de mes dettes, je n'aurais plus rien dû à personne au monde vers octobre prochain ; car j'ai, sans compter *les Petits Bourgeois,* quatre-vingt mille francs à recevoir cette année, et j'espère en gagner cent mille en 1846. Ce serait deux cent mille si LA COMÉDIE HUMAINE s'épuisait. Dans six à huit ans d'ici, les sept cents toises réservées vaudront trois ou quatre cent mille francs. Monceau sera alors la même chose que le quartier Notre-Dame-de-Lorette, c'est forcé d'après la marche du Paris actuel ; il y a une cause d'activité dont le progrès sera même si rapide, qu'on ne peut pas dire si ce ne sera pas dans trois ou quatre ans ; c'est le débarcadère des chemins de Versailles, de Saint-Germain, de Rouen et du Havre qui sépare le futur quartier de Monceau du quartier de Tivoli. Aussi achèterai-je peut-être l'arpent et demi avant même de payer le reste de mes dettes, tant j'ai peur que cette affaire ne m'échappe. Ne pensez pas un instant que je puisse me tromper, car M. d'Aligre a acheté considérablement dans ces parages ; il y gagnera des millions quand le quartier se fera. Je suis vraiment désespéré que vous n'ayez pu mettre à exécution les idées que je vous avais soumises à Pétersbourg, quant à la réalisation d'une somme considérable, même par voie d'emprunt, car il y a là une fortune. Ceci, chère comtesse, n'est pas *spéculer*, comme vous dites : c'est *placer*, ne confondons point; c'est jeter une somme dans un coin où elle se trouve décuplée. Aussi regardé-je comme un affreux malheur d'avoir en ce moment vingt mille francs à payer pour éteindre les dettes qui m'empêchent d'être propriétaire. Émile de Girardin, en achetant deux cent cinquante mille francs son temple de la rue de Chaillot, ne peut que doubler ses capitaux; tandis que deux cent cinquante mille francs mis en terrain à Monceau seront décuplés. D'ailleurs, c'est jouer le jeu du roi Louis-Philippe et de M. d'Aligre, les deux plus habiles spéculateurs de France et de Navarre. Le roi n'a vendu à Plon ses vingt-trois arpents que pour en mettre vingt-cinq autres en valeur, et il l'a dit d'ailleurs lui-même.

Hier, je suis allé à la poste à quatre heures, et pas de lettres! Vous n'avez donc pas mis votre lettre à la poste mardi? Voilà comment vous tenez vos promesses!

Je suis à peu près sûr de retrouver mes heures de travail, celles de la table et du lit, et, si les difficultés du logis sont résolues, j'aurai de la tranquillité dans l'âme, car la maison est à ma disposition et je puis faire mon déménagement à mon aise, tout en travaillant ici jusqu'au dernier moment.

Dimanche, deux heures et demie.

Je me lève, je regarde mon Daflinger avec délices! Enfin, j'ai reçu hier votre lettre. Figurez-vous, chère, que j'ai eu vraiment du malheur. Votre lettre avait reçu un pâté d'encre, elle s'était collée à une autre, et il y a eu un retard constaté par la poste sur l'enveloppe. La directrice, qui, depuis deux jours, voyait mon anxiété, m'a vivement crié en me voyant : « Monsieur, il y a une lettre ! » et me l'a fait voir avec une joie qui lui fait honneur. Et quelle lettre ! Je l'ai lue en allant tout doucement par les endroits solitaires. Lire des choses si charmantes qui vous sont adressées, c'est à ne plus écrire une ligne soi-même et à rester couché aux pieds de sa souveraine comme son chien fidèle. Enfin, j'ai dormi, car je dois avouer que, depuis deux jours, je n'avais pas fermé l'œil, tant ce retard m'inquiétait. Songez que, si je n'ai plus quarante feuilles à faire, j'en ai toujours dix-neuf ; vous voyez qu'au lieu d'écrire les manuscrits, je n'écris qu'à vous et que j'irai ainsi toute la nuit. J'ai tort, je suis un grand coupable, je me le reproche, je fais bien des efforts pour me remettre au travail et je reste incorrigible ; c'est toujours comme en ce moment : je relis votre lettre, j'y réponds et je n'ai pas encore une ligne de copie d'écrite. J'ai lu, les larmes dans les yeux, ce que vous me dites de si affectueux et de si émouvant, au sujet des difficultés de nos positions respectives. Mais tout ce que je vous écris doit vous prouver que ce que vous regardez comme au-dessus de l'homme et que vous croyez être l'apanage exclusif de la femme est le fait de ma vie. Vous savez trop bien que je ne pense qu'à vous, et à toute heure.

J'ai vu Plon ; le roi recule à mesure que lui, Plon, avance : le roi veut maintenant treize cent mille francs ; je ne sais vraiment pas si cette affaire se fera. Dans le cas affirmatif, je serais toujours d'avis d'y mettre une somme pour l'avenir, c'est le placement le meilleur et le plus sûr; mais, si l'affaire Franklin a lieu, je ne demanderai plus que deux arpents pour cent trente mille francs. C'est tout ce que je puis me permettre, n'est-ce pas? Répondez-moi bien sur tout cela, chère comtesse. Vous savez que je ne fais rien sans consulter votre suprême sagesse.

Je reviens à votre lettre et je vous en remercie encore et toujours; je l'ai lue et relue avec tous les sentiments qu'elle excite, avec une adoration agenouillée moralement devant cette exquise perfection de cœur. D'entre chaque ligne sort une image de votre belle âme, de vos sentiments si nobles et si purs. Avez-vous été généreuse avec cet affreux Anglais! Je ne vous pardonne qu'à cause de l'ombrelle retrouvée; je hais l'Angleterre, les Anglais, et les Anglaises surtout, plus que tout, car c'est une Anglaise qui est la cause de mes derniers malheurs; chaque obstacle m'irrite en me retraçant d'humiliants souvenirs et me rendent *honteux et confus* de mon injustifiable duperie.

Quand je finis une lettre pour vous, je suis comme quand on se sépare : j'ai une amère et profonde tristesse. Mille choses à vous dire dont j'oublie les trois quarts. Écrivez-moi bien régulièrement.

Adieu, et à bientôt, j'espère.

CCLXXXV.

A LA MÊME.

Paris, 10 avril 1845.

Adieu, paniers! vendanges sont faites, chère comtesse! La maison de la rue Fontaine est une infâme horreur et il faut s'en tenir à Monceau. L'affaire de l'illustration des *Petites Misères* est terminée, et j'empoche environ sept mille francs. Je vais avoir des réimpressions de la *Physiologie du mariage* et de quelques autres œuvres, et enfin l'affaire des *Paysans* en librairie se conclura d'ici à quinze jours; en sorte que j'avancerai dans l'importance de ma liquidation à pas de géant et non petit à petit, comme vous dites. En ce moment, chez nous, la librairie est dans un état affreux; j'aurai, à ce qu'il paraît, affaire à Leipsick : j'ai reçu des lettres de cette ville qui contiennent des propositions pour des réimpressions, et cela ne peut guère se traiter par correspondance.

Ferai-je en douze jours deux parties des *Paysans*; là est le problème, car je n'ai pas une seule ligne d'écrite. Dresde et vous, vous me tournez la tête; je ne sais que devenir. Il n'y a rien de plus fatal que l'indécision dans laquelle vous m'avez tenu depuis trois mois. Si j'étais parti le 1er janvier pour revenir le 28 février, je serais plus avancé, et j'aurais eu deux bons mois comme à Pétersbourg. Chère étoile souveraine, comment voulez-vous qu'on puisse concevoir deux idées, écrire deux phrases, avec le cœur et la tête agités comme je les ai eus depuis novembre dernier ; mais c'est à rendre fou un homme ! Je me suis bourré de café en pure perte, je n'ai réussi qu'à augmenter les tressaillements nerveux de mes yeux et je n'ai rien écrit ; voilà ma situation au 10 avril, aujourd'hui ; et j'ai sur le dos *la Presse*, qui envoie tous les jours, et mes *Paysans*, qui sont mon premier long ouvrage ; je suis entre deux désespoirs, celui de ne pas vous voir, de ne pas vous avoir vue, et le chagrin littéraire, financier, le chagrin d'amour-propre. Oh ! Charles II avait bien raison de dire : *Mais Elle?...* dans toutes les affaires que des ministres lui soumettaient.

Je ne puis vous écrire que ce mot, et il est plein de tristesse, car il faut que je travaille et que je tâche de vous oublier pendant quelques jours pour être mieux et plus sûrement à vous. Il est midi, je viens de prendre une forte tasse de café, je me remets aux *Paysans* pour la dixième fois et tous les muscles de ma face jouent comme ceux d'un animal ; la nature a assez de travail, elle regimbe. Ah ! pourquoi ai-je des dettes ! pourquoi me faut-il travailler bon gré mal gré ! Je suis si chagrin, si tiraillé, si désespéré, que je ne veux pas être désespérant ; vous devez assez voir que je suis à vous plus que jamais et que j'use ma vie loin de vous inutilement, car la gloire à conquérir par des ouvrages insipides ne vaut pas quelques heures passées près de vous. Enfin, je ne me confie qu'à Dieu et à vous seule ; à vous qui ne m'écrivez pas un mot de plus pour cela, vous qui pourriez me consoler par trois lettres par semaine au moins, et qui m'en écrivez à peine deux, et encore si courtes !

18 avril.

Vous m'écrivez : « Je voudrais vous voir ! » Eh bien, quand vous tiendrez cette lettre entre vos doigts mignons, puissent-ils trembler un peu, car je serai bien près de vous, à Eisenach, à Erfurt, que sais-je ! car je suis de bien près ma lettre : je vous écris aujourd'hui vendredi et je pars dimanche au plus tard.

Comment ! vous pouvez recevoir de votre gouvernement l'ordre de revenir dans votre pays et je ne vous aurais pas vue ? Comment ! voilà cinq mois que je n'ai pas écrit une panse d'*a*, ô chère comtesse ! et vous me dites que je me suis amusé ? Mais vous connaissez ma vie par ces lettres où elle est écrite jour par jour, heure par heure et minute par minute ; et c'est ainsi que vous lisez, que vous savez que mes seuls plaisirs sont de penser à vous et de vous le prouver en vous écrivant ! J'ai passé ces cinq mois à me dire tous les jours : « Je pars demain ; je la verrai, ne fût-ce qu'un mois, que deux minutes, mais je la verrai ! »

Ne m'écrivez plus, mais attendez-moi.

Je suis chagrin que vous ayez lu *les Petits Manéges d'une femme vertueuse*, sans avoir attendu l'édition de Chlendowski, dans le tome IV de LA COMÉDIE HUMAINE, où cela porte le titre de « *Béatrix*, dernière partie ». Avez-vous reçu les deux lignes qui ont pu vous dire dans quel état j'étais de lundi à dimanche ? *Je vais la revoir !* une idée qui a souvent défrayé des voyages de sept cents lieues. J'ai tout envoyé promener ! et LA COMÉDIE HUMAINE, et *les Paysans*, et *la Presse*, et le public, et Chlendowski, à qui je dois dix feuilles de LA COMÉDIE HUMAINE..., hum! et mes affaires, et un petit volume projeté que je ferai en route, et mon affaire avec *le Siècle* qui se terminait ces jours-ci; enfin, tout! Je suis si heureux de partir, que je ne puis plus écrire posément; je ne sais pas trop si vous pourrez me lire, mais, à mon griffonnage, vous reconnaîtrez ma joie! Lisez ivresse et bonheur à tout ce qui sera indéchiffrable. Vous direz à tout votre monde qu'étant venu à Leipsick pour affaires, je viens à Dresde par *politesse* et pour vous faire mes adieux avant votre retour dans vos foyers. Faites-moi retenir un appartement à la *Stadt-Rom*; j'aurais besoin de trois pièces : un petit salon, une chambre à coucher et un cabinet de travail. J'ai de la besogne par-dessus la tête et je travaillerai de cinq heures du matin à midi tous les jours; de midi à sept heures, je serai chez vous, et vous dirai bonsoir à huit heures. Comme vous voyez, il n'y aura pas place pour un Saxon ni pour un Polonais dans tout cela. Cette fois-ci, je vous dis adieu sans douleur, car mes malles sont là; je sors pour mon passe-port et pour mes épreuves.

Je voudrais ne pas être, comme à mon rapide passage par Dresde, sous les toits à la *Stadt-Rom*, mais pas plus haut que le second; j'apporterai avec moi mon triste hippocrène, mon café, car ce sera peu que de travailler sept heures par jour pour tout ce que j'ai à faire. Allons, je vous quitte, adieu! Cette fois, je suis sûr de vous voir bientôt, et plus tôt même que vous ne le pensez peut-être.

CCLXXXVI.

A M. FROMENT MEURICE, A PARIS.

Mai 1845.

Mon cher *aurifaber*,

Je vous remercie de votre canne aux singes, dont le dessin est d'une perfection inouïe, et digne de vous.

Puis-je compter que, pendant mon absence, vous me monterez les agates, vous finirez mon lézard, vous ferez mon coffret? et voulez-vous, puisque vous ne m'avez pas donné le support, en faire un second, comme pendant?

Si vous étiez aimable, je trouverais tout fini le 16 mai, jour de ma fête.

Mille affectueux compliments.

Je souhaite que madame Froment Meurice se rétablisse promptement.

Je vous envoie l'inscription à mettre en relief sur le coffret et que j'ai promise à votre metteur en œuvre.

CCLXXXVII.

A MADAME ÉMILE DE GIRARDIN, A PARIS.

Paris, 2 août 1845.

Hélas! j'ai trois affaires qui me condamnent à rester chez moi. D'abord, l'état très-inquiétant d'une personne de mes amies qui s'est blessée, et pour laquelle il y a consultation de docteurs, où j'ai bien peur que chacun ne prêche pour son *sein !*... Puis un cas grave survenu dans la vie d'une autre personne à qui je m'intéresse, et qui prend rendez-vous chez moi pour traiter cette affaire. Enfin, *les Paysans* exigent que je travaille toute cette nuit.

Ce qui me console, c'est de vous savoir entourée des tigres et des lions de la littérature, de poésie et d'esprit; et l'absence d'un humble prosateur, remarquable seulement par sa mine joviale, ne se fera pas sentir. Vous serez au milieu d'une pléiade; que feriez-vous, madame, d'un vendeur de pommes?

Autant de respect que d'amitié, c'est tout vous dire.

On a oublié de mettre ce petit mot dans le panier de pommes envoyé à la plus spirituelle et à la plus belle.

CCLXXXVIII.

A MADAME HANSKA, A DRESDE.

Paris, 8 septembre 1845.

Chère étoile, hélas! toujours lointaine! Non, je ne saurais m'habituer à vous voir toujours rayonner sur moi, mais dans de tels espaces! Non, vrai, je n'y tiens plus. Dites-moi donc, de grâce, dans votre première lettre, où vous serez vers les premiers jours d'octobre; n'en doutez pas, j'y serai aussi; comment et quand, c'est mon secret et je ne reviendrai à Paris que quand vous partirez de votre côté avec votre smala. Voici qu'il est décidé que je ne déménage plus; je trouve des gens qui ne tiennent pas leur parole et je suis dégagé de l'obligation de faire vingt-cinq feuilles de LA COMÉDIE HUMAINE. Je n'en ai plus que treize à faire et je vais les brocher en un tour de main. Qu'ai-je besoin d'argent? J'ai besoin de vous voir et je reviens. Je sais bien que nous n'aurons plus la liberté de nos promenades et de nos causeries, et que bien des devoirs m'interdiront trop souvent le charme de votre incomparable société; mais le hasard me favorisera peut-être de quelque bienheureux quart d'heure où je pourrai vous dire en bloc ce que je sens en détail; et, si le hasard m'est contraire, je vous verrai au moins, je vous regarderai, j'entendrai votre douce voix, je saurai que vous êtes bien là, que les distances sont abolies, que nous sommes au moins dans le même pays et dans la même ville. Mon affection pour vous est à la fois si grande et si minutieuse ou, si vous l'aimez mieux, si puérile, que je souffre, en mangeant de bons fruits, que vous n'en ayez pas, et il me prend envie de n'y point toucher pour ne pas goûter un plaisir dont vous êtes privée. Ah! croyez-le bien, vous êtes toujours la première comme la dernière ou plutôt l'unique et continuelle pensée de ma vie.

Je me suis entendu avec le vieux joueur à la Bourse qui possède la maison dont je vous ai parlé : il sera engagé pour trois mois avec moi, et je ne serai pas forcé d'acheter au prix de cent mille francs; ce prix n'est, en réalité, que de soixante mille francs, car on va faire, à Passy, une route qui coûtera huit cent mille francs pour éviter la montagne. Elle passera à douze pieds au-dessous du rocher sur lequel la maison est bâtie, et dont on achètera un morceau, ce qui fait, dit-on, dix mille francs d'indemnité; puis il y a pour trente mille francs de terrain à vendre rue Franklin; mais tout cela est à examiner. Vous voyez que je n'oublie pas vos conseils de prudence.

9 septembre.

Froment Meurice est l'inexactitude en personne; il devait venir et il n'est pas venu. J'ai fait, en l'attendant, huit feuillets des *Petites Misères;* j'en vais faire huit aujourd'hui et huit demain, ce sera fini. Ensuite, je me mets au roman.

Royer-Collard est mort. C'était *l'endroit* de Sieyès.

En me promenant hier, je suis allé à deux heures chez madame de Girardin; j'ai fait la route à pied, et suis revenu à pied. Elle m'a dit à plusieurs reprises qu'il fallait me présenter à l'Académie, quoiqu'on veuille, cette fois, y mettre Rémusat, qui n'a pas beaucoup de titres; mais, soyez tranquille, je sais que vous en seriez contrariée, et vous pouvez être assurée qu'en ceci, comme en tout le reste, je ne ferai jamais que votre volonté. Je suis revenu à la poste, vous croyant plus généreuse pour moi que vous ne l'êtes en réalité; je me disais : « Elle aura trouvé à Francfort deux lettres et la petite caisse de Froment Meurice; elle m'aura répondu un petit mot en dehors de son envoi périodique ! » Mais rien !... j'ai été triste... Je vous envoie des volumes et vous ne me donnez que ce qui est convenu !...

Mes heures sont maintenant à peu près reprises; mais je me fatigue beaucoup à ce métier, je ne pourrai plus guère le faire une fois ces derniers manuscrits livrés et *les Paysans* finis. Dans deux jours, je n'aurai plus que treize feuilles à faire, et Chlendowski et Souverain seront fournis de ce qui leur revient, à mon retour, en novembre, décembre, janvier et février.

Adieu donc; car il faut travailler.

Mercredi 10.

Je n'ai plus ce matin que dix feuillets à faire pour avoir terminé ce qu'il faut à Chlendowski, c'est-à-dire pour achever les *Petites Misères*, et, demain, je commencerai la dernière partie de *Splendeurs et Misères* : c'est six feuilles de LA COMÉDIE HUMAINE à faire; il faudra bien dix jours; cela me mène au 20; il faudra autant pour faire les six feuilles de Souverain, cela va jusqu'au 30. Évidemment, je pourrai partir dans les premiers jours d'octobre, du 1er au 5, et je serai le 10 octobre à Dresde, pour en partir le 5 novembre; ce sera près d'un mois, chère comtesse! N'oubliez pas, aussitôt cette lettre reçue, de m'envoyer : 1° les armes d'Anna coloriées, 2° les vôtres, 3° celles de Georges; qu'il me fasse ces trois petites choses-là, afin que je puisse avoir des modèles exacts, et, s'il y a des supports et des tenants, qu'il les fasse aussi; il est possible que Froment trouve là des effets qui lui serviront pour ce qu'il y a à faire pour Georges et pour Anna.

J'ai retrouvé mes facultés plus brillantes que jamais, et je suis sûr que mes douze feuilles, qui feront deux romans de chacun six feuilles, seront dignes des anciennes; je dis cela pour calmer les inquiétudes de votre âme fraternelle à propos des réactions du physique sur le moral, et bien vous prouver une cent millionième fois que je vous dis exactement tout, sans en cacher la moindre vétille, en bien comme en mal. Allez donc aux eaux à Tœplitz ou ailleurs, puisque vous le jugez nécessaire, pourvu que vous soyez fidèle à votre parole de Sarmate. En attendant, je réduis mes travaux à la plus simple expression, et, vers le 20 avril, je vais dans le Nord vous contempler au milieu de vos grandeurs.

Laurent-Jan est venu; il m'a distrait, il m'a amusé, mais il m'a volé trois heures.

Allons, il faut quitter cette petite causerie, pâle joie en comparaison des causeries réelles, embellies par le charme de la présence et la certitude de la réalité! Mais enfin cela ne vous dit-il pas qu'il ne se passe pas une heure de la journée sans que je vous revoie dans les mille choses de vous qui m'entourent, quand même il n'y aurait pas une éternelle et vivante pensée au cœur? C'est aujourd'hui mercredi, et je n'ai toujours pas de lettres; comment ne m'avez-vous pas écrit un mot de Francfort pour m'accuser réception de l'envoi de Froment Meurice et de mes lettres? Je m'y perds et j'en suis bien malheureux.

Jeudi 11.

J'ai travaillé toute la journée; il y a sept feuilles de lues sur le tome XVI et dernier de LA COMÉDIE HUMAINE. Beaucoup pensé à mon étoile, hélas! beaucoup trop pour mon travail et mon repos.

Je suis encore allé à la poste pour rien.

Vendredi 12.

J'ai enfin votre lettre!... Oh! mon Dieu! sait-on ce que c'est qu'une lettre? j'en suis tout tremblant de bonheur...

Savoir ce que vous faites, où vous êtes, ce que vous pensez, c'est donc maintenant le bonheur ! Quelle belle page que celle sur les familles de cathédrales et de cimetières... Ah! c'est vous qui savez écrire ! Mais il faut que je vous quitte, je pars pour aller voir chez Froment Meurice la canne de Georges et pour exécuter vos ordres souverains...

Chère comtesse, la canne est magnifique, et vous en serez tous archisatisfaits.

Vous avez donc revu Heidelberg ! Merci de la vue et du buis. Mais comment ne me dites-vous pas de quel nom le docteur Chelius a nommé votre maladie et la raison pour laquelle il vous envoie à Baden, qui m'a toujours paru être des eaux pour rire ? Enfin, je suis loin de murmurer sur une consultation qui vous met à la porte de la frontière de France, à trente-six heures de Paris. Seulement, je voudrais plus de détails sur votre santé. — Les bijoux d'Anna sont expédiés par un courrier de la maison Rothschild ; ils sont adressés à Francfort au baron Anselme de Rothschild. Vous pouvez les y demander et vous les faire envoyer où vous serez. — Il est bien difficile de trouver le numéro du *Charivari* qui vous préoccupe ; mais je vais le faire chercher et acheter. C'est, je vous le répète, une niaiserie dans le genre de l'article sur la croix. J'étais accablé de princesses russes, et je m'enfuyais pour les éviter. Vous ne me dites pas comment vous avez passé la frontière prussienne ? Vous êtes bien sûre, n'est-ce pas ? à quel point tous vos chagrins de cœur sont les miens ; je ne m'habitue à rien. Je ne traverse pas la place de la Concorde sans y soupirer tristement. Quand vous serez à Baden, tâchez donc de prendre la bonne habitude de m'écrire deux fois par semaine. Vous si bonne, vous ne me refuserez pas cela, n'est-ce pas? et vous ne me trouverez pas trop exigeant, trop ennuyeux, trop importun. Pour égoïste, oui, je le suis; mais vos lettres, c'est ma vie.

Je n'ai encore rien vendu aux journaux; j'ai beaucoup de pourparlers, mais pas d'argent; ils trouvent tous mes prix trop élevés.

A demain; j'ai des courses à faire et il faut que j'entasse beaucoup de copie.

Dimanche 14, quatre heures du matin.

Ce matin, à huit heures et demie, je vais visiter la maison du vieux Salluon, bien en détail, et voir la partie qui sera retranchée par la route; ainsi, par ma lettre de demain, vous saurez mes dernières résolutions. Hélas! je ne vous écrirai pas la semaine prochaine : il faut que, dans cette triste semaine, je fasse les six feuilles de Chlendowski, car je ne veux plus rien avoir à fournir à cet étrange Polonais; il ne dit que du mal de moi, et vous savez tout ce que j'ai fait pour lui aux dépens de mes propres intérêts. Dans dix jours, je ne veux plus rien lui devoir.

O chère Providence de ma vie! qu'il y a de vraie et touchante bonté dans vos courses chez les marchands de bric-à-brac; à chaque phrase de vos récits à ce sujet, j'essuyais mes larmes; oh! si vous saviez mon bonheur et combien je suis *reconnaissant* d'avoir obtenu l'affection d'une âme aussi grande, aussi vaillante que la vôtre, vous en seriez touchée et votre cœur sentirait le fleuve de vie que le mien lui envoie. C'est l'infini dans la tendresse. Rien ne pourra tarir ce qui s'en échappe. Vous pourriez sortir de votre caractère angélique, me gronder, me dire des paroles dures, je resterais toujours le même; je sens en moi, pour vous, des attaches que rien ne peut briser. Oh! je vous aime à mourir de chagrin s'il vous arrivait une douleur, ou le moindre hasard malencontreux. Je viens de relire votre chère lettre et je me dis, avec angoisse et serrement de cœur : « Quel chagrin d'avoir huit jours à attendre pour en recevoir une autre! » Oh! positivement je partirai dans les premiers jours d'octobre; la canne de Georges sera faite, les dessins de grandeur naturelle de la toilette seront finis. Je demande à Georges de m'arrêter une chambre à Baden; car il est certain que je vous y verrai, vous y serez encore dans les premiers jours d'octobre; de là, vous devriez bien me permettre d'aller vous trouver à Heidelberg, puisque le docteur Chelius veut vous y retenir un mois sous sa direction médicale, après vos eaux de Baden.

J'ai bien des ennuis dont je ne vous parle pas dans mes lettres. Hélas! vous avez assez des vôtres d'ailleurs, cela prendrait trop de place. Je vous raconterai cela dans vingt-cinq jours, pour être consolé comme vous seule pouvez et savez consoler. Vous serez effrayée de la noirceur du monde, de ses injustices, de ses persécutions, de ses haines; c'est à croire vraiment qu'il n'y a que nous deux de bons au monde, au moins l'un pour l'autre. Aussi ne désiré-je plus du tout rester à Paris; je souhaite beaucoup vivre à Passy dans la maison Salluon, sans y voir personne, travaillant sous vos yeux et ne vous quittant pas. Il n'y a de vrai, croyez-le bien, que le sentiment qui me domine, quand il est surtout doublé de l'amitié qui nous unit : mêmes goûts, même esprit, même travail, mêmes âmes fraternelles. Je vais vous mettre ici un volubilis et du réséda de mon jardin, pris dans cette allée où nous nous sommes tant promenés, et je vous renvoie le petit plomb de l'imprimerie qui a été retrouvé. Ces petites choses vont vous arriver pleines de vœux pour votre chère santé; soignez-vous bien, soyez égoïste; c'est aimer votre chère enfant, c'est prouver une fois de plus que vous avez quelque souci de votre fidèle et dévoué croyant. Dites-moi bien ce que vous aura dit le docteur Chelius. Soyez bien prudente à Baden : c'est pavé de Français, de joueurs, de journalistes; évitez le monde, ne voyez personne, car cette fatale célébrité que je maudis pourrait s'attacher à vous qui l'abhorrez comme une simple et douce violette que vous êtes, et vous causer beaucoup d'ennuis et peut-être même, ce qu'à Dieu ne plaise! beaucoup de chagrins.

Mille fleurs d'affections vraies, mille pensées (inédites, s'il vous plaît) à l'étoile chérie, à la grande dame, à la petite fille, à mon critique sévère, à mon public indulgent, à tout ce monde qui est en vous, à tous ces personnages qui sont autant de faces de ma souveraine si fidèlement et si uniquement chérie!

A bientôt pour vous voir; à demain pour vous écrire; à toujours pour vous aimer.

CCLXXXIX.

A M. GEORGES MNISZECH, A WIESBADEN.

Paris, septembre 1845.

Cher comte,

Ce que vous verrez sous ce pli vous dira combien je pensais à vous quand votre crayon me disait de si douces et de si spirituelles choses. Vous ne serez pas ému comme moi en lisant cette page, car il n'y est question que de vous, tandis qu'en recevant la vôtre, je voyais les seules personnes à qui je donne le saint nom, le nom doux et sacré d'ami. Néanmoins, mettez-la dans votre collection d'autographes; je tâcherai qu'elle soit un jour plus glorieuse pour vous qu'elle ne l'est aujourd'hui. Quiconque aura joui comme moi de votre compagnie dans un voyage semblable au nôtre, vous aimera, se réjouira de votre avenir, et c'est ce que je fais à plein cœur. Vous avez, outre vos talents et votre instruction, de si belles et si nobles qualités, que je vous trouve digne du bonheur qui vous attend, et, comme il est immense, c'est tout dire en un mot.

Ne m'accusez pas de froideur à cause de mon adieu à Bruxelles. Que voulez-vous! j'ai quarante-six ans, j'avais le cœur plein de larmes, près de déborder, et, quand on a passé la jeunesse, on a je ne sais quelle fatuité de force; mais comptez bien sur moi, accablez-moi de demandes aux naturalistes, en coquilles, lépidotères et coléoptères impossibles, je trouverai tout.

Dites à la chère Anna que Froment Meurice la trouve admirable, et sincèrement. Il a vu comme artiste la finesse, la grâce, l'ingénuité de cette noble et charmante créature; enfin, tout ce que vous avez saisi dans son profil, qui se rapproche de celui de George Sand, moins le *gras* et le *matériel* de George Sand. D'ailleurs, Anna a quelque chose de plus précieux que la beauté : c'est sa grâce, sa grâce simple et touchante. L'angélique pureté de son âme communique à ses traits, à ses mouvements, à ses airs de tête, quelque chose de divin qui saisit l'artiste; aussi Froment Meurice est-il disposé à faire des chefs-d'œuvre pour elle et pour vous.

Adieu, mon cher comte, vous que je trouve si heureux de vivre entre les deux plus nobles, les plus attrayantes, les plus excellentes personnes que j'aie rencontrées dans toute une vie pleine d'observation obligée. Sentez bien tout votre bonheur, car vous êtes aimé là où d'autres auraient pu n'être que choisis. Plaignez-moi beaucoup de travailler au lieu d'être avec ma chère troupe, et laissez-moi vous tendre d'ici une main amie qui ne pressera réellement la vôtre qu'à Dresde dans six semaines.

Tout à vous.

P.-S. — Si le hasard vous mène encore à Heidelberg, n'oubliez pas *la porte Élizabeth*. Vous voyez comme je vous donne l'exemple d'user sans façon de moi.

CCXC.

A MADAME HANSKA, A DRESDE.

Mercredi, 15 octobre 1845.

Chère comtesse,

Je pars de Paris par la malle le 22, comme vous partez de Mulhouse, et je serai le 23, à cinq heures, à Chalon; c'est moi qui vous donnerai la main pour descendre de voiture. Ma place est retenue et payée. Comment voulez-vous que je vous adresse de Paris, *mercredi*, une lettre pour Francfort-sur-Mein, à vous qui quittez cette ville *jeudi?* J'ai reçu hier à Passy votre troisième lettre, où vous me donnez ces indications, et nous sommes au mercredi 15. C'était impossible! J'en gémis d'autant plus que je ne peux vous envoyer une lettre pour la douane de Strasbourg, où je voulais vous recommander.

Répondez à votre diseuse de bonne aventure que ses cartes ont menti, et que je ne m'occupe pas d'une autre blonde que la Fortune. Non, je n'ai pas d'autre langage que le muet langage du cœur pour vous remercier de cette adorable lettre n° 2, où éclate votre gaieté avec son pétillant entrain, doux trésor de votre charmant esprit que le beau temps vous a ramené; car, comme vous disiez une fois: « Il n'y a que les malfaiteurs qui peuvent rester tristes en présence d'un joyeux soleil. » Je me sers de cet excellent M. Silbermann qui vous remettra ces quelques lignes, non pour vous dire que vous me trouverez à Chalon, votre instinct d'amie a dû vous en avertir; non pour vous expliquer pourquoi vous n'avez rien reçu à Francfort, mais pour vous peindre mon extase en lisant cette lettre. Votre joie enfantine et purement physique m'a pénétré; j'ai admiré cet adorable naturel si enjoué, si spontané et si sérieux à la fois, parce qu'il est composé d'impressions vives et de sentiments profonds. Enfin, j'ai eu les yeux baignés de larmes en remerciant Dieu avec ferveur de vous avoir rendu cette santé, à laquelle vous ne tenez que pour les vôtres, pour ceux qui vous aiment comme vos enfants et votre vieil esclave fidèle. Chaque fois que je vais respirer votre air, votre cœur, votre présence, je reviens désespéré des obstacles qui m'empêchent de rester dans le ciel. Aussi je travaille, Dieu seul sait comment, car Dieu seul sait pourquoi! Quand vous tiendrez cette lettre, il est plus que probable que je n'aurai plus de dettes que celles de la famille. Nous causerons de mes affaires sur le bateau de Chalon à Lyon. J'en aurai long à vous dire là-dessus, et j'espère que, cette fois, vous ne serez pas trop mécontente de votre serviteur. J'ai énormément à faire, à écrire, à corriger, avant d'être libre de vous accompagner. J'espère pouvoir vous conduire jusqu'à Gênes. A qui confierais-je le soin de vous tenir la tête si vous étiez malade sur mer? Si vous me laissiez faire, j'irais jusqu'à Naples; je sacrifierais tout, même une fortune, pour garder une amie telle que vous et la soigner en cas de mal de mer. Je ne peux pas vous savoir livrée à des étrangers, à des indifférents; je veux être auprès de vous, ma chère comtesse aimée, ma brillante étoile, mon bonheur!

Toute cette semaine, j'ai été comme un ballon; vous savez ce que sont les courses d'affaires à Paris, j'en suis vraiment accablé. Les minutes valent des heures pour moi, si je veux ne perdre que de l'argent en voyageant, car il me sera impossible de recueillir aux journaux le prix des *Petites Misères* (trois feuilles), de *la Femme de soixante ans* (une feuille), des *Comédiens sans le savoir* (trois feuilles); en tout, sept feuilles de la Comédie humaine qui valent au moins six mille francs. Ce n'est pas une perte, c'est un manque de gain. Je n'ai pas le temps, et personne ne peut me suppléer pour vendre cela. Pour le moment, d'ailleurs, aucun journal ne peut prendre, ils ont tous des romans commencés. Les Jardies seront payées cette semaine; il m'a fallu aller cinq fois chez M. Gavault sans le trouver; j'ai fait quatre courses inutiles à *l'Époque*. Enfin, je vous raconterai tout; il est stupide de causer affaires ici, quand nous aurons une journée en bateau de Chalon à Lyon, et une autre de Lyon à Avignon. Je tâcherai de vous préparer des logements comme dans nos voyages passés; car je crois que vous serez bien forcée de vous arrêter parfois pour vous reposer quelque peu.

Je n'ai point reçu la coupe; je ne sais pas si la poste se charge de ces sortes d'expéditions; en tout cas, elle ne sera pas perdue; vous savez que j'en veux faire un souvenir symbolique : elle sera soutenue par quatre figures : la Constance, le Travail, l'Amitié, la Victoire.

Bade a été pour moi un bouquet fleuri sans une épine. Nous y avons vécu si doucement, si paisiblement, et tellement cœur à cœur! je n'ai jamais été si heureux de ma vie; il me semblait entrevoir l'image de l'avenir que j'appelle et que je rêve au milieu de mes ennuis et de mon accablante besogne. Mais j'irais au bout du monde à pied, vous dire que vos lettres sont pour moi, dans l'absence, ce que vous avez été vous-même à Bade, un de ces chefs-d'œuvre du cœur qui ne se rencontrent pas deux fois dans une vie humaine. Oh! si vous saviez comme vous êtes bénie, aimée, appelée à tout moment! Hier, je sentais mes yeux se mouiller de larmes heureuses, en songeant à tout ce que vous êtes pour moi; j'y ai pensé longtemps avec une douceur de souvenir dont rien n'approche. Ce sont mes excès, je me permets cela, comme votre friande enfant se permettait des alberges.

Je vous quitte, j'ai cinq feuilles de COMÉDIE HUMAINE à corriger. Je vous écrirai encore demain avant tout travail. Vous pouvez bien vous dire que, malgré mes travaux, mes courses, mes affaires, à toute heure, je pense à vous; que votre nom est sur mes lèvres, dans ma tête, dans mon cœur; enfin, je ne respire et ne vis que pour vous. Vous pouvez ajouter que je me dis et me répète sans cesse à moi-même : « Le 24, je la reverrai, je vivrai dix jours de sa vie! »

Cette lettre partira le 17 ou le 18 pour Strasbourg; M. Silbermann vous la remettra en personne.

16.

Chère comtesse, je travaille beaucoup; je vous ai écrit avec une telle hâte hier, que je n'ai pas eu le temps de relire ce que je vous écrivais; je vais mettre cette lettre à la poste aujourd'hui, car je n'en aurai pas le temps demain : je prends médecine, et puis lundi autant, M. Nacquart l'exige. En outre, j'ai des courses et des travaux excessifs, il m'est impossible de vous dire un mot. D'ailleurs, je vous vois d'aujourd'hui en huit peut-être... Je veux que vous ayez cette lettre à Strasbourg à votre passage; or, si M. Silbermann est à la campagne dimanche, et que vous arriviez lundi à Strasbourg, il pourrait y avoir malentendu; il faut donc qu'il la reçoive samedi, et, pour cela, il faut qu'elle parte aujourd'hui jeudi. Il sera ainsi prévenu d'aller vous voir.

Avec l'attrayante perspective de ce bienheureux 24, il m'est impossible de coudre deux idées ensemble; j'ai la triste certitude, d'autre part, de ne pouvoir faire une belle œuvre littéraire tant que je ne verrai pas clair dans mes affaires et que je n'aurai pas payé intégralement tous mes créanciers. Ennuyé par ce côté-là, et absorbé de l'autre par un sentiment profond, exclusif et passionnément dominateur, je ne puis rien faire, — l'esprit n'y est plus! — ce n'est ni une plainte ni un compliment, c'est la vérité. Je viens de prendre un parti pour obvier à ce petit malheur; c'est de terminer le volume de LA COMÉDIE HUMAINE en souffrance (le XIIe) avec *Madame de la Chanterie*; cela me dispense de faire sept feuilles qui valaient neuf mille francs. Loin de vous, je ne suis heureux que lorsque je vous revois par la pensée et le souvenir, quand je pense à vous, et j'y pense trop souvent *pour la copie*.

J'ai reçu la jolie coupe et j'en veux faire une merveille. Quand vous tiendrez cette lettre, dites-vous que nous allons l'un vers l'autre. Prenez bien garde à tout! Soignez votre santé, c'est le bien de votre enfant, je n'ose dire le mien, et pourtant ai-je autre chose au monde? Si quelque chose vous déplaît de ce que je dis ici, pardonnez-le à la hâte avec laquelle je griffonne. Je n'ai que le temps de fermer ma lettre en vous disant : « A bientôt! »

CCXCI.

A M. MÉRY, A MARSEILLE.

Paris, 21 octobre 1845.

Mon cher monsieur Méry,

Voulez-vous avoir la bonté de me retenir une place à la malle-poste de Marseille pour Paris, à la date du 2 novembre prochain? Vous me rendrez un petit service assez important, car j'aurai besoin de revenir promptement à Paris, en ne faisant que toucher à Marseille.

Vous seriez également bien aimable de retenir à l'hôtel d'*Orient*, pour le 29 et le 30 octobre, un appartement convenable pour quatre voyageurs, consistant en un salon et une chambre à coucher, et deux autres chambres à coucher, plus une chambre de domestique, et de les retenir à mon nom afin d'éviter tout quiproquo.

Madame de Girardin me charge de vous dire que madame Damoreau va répétant que *la Croix de Berny* est un chef-d'œuvre ; vous saurez sans doute pourquoi.

Trouvez ici, d'avance, mes remercîments et l'expression de mon admiration pour vos rares talents.

CCXCII.

A MADAME HANSKA, A NAPLES.

Marseille, 12 novembre 1845.

J'arrive à l'instant, je n'ai ni mes bagages ni mon passeport, je n'ai pas déjeuné; mais, pendant qu'on apprête la table, je me mets à vous écrire, chère comtesse, selon mon habitude; c'est, en arrivant, mon premier et mon plus grand besoin.

E dunque, il a constamment *venté* depuis Naples, *venté grand frais*, comme ils disaient sur le bateau, et *il y a eu beaucoup de mer*; c'est, vous le savez, les deux innocentes paroles sous lesquelles les marins déguisent les plus affreux temps; et le nôtre a été *si gros*, que nous avons été obligés de relâcher à Toulon hier; mais la *Santé* n'a point voulu permettre au commissaire du bord et à votre humble serviteur (diplomate) d'apporter les dépêches les plus importantes que jamais l'Orient ait expédiées! Il était sept heures, le soleil était couché, la Santé ne vaque plus; nous avons dit à la Santé qu'elle assumait sur sa tête la plus grande responsabilité, qu'elle jouait gros jeu : la Santé nous a ri au nez, et il a fallu passer la nuit à bord et continuer vers Marseille. Je n'ai pas été malade; mais tout le monde, les marins exceptés, l'a été rudement. Ce n'est pas tout : nous avons eu constamment de la pluie à verso, le Tibre et l'Arno se voyaient en mer, à leur jet jaunâtre, jusqu'à une grande distance; le littoral a été noyé. A tous mes chagrins, aucun ennui n'a manqué, vous le voyez! J'ai eu cependant une distraction : je suis allé à Pise, et, malgré la pluie battante, j'ai tout vu, excepté, il est vrai, votre admirateur M. C... La cathédrale et le baptistère m'ont ravi ; mais à ce ravissement s'est mêlée la pensée que, jusqu'à présent, cette année, je n'avais rien admiré sans vous ; et je n'ai plus alors regardé ces belles choses qu'avec la plus profonde mélancolie. A Civita-Vecchia, j'ai mis pied à terre en mémoire de vous, et je suis allé revoir ce magasin d'antiquités où vous vous étiez assise, et j'y ai appris que la Bocarmé avait déjà fait des histoires sur mon voyage, sans aucune importance d'ailleurs ; qui pourrait se soucier des bavardages de cette vieille intrigante ? Vous aviez mille fois raison, et je me suis bien repenti d'avoir écrit votre nom pour Anna, comme je me repens toujours quand j'ai le malheur de ne pas vous obéir ou vous deviner complétement. Tel est l'exact récit des *faits* de mon voyage. Quant aux sentiments, il faudrait inventer des mots nouveaux, tant vous devez être fatiguée de mes doléances. J'ai regardé l'hôtel de la *Victoire* aussi longtemps que j'ai pu ! Pas une femme ne s'est montrée à bord ; elles se sont manifestées par d'affreux vomissements, qui faisaient craquer les boiseries presque autant que la rage de la mer...

Voilà mon déjeuner qui vient m'interrompre.

Minuit.

Méry sort d'ici ; je lui ai offert du thé et un whist à dix sous la fiche, ce qui, comme vous voyez, n'est pas ruineux. Voici l'histoire de cette journée. Quand j'ai eu déjeuné, je me suis couché, tant j'étais fatigué. Méry, à qui j'avais écrit un mot, est venu pendant mon sommeil et m'a trouvé dans une pose si magnifique de repos, qu'il l'a respectée; mais il est revenu comme je m'habillais, et nous sommes allés voir un marchand d'antiquités chez qui j'ai trouvé de bien belles choses. J'ai choisi quelques niaiseries pour moi qui m'ont paru de vraies occasions à saisir; vous savez que je n'achète pas autrement. Au sortir de chez les marchands, nous avons été dîner en causant, puis nous sommes revenus ici prendre le thé; j'ai perdu cent sous, et j'ai gagné la collaboration de Méry pour plusieurs pièces de théâtre que j'ai en vue. Il va faire copier l'affaire des deux savants et nous la ferons imprimer pour vous. Un curieux autographe de Méry et des vers qu'il a faits pour vous, en me chargeant de vous les envoyer, sont joints à cette lettre. Cela vous fera plaisir, n'est-ce pas?

Je pars demain à onze heures du matin; ainsi je ne serai resté que quarante-huit heures à Marseille et je ne m'y suis occupé que de bric-à-brac beaucoup et un peu de Méry. Maintenant que nous voici au 13, il faut que je ferme cette lettre et que je vous l'envoie, car il y a une occasion demain pour l'Italie.

13, neuf heures du matin.

Adieu donc, chère comtesse, je ne vous écrirai plus que de Passy. Vous savez si bien ce qu'il y a dans mon âme, dans mon cœur, dans mes souvenirs pour vous et pour vos deux enfants, — car Georges est bien votre premier-né, — que je n'ai vraiment plus besoin de revenir là-dessus. Je suis encore stupide de la mer; même en vous écrivant, j'ai le roulis du bateau dans la tête; vous m'excuserez, n'est-ce pas? Je vous ai écrit les pieds encore humides de la mer, et, demain, je me remets dans la malle pour Paris. J'ai beaucoup dépensé, à part mes acquisitions; d'abord sur le bateau : l'eau n'était pas buvable, il a fallu prendre du vin de Champagne, et il a été impossible de le boire seul à côté du capitaine et du commissaire, qui étaient d'une attention admirable pour moi; j'ai donc eu beaucoup d'extraordinaire. J'ai dû aussi inviter ces messieurs à déjeuner ce matin à l'hôtel d'*Orient*; la politesse l'exigeait, et puis cela faisait un peu partie de mon costume d'auteur de LA COMÉDIE HUMAINE. Ne criez pas à la dissipation, n'en dites rien à Georges, qui me prendrait pour un Lucullus et se moquerait de moi !

Mille affectueux hommages, mille gracieusetés de cœur à votre adorable enfant et à l'excellent Georges. Je vais travailler à aller vous rejoindre. Peut-être verrez-vous Méry à Florence; il s'est arrangé pour être du voyage avec moi. Soignez-vous bien et dites-vous quelquefois qu'il est à Passy un pauvre être bien éloigné de son soleil. Je suis comme Méry bien frileux quand je suis à Paris, vous êtes ma **Provence**.

13, minuit.

J'ai eu jusqu'à ce soir pour donner ma lettre et j'en profite pour y ajouter encore quelques lignes et y mettre un dernier petit mot. D'ailleurs, ma grande souveraine tient assez à savoir tout ce que fait son dévoué et fidèle esclave. Vous saurez donc que mon déjeuner s'est bien passé, il a été fort bon et fort gai. Puis je suis allé chez Lazard, le fameux marchand de bric-à-brac de Marseille; puis nous avons dîné. J'avais fait le matin une petite visite à Méry, après vous avoir écrit, et j'ai vu son ménage. Pauvre poëte !

lié par la plus vulgaire et la plus sale des ficelles, et, malgré les misères d'une pareille existence, plus ensorcelé que jamais de son Anglaise. Ah! si vous saviez de quel air, en parlant à un jeune homme dans la rue, il m'a dit à l'oreille : « Charmant garçon! cousin de lady Greig... » Où étiez-vous, comtesse?

Enfin, il faut vous avouer que je tombe de sommeil, car j'ai passé la nuit blanche, à cause du thé que j'ai pris démesurément hier, et que le garçon (un stupide Allemand) avait fait d'une force vésuvienne.

Au lieu de dormir, je n'ai fait que calculer et recalculer mes engagements d'une part, et de l'autre mes projets d'acquisition, ma maison à bâtir ou à arranger. Puis je pensais aussi à la plus belle année de ma vie, celle où je vous ai le moins quittée. Comme vous voyez, cette insomnie n'a pas été sans de grands charmes. Avant de se séparer, on avait fait un peu de baccarat, j'ai gagné quelque argent; si bien que la partie de Pise ne me coûte plus rien. Méry est d'une force extraordinaire au jeu, et toujours de plus en plus spirituel sous toutes les formes.

Je quitte Marseille dans onze heures et avec l'espoir de revoir le Rhône que nous avons vu ensemble, au moins jusqu'à Vienne. Combien de souvenirs, combien de doux entretiens j'y repêcherai! Saurez-vous jamais avec quel nostalgique regret je vous cherche dans le passé où je vous ai vue, puisque je ne puis vous trouver dans le présent où vous êtes? Je me disais cela toute cette nuit en ne dormant pas. Si vous avez été réveillée dans cette nuit du 12 au 13, vous avez dû entendre prononcer tous vos noms avec des variations aussi douces qu'enfantines; tous!

car chacun d'eux répond aux délicieuses facettes de votre charmant caractère, à votre enjouement communicatif, à votre incomparable douceur, à votre raison supérieure, unie à cette angélique indulgence qui vous rend la plus précieuse des amies; oui, vous les avez entendues, ces pieuses et ferventes litanies, même dans votre sommeil, si vous dormiez, ou Dieu n'entend pas nos prières. Méry m'a parlé beaucoup de vous, vous lui êtes très-sympathique; il a bien remarqué votre front olympien, qui tient d'un dieu païen, de l'ange chrétien, du démon un peu (je veux dire du démon de la science). Ceux qui vous connaissent comme moi ne devraient aspirer qu'à une chose auprès de vous, c'est à comprendre, à goûter et à aimer de plus en plus votre âme, ne fût-ce que pour devenir meilleurs en participant à vous et à votre essence éthérée si parfaite. Voilà ma prière, le vœu de ma religion humaine, et mon dernier élan vers vous.

CCXCIII.

A LA MÊME.

Passy, 18 novembre 1845.

Chère comtesse, je suis arrivé hier tellement fatigué, qu'il a fallu me mettre au lit; je ne me suis levé que pour dîner et pour me recoucher aussitôt après; j'avais une horrible courbature avec de la fièvre; enfin, je me sentais tout moulu et brisé. J'avais excédé mes forces. A Marseille, j'étais en perpétuelle représentation, cela augmentait beaucoup la fatigue du voyage. Vous avez vu le métier que j'ai fait à Naples, toujours allant, courant, regardant, examinant, observant et causant! En sorte que ces trois nuits de malle-poste sans sommeil, ajoutées à ces douze jours de bateau et de courses à Naples, ont vaincu ma nature, quelque forte qu'elle soit. Je sors ce matin pour aller faire des courses à la Douane, à l'Entrepôt, et aller voir Émile de Girardin et, le soir, M. F... Je ne suis pas encore remis, j'ai encore de la courbature et de la fièvre; un bon sommeil fera passer tous ces malaises. A demain donc.

19.

Les commissions de Georges lui seront remises, vers le 15 ou le 16 décembre, par le capitaine du *Tancrède*. Sa canne est commandée et sera bientôt prête. Mes affaires vont bien, mais je n'aurai pas tout terminé avant la fin de l'année, et, tant que j'aurai un créancier, il serait imprudent de lever le masque à l'endroit de la propriété.

Chlendowski me donne les plus vives inquiétudes; il avait fait des tentatives de procès, et j'ai été bien inspiré en envoyant des épreuves par la poste à Lyon, car on a pu faire des *offres réelles* qui arrêtent tout procès. Chlendowski nous menace de déposer son bilan, si on ne l'aide pas. Mais je n'ai jamais vu mentir comme cet homme-là! Ce que vous avez fait pour amour de la France avec Laurent-Jan, je l'ai fait pour la Pologne avec Chlendowski. Le sort nous a dit là, chère comtesse, de ne nous intéresser qu'à nous-mêmes; les honnêtes gens ont assez à faire, croyez-moi, avec cette besogne, sans se charger par-dessus le marché de faire celle d'autrui. Si Chlendowski faisait faillite, je perdrais dix mille francs; c'est à faire frémir. J'ai donné des instructions pour chercher dans Paris des maisons bâties et toutes prêtes; car, à cent cinquante mille francs que coûterait Salluon, il est impossible, vu la rareté de l'argent, qu'on ne trouve pas une belle maison dans les conditions Salluon à ce prix, et où il n'y aurait pas même de si grands frais à faire. Si l'on ne trouve rien, il sera toujours temps de revenir à M. Salluon. Les journaux annoncent que tout est arrangé au département et au conseil de la Seine pour faire la route qui va retrancher des terrains à M. Salluon; j'aimerais à voir ce qui sera retranché, car, si l'on en ôte trop, c'est à réfléchir, et il faudrait avant tout connaître l'indemnité; personne n'achètera dans ces conditions d'incertitude. Ma liquidation me prend mon temps et mon argent, parce qu'il y a eu des oublis, comme le notaire de Sèvres qui arrive avec une note de quelques mille francs qui sont bien dus. Néanmoins, j'arriverai à tout terminer d'ici à fin décembre ou au 15 janvier au plus tard.

20.

Mes fatigues sont passées; j'ai pris un bain qui m'a fait beaucoup de bien. J'ai dîné hier chez madame de Girardin, où Gautier s'est offert à m'arranger *Richard Cœur-d'éponge,* dont il n'existe encore que le titre, et à me le faire représenter au théâtre des Variétés, qui en ce moment a la meilleure troupe de Paris. Je vais ce matin commencer mes comptes avec *la Presse* et la succession Dujarier; je me mettrai à l'ouvrage à compter de demain, si toutefois je puis me réveiller et secouer mon engourdissement.

Ce paquet ne pourra pas partir par le bateau du 21, il ne pourra vous parvenir que par celui du 1er décembre. Ne m'écrivez, je vous en supplie, que par les bateaux français, en indiquant bien cette voie quand vous envoyez vos lettres, et vous informant bien des jours de départ, car la voie de terre est la plus longue. Oh! chère comtesse, combien je vous admire et comme je me suis régalé de vous le dire à Marseille!

21.

Levé à neuf heures, je suis une masse de plomb; je reprends mes arriérés de sommeil. Hélas! mon bon génie apprendra avec peine que je suis forcé de m'imposer des travaux herculéens; il faut que je mette mes papiers en ordre, et voilà dix ans que je n'y ai touché; quel labeur! Il faut faire une liasse pour chaque créancier et avoir mémoire et quittance bien en ordre, sous peine de payer deux fois ou de payer ce qui n'a jamais été dû. C'est à donner un accès de fièvre tous les jours jusqu'à ce que ce soit fini. J'ai tant hâte de repartir pour l'Italie et de me réunir à ma chère troupe pour ne plus la quitter, que je retrouverai du courage pour mener de front les affaires, les manuscrits et l'achèvement de tout, les livres, les éditeurs, les dettes, même l'acquisition d'une propriété digne de l'auteur de LA GRRRRANDE COMÉDIE HUMAINE.

Je vous dis encore un brusque adieu ce matin, car il faut courir et se fatiguer pour pouvoir, demain, reprendre l'heure d'un lever fixe et travailleur. Je compte me lever à quatre heures tous les jours. Adieu donc, belle étoile lointaine qui scintillez toujours et sans cesse, comme souvenir et consolation.

22.

Eh bien, me voici levé à quatre heures; hier, je me suis couché à sept heures et demie, après dîner; j'étais si fatigué de mes courses, que j'ai dormi à l'instant. Je suis un monstre! car voilà trois jours que je veux vous remercier de votre lettre arriérée, que j'ai trouvée à la poste, empreinte, comme tout ce que vous faites, de bonté et de sagesse lumineuse.

Je suis en ce moment à corriger quatre feuilles de LA COMÉDIE HUMAINE, et je tombe précisément sur le passage du duc de Nemours qui a subi votre correction historique. Pour me reposer, je viens de relire votre lettre de Heidelberg et j'en suis demeuré *reravi*, je vous dirai un jour pourquoi.

23.

Levé à quatre heures, travaillé jusqu'à neuf, déjeuné. J'ai aujourd'hui F... à dîner, et je n'ai pas un moment à vous donner. Écoutez-moi maintenant, avec cet étonnement que vous manifestez parfois si gentiment à mes brusques changements de projets et de plans. J'ai tout à fait renoncé à l'acquisition Salluon, et voici pourquoi : j'ai pris des renseignements qui, d'après d'autres informations, se sont trouvés exacts. 1° Le dessous du terrain Salluon est composé de caves à une profondeur de cent cinquante pieds, dont Salluon n'est pas propriétaire, et qui mettent la montagne en l'air; il y a deux ou trois négociants qui ont là leurs établissements. 2° Le jardin Salluon est soutenu par des murs, on ne sait pas ce qui pourrait arriver si l'on y touchait. 3° Quarante mille francs pour refaire la maison, c'est effrayant! sans compter que

je retomberais ainsi dans les inconvénients d'une maison à construire. 4° Enfin, on est à Passy, c'est-à-dire en province. Décidément, je comprends pourquoi c'est à vendre depuis cinq ans. C'est peut-être une bonne affaire comme terrain, mais cela peut se trouver dans Paris, et je suis devenu prudent autant que j'étais vif lors de ma triste affaire des Jardies. Donc, je me résigne à attendre et vais faire fouiller tout Paris. Vous pouvez donc regarder l'affaire Salluon comme ajournée, sinon définitivement abandonnée; avec ce qu'il en coûterait pour reconstruire la maison, sans le mobilier et les frais d'installation, on peut trouver un hôtel très-convenable dans Paris par le temps qui court.

J'ai beaucoup travaillé. Chlendowski a besoin d'être aidé; nous allons à coups d'exploits, et il faut lui signifier *les Petites Misères* par huissier. A demain le reste.

24.

Je viens de faire vingt feuillets pour *les Petites Misères*, et je vais ce matin chez Émile de Girardin pour les faire insérer à *la Presse*. Je crois vous avoir dit que j'avais mon compte à régler avec la succession Dujarier et avec *la Presse*; c'est donc un monde de courses et de rendez-vous. Adieu pour aujourd'hui.

25.

Hier, j'ai couru toute la journée : vingt-cinq francs de voiture! Je suis allé chez ma sœur; chez Girardin, à *la Presse*; mon compte est arrêté. Girardin prend *les Petites Misères*; il faut donc les finir. Je suis allé à l'imprimerie Plon. J'ai vu A. de B... pour les renouvellements Chlendowski. J'attends ce matin le même Chlendowski, qui vient pour m'exposer sa position; après, il faut encore sortir, aller chez M. Gavault pour établir son compte et savoir ce qu'il a payé. Ce n'est pas faire preuve d'activité, c'est être devenu simplement une roue de machine.

28.

Je reçois aujourd'hui votre première lettre de Naples; oui, chère étoile mille fois bénie, oui, la mer a été atroce. Vous devez avoir à cette heure ma lettre de Marseille. Avec quelle douce ferveur j'ai contemplé cette chère écriture, c'est comme si je vous voyais vous-même. « Oh! comment ne me mettrais-je pas en quatre pour une si charmante créature? me disais-je en lisant cette adorable lettre; n'est-elle pas pour moi sœur, amie et reine en même temps? »

Hier donc, Chlendowski est venu; je lui ai parlé sévèrement et dignement : je lui ai dit que, pour aider un homme qui m'assignait, il me fallait au moins des garanties, et que je voulais un acte bien en règle et le dépôt des bois qui forment l'illustration des *Petites Misères*, et qu'à cette condition je lui renouvelais pour trois mille huit cents francs de billets. Cet homme m'a pris le bras à la polonaise, et l'a humblement baisé. Je serai garanti par cette mesure contre sa faillite, et A. de B... consent à me servir de chapeau pour garder les bois. Si Chlendowski faisait faillite, j'aurais, en ce cas, ma propre affaire à moi. Voyez que de difficultés et que d'ennuis! Nous avons rendez-vous demain; il faut que j'aille chez M. Gavault pour le consulter sur l'acte de garantie, et je dîne aujourd'hui chez Émile de Girardin, qui veut savoir si *les Petites Misères* sont *publicables;* il faut donc y travailler.

27.

Je n'ai pas de nouvelles de mes acquisitions d'Amsterdam; j'ai eu, en revanche, pendant mon absence, une lettre d'un armateur du Havre qui me demandait un rendez-vous. J'ai écrit à M. Périollas pour qu'il s'informe de mes colis et de l'armateur; je reçois en ce moment sa réponse, où il me dit qu'il ne sait rien de mes colis, et que l'armateur construit un vaisseau qu'il veut nommer *le Balzac!* Et il me demande de lui écrire une jolie lettre, attendu que cet armateur m'adore. Donc, chère comtesse, votre serviteur va être sculpté à la proue d'un navire, et montrera sa grosse face à toutes les nations; qu'en dites-vous?

J'ai travaillé dix heures de suite aujourd'hui, de une heure du matin à dix heures, et, après déjeuner, je suis sorti pour des courses. Je vous écris ceci en dînant et je vais me coucher à six heures, bien fatigué; les distances me tuent. Je vois dans les journaux une maison à vendre, place Royale, de huit mille francs de revenu et où je pourrais me loger (la mise à prix est de cent vingt-cinq mille francs); je songe à cela. Ce serait à la fois le logement, du revenu et le cens! Mais la place Royale, c'est presque Passy! Paris est en marche et ne rétrogradera jamais.

On vient me dire d'étranges et tristes nouvelles : Harel est fou et Karr aussi! j'aime mieux ne pas y croire.

28.

Je reçois une lettre de Lirette, qui m'invite à la cérémonie de ses vœux et de sa prise d'habit. Cette lettre m'a empêché de vous expédier mon paquet par le paquebot du 1er ; car, je veux que vous le sachiez, cela me fait vraiment mal de penser aux inquiétudes que ce retard pourra vous causer. Je vous assure que ma vie d'ici n'est plus supportable ; je vis dans un tourbillon de courses, d'affaires, de consultations, de significations, de corrections, qui m'ôtent la réflexion ; pressé de tous côtés, n'ayant pas une âme pour m'aider, faisant tout moi-même ! Hier, j'ai travaillé sept heures de suite aux *Petites Misères*. *La Presse* finit demain une nouvelle, et il faut que je commence mardi mes *Petites Misères*... Concevez-vous que Chlendowski, au moment où je lui cherchais de l'argent pour sa fin de mois qui est demain, me fait assigner par son cessionnaire ! N'est-ce pas bien lâche et bien indigne ? Je suis tellement pris par toutes ces misères, qu'il m'est impossible de finir cette lettre, de la plier, de la cacheter et de la mettre à la poste. C'est une impossibilité bien démontrée pour qui connaît Paris. J'ai eu pendant trois jours pour cinquante-cinq francs de voitures ; jugez par là quelle est ma vie ! les cinq heures de nuit que je prends ne suffisent pas à mes travaux. Il faut que, demain mardi, à quatre heures, je puisse signifier par huissier *les Petites Misères* finies à Chlendowski. Toute ma journée aujourd'hui va se passer à l'imprimerie, et, la journée de demain, je la passe chez M. Picard, le successeur de Gavault !... Il est donc dit que, jusqu'à la fin, je serai tourmenté comme un pâtira de collége !

> 29, sept heures du soir.

J'ai pu arriver à temps ! On a signifié les épreuves à Chlendowski. Je suis mort de fatigue et n'ai que la force de me jeter sur mon lit. Chlendowski a eu, en outre, huit cents francs pour payer ses billets.

> 30.

Ma foi, j'ai dormi, et à mon aise ! il est dix heures et demie, je viens de déjeuner, et je me repose en vous écrivant.

Je n'ai plus qu'à reviser *les Petites Misères*, et Théophile Gautier s'est chargé de faire quelques lignes d'en-tête pour les introduire. Entre deux épreuves, Plon est venu me reparler de l'affaire du parc Monceau : je la ferai peut-être comme placement, mais sans rien bâtir. Voici mon raisonnement : je cherche une maison peu chère, sur laquelle je puisse gagner après en avoir usé quelques années ; si je la revends avec bénéfice, j'attendrai le moment d'avoir un terrain dans un des bons quartiers de Paris, où je pourrai faire bâtir à ma fantaisie, en y employant le gain du surplus de terrain qui sera vendu, pour ne me réserver que ce qui sera indispensable à mes bâtisses et constructions. Le roi a prolongé de six mois les délais à Plon. Comme vous voyez, il y a tout avantage pour ma situation financière d'attendre les circonstances sans trop me presser. Il faut que j'aille aujourd'hui à *la Presse*, corriger mes épreuves, et voir Gautier pour l'en-tête des *Petites Misères*.

> 1er décembre.

J'ai votre lettre, votre seconde lettre, qui est un chef-d'œuvre de style, de pensée et d'érudition. C'est un vrai trésor que votre récit de la partie de Pompéi. Ah! chère comtesse, quand vous me dites que vous avez buté, que vous vous êtes fait mal, vous me rendez furieux contre moi-même; ne devrais-je pas être toujours et partout votre bien-être, votre santé, votre petite providence enfin pour les infiniment petits détails de la vie? J'ai dévoré votre lettre et je l'ai mise dans la cassette que vous savez, car il a fallu courir! Les actes de garantie de négociants ne signifient rien en cas de faillite sans enregistrement, et il faut que l'acte Chlendowski soit enregistré à la date d'aujourd'hui; c'est des avances d'argent et des courses à n'en pas finir. M. Picard m'a donné l'acte des *offres réelles*; les réponses de Chlendowski sont empreintes de la plus ignoble mauvaise foi. Dans dix jours d'ici, je ne lui devrai plus rien, et, quand j'aurai tout terminé, je ne le reverrai de ma vie, il a été mon cauchemar! il m'a privé de huit jours de bonheur et de liberté que j'aurais pu passer à Naples.

Ah! comme je me sens reposé de mes fatigues! elles sont plus que payées par la douceur que j'éprouve en lisant, dans votre lettre, ces passages où vous me parlez de ce que vous faites, de la place d'où vous m'écrivez; je revois votre fauteuil à la fenêtre, et ces affreux portraits d'auberge, le tapis, la croisée, et la villa Reale... J'ai retardé ma lettre à cause de la canne de Georges. Froment Meurice me l'avait promise, et, comme c'est le capitaine du *Tancrède* qui devait s'en charger, je me disais : « Il remettra sûrement la canne et mon paquet de lettres. » Mais ne voilà-t-il pas que ce cruel Froment n'a pas fini la canne! il a eu une table de trente mille francs à faire pour

Son Altesse royale Mademoiselle, et, ce matin, je l'ai trouvé en extase devant son œuvre, qui est fort belle; mais, en revanche, pas du tout de cannel Eh bien, j'aurai le plaisir de vous parler à cœur ouvert, de vous dire et de vous répéter combien je suis entièrement à vous, puisque c'est le brave commandant qui vous remettra ce paquet. Je suis au désespoir en pensant à tout ce que ce retard, si facile à expliquer, peut vous causer de tristesse et de suppositions. Hélas! Souverain se remue; il veut aussi son dernier roman, et *la Presse* veut *les Paysans* pour la fin de janvier. Je ne sais à qui entendre ni à quel saint me vouer. Je vais me coucher avec la triste perspective d'une journée bien fatigante pour demain.

3 décembre.

Je n'ai pu vous écrire hier : j'avais des épreuves très-pressées pour *la Presse*, qui veut toutes *les Petites Misères* à la fois, et pour LA COMÉDIE HUMAINE; en sorte que, levé à deux heures et demie du matin, j'ai travaillé jusqu'à midi. J'ai eu à peine le temps de déjeuner, et je suis arrivé au couvent à une heure. Ces bonnes religieuses croient vraiment que le monde ne tourne que pour elles! la tourière, à qui je demande combien de temps durera la cérémonie, me répond : « Une heure. » Je me dis : « Je pourrai voir Lirette après, et je serai à temps pour faire mes affaires à *la Presse*, à l'imprimerie, etc. » Eh bien, tout a duré jusqu'à *quatre heures!* Il a fallu décemment voir la pauvre fille; je n'en suis sorti qu'à cinq heures et demie, et j'ai quitté *la Presse* à sept heures et demie. J'ai dîné à neuf heures, et me voilà levé à huit heures au lieu de deux. Je n'en veux pas à la pauvre Lirette : il fallait bien que sa chère comtesse et son Anna fussent représentées à l'enterrement de leur amie ; j'ai donc pris bravement mon parti. J'avais une belle place à côté de l'officiant. On a fait un sermon d'une heure environ, très-bien écrit, très-bien dit, pas fort, mais plein de foi ; l'officiant dormait (c'est un vieillard) ; Lirette n'a pas bougé. Elle était à genoux entre deux sœurs converses ; elle seule était sœur du chœur. Toutes les petites filles étaient d'un côté de la chapelle ; le chapitre était de l'autre, derrière des grilles qui pour cette cérémonie deviennent transparentes. Lirette, ainsi que les deux sœurs converses, a entendu le sermon-exhortation à genoux, elle n'a pas levé les yeux. C'était un visage blanc, pur, empreint d'une exaltation de sainte. Comme je n'avais jamais vu de prise de voile, j'ai tout regardé, observé, étudié avec une attention qui m'a fait considérer sans doute comme un homme très-pieux. En arrivant, j'ai prié pour vous et pour vos enfants avec ferveur ; car, toutes les fois que je vois un autel pour la première fois, je prends mon vol vers Dieu et j'ose humblement et ardemment me recommander à sa bonté, moi et les miens (qui sont vous et les vôtres). Cette chapelle, à autel blanc et or, est très-coquette ; elle est visitandine de Gresset. La cérémonie est, d'ailleurs, imposante et très-dramatique. Je me suis senti très-ému quand les trois récipiendaires se sont jetées à terre, qu'on les a ensevelies sous un drap mortuaire, et qu'on a récité les prières des morts sur ces trois créatures vivantes, et qu'après cela, on les a vues se relever et paraître en mariées avec une couronne de roses blanches et qu'elles ont fait le vœu d'épouser Jésus-Christ.

Il y a eu un incident. La plus jeune des sœurs converses, jolie comme les Amours, a éprouvé une telle émotion quand il a fallu prononcer les vœux, qu'elle a été forcée de s'arrêter, précisément au vœu de chasteté. Cela a duré trente secondes à peu près; mais c'était affreux, on croyait à une incertitude. Quant à moi, j'avoue que j'étais remué jusqu'au fond de l'âme; c'était vraiment trop d'émotion pour une cause étrangère. La pauvre petite revint bientôt à elle, et la cérémonie s'accomplit sans autre empêchement.

Quand on a vu une prise d'habit en France, on regarde en pitié les écrivains qui parlent de vœux forcés; rien n'est plus libre. Si quelque jeune fille était contrainte, qui l'empêcherait de tout arrêter? Le monde est là spectateur, et l'officiant demande par deux fois si l'on a bien réfléchi aux vœux que l'on veut faire. J'ai vu Lirette après la cérémonie; elle était gaie comme un pinson. « Vous voilà devenue madame, » lui ai-je dit en riant. Elle a bien prié pour nous tous, m'a-t-elle dit : elle se sent si heureuse, qu'elle demande à Dieu sans cesse que nous nous fassions tous religieux et religieuses! Nous avons fini par parler sérieusement de vous, de votre chère enfant, etc.

Chère comtesse, vous trouverez en ceci, j'espère, la preuve d'une affection infinie, car j'étais accablé de travail et d'affaires. D'ailleurs, Lirette m'avait écrit : « Je suis sûr que rien ne vous empêchera d'y assister. » Je savais trop quel sens elle y attachait, pour ne pas vouloir qu'elle eût raison. J'ai été heureux là, car j'y ai exclusivement pensé à vous, une fois mes prières faites. Penser à vous qui êtes ma religion et ma vie, c'est pour moi adorer Dieu. Je sens trop bien que, si votre glorieuse amitié pouvait me faire défaut, je perdrais à l'instant conscience de moi-même, je deviendrais fou ou je mourrais.

4.

Demain, je vais voir, rue des Petits-Hôtels, place Lafayette, vous savez, un petit hôtel à vendre; c'est tout à côté de cette église Saint-Vincent-de-Paul, de style byzantin, que nous sommes allés voir et où il y avait un enterrement; vous avez dit, en voyant un terrain près de l'église que je vous montrais : « Je ne me déplairais pas ici; on y est près de Dieu et loin du monde. » D'après ce qu'on vient de me dire, je puis en faire mon affaire et je conclurai même sans vous consulter; c'est à tirer au vol comme un faisan. Ma première lettre vous dira si c'est fait. La rue des Petits-Hôtels donne dans la rue Hauteville, — qui descend au boulevard à la hauteur du Gymnase et vient de la place Lafayette, — et, par la rue Montholon, elle enfile la rue Saint-Lazare et la rue de la Pépinière. On se trouve au centre de cette partie de Paris qu'on appelle la rive droite et où seront toujours les théâtres, les boulevards, etc. Ce sera toujours aussi le quartier de la haute banque.

Il faut que ma lettre parte demain, si je veux que *le Tancrède* vous la porte; je ne puis donc la retarder. *Les Petites Misères de la Vie conjugale* sont finies; demain, je commence la feuille de LA COMÉDIE HUMAINE qui me reste à faire (seize pages) pour avoir tout livré à Chlendowski. Dans mes prévisions, j'aurai fini le roman Souverain du 20 au 25 décembre. Il me faudra trois mois pour faire sept volumes des *Paysans*; cela me mènera bien au 15 mars. Les affaires de ma mère me prendront du temps, ainsi que l'apurement de mes comptes de liquidation. Je serai d'autant plus trois mois à faire sept volumes que j'aurai, outre mon emménagement, la surveillance des décors et changements à faire dans le petit hôtel en question. Je ne veux, voyez-vous, laisser aucune affaire derrière moi, en quittant Paris pour dix-huit mois peut-être, et il faut pouvoir, en y rentrant, y rentrer chez moi. Je vous l'ai promis, je ne veux plus me tromper moi-même en croyant que je puis l'impossible.

Je vois avec douleur que je sacrifierai vraisemblablement Florence et Rome au travail et aux affaires qui assureront, comme vous dites, le repos et la sécurité de mon avenir. Dépenser des sommes folles, aller vous voir pour huit jours et venir retrouver des procès et des ennuis de tout genre, c'est insensé! Il faut avoir, comme vous dites, le courage de s'épargner ces faux calculs et ces douleurs inutiles. Je tâcherai d'aller à Rome pour la semaine sainte, car je serai si fatigué, que j'aurai vraiment besoin d'une distraction; mais, si, en sacrifiant ce bonheur, j'acquérais votre *satisfecit* et ce que vous nommez une *position digne de moi*, je n'hésiterais pas. M'approuvez-vous enfin un peu?... Dites-le-moi alors, car j'ai bien besoin d'être soutenu par vous dans cette sage mais si dure et si cruelle résolution. Voyez, rien ne se fait dans le temps que j'assigne aux choses. Si LA COMÉDIE HUMAINE n'est finie que le 25 décembre, je n'en aurai pas l'argent avant le 15 janvier 1846, et, si je ne le touche qu'à cette époque, mes quittances sont retardées d'autant; ainsi des *Paysans*, je n'en serai guère payé qu'en mars. L'argent me domine entièrement quand il s'agit de payer des créanciers. Enfin, d'ici à un mois, tout sera fini; mais si vous saviez que de démarches! les créanciers de trois cents francs coûtent autant de recherches, de vérifications que ceux de trente mille; c'est un dédale, c'est une hydre!

Allons, adieu, chère étoile lointaine et toujours présente; lumière douce et céleste, sans laquelle tout serait ténèbres en moi et autour de moi. Oh! je vous en supplie, soignez-vous bien. Je ne me suis pas trop inquiété de votre petite maladie; c'est l'effet du climat, on m'en avait prévenu sur le bateau, et les tempéraments forts sont justement les plus éprouvés. Mais, je vous le dis et vous le répète sans cesse sur tous les tons, soignez-vous! Songez que vous êtes la gloire, l'honneur, l'unique trésor d'un pauvre être qui vous aime exclusivement, uniquement, qui ne pense qu'à vous, dont tous les actes comme les pensées et les rêves sont des émanations de ce soleil moral d'affection qui est toute son âme dès qu'il s'agit de vous. Ne m'en voulez pas, de grâce, pour ce dernier retard, car je suis arrivé le 17, qui ne compte pas, et cette lettre part le 5 décembre. C'est dix-huit jours, et je ne puis vous envoyer mes paquets que tous les dix jours, c'est-à-dire trois lettres par mois. Il en partira une le 21 de Marseille; vous la recevrez d'autant plus sûrement que je vous y dirai l'affaire du petit hôtel. Soyez mille fois bénie de votre exactitude! dites-moi toujours bien tout ce qui vous arrive; écrivez-moi bien avec tous les détails possibles, il n'y en a pas d'insignifiants pour moi dès qu'il s'agit de vous. Faites comme moi enfin : au milieu des plus grands ennuis de ma vie, aussi troublée que la vôtre est calme et sereine, je n'ai jamais passé un jour sans vous écrire avec la fidélité d'un commerçant faisant son journal. Allons! encore quelques efforts et un peu de patience, et j'espère bien avoir conquis le droit de ne plus vous quitter.

CCXCIV.

A LA MÊME.

Paris, 13 décembre 1845.

Chère comtesse,

Je me sens repris par la même nostalgie que j'éprouvais avant d'aller à Chalon; il m'est excessivement difficile d'écrire, ma pensée n'est pas libre, elle ne m'appartient plus, et je ne crois pas que je puisse recouvrer mes facultés avant dix-huit mois peut-être. Il faut vous résigner à me supporter auprès de vous. Depuis Dresde, je n'ai rien fait. Le commencement des *Paysans* et la fin de *Béatrix* ont été mes derniers efforts; depuis, rien n'a été possible. Hier, toute la journée, j'ai senti comme un deuil sombre et affreux en moi-même.

Il faut finir néanmoins les six feuilles de LA COMÉDIE HUMAINE. Furne est venu : il est dans d'excellentes dispositions; et, d'un autre côté, il faut terminer cette affaire, qui est tout mon avenir. Le cœur est aussi absolu que la cervelle, tout lui est indifférent de ce qui n'est pas lui-même; et des millions à gagner, une fortune de gloire ou d'amour-propre satisfait seraient là, le cœur n'y regarderait même pas. Je vais voir si la parure de corail est dans son écrin; je vais savoir si la canne de Georges est finie; je m'occupe d'un corps de bibliothèque qui puisse aller avec mes deux meubles florentins pour faire une magnifique chambre jaune d'or en soie, avec des ornements noirs, verts et or, et le bois noir sculpté; j'y vis, et voilà! De littérature, de travail, rien, ou peu de chose.

Aussi pourquoi me peindre un état semblable avec tant de vérité et d'éloquence? Cette lettre où l'angoisse était plus contagieuse que la peste, où j'ai pleuré de vos pleurs, où j'ai frémi de retrouver ce que j'éprouvais, cette lettre a mis le comble à ma maladie intérieure et cachée. Il n'y a que mes intérêts qui me tirent de cet ennui profond qui m'a saisi. Paris est un affreux désert, rien ne m'y plaît, rien ne m'en contente : enfin, je suis sous l'empire d'un envahissement passionné sans analogue dans ma vie. Je compare entre elles les vingt-trois villes que nous avons vues ensemble, je tâche de me rappeler vos observations, vos idées, vos conseils; le mouvement me fatigue et le repos m'accable. Je me lève, je marche, mais avec un corps absent, je le vois, je le sens; par moments enfin, je vous le dis, c'est une folie. Il est très-vraisemblable que, mes six feuilles faites de LA COMÉDIE HUMAINE, j'irai à Naples; c'est la seule manière de me les faire faire. Que n'obtiendrai-je pas de moi-même avec l'espoir de cette joie immense, ne fût-ce que pour huit jours? Je me dis qu'il y a mille raisons pour vous voir, vous consulter; que je ne puis rien sans vous enfin, mon esprit est admirablement complice de mon cœur et de ma volonté... En attendant que cela se décide, je ne me plains pas, je reste morne, je suis comme un conscrit breton regrettant sa chère galette et sa Bretagne. Comme Méry, je passerais ma vie à écrire à *Elle,* quand *Elle* n'est plus là. Vous devriez vous en apercevoir avec un peu de bonne volonté depuis plus d'un jour. Tout ce qui n'est pas vous m'était naguère indifférent; aujourd'hui, ce qui n'est pas vous m'est positivement odieux.

14 décembre.

Hier, chère comtesse, je suis allé visiter en détail la Conciergerie, et j'ai vu le cachot de la reine, celui de madame Élisabeth; c'est affreux! J'ai tout vu bien à fond, cela m'a pris ma matinée et je n'ai pas eu le temps d'aller rue Dauphine pour les commissions de Georges. — Quand je suis remonté vers la cour d'assises, j'ai appris qu'on jugeait madame Colomès, nièce du maréchal Sébastiani, une femme de quarante-cinq ans, que j'ai voulu voir; or, j'ai trouvé sur le banc de la cour d'assises le vivant portrait de madame de Berny; c'était à effrayer. Elle était folle d'un jeune homme, et, pour lui donner de l'argent qu'il dépensait avec les actrices de la Porte-Saint-Martin, elle faisait des *quasi-faux* en négociant des billets souscrits par des souscripteurs imaginaires. Elle a tout voulu prendre sur elle (il est en fuite); elle n'a pas permis à son avocat de le charger. Je n'avais jamais entendu plaider et je suis resté pour entendre Crémieux, qui a fort bien parlé, ma foi! La malheureuse, pour avoir de l'argent à donner à ce jeune homme, s'abandonnait à des usuriers, à des vieux! Crémieux m'a conté qu'elle disait à son amant : « Je ne te demande que de me tromper assez bien pour que je me croie aimée. » C'est la fille du frère du maréchal et la femme d'un ingénieur en chef des ponts et chaussées, député. Ça m'a si fort intéressé de trouver le roman assis sur ce banc, que je suis resté jusqu'à quatre heures et demie à côté de cette malheureuse, qui a été fort belle et qui pleurait comme une Madeleine; par moments, je l'entendais soupirer : *Aye! aye! aye!* sur trois tons déchirants.

M. Lebel, directeur de la Conciergerie, qui ferme les portes sur tous les crimes depuis quinze ans, est, m'a-t-on assuré, le petit-fils du Lebel qui ouvrait les portes de Louis XV à toutes les beautés du Parc-aux-Cerfs. Il y a de ces vicissitudes, de ces analogies frappantes dans les familles obscures comme dans les plus augustes; l'héritier du maître de Lebel, le successeur de tant de pompes royales n'avait à laisser, en allant à la mort, à un de ses fidèles, comme souvenir et comme récompense, qu'une cravate usée et un vieux livre de prières! Quand vous viendrez à Paris, je vous ferai bien certainement voir le Palais, c'est curieux et saisissant, et c'est profondément inconnu. Maintenant, je puis faire mon ouvrage[1].

A mon retour, il s'est trouvé que j'avais manqué Captier, l'ami de Claret; c'est fâcheux : j'aurais voulu lui parler au sujet d'une acquisition que j'ai en vue. Il y a possibilité d'avoir un terrain rue Jean-Goujon, dans les meilleures conditions; c'est à une portée de fusil de la place de la Concorde. L'allée d'Antin est celle qui arrive au rond-point des Champs-Élysées à la hauteur du Cirque-

---

1. *La Dernière Incarnation de Vautrin.*

Olympique, et, si l'architecte ne trouve pas quelque chose d'évidemment plus avantageux, je ne demanderai pas mieux que d'y planter ma tente. Je pourrai payer le terrain en question avec le restant du prix de LA COMÉDIE HUMAINE; la Dernière Incarnation de Vautrin et les Paysans feront le reste. Je n'aurai à payer les entrepreneurs qu'au mois de mai; j'ai donc du temps devant moi. Ce sera bâti en briques avec des chaînes en pierre, et, par ce moyen, ce sera très-habitable en 1847. Je conserve Passy jusqu'au mois d'avril 1847, comme garde-meuble, et j'épargne tous les frais d'une maison montée en mon absence. Je commanderai ma bibliothèque (affaire de dix à douze mille francs) dès que l'emplacement pourra en être déterminé, et je ferai faire les grosses pièces de mobilier pendant qu'on achèvera les intérieurs. Le mobilier coûtera plus cher que le terrain et la maison. Aussi je ne le fais pas entrer en ligne de compte pour le moment. Enfin, je serai logé à très-bas prix, car cela ne fera pas, avec les dépenses annuelles, plus de trente-sept mille francs, y compris les intérêts des capitaux employés. Si vous ne me défendez pas de venir à Naples en janvier, j'arriverai avec les plans, et je consulterai là-dessus votre haute et affectueuse sagesse...

Hélas! la succession Dujarier ne paye toujours pas!

Hier, j'ai eu quelque distraction à mon mal nostalgique avec la Conciergerie et la cour d'assises, et, aujourd'hui, je me jette dans le travail à corps perdu.

Ah! je veux mon hôtel entre deux jardins, sans voisinage désagréable; il y aura une petite serre à fleurs au fond. Mais je vous quitte, car il faut travailler. Vous ne savez pas que j'amasse silencieusement un mobilier d'art splendide, à force de recherches, de courses dans Paris, d'épargnes et de privations; je n'en veux point parler, je ne démasquerai mes batteries que quand mon rêve me paraîtra devenir de plus en plus un semblant de réalité.

15.

Me voilà lancé dans le travail; cette nuit, j'ai fait six pages des six feuilles que j'ai à faire; je vous assure, moi qui m'y connais, que c'est beaucoup. Je vais tâcher de finir cette semaine LA COMÉDIE HUMAINE.

Hier, après avoir achevé mon travail, je suis a chez ma sœur, sur une lettre qu'elle m'avait écrite et où elle me disait que sa fille aînée était mourante; Sophie n'avait eu qu'une légère congestion à la tête; une boisson rafraîchissante l'a heureusement dégagée. J'ai appris de Laure qu'un M. Bleuart était sur le point de se ruiner pour avoir entrepris le quartier Beaujon, et qu'il y avait là des maisons à acheter; j'y ai couru. Il y a là, en effet, terrains et maisons. Mais, de toutes les maisons, il n'y en a qu'une d'à peu près terminée, et elle est immense (neuf croisées de face). Je vais y aller mercredi avec l'ami de Claret et un jeune homme qui a le secret des affaires de M. Bleuart. Vous voyez que je me remue pour trouver une bonne affaire et réparer de quelque manière que ce soit le désastre des Jardies; mais il faut surtout travailler! J'ai rencontré aussi mon ancien propriétaire de la rue des Batailles, du quartier Chaillot, qui m'a dit que le terrain de la rue Jean-Goujon était pour rien et que je devais me hâter de conclure à ce prix-là.

En revenant de Beaujon hier, je suis allé faire une visite d'une demi-heure chez madame de Girardin. Revenu à six heures, j'ai dîné, et je dormais à sept heures. En examinant bien mes ressources, je crois que je puis me passer de ce que vous savez (affaire de Dresde); c'est, j'y ai réfléchi, si difficile d'écrire, de recevoir, d'envoyer ces sortes de papiers, que je tâcherai d'attendre, et de destiner cela à quelque dernier résultat en son lieu et temps. J'ai si fort l'habitude de penser tout haut, de calculer et recalculer en vous écrivant, que vous voyez toutes mes reculades, mes hésitations, mes additions, etc. Vous êtes en tout et toujours ma pensée unique; c'est vous, et vous le savez bien de reste, qui êtes le fond de tout cela. Si j'ai trouvé la force cette nuit de m'atteler aux six feuilles, c'est que je voudrais aller de Naples à Rome avec vous et que je tâcherai de partir le 11 janvier. Je voudrais vous installer à Rome, comme je vous ai installée à Naples. Madame de Girardin m'appelle *le vetturino per amore*.

Adieu pour aujourd'hui. Comment allez-vous? Vous amusez-vous quelquefois?... Georges vous soigne-t-il bien toutes deux? S'il vous arrivait quoi que ce soit sous ses auspices, j'écraserais sa boîte d'insectes dans le bateau. Je vous bénis tous les jours de ma vie et je remercie Dieu pour votre bonne affection. Vous êtes mon bonheur, comme vous êtes ma gloire et mon avenir. Vous souvenez-vous quelquefois de cette matinée de Valence au bord du Rhône, où la douce causerie triomphait de votre névralgie et où nous nous sommes promenés pendant deux heures à l'aube, malades tous deux, sans nous apercevoir ni du froid ni de nos souffrances. Croyez bien que de tels souvenirs, qui sont tout âme, sont aussi puissants que les souvenirs matériels des autres; car, chez vous, l'âme est encore plus belle que les beautés corporelles pour lesquelles se perdent tous les fils d'Adam.

Adieu jusqu'à demain, douce et spirituelle puissance qui tenez asservi sous vos lois votre pauvre et fervent serviteur.

16.

J'ai reçu hier à quatre heures votre n° 4. Je vous vois toujours inquiète; mais vous n'avez pas pensé à une chose, c'est que vous avez commencé à m'écrire pendant que je voyageais, et qu'il faut du temps pour que le service s'établisse en quelque sorte. Ainsi, aujourd'hui 16 décembre, j'aurai reçu quatre lettres de vous; bien. Vous, d'ici au 30 décembre, vous aurez reçu quatre lettres de moi. Quelle est la différence? quatorze jours. Ces quatorze jours, c'est les cinq jours de mer, les trois jours de Marseille, les trois jours de malle-poste et la première semaine pendant laquelle je vous ai écrit de Paris. Ainsi je calcule qu'aujourd'hui vous recevez du capitaine du *Tancrède* un paquet de moi. C'est mon n° 2; huit jours après, le 24, vous aurez mon n° 3, envoyé par Anselme de Rothschild, et vous aurez ceci le 30, puisque ceci va partir le 21. Ainsi, chère comtesse, malgré l'inquiétude que vous cause ce retard primitif dû à la force majeure, vous voyez que je ne suis pas en faute, que je vous ai écrit tous les jours, trop même, car je n'ai encore fait que penser à vous, et j'ai peu écrit pour *la postérité;* or, ne pas écrire, c'est retarder ma libération.

Mon Dieu, comme vos lettres me font vivre! j'ai de

l'idolâtrie pour ces chers papiers; je suis là-dessus un vrai enfant; votre exactitude me ravit. Ne pensez jamais que je méconnaisse le prix d'une telle bonté de votre part. Je vous en supplie, soignez-vous bien; vos maux d'estomac me tourmentent. Les miens ont disparu ou, du moins, je n'en souffre que rarement. Ce qui est déplorable, c'est que, maintenant, le travail me fatigue, les symptômes que le bonheur et les voyages de cette année avaient fait disparaître, reviennent... Les yeux battent et les tempes aussi, et je me sens fatigué. Il m'a fallu acheter un flambeau de nuit à cinq bougies, les trois ne suffisaient plus, mes yeux souffraient; et ce petit flambeau si laid en cuivre dédoré, que vous devez avoir remarqué dans mon cabinet, est maintenant remplacé par un flambeau de ministre d'une magnificence inouïe, en bronze ciselé et doré; mais cela brûle pour un franc cinquante centimes de bougies en une nuit; entendez-vous, chère madame? Or, deux francs de feu et cinquante centimes de café en sus, cela fait quatre francs par nuit. Voilà les contes des *Mille et une Nuits* bien renchéris!...

Chère comtesse, je puis donner à Lirette son capital sans aucune difficulté pour moi. Dites-moi ce que vous lui destinez et je le lui remettrai; j'irai régler cela avec elle à son couvent; et, moi, je serai très-content de retrouver cela au mois de mai. Pourquoi vous donner le souci de l'envoi de cet argent, des changes de place, etc.? Laissez-moi être cette fois au moins votre homme d'affaires.

Je n'ai pas encore votre fantastique parure; mais je l'aurai bientôt. Froment Meurice veut tellement se distinguer pour la canne de Georges, que je ne sais pas si pour le jour de l'an ce sera fini. C'est un bien grand artiste. Je vous assure qu'on est effrayé de ce qu'il y a de talent et de génie dans Paris. Je suis si précautionneux pour tout ce qui vous concerne, que je ne puis pas risquer d'envoyer cette lettre demain 17, car le bateau part le 21. Dans cette saison, la malle peut éprouver du retard, et j'aime mieux jeter ma lettre à la poste le 16 que le 17. Aussi je ne puis vous rien dire sur les maisons Bleuart, vous saurez tout par le départ du 1ᵉʳ janvier; vous saurez si je puis arriver par le paquebot du 11. Je vous en supplie, n'insistez pas dans votre défense. En premier lieu, je vous préviens que non-seulement vous ne seriez pas écoutée, mais que je serais très-heureux de vous désobéir. Tout cela ne vaut rien du tout, car le plus grand bonheur ne devrait consister, pour moi, que dans la plus complète soumission à votre volonté souveraine toujours et partout; mais, je vous le répète, vous en serez seule responsable si vous persistez.

Je n'ai toujours pas de nouvelles de mes acquisitions d'Amsterdam; voilà des chagrins mobiliers. Dans ce moment, on m'apprend un grand malheur : la belle madame Delaroche, la fille d'Horace Vernet, est morte. Allons, chère madame, adieu (vous voyez ce que je mesure pour cet adieu), ou plutôt *à bientôt;* car vous permettrez encore, n'est-ce pas? ce petit voyage. Laissez-moi vous remercier de nouveau pour vos excellentes et charmantes lettres; j'éprouve tant de douceur à savoir où vous êtes, comment vous êtes, que, si vous le permettez, j'irai de Naples à Rome avec vous. Soyez tranquille, j'écrirai quelques feuilles pour subvenir à ce voyage; vous ne savez pas combien je suis heureux en lisant vos adorables pages de savoir où vous étiez, ce que vous regardiez tel jour. Ah! vous avez donné bien de la place aux succès d'Émilie, cela m'a valu une page et m'a procuré des réflexions de *terrasse :* vous devez avoir pensé cela sur votre balcon. Je suis assez triste de vous envoyer une lettre encore pleine d'incertitude sur mes acquisitions. Mais je vous avoue que je ne puis faire à la légère une chose aussi capitale que mon installation définitive. Après l'école des Jardies, Salluon était une autre école : ça aurait coûté cent cinquante mille francs sans le mobilier; j'ai frémi! Plus M. Gavault me conseillait d'acquérir, moins je m'y sentais porté. Je me suis aperçu à la longue que M. Gavault voulait me voir faire des sottises; il est d'une envie cachée, affreuse contre moi. J'ai eu raison, car, à bâtir, je dépenserai moitié moins, et la belle maison Bleuart ne doit pas valoir cent cinquante mille francs. Cela ne coûte rien de trembler, et la hardiesse est très-chère quelquefois... Mais enfin, d'ici au 1ᵉʳ janvier, j'aurai passé un Rubicon quelconque.

Allons, à bientôt. Consentez-y de bonne grâce, puisque vous ne gagneriez rien à refuser. Ne croyez-vous pas que ce soit l'alimentation de l'hôtel *Vittoria* qui vous cause des maux d'estomac?

CCXCV.

A M. LAZARD, MARCHAND DE CURIOSITÉS,
A MARSEILLE.

Passy, 15 décembre 1845.

Mon cher monsieur Lazard,

La petite difficulté dont vous me parlez dans votre lettre d'avis provient, sans doute, d'une erreur de mémoire. Nous avons fait un bloc de l'acquisition pour le commandant du *Tancrède* et pour moi. Comme cela roule sur dix francs, nous nous en entendrons à mon premier voyage à Marseille, qui aura lieu vers le mois de février prochain.

J'ai reçu mes objets. Trois assiettes se sont cassées par un défaut de précaution : il n'y avait pas assez de paille ou de foin, et les assiettes portaient sur la caisse. J'ai eu des difficultés avec votre entreprise de roulage, qui m'a envoyé les caisses *un dimanche*, et à six heures et demie du soir; ce qui est contre toutes les lois divines et humaines. Le charretier était gris; il n'a pas voulu attendre mon retour, et il a dit des injures à la dame à qui les marchandises étaient adressées; puis il est allé déposer les caisses dans une maison de transit. Il en est résulté sept francs cinquante centimes de frais que je ne devais pas et que j'ai payés. Je me suis plaint au commissionnaire de roulage, qui m'a répondu que *ceux qui n'avaient pas d'argent* se plaignaient tous ainsi; et, quand il m'écrivait, il y avait deux jours, que j'avais soldé la lettre de voiture, dont l'argent était prêt. Je vous engage à faire faire des plaintes, de Marseille, aux correspondants de Paris.

Maintenant, si vous aviez ou si vous trouviez des cornets de porcelaine de Chine pour aller avec mes deux vases, ayez l'obligeance de m'en prévenir; car je voudrais avoir l'occasion de les rassortir, et je les verrais à mon passage en février; mais avisez-m'en toujours.

Recevez mes civilités.

Si vous trouviez également de très-belles bibliothèques de dix mètres de longueur sur trois mètres de hauteur, ou richement garnies, ou richement sculptées, je m'en arrangerais.

CCXCVI.

A M. MÉRY, A MARSEILLE.

Paris, 1845.

Mon bon et cher Méry,

Je vous remercie mille fois de vos bons soins, et j'écrirai quelque part l'histoire véridique des rencontres d'un poëte et d'un sieur Lazard, marchand d'antiquités.

Je me hâte de vous dire que les époux Lazard m'ont fait, du premier mot, la glace huit cents francs et l'enfant indécent cinq cents, ce qui fait treize cents francs pour ces deux articles; or, ce n'est rien rabattre que de rabattre trois cents francs. Laissez donc, je vous prie, entrevoir à Lazard que vous donneriez mille francs. Mais, tant qu'il n'accédera pas à ce prix, restez sur les ergots de vos neuf cents francs; regardez stoïquement les objets en vous promenant dans votre capitale, et blaguez beaucoup Lazard. Vous savez que l'enfant est de bronze et la glace de plomb, et que cela ne s'envole pas. Ne reculez pas d'une semelle, et je vous aurai appris à vous mesurer avec les marchands de bric-à-brac.

Pendant que vous blaguerez ce digne Lazard, faites-moi le plaisir d'envoyer de temps en temps des amis à vous, pour marchander les deux objets, et qu'ils en offrent toujours, les uns cinquante, les autres cent francs, ceux-ci vingt-cinq francs de moins que vous. Après une quinzaine de ce régime, Lazard vous les donnera un beau matin. Faites-lui offrir aussi trois cents, quatre cents francs du tableau. C'est une *scie* qui fait beaucoup rire les artistes et qui commence ainsi : *Portier, je veux de tes cheveux!*

Si Lazard n'a pas cédé, il cédera lors de mon passage à Marseille. J'attends une lettre qui me permettra peut-être d'aller à Florence. Qui sait si nous n'irons pas ensemble? Je vous soignerai sur le vapeur. La prose sera aux pieds de la poésie.

Et votre roman pour *la Presse*, est-il aussi avancé que le mien, sur lequel il n'y a pas deux lignes de faites? Oh! le lansquenet!

Adieu; aimez qui vous admire, c'est-à-dire votre dévoué.

P.-S. — C'est moi qui ai tort sur l'article *Râpe*, et vous avez raison. Deux fois merci! Voyez (toujours en passant) si Lazard n'aurait pas de grands cornets de trente-six pouces de hauteur à personnages, et dans le genre des pots que j'ai achetés. Il n'y en a pas à Paris; j'ai prié Lazard de m'en chercher dans le cercle où il rayonne.

Ne devenez jamais collectionneur : on appartient à un démon aussi jaloux, aussi exigeant que le jeu. Gagnez-vous?...

Addio, caro!

CCXCVII.

A MADAME HANSKA, A NAPLES.

Mercredi 17 décembre 1845.

Chère comtesse,

Mes dispositions au travail n'ont pas duré deux jours; je suis repris par le spleen, compliqué de nostalgie, ou, si vous voulez, par un ennui que je n'ai jamais éprouvé. Oui, c'est *l'ennui vrai,* rien ne m'amuse, ne me distrait, ne m'anime; c'est la mort de l'âme, la mort de la volonté, l'affaissement de l'être tout entier ; je sens que je ne pourrai reprendre mes travaux qu'après avoir vu ma vie arrêtée, fixée, arrangée. LA COMÉDIE HUMAINE, je ne m'y intéresse plus, je me laisserai faire un procès par Chlendowski pour la feuille qui lui manque, et je ne peux pas penser aux six qui doivent terminer mes seize volumes. Bien plus, demain, je dois aller voir une maison dont on m'a dit merveilles, et cela m'intéresse à peine. Je suis anéanti; j'ai trop attendu, j'ai trop espéré, j'ai trop été heureux cette année, et je ne veux plus autre chose. Après tant d'années de malheurs et de travaux, avoir été libre comme l'oiseau de l'air, voyageur insouciant, heureux surhumainement, et revenir à un cachot!... est-ce possible?... Je rêve, je rêve le jour, la nuit, et ma pensée du cœur, repliée sur elle-même, empêche toute action de la pensée du cerveau, c'est effrayant! J'ai demandé *les Mystères de Londres*, qui vous ont amusée, m'avez-vous dit; je vais les lire pour me fuir moi-même.

J'ai lu hier *les Mystères de Londres;* de deux heures après midi jusqu'à minuit, j'ai lu tout l'ouvrage; c'est un peu meilleur que Suë ou Dumas; mais ce n'est pas bon, j'en avais la fièvre.

Ce matin, Captier est venu me chercher; je reviens avec un gros rhume des terrains Beaujon. Il pleuvait à torrents; nous avons eu les pieds dans la boue, l'humidité sur les épaules, pendant trois heures; le mal m'a pris si violemment à la gorge, que j'ai une extinction de voix complète. La maison que nous sommes allés visiter est de deux cent mille francs, et nous en avons offert quatre-vingt mille. Elle est grande et belle, elle a neuf croisées de face, elle a deux étages, un magnifique rez-de-chaussée, un premier mal arrangé et qu'il faudrait remanier entièrement; il y aurait encore vingt mille francs au moins de dépenses à y faire; et puis elle est insolente comme effet, elle a l'air d'un vaste restaurant, et les sacrifices faits au dehors constituent d'énormes inconvénients : ainsi on y monte par un double perron Louis XV, qui aurait besoin d'une immense marquise. Autre chose : le terrain rue Jean-Goujon est impossible, c'est vingt-cinq mille francs qu'on en veut. Bref, en ce moment, il n'y a pas de terrain dans Paris à cent francs le mètre, et il faut près de quatre mètres pour une toise. Jugez donc si l'affaire Monceau est une bonne affaire ! Il faut m'en tenir à cela et ne me presser en rien, c'est ce qui me paraît le plus raisonnable.

Samedi 20.

Un affreux malheur est arrivé : le Doubs a subi une crue qui a dépassé toutes les hauteurs de ses crues, le pont que bâtissait mon beau-frère a été emporté, je vais voir ma sœur. — J'ai trouvé, chez Laure, une lettre très-concise du médecin du *Léonidas*, qui me dit vous avoir vue à Naples ; cette lettre m'arrive aujourd'hui et il m'annonce qu'il repart le 21 ; il me demande une réponse, je lui ai répondu en quatre mots, ne sachant pas trop s'il les recevrait. Mon état d'affaissement continue ; je lis *les Trois Mousquetaires*, et je subis mon rhume. J'ai trouvé la désolation chez ma sœur, sa fille était malade ; je suis resté toute la journée, essayant de les égayer. Concevez-vous que mon beau-frère, ayant deux ponts à faire cette année, aille en Espagne avec M. de P..., un homme qui, à ce qu'il me semble, cherche une fortune sur l'espérance d'avoir un chemin de fer en Espagne ? Ma sœur m'a avoué que c'était elle qui avait décidé son mari à ce voyage, et le malheureux lui écrit que l'Espagne lui coûte cher, car, s'il avait dirigé lui-même son pont sur le Doubs, le pont aurait été fini, livré, et ce cas de force majeure aurait regardé l'administration.

On adjuge aujourd'hui le chemin de Creil à Saint-Quentin (chemin de fer du Nord) ; si Rothschild est adjudicataire, les actions du Nord auront une hausse certaine.

Adieu pour aujourd'hui ; je me replonge dans *les Trois*

Mousquetaires, car la vie sans travail est insupportable et je continue à penser à vous avec une persistance qui m'épouvante moi-même; je reste stupide à la même place et je ne sais pas ce qui peut m'arriver si je ne me jette pas dans le travail à corps perdu. Je n'ai pas une pensée qui ne soit pour vous, pas une volonté autre que celle d'aller vous trouver où vous êtes; je suis comme emporté par ce désir; et, cloué sur place par la nécessité, je reste immobile de douleur. Il m'est impossible d'oublier, et je passe des heures entières, les yeux attachés sur ce tapis brodé par vos belles petites pattes de souris, à regarder ses cases rouges, vertes, et ses rayures bariolées en pensant à vous, et me rappelant les infiniment petits détails de voyage. Non, au lieu de me gronder, ayez plutôt pitié de moi, je suis vraiment trop malheureux. J'implore le travail et il s'obstine à me refuser l'inspiration. J'espère pourtant que cela ne durera pas toujours ainsi, et qu'un de ces jours me reverra sérieusement attablé à l'intention, sinon au profit, de Sa Majesté le public.

Dimanche 21.

J'ai lu *les Trois Mousquetaires*, voilà toute ma journée d'hier; je me suis couché à sept heures, et me voici levé à quatre heures du matin. Je suis mieux d'esprit, j'ai une sérieuse envie de travailler, et mon ardeur à écrire me paraît de bon augure; il le faut d'ailleurs, tout m'y convie, et l'argent à toucher, et les obligations à remplir, et la liberté, et la possibilité de vous revoir plus tôt. Figurez-vous, chère étoile de ma vie, que l'argent ne me dit plus rien; non, vraiment, il ne m'émeut plus du tout; il n'y a plus en mon âme aucun vestige d'ambition non plus, enfin aucun désir de faire fortune; les potiches, les tableaux, toutes les choses de luxe que j'aimais, tout cela m'est devenu indifférent. Oh! quel tyran qu'un sentiment pareil au mien! comme tout disparaît devant lui!

Je comprends, chère comtesse, que vous ayez été choquée des *Mousquetaires*, vous si instruite, et sachant surtout à fond l'histoire de France, non-seulement au point de vue officiel, mais jusqu'aux moindres détails intimes des petits cabinets du roi et du petit couvert de la reine. On est vraiment fâché d'avoir lu cela, rien n'en reste que le dégoût pour soi-même d'avoir ainsi gaspillé son temps (cette précieuse étoffe dont notre vie est faite). Ce n'est pas ainsi qu'on arrive à la dernière page d'un roman de Walter Scott, et ce n'est pas avec ce sentiment qu'on le quitte; aussi on relit Walter Scott, et je ne crois pas qu'on puisse relire Dumas. C'est un charmant conteur, mais il devrait renoncer à l'histoire ou, sinon, tâcher de l'étudier et de la connaître un peu mieux.

En ouvrant ma fenêtre du côté de la rue, ce matin, j'ai eu un étourdissement et j'ai encore tout le sang à la tête; mais je vais prendre un bain de pieds, et cela passera. D'ailleurs, si je travaille, l'équilibre se remettra, et je vais travailler. Oh! si vous saviez quel respect j'ai pour moi-même, sachant qu'un être si parfait, qu'une créature accomplie s'intéresse à mon existence; depuis un an, je n'ai de mémoire que pour elle, et voilà deux semaines que je ne pense qu'aux moyens de la revoir, que je range les miettes du festin, que je m'absorbe dans le souvenir de riens qui deviennent des poëmes. Figurez-vous que Schwab est à Paris! Il est venu me voir ce matin, et, le croirez-vous? j'ai revu Schwab avec délices, car Schwab, c'est tout la Haye... Vous souvenez-vous d'une certaine promenade faite à pied vers le bazar chinois, en arrière des enfants? Non, jamais deux âmes n'ont donné l'une dans l'autre avec plus de poésie et de charme... Ces souvenirs, pour moi, sont autant de soleils brillants au fond du Spitzberg; ils me font vivre, et je ne vis que de cela. Il y a de ces choses du passé (de ce passé qui est le vôtre) qui me font l'effet d'une fleur gigantesque, que vous dirais-je? d'un magnolia qui marche, d'un de ces rêves du jeune âge trop poétiques, trop beaux pour être jamais réalisés...

Pardonnez-moi!... je suis resté comme hébété, j'ai pleuré comme un enfant; je suis si malheureux d'être à Passy, quand vous êtes à Naples! Je me suis laissé aller à vous écrire, dans cette lettre, ce que je rêve à toute heure, et, dans la pensée, c'est moins dangereux que formulé. Dans la pensée, c'est un fil de la Vierge à travers l'azur; là, sur du papier, c'est un câble en fer qui vous étreint et vous serre jusqu'à faire jaillir le sang avec les larmes du désespoir.

Adieu pour aujourd'hui; si je m'écoutais, je vous écrirais jusqu'à demain. Je suis insensé de regret et de douleur, j'implore le travail pour ne pas devenir fou.

Lundi 22.

J'ai dîné hier chez madame de Girardin, et j'y ai entendu d'excellente musique faite par mademoiselle Delarue : c'est la fille du vieux bonhomme que vous avez connu à Vienne. Gautier, qui était là, m'a fait promettre d'aller prendre du hachich avec lui à l'hôtel Pimodan ce soir. Je sors pour toute sorte d'ennuyeuses affaires...

Mardi 23, quatre heures.

J'ai résisté au hachich; du moins, je n'ai éprouvé aucun des phénomènes dont on m'avait parlé. Mon cerveau est si solide, qu'il fallait, à ce qu'on m'a dit, que la dose fût plus forte. Néanmoins, j'ai entendu des voix célestes et j'ai vu des peintures divines; puis j'ai descendu pendant vingt ans l'escalier de Lauzun; j'ai vu les dorures et les peintures du salon dans une splendeur féerique. Mais, ce matin, depuis mon réveil, je dors toujours et je suis sans force et sans volonté[1].

Jeudi 25.

Hier, j'ai dormi toute la journée, et, demain, j'irai à Rouen voir des panneaux en ébène qui sont, m'a-t-on dit, donnés pour rien. Ce matin, je vais voir, avec M. Captier, un terrain, rue du Rocher.

Il m'est impossible de me faire payer de la succession Dujarier. J'ai perdu ma journée hier en courses pour cette affaire et je n'arrive à rien. Je ne puis toujours pas travailler.

Samedi 27.

Je suis parti hier à six heures du matin de Passy; j'étais à sept heures au chemin de fer et à onze heures à Rouen. C'est la route que j'ai faite avec vous et Anna. N'est-ce pas vous dire que j'ai pensé toute la journée à vous deux?

---

1. Théophile Gautier a fait le récit de cette soirée. (Voir *Portraits et Souvenirs littéraires*, notice sur Baudelaire, 1875.)

Je me transportais en idée à cette journée où nous avons vu Rouen; c'était une fête que je me donnais. J'ai été heureux, oh! bien heureux! J'ai revu le traître pâtissier, et, de Rouen à Mantes, je me suis rappelé mes atroces souffrances et comme je me croyais empoisonné. Ah! vous avez été bien bonne et, comme toujours, mon ange gardien et mon étoile bienfaisante.

J'ai trouvé à Rouen les débris d'un meuble royal et je les ai eus pour quatre-vingts francs. Voilà des affaires! Il coûtera cher à refaire et arranger à la vérité; cela m'épouvante, et néanmoins je vais le livrer à un ébéniste, pour que le remords soit complet.

Autre résultat moins satisfaisant : comme je n'avais rien pris du matin au soir, j'ai attrapé une affreuse migraine.

Dimanche 28.

Je reviens de la poste, et il n'y a pas de lettres de Naples; je commence à être très-inquiet, car je devais en avoir une du 18, qui est le jour de passage du paquebot; et six jours de navigation, trois jours de Marseille ici, cela fait neuf jours. — Je viens de voir l'annonce d'un hôtel, rue du Montparnasse : on en veut quatre-vingt-dix mille francs; avec les frais, cela irait à cent mille francs. Je pourrais à la rigueur m'en arranger, il y a trois quarts d'arpent dans la propriété. J'irai voir cela; c'est le quartier du Luxembourg.

Il faut vous dire adieu ; toutes les fois que je ferme une lettre et que je la porte à la poste, il me semble que je vais moi-même vous trouver. Ah! à propos, ne calomnions personne. M. le duc de S... est mort pour d'autres causes que celles que l'on vous a dites. C'est une histoire à vous raconter qui est fort curieuse. Il allait se marier, et, quand il a vu que sa future ne serait jamais que sa future, moins philosophe que Louis XVIII, il s'est brûlé la cervelle.

M. Captier m'a apporté un croquis de maison; cela coûte toujours entre quarante et cinquante mille francs, et cinquante mille francs de terrain, c'est toujours cent mille francs. Or, tant que je conserverai l'espoir de trouver une maison toute prête pour ce prix-là, j'attendrai.

Mon incapacité de travail me rend bien malheureux. Mercredi, dernier jour de l'année, je dîne chez madame de Girardin afin de prendre mes mesures avec Nestor Roqueplan pour les Variétés, et alors je commencerai sérieusement à m'occuper de *Richard Cœur-d'éponge*. Je vous dis cela pour que vous sachiez bien ce que je fais ou compte faire. Vous aurez cette lettre à votre 1er janvier, c'est-à-dire le 6, votre anniversaire. Dieu veuille que, dans cette année 1846, nous ne nous quittions jamais d'un instant, que vous déposiez le fardeau de vos responsabilités et que vous n'en ayez plus aucune; voilà mes vœux ostensibles; il en est un autre que je garde pour moi seul. Je finis cette année en vous aimant plus que jamais, en vous bénissant pour toutes les immenses consolations que je vous ai dues et qui sont toute une vie déjà. Par moments, je me trouve ingrat en pensant à l'année 1845, et je me dis que je n'ai qu'à me souvenir pour être heureux. Ce que j'ai au cœur, voilà mon hachich! Je n'ai qu'à m'y retirer pour être dans le ciel. Chère étoile lumineuse et toujours, hélas! si lointaine, surtout ne vous découragez pas, espérez, ayez foi en votre fervent serviteur; croyez que, quand vous lirez ces lignes, je serai tout au travail, expédiant des feuillets de copie, et que je serai promptement libre d'aller vous trouver, si toutefois vous ne me le défendez pas trop rigoureusement. Mais non, vous n'aurez pas le courage, me sachant si malheureux, de me refuser la seule consolation qui me fasse supporter la vie.

CCXCVIII.

A M. LE DOCTEUR J. MOREAU, A PARIS.

Passy, décembre 1845.

Monsieur,

J'ai reçu votre livre sur l'aliénation mentale, et je suis en train de le lire; j'éprouve donc le besoin de vous remercier, et du plaisir que m'a fait le début, et de votre attention.

C'est une idée que j'ai eue aussi, que celle de rechercher les causes de la folie dans celles de nos aberrations ou exaltations momentanées. Vous savez ou vous ne savez pas que voici vingt-sept ans bientôt que je m'occupe de ces matières dites physiologiques; mais je ne suis pas assez instruit en anatomie et surtout en myologie pour être de quelque utilité. Je ferai plus tard des études en ce genre. Voici pourquoi. Je crois que nous ne ferons rien de bon, tant que l'on n'aura pas déterminé la part que les organes de la pensée, en tant qu'organes, ont dans les cas de folie. En d'autres termes, les organes sont les gaines d'un fluide quelconque, *inappréciable encore*. Je tiens cela pour prouvé. Eh bien, il y a un *quantum* quelconque d'organes qui se vicient par leur faute même, par leur constitution, et d'autres qui se vicient par un trop grand afflux. Ainsi ceux qui (tels que Cuvier, Voltaire, etc.) ont de bonne heure exercé leurs organes, les ont faits si puissants, que rien ne peut les rendre fous ; aucun excès ne les atteint ; tandis que ceux qui s'en tiennent à certaines parties de l'*encéphale idéal*, que nous nous représentons comme le laboratoire de la pensée, les poëtes qui laissent dans l'inaction *la déduction*, *l'analyse*, et qui font jouir le cœur et l'imagination exclusivement, peuvent devenir fous ; mais on devient nécessairement fou quand on abuse de Vénus et d'Apollon à la fois.

Enfin, il y aurait une belle expérience à faire et à laquelle j'ai pensé depuis vingt ans : ce serait de refaire un cerveau à un crétin, de savoir si l'on peut créer un appareil à pensée, en en développant les rudiments. C'est en refaisant des cerveaux qu'on saura comment ils se défont.

En voilà assez. Mon remercîment pourrait vous paraître un cas pathologique ; quoique, dans cette dernière idée réussie, il y ait toute une gloire pour un médecin. Nous sommes compatriotes, monsieur, et vous ne vous étonnerez pas de me voir étonné de trouver un Tourangeau de plus faisant des livres ; mais le vôtre est dans les bons, et les miens sont spéculatifs.

Vous savez que vous me devez une autre partie de hachich, puisque je n'en ai pas eu pour mon argent la première fois. Ayez l'excessive bonté de m'avertir à l'avance du lieu et de l'heure ; car je tiens à être le théâtre d'un phénomène complet, pour bien juger de votre œuvre.

Agréez l'expression de mes sentiments les plus distingués.

CCXCIX.

A MADAME HANSKA, A DRESDE.

Passy, 1ᵉʳ janvier 1846.

Une année de plus, chère, et je la prends avec plaisir; car ces années, ces treize années qui se consommeront en février, au jour heureux, mille fois béni où j'ai reçu cette lettre adorable, constellée de bonheur et d'espérance, me semblent des liens indestructibles, éternels. La quatorzième commencera dans deux mois; et tous les jours de ces années ont ajouté à mon admiration, à mon attachement, à ma fidélité de caniche.

J'ai l'esprit très-Grandet, je vous assure. Encore quelques jours, le roi de Hollande donnât-il soixante mille francs de mes meubles florentins, il ne les aurait pas! C'est plus grave encore pour les choses de cœur. Je vous l'aurai prouvé dans quatorze ans d'ici, quand vous m'aurez vu n'oubliant jamais rien de mes félicités grandes ou petites.

Ce 4.

O chère comtesse, j'ai reçu ce matin, à huit heures et demie, la lettre de votre chère enfant, avec le portrait de Léonidas; décidément, j'aurai un *Album Gringalet!* Je ne comprends pas qu'à la date du 22 vous n'ayez pas reçu ma lettre n° 3, qui vous a été envoyée par le comptoir Rothschild. Quand celle-ci partira, ce sera la septième en route. Je n'ai jamais failli à vous dire jour par jour ce qui m'arrive et ce que je fais; et vous verrez, à votre retour, que c'est moi qui aurai écrit le plus. Je vais aller voir votre chère Lirette, car je ne veux pas oublier que je vous remplace toutes les deux, mère et fille, auprès d'elle; puis il faut que je sache quand elle aura besoin de la somme que vous m'avez confiée pour elle.

J'ai dîné, comme je vous le disais dans ma dernière lettre, avec Nestor Roqueplan, le dernier mercredi de décembre, et le dernier jour du mois, chez l'illustre Delphine. Nous avons autant ri que je puis rire sans vous et loin de vous. Delphine est vraiment la reine de la conversation ; ce soir-là, elle a été particulièrement sublime, étincelante, ravissante. Gautier était là aussi; je suis sorti après avoir longtemps causé avec lui; il a été avéré qu'il n'y avait rien de pressé pour *Richard Cœur-d'éponge* : le théâtre est plus que fourni. Gautier et moi, nous ferons peut-être à nous deux la pièce plus tard. Tel est la fin de ce dîner, dont l'historique vous était dû. De retour chez moi, j'ai vu deux ou trois ennuyeux; cela m'a bien fatigué! vous ne le croirez pas, car vous semblez trop ignorer que j'aime à n'avoir que vous, et ne voir que vous dans le monde. Mais, chère comtesse, ce qu'il y a de triste, c'est que je ne fais pas une ligne... et je gémis!...

5, minuit.

En voilà de l'étrange!... j'ai reçu ce matin votre longue lettre à un jour de distance de celle de votre enfant; c'est un mystère. Toutes deux sont venues par Marseille. O chère! quelle journée j'ai eue! atroce, affreuse, épouvantable! Figurez-vous que j'avais des courses à faire : je devais aller chez Froment Meurice, chez M. Gavault, chez un armateur qui construit un bâtiment auquel je ne sais pourquoi il s'obstine à vouloir donner mon nom, aux journaux, et spécialement à *la Presse*, etc. Après déjeuner, à midi, je vais à la poste; bon ! je reçois une bonne grosse lettre, bien lourde; mon cœur tressaille à se briser de joie; non, j'étais heureux ! et si heureux, que, dans la voiture de Passy à Paris, j'ouvre la lettre mille fois bénie, et je lis, je lis ! J'arrive enfin au feuillet que vous a dicté l'étrange et inconcevable conduite de madame A... avec Koref, et, après avoir lu vos foudroyantes réflexions de *terrasse, je reste *terrassé !* Je ferme la lettre et la mets dans ma poche de côté. D'abord, on m'aurait vu pleurant, puis j'ai été envahi par une tristesse dont voici les effets physiques. Il était tombé hier deux pouces de neige sur le pavé de Paris, j'étais en chaussure d'été; mais je me sentais si malheureux, que j'avais besoin d'air, j'étouffais dans mon fiacre. Je me fais mettre à terre rue de Rivoli, et je marche, je marche, les pieds dans cette boue de neige, à travers tout Paris, dans une foule immense sans la voir, parmi les voitures sans en tenir compte; j'allais, j'allais toujours, le visage décomposé comme un fou... On me regardait. Enfin, j'ai marché de la rue de Rivoli jusque derrière l'hôtel de ville, dans les rues les plus populeuses sans m'apercevoir de la foule, ni du froid, ni de rien. Quelle heure ! quel temps ! quelle saison ! quelle ville; où étais-je ? Si l'on m'eût questionné, je n'aurais pu rien dire, j'étais insensé de douleur. La sensibilité, c'est le sang de l'âme, et, par ma blessure, il s'en allait à torrents. Et voici ce que je me disais : « Je n'ai, moi, de ma vie commis aucune parole indiscrète, et voici, à défaut de ma sincérité, les raisons de mon silence dans la circonstance en question : 1° honneur et probité; 2° certitude de nuire à l'objet de mes espérances; 3° certitude de rendre ma liquidation impossible; 4° incertitude complète sur le résultat de mes souhaits. Et me voilà accusé de bavardages ignobles, moi dont la conduite est irréprochable ! » Trouver cette injustice, même involontaire, chez vous, me brisait; je sentais des coups de massue sur ma tête à chaque pas. Ce Koref est un infâme espion, espion de l'Autriche connu; il n'est plus reçu nulle part, je ne le salue plus, je lui réponds à peine quand il me parle. Madame A... ignore cela et elle se confie et parle de vos intérêts, ainsi que de mes affaires, à l'homme le plus dangereux que je sache, c'est vraiment incroyable ! De plus, Koref est lié avec une très-vilaine femme, une madame de B... qui fait des cancans et qui espionne comme espionnent les espions, même en dehors de la politique, et seulement pour s'entretenir la main. Qui sait si ces gens-là ne feront pas de cela l'objet d'un rapport? qui sait si, trop connu pour être de la police autrichienne, Koref n'a pas profité des confidences absurdes de cette stupide madame A... pour passer à une deuxième puissance hyperboréenne?... Ah! vraiment, cette madame A... m'aura fait sans exagération un mal incalculable! Et moi qui souffre déjà pécuniairement un tort très-grave à cause d'absurdes cancans venus de Baden, y voir ajouter, grâce à cette femme, de pareilles souffrances!

Et, pensant ainsi, j'allais toujours, ne voyant devant moi que trouble et confusion. — Koref, que je n'ai pas vu depuis dix-huit mois, à qui, depuis trois ans, je n'ai pas adressé la parole et qui se dit *mon ami!* C'est aussi par trop impudent ! — J'allais le cœur saignant, les pieds dans les décombres de mon avenir rêvé, et pensant toujours aux réflexions impitoyables que vous a suggérées la fatale lettre de madame A... Je suis arrivé à quatre heures chez Froment Meurice, où je n'ai trouvé ni parure prête, ni bracelet, ni rien, pas même mon cachet (*fulge, vivam*), que j'attends depuis si longtemps.

Je suis allé chez Gavault à pied, de l'hôtel de ville à la Madeleine. Gavault a été effrayé de ma figure et m'a vu sans âme, sans force, sans vie. De là, à pied encore, je suis retourné à Passy, à huit heures, sans sentir de fatigue corporelle; l'âme brisée tordait le corps, la fatigue morale tuait l'abattement physique. A dix heures, je me suis couché : impossible de dormir. A onze heures, j'ai rallumé mes bougies et mon feu, j'ai pris mon café; je viens d'achever votre lettre, et les baumes des derniers feuillets m'ont calmé, sans faire cesser tout à fait les derniers retentissements de ma douleur.

A demain; la fatigue corporelle revient et je dors; je vais me coucher, il est une heure.

6.

Aujourd'hui 6 janvier, jour de votre naissance, chère comtesse, je ne veux vous exprimer que des pensées de douceur et de paix. Couché à une heure et demie, je me suis endormi dans les charmantes choses de la fin de votre lettre, et je n'ai eu ni rêve ni rien; la fatigue d'hier, au moral et au physique, était telle, que j'ai dormi jusqu'à dix heures. Je viens de déjeuner, et je reprends votre lettre; ce qu'elle a de chagrinant ne vient pas de vous, c'est venu de l'étranger, de la sotte lettre de madame A...; et vous ne pouviez penser autrement que vous n'avez fait en la lisant. Par une fatalité bizarre, j'ai lu votre lettre en deux fois et j'ai souffert par ma faute; je pouvais prendre un fiacre et achever ma lecture, mais, je le vois, les sentiments violents et profonds ne calculent pas, ils se précipitent comme des torrents ou des coups de foudre. Ce qui m'a bouleversé aussi, c'est que j'ai bien vu qu'on tâchait de vous donner des impressions malveillantes à mon sujet. Je n'ai pas besoin du monde : bien loin de là, j'en ai la plus profonde horreur; la célébrité me pèse, j'ai soif d'un *home*, d'un *chez moi*; j'ai soif de boire à longs traits la vie en commun, la vie à deux. Je n'ai pas une affection au monde qui puisse traverser de quelque manière que ce soit celle que j'ai dans l'âme et qui est comme l'étoffe même de cette âme. « Le reste est un vain songe. » Pour en finir avec les mauvaises gens et les mauvaises paroles, dites-vous bien, chère, que le monde est composé de forçats qui ont horreur des honnêtes gens, des gens sans faute, et de malheureux qui haïssent le bonheur qui les évite.

Laissez-moi vous dire, avant de fermer ma lettre, que mon parti est pris; si l'on m'obligeait à abandonner mes espérances, si, à force de persécutions hostiles et surtout intimes, vous me tourniez le dos, mes résolutions sont bien arrêtées, c'est pour cela que j'ai essayé le hachich. On se rend imbécile au bout d'un an, et l'on reste ainsi sans plus rien savoir des peines et des bonheurs de la vie, si l'on ne meurt pas. Vous savez que le hachich n'est que de l'extrait de chanvre; décidément, le chanvre contenait la fin de l'homme. Non, si je ne puis obtenir ma belle vie rêvée, je ne veux rien. Hier, tous les trésors de mobilier que j'accumule étaient devenus des morceaux de bois et des tessons! et la misère, dès que je suis seul, a des charmes pour moi. Je ne veux rien que par rapport au but secret de ma vie, c'est la raison suprême de tous mes vœux, de tous mes pas, de mes démarches, de mes idées, de mes efforts, de mes travaux, de la gloire que je veux acquérir, enfin de mon avenir et de tout ce que je suis. Depuis treize ans, cette aspiration est devenue la base de mon sang, puisque les idées et les sentiments influent sur le sang.

Je vous remercie des renseignements que vous me donnez sur Lirette; je lui remettrai la somme convenue en allant la voir demain à son couvent, et je m'informerai du chiffre qu'il vous faudrait ajouter encore. Je suis si heureux de faire vos affaires que vous devriez me faire payer des commissions à votre profit. Pauvre chère *Atala!* pauvre chère *Zéphirine!* le tableau de vos pertes et de vos déceptions financières m'a navré; mais, hélas! il n'y a rien à faire qu'à regagner vos foyers aussitôt votre traitement thermal de Bade bien et dûment achevé; oui, il faut revenir courageusement arranger tout, compléter votre œuvre enfin pour avoir le droit de vous reposer.

Je vous quitte pour aller à la poste, car j'attends une lettre d'avis pour les colis d'Amsterdam, qui tardent autant à venir de Rouen à Paris qu'ils ont tardé à venir d'Amsterdam à Rouen. Si je ne finis pas ma lettre aujourd'hui, ce sera pour demain; car, demain, ceci sautera dans la boîte de poste et sera après-demain à Roanne. Quel hippogriffe que la poste!

Adieu donc, chère; je vais me mettre à travailler comme un enragé; je partirai le 1er avril par le bateau pour Civita-

Vecchia; Pâques tombant le 12 avril, je verrai Rome pendant dix jours, puis je reviendrai avec vous par la Suisse, voilà mon plan. D'ici là, j'aurai ma liberté. Soignez-vous tous bien, vous surtout. Je répondrai la semaine prochaine à votre chère enfant et à Georges.

Quand je pense qu'il faut qu'après Bade vous retourniez chez vous, il me prend un horrible frisson. On sait quand on y entre, on ne sait pas quand on en peut sortir. Mais je ne veux pas finir par des tristesses; trouvez ici mille fleurs nouvelles d'une vieille affection. Mon cœur vous bénit, mon âme est autour de vous avec toutes ses pensées. Quant à mon esprit, vous savez bien qu'il n'est que le reflet et l'écho du vôtre.

CCC.

A M. A. COLOMB, A PARIS.

Paris, 30 janvier 1846.

Monsieur,

Je vous prie d'excuser le retard qu'éprouve cette réponse à votre lettre du 2 novembre 1845; votre lettre est venue chez moi pendant mon voyage à Naples, et elle a été mêlée à beaucoup de papiers accumulés sur ma table. Occupé des affaires les plus pressées, je n'ai fait la revue de mes papiers que ces jours-ci. Puis, votre lettre se trouvant dans votre brochure sur la vie de Beyle, je ne l'ai lue qu'en lisant votre notice : une vie aussi occupée que la mienne a ses hasards, ses retours, et, si vous songez que jamais personne ne m'a en rien aidé, que je n'ai jamais eu de secrétaire ni de suppléant, vous concevrez pourquoi je ne réponds que le 30 janvier 1846 à une lettre écrite en novembre dernier.

Ce que j'ai écrit sur Beyle l'a été avec trop de désintéressement et de conviction pour que vous ne soyez pas libre d'en disposer comme bon vous semblera; je n'y mets d'autre condition que celle d'avoir un exemplaire de ses œuvres, que j'aime beaucoup[1].

C'est un des esprits les plus remarquables de ce temps; mais il n'a pas assez soigné *la forme;* il écrivait comme les oiseaux chantent, et notre langue est une sorte de madame Honesta, qui ne trouve rien de bien que ce qui est irréprochable, ciselé, léché.

Je suis très-chagrin que la mort l'ait surpris; nous devions porter la serpe dans *la Chartreuse de Parme,* et une seconde édition en aurait fait une œuvre complète, irréprochable. C'est toujours un livre merveilleux, le livre des esprits distingués.

Continuez, monsieur, l'œuvre que vous avez entreprise; soyez fidèle à l'ami qui n'est plus, et je suis heureux d'apporter le denier de la veuve dans cette œuvre.

Trouvez ici l'expression de ma considération la plus distinguée.

---

1. M. A. Colomb, exécuteur testamentaire de Henri Beyle, désirait reproduire, à la suite de *la Chartreuse de Parme,* l'article que Balzac avait consacré à Beyle dans la *Revue parisienne.*

CCCI.

A MADAME HANSKA, A NAPLES.

Passy, 8 février 1846.

Et pas de lettres !... Non, mon inquiétude est au comble, je ne sais que penser, je vous crois malade. Je suis torturé au point de ne pouvoir vous dire qu'un mot aujourd'hui ; d'ailleurs, je n'ai pas un moment à moi, j'ai des courses, des payements à faire, des ennuis sans fin et, par-dessus tout, la douleur d'être sans lettres et sans nouvelles. Je dîne chez M. F..., un sacrifice à faire, et un grand, je vous en réponds ! mais il est bien essentiel de ne pas le mécontenter, il fait bien mes affaires et j'en suis de plus en plus satisfait. Nous attaquons cette semaine un compte bien difficile à terminer, celui de B... Il s'agit de neuf mille francs à payer.

Et toujours pas de lettres ! je suis bien malheureux !

Lundi 9.

Que de bonheur ! j'ai enfin votre lettre ! Je devrais vous écrire à genoux pour tant de bonté et tant de persévérance et de suite dans cette angélique bonté. Ce passage où vous me dites que vous vous êtes abîmée dans une contemplation d'avenir semblable à l'une des miennes et où vous me paraissez si touchée de ces élans de culte que j'ai si souvent pour vous ; et cette affection si vraie et si humble, venant d'une âme si haute, m'a donné en un moment plus de bonheur que je n'en ai eu dans toute ma vie.

Chère comtesse, ne vous risquez pas à Rome sans que

Georges soit tout à fait rétabli; les courses de Rome le tueraient; remettez ce voyage au nom de vos enfants! Rome ne s'abîmera pas demain, et une santé y périt dans une semaine. Attendez, attendez!

Quand vous recevrez cette lettre, LA COMÉDIE HUMAINE sera terminée.

Je me tiens à un billet de mille francs avec M. Potier; car, voyez-vous, il y a bien des dépenses à faire, il le reconnaît lui-même, et ce serait une maison de quarante-cinq mille francs, et quinze mille francs au moins de surplus de mobilier, cela ferait soixante mille francs. Or je ne serais pas alors en mesure pour Monceau. J'espère posséder la maison et avoir soldé tous mes titres inquiétants d'ici à la fin de février. Toutes ces incertitudes m'empêchent de travailler à mon aise, je suis comme l'oiseau sur la branche. J'espère toujours que vous me permettrez d'aller vous rendre compte de mon installation et de passer quelques jours auprès de vous en avril prochain.

En allant chez Souverain, j'ai vu, chez un marchand de bric-à-brac, la miniature de madame de Sévigné faite de son temps, à ce qu'il m'a semblé; on l'aurait pour très-peu de chose; la voulez-vous? elle me paraît assez bien, mais il faut dire que je l'ai à peine regardée, tant j'étais pressé.

Mardi 10.

J'ai revu la miniature: elle est affreuse! Mais, en revanche, j'achète le portrait de la reine Marie Leczinska d'après Coypel, évidemment faite dans son atelier. C'est acheté pour la valeur du cadre, et, comme c'est un de ces portraits que les reines donnaient à des villes ou à de grands personnages, quoique ce soit une copie, elle peut encore orner un salon.

Je m'ennuie plus que je ne peux vous le dire; je travaille mal, sans inspiration, sans goût, sans courage; ma vie, mon âme et toutes ses forces sont ailleurs. J'ai prié Gautier de m'amener un peintre nommé Chenavard, ami de la Belgiojoso que je connais mais dont l'adresse m'est inconnue, pour m'éclairer sur la valeur du portrait de la reine Marie, car, comme Louis XIV, « je ne veux pas me tromper ».

Mercredi 11.

Beaucoup de courses, beaucoup de fatigue sans résultat. M. F... est tombé dangereusement malade et cela retarde d'autant mes affaires. Voyez-vous, chère comtesse aimée, je ne suis pas maître de cette liquidation, le moindre effort serait puni, il faut attendre comme le chasseur à l'affût. C'est affreux! Je vous assure que les ennuis de mes affaires, joints à ceux de mon âme (qui est bourrelée par l'absence, comme on l'est, dit-on, par le remords), influent puissamment sur ma pauvre cervelle. Sans vanité, je puis vous certifier que je suis admirable; je me lève toutes les nuits, je pense à vous, je vous écris, et je reste ainsi deux heures avant de pouvoir me mettre à l'ouvrage; je continue d'écrire, mais à vous, et non, comme je le devrais, au public; ou, si par extraordinaire ce n'est pas à vous que je pense, ce sera alors à l'une des maisons qu'on me propose, à son mobilier, à son arrangement et aux mille détails de mes affaires, car chaque affaire de mille francs exige autant de soins qu'une affaire de cent mille. Puis je relis vos chères lettres, je regarde mes épreuves, et je me raisonne. Le jour arrive, je n'ai rien fait !... Je me dis que je suis un monstre, que, pour être vraiment digne de vous, il faut vous oublier et ceindre la corde du travailleur, je me dis mille injures, et je m'empare de l'ivoire de Daffinger, et je vous crois là, et je rêve... et je me réveille au désespoir d'avoir rêvé au lieu d'avoir travaillé.

Madame de Girardin m'écrit pour me demander de la venir voir; il doit y avoir une lady, fille ou petite-fille de Sheridan, *qui se môray de voûre moû*. J'irai dans mon grand costume des belles manières.

Jeudi 12.

Je me suis couché ce matin; voilà toutes mes heures dérangées! et tout cela pour une scie d'Anglaise qui m'a lorgné comme elle aurait lorgné un acteur! Madame de Girardin, charmante en petit comité, est, il faut l'avouer, une maîtresse de maison moins agréable quand il s'agit de grande réception. Elle ne dément son origine que par son talent; mais, quand elle est hors de son talent, elle redevient fille de sa mère, c'est-à-dire bourgeoise et Gay pur sang. Le duc de Guiche, *qui s'est rallié*, était là; il a fait des frais, il a été presque spirituel, ce dont je doutais. Le souvenir de madame Kalergi, que je ne connais pas, que je n'ai jamais vue, comme vous savez, m'a poursuivi jusque-là. L'amiral de la Susse m'a peint la désolation de la société de Bade, de ce que j'avais refusé toutes les invitations de la belle dame russe, et que je ne quittais pas une certaine famille qui m'avait confisqué à son profit.

A partir de ce moment, je suis devenu d'une stupidité mirobolante. Aussi madame de Girardin m'a dit à l'oreille : « Qu'avez-vous donc ce soir ? » à quoi j'ai répondu : « L'Anglaise me porte au cœur... » Elle s'est mise à rire, et j'ai gardé ma mélancolie à moi... Je revoyais le paysage de Bade, l'hôtel du *Cerf*, les promenades, etc. tout enfin. — Oh ! combien vous m'absorbez ! Cela ne peut plus s'exprimer ; un mot, un rien, tout me ramène à vous.

Chère comtesse, il faut consoler ce pauvre Georges. Je trouverai le catalogue Dejean, il est très-rare, il a été brûlé en entier à la rue du Pot-de-Fer (lors de cet incendie qui a consumé les *Contes drolatiques*). Ce catalogue ne se trouve plus que dans les ventes ; mais je l'aurai d'une manière ou d'une autre. De plus, je trouve par mes relations un ouvrage dont vous verrez le titre sur le feuillet qui sert d'enveloppe à ma lettre. Écrivez-moi si Georges le connaît. C'est la plus belle iconographie de coléoptères qui existe. Il n'en reste plus que sept exemplaires. On a plané les planches, et tout est dit. S'il le veut, je le lui apporterai à notre première rencontre, avec ses insectes et son Dejean. En flânant samedi, j'ai trouvé deux vases de Sèvres (Restauration) sur lesquels on a peint — pour quelque entomologiste sans doute — les plus jolis insectes du monde ; c'est un travail d'artiste et cela a dû coûter cher ; Georges sera satisfait en les voyant, et je lui rendrai pots peints pour pots peints. On aura peut-être offert ces deux vases à Latreille, car on n'a pu faire un travail si consciencieux que pour une très-grande célébrité de l'entomologie. C'est une vraie trouvaille, une occasion comme je n'en ai jamais vu ! On ne sait pas ce que c'est que Paris; avec du temps et de la patience, tout s'y trouve, même le bon marché. En ce moment, je marchande un lustre qui vient du mobilier de quelque empereur d'Allemagne, car il est surmonté de l'aigle impériale à deux têtes. C'est un lustre flamand qui a dû venir de Bruxelles avant la Révolution; il pèse deux cents livres et il est tout en cuivre; le cuivre vaut deux francs cinquante centimes le kilo, et j'aurai le lustre pour sa valeur intrinsèque (450 francs). Je le destine à ma salle à manger, qui sera dans le même style. Je vous vois tout effrayée de ces communications; mais, soyez tranquille, on ne fait pas de dettes; on obéit à vos ordres suprêmes. Lirette sera payée selon vos intentions, Froment Meurice de même, et, quant à mes affaires personnelles, la liquidation a plus d'argent qu'il ne lui en faut.

Je travaille pour le *Musée des Familles*, tout en terminant LA COMÉDIE HUMAINE. Et je vous arriverai avec les vases entomologiques, l'iconographie (s'il y a lieu), les insectes, le catalogue Dejean et la canne de Georges. Comme vous le voyez, m'occuper de ma chère troupe aimée, c'est ma vie, ma joie, mon bonheur, car c'est toujours m'occuper de vous.

Froment Meurice est vraiment le bijoutier impossible! nous sommes aujourd'hui au 17 février et la figure de la Nature n'est pas achevée; elle est encore, dit-il, entre les mains du ciseleur. Il est tout absorbé par la toilette de la duchesse de Lucques.

Mardi 17.

Je ne vous dis qu'un bonjour très-pressé ce matin. J'ai quelques personnes à déjeuner, entre autres Chenavard, avec lequel je vais voir le portrait de la reine Marie Leczinska, et je reviendrai tard de ces courses.

Mercredi 18.

Ah! j'ai enfin reçu la lettre où vous me dites que Georges va de mieux en mieux, qu'il est venu vous voir à la villa Reale; cette bonne lettre qui me prouve que le calme s'est fait dans votre cœur et votre esprit, puisque vous avez repris vos habitudes d'écrire tous les soirs quand votre bonne amitié reprend sa lutte avec le sommeil, souvent vaincu à mon profit. Chose étrange! il y a dans cette longue lettre que je vais porter à la poste des choses qui répondent à bien des questions de la vôtre. Ce rapport m'a attendri jusqu'aux larmes. Comme j'aime vos lettres! comme elles sont vraies! En vous lisant, il me semble vous entendre parler; elles sont vraiment un baume pour toutes mes plaies. De grâce, n'allez pas à Rome! je vous le répète, ce voyage pourrait être fatal à Georges; il est bien délicat. Au reste, j'ai été comme cela à son âge, mais je ne me suis jamais préoccupé de moi, et les autres s'en souciaient encore moins.

Je ne travaille pas autant que je le devrais. Vous faites bien de me le dire; croyez que je me le reproche beaucoup plus rudement. « Les jours s'en vont, » comme vous dites; mais vous ne savez pas le dédale où me promène ma liquidation, et vous ignorez les courses incessantes qui me dérangent si souvent à propos de créances de cent francs. Ma tranquillité, c'est la propriété, c'est le déménagement, c'est la considération. Donc, je vous avoue, dussé-je m'attirer votre blâme (pour moi si terrible!), que ma liquidation marche avant le travail littéraire.

J'aime que la gravure et la devise de votre chevalier armé vous aient plu. Personne n'a aidé votre serviteur, croyez-le bien; le latin est bien de mon propre fonds. *Virens sequar* et *Fulge, vivam*, sont dignes de l'E, inscrite dans l'étoile.

J'ai enfin le portrait de la reine Marie! Ce n'est pas de Coypel, mais c'est fait dans son atelier par un élève, soit Lancret, soit un autre, c'est au choix; il faut être connaisseur pour ne pas le croire un Coypel. Le portrait a été gravé d'ailleurs, et je ne perdrai jamais là-dessus, a dit Chenavard. Ah! j'ai rencontré Koref, qui a eu l'impudence de me dire qu'il avait beaucoup parlé de moi avec une de vos amies et dans les termes les plus élogieux; j'aurais voulu que vous me vissiez regardant Koref et lui disant : « Je n'en doute pas! » Il m'a quitté net.

Allons, il faut bien avoir la force de terminer! Dites-moi où il faut vous adresser mes lettres? où vous chercher? où vous trouver? sera-ce à Florence? sera-ce à Rome? J'espère que vous ne tarderez pas à me le dire.

Mille soumissions et autant d'adorations.

CCCII.

À LA MÊME.

Paris, mars 1840.

Chère comtesse,

La personne qui vous remettra cette lettre est un de mes amis, M. Schnetz, l'auteur du beau tableau du *Vœu à la madone*, qui est à Saint-Roch ; il est directeur de l'École française à Rome, et je profite de son obligeance pour vous donner de mes nouvelles à votre arrivée.

Comme l'avait prophétisé M. Nacquart, mon courage a eu son prix : aujourd'hui, je marche[1] et tous mes préparatifs de voyage sont faits. Le directeur des malles a retenu ma place à Lyon ; car le service de Marseille a tant de lettres, que les lettres simples sont chassées en ma personne de l'intérieur de la malle par les lettres taxées.

Je garderai mon appareil encore un mois, mais rien ne s'oppose à ce que je voie Rome avec vous, ou plutôt vous avec Rome. Oh ! c'est Dieu qui vous a conduit à Naples, vous et les vôtres, mieux que vous ne le croyez peut-être. Maintenant, ce que vous avez de plus raisonnable à faire est de rester à Rome, et de ne poursuivre votre voyage projeté que quand vous aurez reçu de bonnes nouvelles ; car on dit que vos provinces sont dans un état de fermentation très-inquiétant. J'ai entendu même parler d'un soulèvement général. Cent onze seigneurs et propriétaires de Galicie ont été massacrés par leurs paysans, qu'ils voulaient entraîner à la révolte contre leur souverain l'empereur d'Autriche. Les Autrichiens sont aujourd'hui officiellement en retraite (vous verrez cela dans les *Débats*). La révolte ou l'insurrection a été simultanée dans toute l'ancienne Pologne (prussienne, autrichienne et russe) ; le mouvement est communiste. J'ai tremblé pour votre cousin L... Les insurgés, m'a-t-on assuré, ont

---

1) Il avait été blessé dans une chute de voiture.

occupé Podhorce. C'est vraiment affreux! on ne se fait quartier d'aucun côté, prêtres, femmes, enfants, vieillards, tout s'est soulevé. Des bandes de dix mille Polonais mourant de faim se jetaient de la Pologne russe en Prusse (où la disette commence), et les Prussiens les repoussaient comme des pestiférés par un cordon de troupes. Tout le monde ici ne prévoit que malheurs pour cette infortunée nation; on s'étonne que la Galicie, qui paraissait si bien administrée, si heureuse même sous le sceptre de l'Autriche, se soit soulevée si mal à propos. Chlopicki, qu'on a voulu mettre à la tête du mouvement, a refusé; il s'est retiré en Prusse en disant qu'il se brûlerait la cervelle plutôt que de commander une pareille folie. Tous les gens raisonnables gémissent. On dit que la Lithuanie et les provinces de l'ouest de la Russie vont se soulever aussi, à cause du recrutement pour le Caucase. Et que de désastres pour l'avenir de l'Europe ne peut-on pas redouter avec ces populations arrivées à l'état de démence chronique! et les gouvernements, qui se disent déjà épuisés, pourront-ils toujours les contenir et les réprimer? Quel bonheur que vous soyez à Rome! car, vous si sage et si intelligente, vous avez tant d'envieux et de malveillants là-bas autour de vous! D'ailleurs, on ne sait pas ce qui peut arriver quand on se trouve entre les insurgés et les troupes. La *Gazette de Cologne* a publié, sous la censure prussienne, un article qui parle de l'aveuglement des gouvernements à l'endroit de la Pologne, en faisant observer que les nationalités ne périssent jamais. (Ne parlez de ceci à personne.) J'espère qu'il ne sera rien arrivé de fâcheux à la comtesse Mniszech; mais Georges cependant doit être bien inquiet au sujet de sa mère, car on parle du soulèvement de toute la Galicie. On dit que la Hongrie, jusqu'à présent si fidèle, est en armes aussi.

Mille amitiés autour de vous. Je crois qu'une fois à Rome, j'obtiendrai de Schnetz qu'il fasse le portrait de votre chère enfant pour vous, ou du moins qu'il vous donne le meilleur élève de sa troupe pour cette besogne, s'il ne la peut faire lui-même.

Vous ne pouvez pas avoir une idée de mon bonheur depuis que ma place est retenue à la malle de Lyon et que je fais mes derniers arrangements.

J'ai donné à Lirette l'argent que vous m'aviez confié pour elle. Je suis allé souffrant encore à son couvent. Chose étrange ! elle a été priée par l'abbé J... d'envoyer à Pétersbourg une attestation pour affirmer que l'abbé, ainsi que vous, l'aviez détournée d'entrer en religion, attestant d'autre part qu'elle ne possédait pas quarante roubles, et que, par conséquent, elle n'avait pas donné cette somme à son couvent. Qu'est-ce que tout cela veut dire ?... J'espère qu'on lui permettra d'écrire, et que je vous en apporterai de longues lettres.

Soignez-vous bien, et n'oubliez pas de me faire savoir où vous êtes à Rome (en adressant votre lettre « à M. Lysimaqué, au consulat de France, à Civita-Vecchia, pour la remettre à M. de B... »), et tâchez de me nicher quelque part non loin de vous, fût-ce dans une cabane de chien. J'espère que ma précédente lettre vous sera parvenue par l'entremise de la maison Rothschild.

Comment trouvez-vous M. de Custine qui me proposait une lettre de recommandation pour le prince Georges

(Michel-Angelo)? Il ne se souvenait pas de son alliance avec vous ! Je prends tellement part à tous vos intérêts et à ceux de votre chère enfant, que je tremble tous les matins en ouvrant les journaux. Mon Dieu que d'inquiétudes quand je songe surtout à l'état dans lequel se trouvent vos affaires ! Il ne faut songer à retourner que quand tout sera pacifié là-bas. J'écrivais à Schnetz pour un *lasciapassare*, et j'ai pensé un moment à vous envoyer de sûres nouvelles sous son couvert. Vous voyez si je suis tout à vous et aux vôtres. Vrai, je ne pense qu'à vous.

Et les caisses de Georges dans cette bagarre?... il faut bien égayer les nouvelles. Quant au cœur, il ne bat que pour vous et ses chers *saltimbanques*.

Sans adieu donc, et à bientôt.

CCCIII.

A M. MÉRY, A MARSEILLE.

7 mars 1840.

Mon cher Méry,

Je serai le 20 à Marseille, arrivant je ne sais à quelle heure, par la malle de Lyon, attendu qu'on a supprimé les voyageurs sur la ligne directe de Marseille.

Les lettres triomphent, mais les lettres taxées. (*Latour-et-Taxis* vient de *Taxe* et nom de *Tasso-Torquato*.)

Je repars le 21 par le paquebot, c'est vous dire que je veux passer avec vous le peu d'heures que j'aurai, sauf une petite conférence avec Lazard.

Aimez bien qui vous aime, et que le mistral s'adoucisse pour votre paletot !

Votre dévoué.

Madame de Girardin me disait à brûle-pourpoint : « Quand viendra-t-*il* à Paris ? *Il* était le roi de l'esprit. »

CCCIV.

A M. ÉMILE DE GIRARDIN, A PARIS.

Paris, 17 mars 1846.

Mon cher Émile,

Si quelqu'un devait avoir de la rancune, ce serait moi. Dujarier a interrompu la publication de l'introduction des *Paysans*, dans l'intérêt purement pécuniaire de *la Reine Margot*, qui devait être publiée à jour fixe en librairie. Ce temps d'arrêt a été fatal à mes travaux, et mes voyages ont été nécessaires pour rétablir ma santé.

Depuis mon retour, *la Presse* annonce *les Paysans*, après cinq autres ouvrages, en dernier ; et vous avez fait tomber sur *les Paysans* une note qui me donne tort aux yeux du public.

Aujourd'hui, je me sens si fatigué de mes travaux, qui ont terminé la première édition de LA COMÉDIE HUMAINE, que je prends un mois de vacances pour me rafraîchir la cervelle ; car j'ai la conviction que je ferais peu de chose en voulant forcer la nature.

En somme, *les Paysans* seront finis cette année ; ils peuvent paraître quand la session sera terminée, et, à mon retour, si cela ne vous convient pas, vous me le direz.

Jamais *les Deux Frères*[1] n'ont souffert de l'interruption plus considérable qui a séparé la première partie du reste.

Vos abonnés sont venus après *la Reine Margot*, et la situation pour eux eût été la même dans ce temps, comme à présent.

Présentez à madame de Girardin mes hommages affectueux et mes adieux; car je pars aujourd'hui même pour Rome, et je reviendrai bien chagrin, pour terminer la seule obligation que j'aie, celle d'achever *les Paysans*.

Mille amitiés.

CCCV.

A MADAME LAURE SURVILLE, A PARIS.

De Rome, la ville éternelle, avant mon départ, 1846.

Ma chère Laure,

J'éprouve par avance le plaisir que tu goûteras en pensant que ton frère a mis *la main à la plume* dans la ville des Césars, des papes et autres ! T'en faire la description, je ne saurais ! Relis Lamennais (*Affaires de Rome*), et tu en sauras presque autant que moi et que lui. J'ai été reçu avec distinction par notre saint-père, et tu diras à ma mère qu'en me prosternant aux pieds du père commun des fidèles, dont la pantoufle hiérarchique a été baisée par moi, en compagnie d'un *podestat d'Avignon* (un

---

1. *Un Ménage de garçon en province* (la Rabouilleuse).

affreux maire d'une commune de Vaucluse qui s'est réclamé de son ancienne sujétion), j'ai pensé à elle, et que je lui rapporte un petit chapelet de l'invention de Léon XII, beaucoup plus court à réciter que l'ancien et appelé *la Corona*, lequel est bénit par Sa Sainteté. J'ai vu tout Rome, depuis A jusqu'à Z. L'illumination du dôme de Saint-Pierre, le jour de Pâques, vaut à elle seule le voyage ; mais, comme on peut en dire autant de la bénédiction donnée *urbi et orbi*, de Saint-Pierre, du Vatican, des ruines, il se trouve que mon voyage peut compter pour dix !

Malheureusement, Rome est chère ; elle a autant de mendiants que d'habitants, ce qui rend les visites aux palais et aux galeries d'une impossibilité majuscule ; aussi me suis-je empressé de la quitter pour revenir à Paris, où je serai vraisemblablement à la fin du mois, car je suis forcé de passer par la Suisse. Le retour par mer est difficile, faute de places : il y a eu cinquante mille étrangers à Rome pour la semaine sainte, et tous ces touristes veulent partir à la fois, ce qui rend les routes impraticables. Je vais jusqu'à Gênes, où je te mettrai cette lettre à la poste pour épargner le port et le chemin.

Veux-tu dire à madame de Brugnol que, si elle a quelque chose à me dire de pressé pour elle ou pour l'affaire Plon, elle peut m'écrire *poste restante*, à *Genève*. Je reviens uniquement pour les affaires de ma mère, que je veux terminer en finissant *les Paysans* ; car, après avoir achevé cette œuvre et arrangé ces affaires, il est probable que je repartirai pour un voyage beaucoup plus long, celui de Constantinople.

Je suis si content de Rome, que j'ai l'intention d'y passer l'hiver prochain tout entier, car je veux tout en savoir. Or, comme il y a trois cents églises à visiter, tu penses bien que je n'ai vu que les principales. Saint-Pierre dépasse tout ce qu'on en attend, mais par la réflexion. J'ai monté jusque dans la boule, au-dessus de laquelle est la croix. Il y a pour une semaine à parler de Saint-Pierre ! Figure-toi que votre maison de la rue du Houssaie tiendrait à l'aise dans la corniche d'une des doubles colonnes plates du troisième étage intérieur du dôme. Rien ne surpasse le *Miserere* du chœur, qui est si supérieur à celui de la Sixtine, que je n'ai pas voulu entendre ce dernier ; j'ai préféré écouter deux fois celui de Saint-Pierre : le premier était une musique des anges (*Guglielmi*) ; le deuxième, qui était une musique savante (*Fioravanti*), m'a paru mauvais, bien que l'exécution fût parfaite.

Vraiment, il faut amasser de l'argent et aller une fois dans sa vie à Rome, où l'on ne saura rien de l'antiquité, de l'architecture, de la splendeur et de l'impossible réalisés. Rome, malgré le peu de temps que j'y suis resté, sera l'un des plus grands et des plus beaux souvenirs de ma vie, et, si jamais tu y vas, tu sauras quelle preuve d'affection cela est que d'y écrire à quelqu'un, même à sa sœur ; et il faut bien aimer sa mère pour revenir achever un roman et des affaires, au lieu d'en finir tout d'un coup avec cette grande chose. Je devais même avoir une seconde audience du pape, qui eût été particulière ; mais il fallait rester encore deux semaines, et deux semaines me menaient trop loin. Je veux que ma mère soit absolument quitte de tous ses ennuis avant que j'entreprenne un voyage très-long. Je suis parti si fatigué, que cette absence de deux mois ne peut que me servir, j'aurai rafraîchi ma tête et mon cerveau.

Je pense que tout va bien chez toi, que ton mari a retrouvé des ponts à faire, que mes nièces se portent bien, et que ma mère est au mieux. Ma santé s'est beaucoup améliorée. Mille tendresses à vous tous.

Civita-Vecchia, 21 avril 1846.

J'espère donner cette lettre à quelque passager pour Marseille. Je m'embarque demain 22 avril pour Gênes, et j'irai le plus rapidement possible vers Paris ; mais je veux aller par des contrées que je n'ai point encore vues, et je parcourrai le pays des Grisons et Bâle. Je cherche des tableaux à bon marché sur ma route, et je voudrais trouver des Hobbema et des Holbein pour quelques écus, car je poursuis avec acharnement l'œuvre de mon mobilier. Nous avons eu à Rome un Sébastien del Piombo, un Bronzino et un Mirevelt de la dernière beauté ; tout cela voyage vers Paris. Avec vingt mille francs, on aurait pu en gagner quarante mille à la vente du cardinal Fesch, où il n'y avait pas vingt personnes. Je suis très-fâché de quitter Rome.

Adieu, ou mieux, à bientôt ! Je reviendrai par Strasbourg.

CCCVI.

A LA MÊME.

Paris, mai 1840.

Ma chère sœur,

Je suis arrivé avant-hier dans la nuit, et me suis trouvé si fatigué, que je suis resté au lit, sauf le temps d'aller chez M. Sédillot, qui n'était pas chez lui, malgré un mot d'avis que j'avais eu soin de lui adresser en débarquant : il est à la campagne.

Je t'envoie, pour ma mère, le chapelet dit *la Corona*, bénit par le pape ; j'y joins un petit scapulaire, et l'instruction pour dire le chapelet. Ce sont les dernières choses que Grégoire XVI ait bénites, comme je suis probablement la dernière personne étrangère qu'il ait reçue.

Les événements les plus affreux, les plus incroyables, ont fondu sur moi ! Me voilà sans aucun argent, poursuivi par des gens qui me rendaient service ; j'ai à peine le temps de suffire au plus pressé. Il va falloir travailler dix-huit heures par jour. Pour comble de désastre, madame de Brugnol, qui avait bien voulu négocier pour moi, se marie dans quinze jours, et il est tout naturel qu'elle préfère les affaires de son mari aux miennes.

Mille amitiés.

CCCVII.

A MADAME HANSKA, A ROME.

Paris, 14 juin 1840.

Chère comtesse,

Il y a dans *la Presse* d'hier un article communiqué par

la Russie (car c'est son organe à Paris) qui me semble si inquiétant, que je vous l'envoie.

Demain, je vous ferai adresser *la Presse* et les *Débats*. Vous les recevrez pendant un mois, du 15 juin au 15 juillet.

Je me lève bien à trois heures et demie, mais pas plus tôt, et il faudrait me lever à deux heures. Mon sommeil n'a pas lieu à sept heures, comme il le faudrait : la chaleur en est cause. Il est quatre heures et demie et je n'ai pas encore écrit une ligne !

Adieu pour aujourd'hui, et à demain ! — Aujourd'hui m'arrive M. F..., et j'aurai à causer affaires après mon travail de la nuit.

L'article russe de *la Presse* indique des choses bien graves ; moi, je crois à la spoliation des propriétaires par le gouvernement ; mon inquiétude pour vos intérêts est excessive. Vos enfants auront-ils le temps ?...

Que signifie cet article ? Dites-moi bien ce que vous en pensez ; il me paraît écrit par quelqu'un qui feint d'ignorer les choses.

15.

Hier, j'ai fait huit feuillets ; la chaleur a été tellement intense, que je me suis mis dans une baignoire d'eau froide. M. F... est venu et je ne me suis couché qu'à sept heures et demie ; mais il a fallu me réveiller dans mon premier sommeil, car, à neuf heures et demie, les rouliers ont apporté *Adam et Ève* et le *Saint Pierre*, et ma présence était nécessaire ; le concierge avait payé soixante francs de trop, et il fallait expliquer cette erreur. Les discussions là-dessus ont duré jusqu'à près de onze heures, et je ne me rendormais qu'à minuit. Je n'avais pour payer qu'un billet de mille francs; à cette heure, on a trouvé difficilement de la monnaie, et alors j'ai fait déballer les objets pour amuser M. F... et un artiste qui se trouvait avec nous. Le Natoire est charmant, signé et bien authentique; mais le *Saint Pierre* d'Holbein a été trouvé sublime. L'artiste, qui est grand connaisseur, a dit qu'en vente publique cela pourrait aller à trois mille francs.

Voilà donc mille quarante francs de payés. Je n'ai plus que l'envoi de Rome et celui de Genève, qui ne feront pas à eux deux plus de cinq cents francs, et les six cents francs de Gênes. Or, il me reste quinze cents francs, et le chemin du Nord va payer des intérêts au 1ᵉʳ juillet; donc, comme vous voyez, je ne suis point embarrassé.

Ma situation est même encore meilleure que je ne le pensais. Avec dix mille francs, tout sera fini par M. F..., et mes principaux créanciers acceptent parfaitement la manière large dont je veux régler mes comptes avec eux.

Je puis aisément suffire à payer cela. Ma santé est d'une excellence admirable; et le talent!... oh! je l'ai retrouvé dans sa fleur. Tous mes marchés vont se conclure cette semaine.

Écrivez-moi l'époque où vous me permettrez de venir vous trouver pour que je sois prêt.

Au milieu des solides peintures qui sont dans mon cabinet, le Natoire fait une figure un peu trop mignarde; il faut l'avouer. J'espère vendre pour cinq cents francs le faux Breughel, ce qui payera Gênes, tout en me remboursant du prix du tableau. Voici ce que je vais écrire: l'*Histoire des parents pauvres : le Bonhomme Pons*, qui fait deux ou trois feuilles de LA COMÉDIE HUMAINE; puis *la Cousine Bette,* qui en fera seize; puis *les Méfaits d'un procureur du roi,* qui en feront six; total: vingt-cinq feuilles ou vingt mille francs, journaux et librairie compris; puis, enfin, pour terminer, *les Paysans.* Tout cela surpasse mes payements. J'ai, en outre, *les Petits Bourgeois* pour cet hiver, et le règlement de LA COMÉDIE HUMAINE; plus, la réimpression des *Contes drolatiques* et ma comédie; j'aurai acquis, je pense, alors le droit de voyager un peu. Je n'aurai plus de dettes et j'aurai un petit hôtel à moi.

Mais bien des travaux sont encore nécessaires; si je fais huit feuillets aujourd'hui, ce sera beaucoup, car la journée s'annonce comme devant être plus brûlante encore que celle d'hier. J'irai faire des courses dans Paris pour vous faire envoyer *la Presse* et les *Débats,* et pour mille affaires. Le chemin du Nord ne sera pas en activité avant vingt jours: c'est la cause de la baisse qui vous inquiète sans raison; j'ai tant d'espoir, que, si j'avais de l'argent, j'achèterais. Les grandes maisons de banque ne sont pas inquiètes, puisqu'elles achètent. S'il y a cent mille voyageurs en juillet, il y aura une hausse de deux cents francs; car les fonds seront placés à plus de dix pour cent. Je voudrais ne garder que cinq ou six cents francs en caisse et pouvoir acheter encore trente-cinq actions, si elles baissaient, bien entendu.

Point de nouvelles de Rome; mais je ne m'en inquiète pas, je suis dans une phase d'espoir et de confiance qui m'étonne moi-même, car rien n'est changé dans ma position, et je me sens, je ne sais comment ni pourquoi, moins triste et moins découragé que d'habitude; c'est comme un courant, comme des ondes, comme des flots d'affection qui me viennent par moments au cœur pour vous; il me semble que c'est un effet sympathique entre nous et qu'au même moment vous pensez à moi. Vous êtes bien le principe du courage et du talent nouveau que je me sens; car, si je tiens à être libre et considéré, ce n'est que pour vous. Le monde ne m'est rien, je ne m'en soucie pas. Je veux donc tout payer, faire place nette et avoir un intérieur digne et convenable. Je m'immole à ce résultat prêché par vous depuis si longtemps, et la conscience du bien que je fais à l'avenir comprime pour le moment la douleur d'une absence nécessaire d'après vos idées. D'ailleurs, les sujets que je vais traiter me plaisent et seront faits avec une excessive rapidité. La librairie en ce moment est en mauvais état. Ce matin, je vais voir Véron, Furne et Charpentier; mais c'est aujourd'hui lundi, lendemain de l'inauguration du chemin de fer du Nord, il est donc possible que je remette ces courses à un autre jour.

Mardi.

Voilà sept jours que je suis revenu de Tours et j'ai dix à douze feuillets de faits, quand je devrais en avoir soixante et dix! C'est que, vous le savez, on ne reprend pas facilement ni les heures de travail, ni la faculté de travailler. Tous les jours, je sors à deux heures pour les affaires. Je n'ai encore vu ni Émile de Girardin, ni Véron, ni M. Deshayes, et j'ai deux choses à placer en outre des *Paysans*. A compter d'aujourd'hui, vous recevrez pendant un mois trois journaux; mais les *Débats* ne vous parviendront qu'après-demain : je compte arranger cette affaire-là demain avec Bertin.

M. Buquet m'a envoyé beaucoup d'insectes ; soumettez-en le catalogue à Georges et renvoyez-le-moi quand il aura choisi ce qui lui convient. Il pointera au crayon les insectes qu'il veut avoir, et, par la prochaine lettre que je vous écrirai, il aura les réponses à ses questions. Vous lui direz bien, n'est-ce pas ? la part vive et profonde que je prends à son malheur[1] ; c'est bien vrai, car il n'y a que vous trois qui m'intéressiez dans la création ; *le reste ne vaut pas la peine d'être nommé,* et c'est pour ne plus avoir la moindre entrave et devenir une *chose* toute à vous que je me jette dans le travail jusqu'au cou. C'est-à-dire que je vais finir *les Paysans, les Petits Bourgeois* et me mettre à inventer *le Vieux Musicien* et *la Cousine Bette.*

Ces quatre ouvrages me payeront toutes mes dettes, et cet hiver *l'Éducation du prince* et *la Dernière Incarnation de Vautrin* me donneront le premier argent qui sera bien à moi et qui commencera ma fortune.

Le moment exige que je fasse deux ou trois œuvres capitales qui renversent les faux dieux de cette littérature bâtarde, et qui prouvent que je suis plus jeune, plus frais et plus fécond que jamais.

Le Vieux Musicien est le *parent pauvre,* accablé d'humiliations, d'injures, plein de cœur, pardonnant tout et ne se vengeant que par des bienfaits. *La Cousine Bette* est la *parente pauvre* accablée d'humiliations, d'injures,

---

1. Le comte Mniszech venait de perdre son père.

vivant dans l'intérieur de trois ou quatre familles, et y méditant la vengeance de ses froissements d'amour-propre et de ses vanités blessées. Ces deux histoires, avec celle de *Pierrette*, constitueront l'*Histoire des parents pauvres*. Je voudrais mettre *le Musicien* et *les Méfaits d'un procureur du roi* dans *la Semaine*; *la Cousine Bette* au *Constitutionnel*, en même temps que *les Paysans* paraîtront, et que les *Débats* publieront *les Petits Bourgeois*. Il faut que, pour la fin de juin, j'aie fait cent cinquante feuillets, dix par jour en moyenne; vous voyez que cela ne me fait pas oublier ma chère troupe, et qu'elle reçoit souvent des nouvelles de son chef, l'illustre Bilboquet[1]. Je vous enverrai des lettres tous les jeudis et tous les dimanches. Ainsi ce ne sera que dimanche prochain que vous aurez un envoi. Il faut que, ce jour-là, j'aie commencé *la Cousine Bette* et que je sois en plein dans *les Paysans*. Bertin n'a besoin des *Petits Bourgeois* que pour septembre prochain. Non, être loin de vous en ce moment, c'est être crucifié tous les moments. Si vous saviez par quelle chaleur je travaille, vous auriez pitié de moi. Que vos lettres me donnent un peu de courage et d'espoir.

Au revoir, et à bientôt, j'espère.

---

1. Par une de ces plaisanteries salées qui lui étaient habituelles, Balzac, comme on l'a déjà vu, comparait à la troupe de Bilboquet (des *Saltimbanques*) la petite caravane formée par ses amis de Vierzschovnia et lui.

CCCVIII.

A LA MÊME.

Paris, 13 juillet 1846.

Chère comtesse,

Il m'arrive une affaire désagréable et qui va me prendre du temps : c'est un créancier à satisfaire pour une très-faible somme ; mais la marche qu'il prend est dangereuse pour moi et va m'ennuyer beaucoup en m'imposant des démarches multipliées. Voyez-vous, la queue des liquidations est toujours difficile ; il ne suffit pas d'avoir l'argent, il faut encore négocier les arrangements. Voilà ce qui m'écrase et m'empêche de travailler. Ce nouveau créancier va m'emporter une semaine. Que voulez-vous ! D'abord, M. F... est à Bruxelles, à la poursuite d'un banqueroutier. Puis le créancier dont il est question ne veut pas d'intermédiaire et entend ne traiter qu'avec moi. Quand ce sera fini, je vous raconterai ce qu'il me fait. Il est dit que je connaîtrai toutes les horreurs de la dette.

Mardi 14.

Je n'ai rien de nouveau à vous dire, sinon que je suis bien fatigué ; j'ai passé la nuit à chercher des billets acquittés, des quittances et des mémoires pour mon affaire ; c'est d'un ennui excessif ; Buisson est revenu ; nous ne sommes pas d'accord sur les chiffres : si je ne réglais pas cette affaire-là maintenant, elle deviendrait onéreuse pour l'avenir et plus difficile à terminer. Je comprends qu'il faut m'occuper de ma liquidation avant tout. Je suis vraiment effrayé de voir des gens très-honnêtes redemander de bonne foi ce qui leur a été payé, et devenir stupides quand ils ont sous les yeux leur quittance. M. Picard, mon avoué, me dit que cela arrive tous les jours. Vous n'avez aucune idée de la vie de lièvre poursuivi que j'ai menée de 1836 à 1846. L'état de mes papiers exprime cela d'une façon lamentable, c'est à fendre le cœur! Il faudrait six mois au moins pour mettre tout en ordre. Selon la brusquerie des déménagements, les papiers d'affaires ont été empilés sans soin, mis dans des caisses, entortillés, pressés, foulés, abîmés. Il me faudrait une vaste bibliothèque avec des tiroirs nombreux pour tout classer. L'espace me manque, j'étouffe ici. Le mobilier, qui est beau, se gâte et se perd; une maison est pour moi une nécessité tout aussi urgente que le payement de mes dettes. Je suis aussi hâté aujourd'hui qu'en 1837, je n'ai le temps de rien faire, et, pour moi, c'est un miracle inexplicable que l'exécution des seize volumes de LA COMÉDIE HUMAINE, faits de 1841 à 1846.

Deux années de calme et de tranquillité, dans une maison comme la maison Potier, me sont absolument nécessaires pour panser mon âme au sortir de seize ans de catastrophes successives. Je me sens, je vous assure, bien las de cette lutte incessante, aussi vive aujourd'hui pour mes dernières dettes à payer que quand il s'agissait du total. Et toujours du travail littéraire écrasant, au milieu de ces affaires fastidieuses. Si ce n'était les nouvelles causes de courage qui me sont survenues au cœur, comme le naufragé dont la force a surmonté pendant un jour des lames furieuses, je succomberais à la moins rude et la plus douce des vagues, presque au port. Être arraché perpétuellement au calme et aux travaux de l'esprit par des contrariétés qui rendent fous les gens ordinaires, est-ce vivre? je vous le demande...

Aussi n'ai-je vécu, dans ces derniers temps, qu'à Dresde, à Carnstadt, à Bade, à Rome ou en voyage; aussi grâces vous soient rendues, ô cher et doux ange consolateur, qui seul avez versé dans cette vie désolée quelques coupes de bonheur pur, huile merveilleuse qui rendait parfois de la force et du courage au lutteur brisé. Cela seul vous ouvrirait les portes du paradis, si vous aviez des fautes à vous reprocher, vous, femme si parfaite, mère si dévouée, et si bonne et si compatissante amie! Et c'est une bien grande et bien noble mission que de consoler ceux qui ne trouvent pas de consolation sur cette terre! J'ai dans le trésor de vos lettres, dans celui tout aussi fécond de mes souvenirs, dans la reconnaissante et continuelle pensée du bien que vous avez fait à mon âme par vos conseils et votre exemple, des remèdes souverains contre tous les malheurs; et je vous bénis bien souvent, ma chère et bienfaisante étoile, dans le silence de la nuit ou au fort de mes tourments. Que cette bénédiction qui s'élance vers Dieu, comme auteur de tout bien, aille souvent jusqu'à vous; sachez l'entendre quelquefois dans ces bourdonnements dont la cause est inconnue et qui bruissent dans votre âme. Grand Dieu! sans vous, où serais-je?... Avec quels redoublements de reconnaissance je regarde la cassette où sont vos lettres, ces trésors d'intelligence et de bonté, en pensant que vous m'aviez toujours été amie bienfaisante, si patiente et si douce, sans mécompte ni déception d'aucune sorte, sans reproches ni chagrins, comme une source enfin qui va toujours, et qu'en ce moment même, au milieu de vos inquiétudes personnelles, vous êtes encore si préoccupée de moi, de mes intérêts littéraires et financiers, de mon avenir enfin !...

Ah ! comme je comprends alors les larmes que versait Théano quand le souvenir de Caliste revenait trop puissant pour son cœur malade ! C'est quelque chose de bien beau, avouez-le, que cette sainte ampoule de larmes versée sur une tête, sur un front irréprochable, par un pauvre homme qui l'adore et qui lui dit : « Je voudrais pouvoir vous aimer encore davantage ! »

Mercredi 15.

Hier, l'affaire de la créance a pris toute ma journée. Je suis allé aussi chercher mes épreuves au *Constitutionnel*. Hélas ! nous voici au 15 juillet, et c'est à peine si, au 31, j'aurai fini *les Parents pauvres*. *Les Parents pauvres* font douze feuilles et dix mille francs, en comptant la librairie. *Les Paysans* prendront août et septembre, surtout avec le voyage que je dois faire ; voilà la vérité toute nue, et, si *les Paysans* font vingt-cinq mille francs, ce sera trente-cinq mille francs, en quatre ou cinq mois ; c'est beaucoup. Lorsque je serai payé de LA COMÉDIE HUMAINE, vous voyez que ma liquidation sera bien avancée ; aussi ajourné-je toute solution au mois de novembre. La maison Potier ne sera libre qu'à cette époque ! Alors, je saurai à quoi m'en tenir sur le Nord et sur moi-même ; j'ai un appartement ici jusqu'au 1er août ; il faut donc patienter jusque-là, et travailler et liquider. Aujourd'hui, il me faut retourner au Palais pour l'affaire du créancier; c'est une journée perdue. Je vous écrirai encore un mot ce soir à mon retour, avant dîner. J'ai à mettre en ordre toutes mes épreuves.

Jeudi 10.

Hier, je suis rentré tard et j'étais trop fatigué pour pouvoir vous écrire le mot promis; d'ailleurs, en rentrant, j'ai trouvé le restaurateur de tableaux. C'est le plus habile qu'il y ait à Paris, c'est un ancien élève de David et de Gros; il est grand connaisseur. Il a trouvé superbe *le Jugement de Pâris*; il l'attribue à Giorgione. Il accepte le *Chevalier de Malte* pour un Sébastien del Piombo; il le trouve une bien belle chose et déplore l'accident arrivé au Bronzino, qu'il regarde comme une œuvre de premier ordre; la main surtout l'a ravi. Il restaurera tout cela, de même que le tableau de fleurs, qui a été mal nettoyé. C'est un bien bon petit homme, très-connaisseur, et qui m'a promis son concours en toute occasion. Il reviendra samedi pour faire la toilette au *Chevalier de Malte*, soupçonné d'avoir une couche de crasse d'église, fumée de cierges et autres désagréables glacis ecclésiastiques.

Vous voyez, chère comtesse, ce qu'est Paris; j'ai demandé le petit homme en question il y a quinze jours, et il a mis quinze jours à venir. Et mes cadres donc !... ils ne sont pas commencés depuis un mois. Voilà Paris tout entier; s'il faut tant de temps et de volonté pour les moindres bagatelles et les choses les plus simples, jugez de ce qu'il en faut pour les affaires ! La *Femme* de Mirevelt que vous m'avez donnée a été regardée par le restaurateur en question comme une amirable chose, une vraie merveille. Il m'a consolé pour mon faux Breughel, il ne l'a pas tant méprisé que Chenavard; mais, c'est égal, je ne veux pas le garder, pas plus que le paysage de Krug-Miville et *les Sorcières*; je ne veux que des choses capitales ou rien.

Maintenant, figurez-vous qu'un prétendu créancier, — car j'ai ses quittances, — un mécanicien, a eu l'idée de se plaindre au parquet du procureur du roi, et j'ai été troublé par une lettre qui m'invitait à y passer pour une plainte; moi! c'est tout dire. Je ne pouvais comprendre ce que cela pouvait être, j'étais trop sûr de moi pour m'inquiéter; mais je craignais la méchanceté des journaux, je sais de quoi ils sont capables quand il s'agit de moi. Vous vous rappelez l'histoire de Bruxelles en 1843. Enfin, hier à trois heures et demie, le substitut a fortement lavé la tête à mon prétendu créancier en lui montrant sa quittance. C'est un vilain homme, un complice des domestiques qui m'ont exploité aux Jardies; ils ont sans doute comploté ensemble cette belle affaire, dont ils n'emportent que honte et confusion. Je ne lui dois plus que des frais peu importants, pour lesquels il va essayer de me poursuivre. Vous sentez bien que j'ai de quoi payer cinquante francs tout au plus, mais je veux lui donner une leçon et ne pas le payer à cause de sa plainte, car d'autres pourraient essayer de ce moyen. J'ai le projet de lui faire dépenser cinq cents francs pour avoir son payement de cinquante francs. C'est une vengeance, mais je crois qu'elle est permise dans un cas semblable.

Je vais me mettre vaillamment à travailler, et avec

quelle ardeur! voilà deux longues nuits que je passe sur *les Parents pauvres*; je crois que ce sera vraiment une belle œuvre, extraordinaire parmi celles dont je suis le plus satisfait. Vous verrez... Vous savez que c'est dédié à notre cher Théano, je veux que cela soit digne de lui. Il est sept heures du matin, il y a trois heures que je pioche mes épreuves; c'est bien ardu, car cette histoire tient de *César Birotteau* et de *l'Interdiction* : il s'agit d'intéresser à un homme simple et pauvre, à un vieillard. Je viens de lire les journaux ; *l'Époque* a passé, a sauté, a oublié d'imprimer les vingt plus belles lignes de la lettre d'Esther[1]; j'en ai été désolé à cause de vous; je vais voir à les faire rétablir, si c'est possible.

Vous devez être bien contente du roman de Méry, c'est ravissant! que d'esprit a ce garçon! il en a vraiment trop, c'est toujours comme une boutique de cristaux. Il déjeune aujourd'hui chez moi, nous allons nous régaler de parler de vous; je veux aussi lui communiquer l'idée de ma farce sur l'armée, et lui proposer de la faire à nous deux pour Frédérick.

Il faut donc vous dire adieu, à vous, chère âme vaillante, sœur de la mienne, et à vos lettres si douces et si affectueuses, qu'elles consoleraient des douleurs du bûcher. Adieu et à demain. Je voudrais vous renvoyer le bien que vous me faites jusqu'à ces hauteurs d'où vous rayonnez, ce qui est impossible : je suis homme, et vous êtes un ange; je ne puis m'égaler à vous que par le reflet de votre

---

1. Dans la troisième partie de *Splendeurs et Misères des courtisanes*.

intelligence si puissante et à la fois si simple et si candide; vous en qui on trouve tant de gracieuses créations de détail qui attirent, sans faire tort à l'ensemble qui charme et attache pour la vie. Si je ne craignais de vous déplaire, je sens que j'irais toujours ainsi; mais, pour vous contenter, il me faut travailler, travailler encore, travailler toujours. N'est-ce pas, d'ailleurs, m'occuper de vous? Je vous quitte donc pour *les Parents pauvres*, et j'espère que vous m'en récompenserez par une de ces lettres exquises dont seule vous avez le secret.

CCCIX.

A LA MÊME.

Paris, 17 juillet 1846.

Hier, chère comtesse, j'ai eu Bertin à déjeuner; c'était délicat, fin et surfin, je vous en réponds! Il a été charmant, et il est resté longtemps à causer et à regarder mes tableaux et mes bric-à-brac. Toute ma journée y a été prise, ou à peu près, et j'ai profité de ce qui m'en restait pour aller chez Véron, que je n'ai pas trouvé, et chez Gavault pour mes affaires. Je dîne aujourd'hui chez madame de Girardin; j'ai besoin de voir son mari pour conférer avec lui sur *les Paysans*. Vous recevrez trois journaux : *la Presse*, *les Débats* et *l'Époque*. Je veux aussi vous faire lire un journal d'opposition.

Bertin a été stupéfait de mes richesses; il a trouvé délicieux le tête-à-tête de vieux sèvres et m'a dit que je vendrais facilement mon beau service de porcelaine de

Chine, de trois à quatre mille francs. Il m'a dit qu'il avait donné des commissions à l'un des personnages les plus habiles et les plus influents de notre mission en Chine ; il voulait de belles potiches en vieux chine, mais on lui a répondu qu'il n'y avait plus, en Chine, que du moderne ; l'ancien chine est accaparé par les mandarins, la cour et les gens riches du pays, et il est à des prix dix fois supérieurs à nos prix les plus forts à Paris. Toutes leurs admirables productions des XVIIe et XVIIIe siècles sont en Europe. Il n'y a rien ni à Nankin ni à Canton, et rien dans l'intérieur de l'empire, excepté ce qui appartient à l'empereur ou à des collections particulières.

Les lettres de voiture sont venues : les tableaux de Rome arrivent dans cinq ou six jours, et le tableau de Heidelberg dans trois ou quatre. On a été très-raisonnable à Rome : il n'y a eu que vingt-cinq écus romains de droits (à peu près cent cinquante francs) à rembourser ; mais les frais totaux iront à plus de trois cents francs. Jugez, si les autres tableaux d'Italie m'arrivent, ce que je deviendrai ! Je vais prendre mes mesures, car je ne reçois pas de lettres du consul général, ce qui me semble sinistre. Hélas ! il aura réussi !

J'ai demandé à Bertin de vous faire envoyer les commencements du roman de Charles de Bernard ; vous me direz si vous avez tout reçu, et si vous en êtes contente. J'ai relu hier, d'après vos ordres souverains, *l'Instruction criminelle*. Vous avez raison, comme toujours : c'est une belle chose. Votre demi-compatriote Walewski épouse, dit-on, mademoiselle Ricci, petite-fille de Stanislas Poniatowski, et descendante de Machiavel par les femmes. On prétend qu'elle a cent mille francs de dot et trois cent mille francs d'espérances. Walewski en était amoureux fou ; et, en sa qualité de dandy, il n'a pas trouvé d'autre moyen de le lui prouver que de l'épouser. Que deviendra le fils du grand homme, *le grand Colonna Walewski*, avec une si pauvre petite liste civile?

Je vous quitte pour revenir à mon *Vieux Musicien*; je me porte bien, j'ai la tête pleine d'idées, j'ai le travail facile, car j'ai l'espoir d'aller vous voir à Creutznach, dès que j'aurai fini mes trois volumes; voilà le secret de mon courage.

18.

Pas de lettres, chère comtesse! ceci n'est pas gentil. Me voilà bien inquiet, bien tourmenté, et, pour mieux dire, tout à fait découragé. Il est midi, je suis revenu à une heure du matin de chez madame de Girardin. Le dîner était donné pour une madame de Hahn, fameuse actrice d'Allemagne qu'un monsieur doué de cinquante mille francs de rente a retirée de la scène et qu'il a épousée en dépit de tous les hobereaux de sa famille et de sa caste. Madame de Girardin avait ses deux grands hommes, Hugo et Lamartine; les deux Allemands, mari et femme ; le docteur Cabarrus et sa fille (le docteur est fils d'Ouvrard et de madame Tallien, et ami d'enfance d'Émile de Girardin), et votre serviteur; voilà! Le dîner a fini à dix heures. A la suite d'une tartine politique de Hugo, je me suis laissé aller à une improvisation où je l'ai combattu et battu, avec quelque succès, je vous assure. Lamartine en a paru charmé; il m'en a remercié avec effusion. Il veut plus que jamais que j'aille à la Chambre;

mais, soyez tranquille, je ne dépasserai jamais le seuil de la mienne pour y entrer.

J'ai conquis Lamartine par mon appréciation de son dernier discours (sur les affaires de Syrie), et j'ai été sincère, comme toujours, car véritablement ce discours est magnifique d'un bout à l'autre. Lamartine a été bien grand, bien éclatant pendant cette session! Mais quelle destruction au point de vue physique! Cet homme de cinquante-six ans paraît en avoir au moins quatre-vingts; il est détruit, fini; il a quelques années de vie à peine; il est consumé d'ambition et dévoré par ses mauvaises affaires. Émile de Girardin était allé à la Chambre; donc, je n'ai point parlé des *Paysans*. Ce sera pour une autre fois. Quant à Véron, il prend mon roman de *la Cousine Bette*; mais nous avons à nous entendre encore sur le prix et sur les quantités. J'attends le directeur de *la Semaine*. En somme, outre *les Paysans* à finir, je vais avoir dix-huit feuilles de LA COMÉDIE HUMAINE à faire et je serai bien avancé dans le payement de ma dette.

Vendredi 19.

Je me suis couché hier à six heures et demie, et j'ai dormi d'un sommeil profond, malgré les 32 degrés de chaleur qu'il fait ici. Me voilà prêt à travailler de deux heures à dix heures du matin, car Dubochet et Furne viennent déjeuner avec moi.

Nous allons avoir une conférence à propos de LA COMÉDIE HUMAINE, et Dieu sait ce qui en sortira; de nouveaux chagrins et des ennuis peut-être!... Aussi ne compté-je que sur mes travaux et mes payements de journaux, pour mes solutions financières. Si je veux employer tout le mois de juillet à faire *les Paysans*, il faut que Véron ait le manuscrit de *la Cousine Bette* dans les premiers jours du même mois; je corrigerai *la Cousine Bette* en faisant *les Paysans*.

Je voudrais bien que toutes mes caisses fussent enfin déballées; les belles choses attendues, l'inquiétude de savoir en quel état elles sont, agissent sur moi trop vivement, surtout dans l'état d'irritation que me donne la fièvre continue de l'inspiration et de l'insomnie. J'espère avoir fini *le Vieux Musicien* pour lundi, en me levant tous les jours à une heure et demie du matin, comme aujourd'hui que me voilà rétabli dans mes heures. Je vous dirai demain combien de feuillets auront été faits cette nuit; il en faudrait douze pour me rendre satisfait de moi-même.

J'ai remis à un autre jour mon dîner chez M. F..., à qui cependant j'avais à parler pour terminer l'affaire Hubert. Je serai sur des roses une fois ces trois affaires réglées: ma mère, Hubert, Buisson.

Comment allez-vous? Que faites-vous? Aurai-je une lettre ce matin? J'en avais demandé deux par semaine! je vous écris tous les jours, et vous n'avez ni COMÉDIE HUMAINE à corriger et à augmenter, ni créanciers pour vous tourmenter.

Samedi 20.

J'ai reçu votre lettre hier à six heures et demie, et je n'ai pu vous répondre, car il a fallu dîner; et, après dîner, Cailleux (à qui j'avais écrit pour le meuble, le Salomon de Caux, etc., et à propos des portraits du roi et de madame

Adélaïde qui sont à Genève) avait pris l'heure de huit à neuf, pour venir voir mon cabinet. J'ai à peine eu le temps de lire votre lettre dans la rue, et j'ai à peine le temps de vous répondre. D'abord, comme vous avez dû le voir, je n'ai pas attendu vos ordres pour vous envoyer les journaux, et vous deviez les avoir et les lire quand je lisais votre lettre. *Le Cousin Pons,* cette nouvelle de cinquante feuillets, va être terminé mardi; mercredi, je reprends l'autre partie des *Parents pauvres*, après avoir conclu avec Véron, que je dois revoir tantôt, à deux heures. Ce matin, je traite Méry et un rédacteur du *Messager*. Enfin, malgré l'épouvantable chaleur (j'ai 30 degrés dès neuf heures!), mon activité n'a jamais été si violente et mon travail si acharné; car, avant tout, je veux payer intégralement le chiffre de ma dette et gagner l'indépendance et le repos.

Je vous remercie pour l'envoi de la lettre d'Aducci : elle m'a fait mourir de rire, autant qu'on peut rire par une pareille chaleur; mon cabinet est une fournaise dès huit heures du matin. Je travaille la nuit, entre une heure et demie et neuf heures; de neuf heures à cinq, je trotte pour affaires. Vous voyez que je me remue pour vendre les florentins. Le tableau de Breughel va être vendu; si on m'en donne cinq cents francs, cela payera les frais de Rome, et au delà. Ce sera sans doute fini aujourd'hui. Chenavard trouve le Natoire une très-belle chose et Cailleux m'a dit que ce tableau avait été gravé dans le temps et avait de la valeur, parce que cela redevenait de mode.

Je suis très-content du *Vieux Musicien*; mais *la Cousine Bette* n'est encore qu'une ébauche informe; il ne s'agit même pas de perfectionnement, tout y est à inventer.

Allons, il faut faire la partie de copie que je dois faire tous les matins. Je ne me suis levé qu'à trois heures; Cailleux m'a tenu debout jusqu'à dix heures. Je vous envoie mes lettres très-régulièrement deux fois par semaine, mais vos réponses sont, hélas! bien rares et bien courtes! Oh! je vous en supplie à genoux, par pitié, soyez donc moins avare de lettres et de détails; grondez-moi, dites-moi des choses désagréables, mais écrivez-moi! la vue de votre jolie petite écriture me rendra douces les amertumes de vos colères, qui ne sont jamais bien terribles; on a beau vous déplaire ou même vous blesser, on retrouve toujours en vous l'ange de paix et de mansuétude qui pardonne au lieu de punir.

Hier, j'ai tout changé dans mes heures de travail, à cause des chaleurs tropicales qui vous consument comme la braise d'un four allumé. J'ai dormi dans la journée de une heure à six heures et demie, et j'ai travaillé de sept heures du soir jusqu'à ce matin sept heures. Il faut faire de la copie pendant la nuit et dormir le jour, pour arriver aux résultats que je veux obtenir.

Ballard, un rédacteur du *Messager*, est venu avec Méry déjeuner chez moi ce matin. J'ai besoin de la caisse du *Messager*, car on ne puise pas sans peine à Paris trente mille francs dans les eaux du journal. Il faut avoir pour soi, aux *Débats*, Bertin; au *Constitutionnel*, Véron; à *la Presse*, Émile de Girardin; au *Messager*, le ministre de l'intérieur; au *Musée des familles*, Piquée. J'ai encore quelques autres journaux sans influence personnelle. Or, c'est des affaires plus difficiles qu'on ne pense; ce n'est rien que l'invention, le travail, le drame : c'est le payement qui est tout. Quant à la librairie, elle expire, dit-on. Le public s'endort, il faut tâcher de réveiller ce despote ennuyé, par des choses qui l'intéressent et l'amusent. Pour le moment, je suis assez content de mon *Vieux Musicien*. Quand vous lirez cette lettre, ce sera fini, car je suis en ce moment au trente-quatrième feuillet, et il n'y en aura que quarante-huit. Mercredi, je travaillerai à *la Cousine Bette* pour *le Constitutionnel*; aussitôt que ces deux manuscrits seront livrés aux compositeurs, je finirai *les Paysans*. En avril, je ferai *les Méfaits d'un procureur du roi*; puis, cet hiver, *les Petits Bourgeois* et *l'Éducation du prince*. Ne sera-ce pas une année bien employée, surtout avec un déménagement comme le mien? A dater du 15 juillet, je chercherai dans le faubourg Saint-Germain, ou à la place Royale.

La semaine prochaine, j'aurai fini les déballages; la caisse de Genève est arrivée au roulage, et les caisses de Rome sont à l'Entrepôt.

A présent, laissez-moi vous demander de chasser loin de vous les préoccupations inutiles et malfaisantes; ne soyez pas triste, ne soyez même pas rêveuse; soyez ce que vous êtes toujours, la providence et la joie de votre foyer; soyez son esprit, son cœur, sa bénédiction de tous les instants; une ligne de tristesse, un mot d'inquiétude dans vos lettres me fait tant de mal! Je vous veux heureuse; c'est mon ambition à moi, et ma volonté est si forte quand il s'agit de vous, que je ne doute pas du succès de ce vouloir. Il n'y a pas de jour, il n'y a pas de moment en ma vie, où je ne sois disposé et prêt à me jeter dans un gouffre pour vous ôter un souci. Cela n'est pas une phrase, c'est un sentiment du cœur, profond et vrai, que vous avez toujours vu se manifester en actes, quand il le fallait; ce qui s'est fait dans le passé ne vous manquera pas dans l'avenir.

Écrivez-moi donc souvent et gaiement, et ne me dites pas que vous êtes *obsédée*, en forme d'excuse; car, moi aussi, je suis obsédé et par les affaires et par les travaux et par les courses; et qu'est-ce que l'obsession du monde en comparaison! et cependant je vous écris tous les jours, comme on fait sa prière en se levant; mais c'est que vous êtes toute ma vie..., que vous êtes mon âme tout entière, et que la moindre, la plus vague de vos tristesses se projette sur moi comme une ombre. Continuez donc à me raconter votre vie et vos impressions, ne me cachez rien, dites-moi toujours tout, le bon et le mauvais et jusqu'aux pensées involontaires.

C... est venu hier : il a été d'une bêtise amère; je suis épouvanté quand je pense que, sur dix fois qu'il sort, le roi l'emmène cinq fois, avec M. Fontaine. Le roi commet la même faute qu'a commise Napoléon : c'est de vouloir être *tout*; il y a un jour où les empires périssent quand périt l'homme qui les résume, ou quand il a besoin de se faire suppléer. Ce qui est sûr, c'est que le repos et la paix de l'Europe ne tiennent qu'à un fil, et ce fil, c'est la vie d'un vieillard de soixante-seize ans.

Vous parlez de complication pour vos affaires, et celle-là donc ?... Mais, comme vous dites, il faut se fier à la Providence, car tout est danger, quand on sonde le terrain autour de soi. J'avoue que rien ne m'étonne plus que de vous voir ainsi tourmentée de choses que vous ne pouvez changer, vous que j'ai toujours vue si soumise à la volonté divine, vous qui avez toujours marché en avant sans regarder de côté et d'autre, ni encore moins en arrière où s'engouffre le passé qui n'est plus qu'un cadavre. Pourquoi ne pas vous laisser mener par la main de Dieu à travers le monde et la vie, comme vous l'avez fait jusqu'ici, et ne pas marcher vers l'avenir avec cette sérénité, ce calme, cette confiance qu'une foi comme la vôtre devrait inspirer? D'ailleurs, j'avoue qu'il y a dans ce fait de voir mon étoile, qui rayonne d'un éclat si pur, s'occuper d'intérêts matériels, je ne sais quoi qui me déplaît et me fait souffrir. Vous y avez déjà trop donné de votre temps et de votre belle jeunesse; en dépit de vos instincts et de vos répugnances, vous étiez dominée par la nécessité, le bien-être de votre enfant et le sentiment du devoir. Maintenant que vous avez rempli vos obligations avec une si scrupuleuse et si méritoire exactitude envers votre adorable fille qui comprend si bien tout ce qu'elle vous doit, et que vous l'avez établie selon le choix de son cœur et d'accord avec vos idées et vos sympathies, vous n'avez plus qu'à vous laisser aller à cette quiétude du repos que vous avez si bien mérité et déposer le fardeau des affaires entre les mains de vos enfants, qui continueront l'œuvre de votre patiente et laborieuse administration. Que pouvez-vous craindre pour eux, si sages, si éclairés, si raisonnables, si parfaitement unis, si bien faits l'un pour l'autre? Pourquoi prévoir des événements hostiles à leur sécurité?... pourquoi redouter des catastrophes qui, j'aime à le croire, n'arriveront jamais? En usant vos forces à créer des dangers imaginaires, vous n'en aurez plus pour vous défendre contre le danger réel, si tant est qu'il vous menace jamais, ce que je ne crois guère.

Cela ne vous paraît-il pas étrange et bizarre, à vous qui m'avez si souvent consolé et soutenu dans mes peines et affermi dans mes croyances, que je prenne insolemment ma revanche en osant ainsi vous donner des conseils, moi qui ai toujours et sans cesse besoin d'être soutenu, guidé et parfois même grondé par l'omnipotence de votre haute sagesse? Je ne sais si vous pourrez déchiffrer ce griffonnage sténographié à la hâte, et que, d'après nos conventions, je ne me donne pas l'ennui de relire.

Soyez tranquille au sujet des nostalgies : j'ai défendu à mon cœur d'en avoir; elles sont écrasées par le travail. Faites-en de même pour vos idées noires, dissipez-les en me les confiant et en me permettant de les combattre.

Adieu pour aujourd'hui, et à demain la continuation de ma causerie griffonnée. Faites mes plus tendres amitiés à vos chers enfants ; vous savez bien ce qu'il y a dans mon cœur pour eux. Adieu donc et au revoir bientôt.

CCCX.

A LA MÊME.

Lundi, 27 juillet 1840.

Que ma troupe errante et vagabonde ne s'effraye pas d'une chose qui va nous rapprocher. Depuis cinq jours, je ne me sentais pas très-bien; ce matin, je suis allé voir mon docteur, qui m'a dit qu'il régnait une épidémie de forte cholérine, due aux excessives chaleurs dont nous souffrons en ce moment; il m'a prescrit une diète absolue et de l'eau gommée pour boisson. Je vais alors, pour me reposer, venir vous trouver à Creutznach et passer deux ou trois jours avec vous si la malle-poste le permet. Ce ne sera absolument rien que cette indisposition, et, de grâce, ne vous en préoccupez pas le moins du monde; mais, si cela n'était pas pris tout de suite, cela deviendrait du choléra sporadique; j'ai renoncé aux fruits, que je mangeais en abondance. Je n'avais plus de force, je dormais à tout moment, mes travaux étaient abandonnés. Comme ce n'est rien à cette heure, de l'aveu du docteur, je vous dis la chose sans réticence et sans détour. Il est plus que probable que j'aurai la maison Potier; je vous en porterai le plan. En août et septembre, on fera les réparations nécessaires, on posera les calorifères, on fera les peintures, etc. En octobre, le tapissier fera son œuvre, et, au mois de novembre, je pourrai emménager. Si les affaires vont bien, j'aurai un an pour acheter un petit terrain à côté pour une serre, ainsi que pour les écuries et remises indispensables. Je resterai dans cette espèce de Chartreuse jusqu'à la fin de mes jours peut-être, sans voir âme qui vive;

Oubliant tout le monde, et du monde oublié,

comme dit Chénier.
Ah! chère étoile lumineuse et souveraine! l'année dernière, nous étions à Bourges, nous courions la poste; mais vous étiez malade et triste, tout en voyant ces belles

choses; souffrir dans le bonheur, au reste, c'est mon lot; car je suis bien heureux de vous aimer, et je souffre d'être ici, quand vous êtes à Creutznach; mais il le faut, quand on est enrayé comme je le suis par le travail et les affaires.

Mardi 28.

Il est six heures, j'ai beaucoup dormi, j'ai fait diète hier, je me sens tout à fait mieux. C'est aujourd'hui la fête de ma mère, il faut que je sorte toute la journée.

Il y a un an à pareil jour, nous étions à Montrichard; vous avez vu pendant quelques heures la belle vallée du Cher. Ah! comme je sens, en refeuilletant ainsi le passé, qu'il n'y a pas de bonheur sans vous; depuis hier que je me repose, je suis en proie à une idée fixe, je reste en face de cet espoir : l'entendre et la voir !... Que voulez-vous ! ne vous indignez pas trop, je vous en supplie, mais j'ai besoin de vous voir, comme on a besoin de manger quand on a faim; c'est odieux, c'est brutal, c'est tout ce qu'il y a de plus révoltant peut-être, mais c'est vrai. Ma pensée m'entraîne à Creutznach à tout moment. Je vais achever *le Constitutionnel*, puis aller retenir ma place à la malle et retourner vous voir et causer avec vous, ne fût-ce que deux jours. Aurai-je une lettre ce matin?... je n'ose l'espérer.

Adieu; il faut se soigner et ne plus travailler que pendant quelques heures; c'est maintenant de sept à dix heures, car, après dix heures, la chaleur devient réellement intolérable.

Mercredi 29.

J'ai trouvé à la poste une lettre de vos enfants. Anna y a mis un petit mot qui m'inquiète ; elle me dit : « Maman est triste et souffrante ; vous devriez bien venir nous aider à la distraire. » Je suis donc allé retenir ma place jusqu'à Mayence, et je serai très-exact, vous ne me ferez pas le tort d'en douter, j'espère. Adieu pour aujourd'hui.

Jeudi 30.

On a encore tiré hier sur le roi ; vous saurez cela par les journaux ; c'est vraiment odieux ! cela va rendre notre malheureux pays impossible et haïssable aux étrangers. Je vais beaucoup mieux, le docteur a été prophète : en deux jours, tout a été fini et remis en bon ordre ; mais je ferai encore diète aujourd'hui, et, demain, je reprendrai ma nourriture habituelle et mes travaux. Les chaleurs sont redevenues plus affreuses que jamais ; en vous écrivant, je suis en nage ; chaque pore, chaque cheveu a sa goutte de sueur, et je suis trempé, comme si je sortais du bain.

J'ai été hier voir le feu d'artifice ; j'avais dormi toute la journée, tant la faiblesse et la chaleur m'avaient abattu. L'illumination était fort belle, et je doute que Peterhof en ait jamais eu de pareille (en dépit de toutes vos admirations). Comme je vous ai souhaitée ! et que de fois je me suis dit et répété que positivement, l'année prochaine, vous verriez cela avec moi ! Malgré la chaleur et la diète, je me sens si bien remis de mon indisposition, que j'irai ce soir à la première représentation du

Docteur noir, et que, demain, je reprends mes anciennes allures et mes travaux nocturnes, moyennant le café bien entendu; et, le 17 août, vous me verrez à Creutznach, comptez là-dessus.

La fin d'*Esther* a eu un grand succès; la lettre a été comme un coup électrique, tout le monde en a parlé. La profonde vérité de nos mœurs judiciaires, rendue si dramatique, a surpris les gens du métier. Attendez l'*Histoire des parents pauvres*, et vous verrez que j'en ferai une bien belle œuvre; mais n'ayez pas trop de confiance, car je peux me tromper aussi. Donc, tout va bien, et tout ira de mieux en mieux. Mais je vous aime tant, qu'il n'y a pas d'autre malheur possible pour moi que ce qui peut venir de vous seule, soit comme santé, soit comme sentiments. Les larmes me gagnent en revoyant certains gestes, certains mouvements de votre aimable personne, dans cette chambre obscure de ma cervelle où se peignent tous vos traits, votre adorable caractère, votre cœur infini de bonté, votre esprit, vos promenades avec moi, nos marches sur les routes, jusqu'à vos douces gronderies; enfin, toute notre histoire, où vous avez toujours été la plus noble, la plus pure, la plus sainte, la plus excellente des créatures humaines.

31 juillet.

Nous avons 40 degrés dans mon appartement; ma faiblesse est extrême, à cause de la diète absolue que m'a ordonnée le docteur. Ceci vous expliquera la brièveté de ma causerie de ce matin.

Hier, j'ai vu *le Docteur noir* : c'est le comble de la stupidité, la médiocrité dans ses saturnales; je me suis couché à une heure, et, ce matin, j'étais encore au lit à neuf heures. Je reviens de la poste et pas de lettres, hélas! C'est un soldat de *la Méduse*, regardant à l'horizon, et n'y voyant rien, que votre pauvre serviteur sans lettres au retour de la poste. Allons, il faut lire et corriger mes épreuves.

CCCXI.

A MADAME LA COMTESSE GEORGES MNISZECH,
NÉE ANNA HANSKA[1], A WIESBADEN.

Paris, 31 juillet 1846.

Chère Anna,

J'ai voulu vous écrire le jour de votre fête; mais, ce jour-là, j'étais atteint d'un commencement de choléra sporadique et je suis allé chez mon docteur; de là, je me suis traîné chez ma mère, qui a, comme vous, sainte Anne pour patronne, et je suis revenu me droguer chez moi. Mais j'ai bien pensé à vous, et, si vous avez entendu quelque bruit mystérieux dans vos oreilles, c'était la voix de Bilboquet, confuse et chargée de vœux pour votre bonheur, faits avec d'autant plus d'assurance que je sais que ce bonheur sera complet et selon vos souhaits. Vous n'ignorez pas tout le bien que je pense de *lui*; s'il tient tant au système des soulèvements, il ne tiendra pas moins à sa femme; et je commence à croire qu'il a raison pour les soulèvements, comme il aura raison pour sa femme.

1. *Pierrette* lui est dédiée.

Vous avez eu toute la finesse d'un vieil observateur rusé, et vous avez un bonheur inouï et, croyez-moi, bien rare dans la vie, celui d'avoir eu raison dans votre première inclination ; car (entre nous) Georges est une de ces âmes d'élite qui sont comme de gros diamants cachés dans l'enveloppe terrestre. Que puis-je vous souhaiter, à vous qui avez tout, sans compter la jeunesse et la santé, une mère comme la vôtre ! un Georges ! et permettez-moi de vous dire un Bilboquet !... Vous n'avez qu'à vous faire pardonner votre bonheur.

J'ai donc dit, le 26, cent fois : « C'est la fête d'Anna ! » Et j'oubliais les ennuyeuses souffrances de la cholérine. N'est-ce pas vous dire que votre souvenir a la fraîcheur salutaire des baumes ?

Mille amitiés.

CCCXII.

A MADAME HANSKA, A CREUTZNACH.

Samedi, 1er août 1840.

J'ai votre lettre ! c'est le grand événement de ma vie. J'y ai distingué deux atrocités ; 1° « Ne venez pas, vous vous ennuieriez trop ici » ; 2° « Vous ne pensez pas assez à votre santé, vous vous laissez dévorer par un travail enragé ; prenez donc un peu de distraction, amusez-vous. » M'ennuyer avec vous ! m'amuser sans vous ! est-ce assez d'insultes et d'injustices !... Et n'est-ce pas trop pour moi que de vous les récrire !

Je vais ce matin tout à fait bien et je veux vous annoncer cette nouvelle en commençant, pour que ma chère troupe n'ait plus d'inquiétudes sur son illustre chef. Mon docteur vient dîner chez moi aujourd'hui avec Méry (un de vos fidèles), Léon Gozlan et Laurent-Jan. Cela doit vous rassurer pleinement ; je suis seulement encore comme un homme sans force, sans nourriture et sans appétit. Les intestins sont remis, je crois, et, la semaine prochaine, je finirai *le Constitutionnel.*

Dimanche 2.

Chère âme fraternelle, je viens de terminer *le Parasite,* car tel sera, ainsi que je vous l'ai dit, le titre définitif de ce qui s'est appelé *le Bonhomme Pons, le Vieux Musicien,* etc. C'est, pour moi du moins, une de ces belles œuvres d'une excessive simplicité qui contiennent tout le cœur humain ; c'est aussi grand et plus clair que *le Curé de Tours,* c'est tout aussi navrant. J'en suis ravi ; je vous en porterai l'épreuve, vous me direz votre impression. Maintenant, je vais me mettre à *la Cousine Bette,* roman terrible, car le caractère principal sera un composé de ma mère, de madame Valmore et de votre tante. Ce sera l'histoire de bien des familles.

Hier, ma chère étoile semblait s'être voilée pour moi ; j'ai eu bien des ennuis ! *Le Messager* ne demandait pas mieux que de reproduire, pour deux mille francs, *Madame de la Chanterie,* dont nous avons corrigé ensemble les épreuves à Lyon ; mais le libraire (un cessionnaire de Chlendowski) a été inexorable, il n'a pas voulu consentir à cette insertion, même en recevant une partie du prix. Et *le Messager* est envoyé *gratuitement* aux pairs et aux députés; c'est un journal qui tire à mille exemplaires. J'ai donc échoué contre le plus stupide mauvais vouloir que j'aie rencontré en ma vie. J'avais fait deux lieues à pied pour trouver le manuscrit, le donner à Durangel, tout préparer, et tout cela pour rien! C'est pour vous faire apercevoir ce que sont les affaires en littérature et ce que sont les libraires. Je vais voir à vous faire envoyer *le Courrier*, qui publie un roman de George Sand; car je m'aperçois que vous n'avez que des journaux ministériels, et il vous faut lire aussi un peu d'opposition, pour bien vous mettre au fait de notre gâchis politique.

Mardi 4.

J'ai enfin votre lettre, et, maintenant que je la tiens après l'avoir tant désirée, je crains que vous ne vous sentiez fatiguée de tant écrire par de pareilles chaleurs. Soyez tranquille d'esprit comme vous devez l'être de cœur; je n'ai acheté le Greuze et le Van Dyck que parce que j'ai acquéreur à un prix supérieur de deux tableaux : celui de Paul Brill, *les Sorcières*, et l'esquisse que m'a vendu Miville, de Bâle. J'ai échangé le petit tableau de cinquante francs que Chenavard disait ne pas valoir deux sous contre une délicieuse esquisse de la naissance de Louis XIV, une *Adoration des bergers*, où les bergers sont coiffés à la mode du temps et représentent Louis XIII et ses ministres. Allez, allez, j'aurai votre confiance avec le temps, en fait de bric-à-brac au moins; vous ne vous figurez pas à quel point je suis tourmenté et quelle est l'anxiété de mon esprit quand je m'aperçois que j'ai quelque chose d'inférieur en fait d'art chez moi. Ayez donc l'esprit en repos, je suis exactement vos bons conseils ; je me prive continuellement, je ne cède à aucune fantaisie spontanée, je n'achète rien sans consulter, examiner et réfléchir ; c'est vous dire que je n'achète que de belles choses.

Je vous écris par 50 degrés de chaleur, vous avez dû voir cela dans les *Débats*. J'ai dans mon cabinet 15 degrés de plus qu'au soleil ; car le blanchisseur établi au-dessous de moi fait du feu au charbon de terre, comme dans une locomotive, et, au-dessus de ma tête, il y a du zinc ; enfin, je suis dans une étuve ! En dépit de cette chaleur, ma santé va de mieux en mieux, la nourriture ne m'incommode plus, et les intestins sont revenus à l'état normal. Au dire du docteur, mon indisposition ne venait que de la chaleur, qui est pour moi ce qu'elle est pour vous. Il faut tenir à remplir son devoir comme moi, pour travailler malgré ma dissolution constante.

Adieu ; car les épreuves m'appellent, et je n'ai pas, comme à Lyon, un camarade intelligent pour faire aller la besogne habilement et gaiement. J'ai encore vingt-six feuillets à écrire.

Mercredi 5.

J'ai rencontré Potier dans l'omnibus de Passy. Je l'ai questionné, sondé, et j'ai acquis la certitude qu'il a un autre acquéreur que moi et qu'il ne me considère que comme un pis aller ; je ne peux pas me mettre dans la voie d'offrir plus que ce que j'ai donné depuis un an.

J'ai vu hier Véron, qui veut autant de feuilles que j'en pourrai faire. Il m'a dit que le public n'était pas content de la publication de Suë ; on trouve cela hideux, honteux, etc. Les belles pécheresses du grand monde pensent se réhabiliter elles-mêmes en jetant les hauts cris sur cette immoralité révoltante, disent-elles. — En revanche, on me fait force compliments sur l'*Instruction criminelle*; au Palais, magistrats et avocats trouvent cela d'une vérité sublime et d'une exactitude irréprochable. Si l'on se souvenait de Popinot, on verrait que Popinot et Camusot sont les deux faces du juge.

Je vois avec bonheur, par votre lettre, que vous allez un peu mieux et que vous avez eu un tremblement de terre qui doit bien inquiéter l'Allemagne. Si un volcan allait s'ouvrir tout exprès pour servir de preuve aux théories de Georges ! Oh ! comme je voudrais savoir quand vous serez enfin en possession de votre prolongation de passe-port ! J'espère toujours partir du 15 au 20 ; car il faut absolument finir *les Parents pauvres*; j'ai retenu ma place pour le 15, et je la ferai reporter au 20, si c'est nécessaire. Ah ! vous n'êtes pas contente de mon titre *le Parasite* : vous dites que c'est un titre de comédie du xviiie siècle, comme *le Méchant*, *le Glorieux*, *l'Indécis*, *le Philosophe marié*, etc. Eh bien, il sera fait comme votre autocratique et suprême volonté l'a décidé ; et, puisque, d'après vos ordres souverains, le pendant de *la Cousine Bette* ne peut être que *le Cousin Pons*, *le Parasite* disparaîtra de LA COMÉDIE HUMAINE pour faire place au *Cousin Pons*.

Les travaux, les occupations, les difficultés du règlement des derniers soixante mille francs de dettes à payer, toute cette masse de soucis fixes ou flottants, comprime au fond de mon cœur le désir de vous voir, et le besoin de vous consulter et de causer d'affaires littéraires et pécuniaires avec vous. Puisque vous ne me permettez d'aller vous trouver où vous serez que quand j'aurai fini *les Paysans* ou du moins *la Cousine Bette*, je tâcherai de vous obéir. C'est un ordre du jour que je me suis donné, et il m'imprime une force dans le travail que je ne me suis jamais connue. *Le Cousin Pons* et *la Cousine Bette* seront payés dix mille francs ; cela payera Hetzel et les sept mille francs de ma mère. Si je suis avec vous cet hiver, à compter de septembre, je travaillerai à trois ouvrages : *les Petits Bourgeois, le Théâtre comme il est* et *le Député d'Arcis*, qui, d'après mon estimation, valent l'un dans l'autre quarante mille francs. Ainsi, vous voyez que non-seulement mes dettes seront payées, mais que j'aurai même de l'argent de reste à la fin de l'hiver. Écrivez-moi vite s'il faut vous abonner aux journaux jusqu'à la fin d'août ou les laisser finir au 15 courant. Chère étoile souveraine, soyez donc bien tranquille sur mon caractère; comment voulez-vous qu'à mon âge un entraînement quelconque puisse me faire compromettre le résultat de quinze à seize ans de travaux? Je ne me ruinerai pas plus à acheter des tableaux que *je ne m'engagerais à faire des romans contre la somme qui me libérerait entièrement.* Malgré votre haute et suprême sagesse, vous n'êtes pas plus prudente et plus raisonnable que moi, allez! Je suis honteux vraiment de vous répéter des choses de ce genre.

Pas de nouvelles de Rome; je crois qu'il y a autant de raisons de trembler que de se réjouir. A demain pour vous écrire et à bientôt, j'espère, pour vous voir.

C'est Laurent-Jan et Achard qui font les lettres de

Grimm, et c'est Laurent-Jan qui publie en ce moment *Jeunesse* dans *l'Époque*.

Jeudi 6.

La chaleur est aujourd'hui si dissolvante, que je n'ai pu écrire un mot; je trempe deux chemises par jour à rester dans mon fauteuil et à relire Walter Scott. Il faut bien vous aimer pour vous écrire même quelques lignes; ma main et mon front ruissellent. Cela me retarde et me fait gémir. J'attends Potier aujourd'hui; je suis décidé à en finir avec lui, si c'est possible, avant mon départ, pour qu'on fasse tout, les réparations et le reste, pendant mon absence, afin qu'à mon arrivée je puisse emménager.

Adieu; toutes mes pensées sont à vous et à tout ce qui peut vous rendre heureuse, même aux dépens de ma vie et de mon bonheur. Avant la fin du mois, j'espère que je vous verrai enfin! je vais travailler ferme pour ne pas retarder mon voyage. J'espère que vous serez contente de ce que je vous apporte. Mon cher critique sera trop attendri pour être bien sévère.

CCCXIII.

A M. GEORGES MNISZECH[1], A WIESBADEN.

Paris, août 1846.

Mon bon, cher, excellent Georges,

Je suis bien touché de la lettre que je reçois de vous; je n'ai pas besoin de vous exprimer la part que j'ai prise

---

1. *Maître Cornélius* lui est dédié.

à votre douleur. La comtesse a dû vous dire ce que je lui ai écrit sous le coup, lorsqu'elle m'a appris ce triste événement. C'est un avis du Ciel, cher ami, qui vous dit ainsi de refaire la famille qui se détruit.

Croyez-moi, malgré vos idées sur l'aristocratie, qui est une chose fort bête portée par les sots, mais sublime sur les épaules des gens d'esprit, *la famille* est ce qu'il y a de plus beau dans le monde, de plus saint, de plus sacré ; vous qui la reconnaissez dans le monde entomologique, il ne faudrait pas la nier dans le monde social. De même que certains escarbots sont bleus et travaillés comme des bijoux de Froment Meurice, de même il y a des êtres qui ont de belles pensées, de beaux sentiments, qui sont droits, loyaux, nobles de cœur, dont l'âme a mille facettes brillantes, délicates, et qui perpétuent ces qualités dans leur race. Ce n'est pas vous faire un compliment que vous dire, après avoir voyagé pendant deux ans avec vous, que vous avez l'aristocratie du cœur et de l'esprit, qui est la plus solide de toutes ; mais, quand elle se trouve comme chez vous avec l'autre, cela ne gâte rien.

Tout cela est pour vous dire de remplacer ce qui s'en va, de mettre dans votre vie l'amour d'une femme à la place de l'affection filiale. Zéphirine est la jeune fille la plus naturelle, la plus charmante que j'aie jamais vue au milieu des sphères les plus raffinées de la société. Si vous aviez quarante-sept ans comme moi, si vous aviez observé le monde depuis trente ans comme moi, vous seriez dans une admiration profonde de ce caractère ingénu ; car cette enfant, c'est la vraie ingénuité, c'est la perle dans sa coquille. Je souhaite bien vivement d'être auprès de vous quand vous aurez une comtesse Georges, et ce vœu est bien naturel chez le pauvre Bilboquet, qui a vu Anna à l'âge de trois ans, et qui l'aime autant pour ne pas dire plus que ses nièces.

Vous avez là, près de vous, tant de consolations, que celles de Bilboquet sont presque superflues; mais j'ai besoin de vous répéter que j'ai partagé d'autant plus votre chagrin que je l'ai éprouvé moi-même. J'étais en voyage lorsque j'ai eu l'effroyable malheur de perdre mon père. Or, je vous ai autant parlé de mon père, que vous m'avez parlé du vôtre pendant nos voyages.

Je vous apporterai tous les insectes que je pourrai rassembler et je rapporterai ceux que vous ne voudrez pas. Vous savez que vous pouvez mettre Bilboquet à toute sauce; après qu'il vous a vu si tendrement occupé de ses bric-à-brac et de ses tableaux, il se dit ici avec tout son cœur entièrement à vous.

CCCXIV.

À MADAME GEORGES MNISZECH, A WIESBADEN.

Paris, août 1846.

Chère Zéphirine,

J'aurais préféré voir mon *tête-à-tête* bleu à fleurs, de la manufacture du roi de Prusse, en mille morceaux plutôt que le désastre de votre beau lézard en corail; j'en ai eu la fièvre et je ne sais plus que faire des morceaux!

Consolez bien le deuil de notre cher Georges et soignez bien votre admirable mère, qui s'oublie toujours, vous le savez.

Je vous vois cueillant des fleurs avec le ouistiti et laissant en arrière Atala, qui rêve à vous en vous suivant.

Je ne vous dis rien du petit chef-d'œuvre parisien que votre adorable mère m'a chargé de vous apporter. Vous y reconnaîtrez la préoccupation constante de l'affection de votre bien dévoué

BILBOQUET.

CCCXV.

A M. GEORGES MNISZECH, A WIESBADEN.

Paris, août 1846.

Mon cher Gringalet,

Le vieux Bilboquet possède, grâce à vous, un de ces lumineux chefs-d'œuvre qui sont, comme *le Joueur de violon*, le soleil d'une galerie. Vous ne sauriez imaginer la beauté de ce *Chevalier de Malte*, choisi par vous, pas plus que l'ignare scélératesse des marchands de Rome. Minghetti avait enfumé de bistre le tableau, pour cacher quelque coup de balai donné sur le front, des coulures de cire sur les mains qui l'ont effrayé, surtout avec la couche épaisse que la fumée des cierges et autres causes ecclésiastiques avaient imprimée sur cette sublime ardoise. Vous vous souvenez que Schnetz trouvait un désaccord entre les mains et la figure, et vous-même, mon cher Georges, vous aviez craint des repeints. Eh bien, non, tout est harmonieux comme dans un original bien conservé du Titien. Les mains reçoivent le jour beaucoup plus que la figure, voilà tout; mais ce qui excite le plus l'admiration, c'est le vêtement, que vous avez à peine regardé et qui, selon l'expression des connaisseurs, *contient un homme*. Quand le restaurateur qu'on m'avait recommandé vint chez moi (un bon petit vieillard qui aime la peinture comme Paganini aimait la musique), il dit: « Monsieur, c'est un chef-d'œuvre; mais que trouverons-nous là-dessous ? »

Et il s'en alla inquiet.

Trois jours après, il revint, et, cette fois, avec ses drogues. Il étend *le Chevalier* sur une table, prend une composition puissante et me dit: « Allons, il le faut bien ! Commençons par un coin. »

La drogue, mise sur du coton, fait mousser la peinture et tout devient blanc. « Bien, dit-il, je vois que je puis marcher. »

Et il frotte toute l'ardoise, et en une heure il retire une livre de coton, par petites balles toutes noires. « Voilà, me dit-il, ce qu'a mis le marchand de Rome ! (On ne voyait rien encore.) Mais pourquoi? pourquoi? il a eu une raison: le tableau peut se trouver gâté, plein de repeints, il n'existe peut-être plus, car voici une deuxième croûte! Ceci est plus grave, faut-il aller en avant ? »

On va en avant, et il prend trois autres drogues, et la peinture de mousser, de blanchir, de disparaître dans cette bataille de drogues. Il met ses doubles lunettes, et me dit : « Maintenant, je réponds du tableau ! »

Moi, je ne voyais que de la mousse de bière. Enfin, il demande, d'un air triomphant, une brosse-fine à dents et du savon. « Vous allez voir, me dit-il, un vrai chef-d'œuvre ! »

Je ne voyais toujours que de la mousse de bière. « Mais aussi, ajoute-t-il, nous allons savoir pourquoi le marchand de Rome a mis son bistre. »

Et alors, sous le lavage du bon vieux, brille comme un soleil le tableau dans toute sa splendeur. J'aperçois des tons de chair palpitante, des passages lumineux ; les ors des chaînes, de l'épée, les mains, le costume, le fond, m'apparaissaient tout à coup comme le lever d'une aurore printanière.

Il passe de l'eau et il me dit : « Voyez ! » En effet, c'était une résurrection ; il sortait de dessous l'éponge un homme d'une vérité si frappante, qu'on croyait avoir une troisième personne dans le salon. On ne se figure pas ce modelé-là, je vous assure, mon cher Georges, qu'il sort de l'ardoise. Il l'a mis dehors au soleil pour le faire sécher dans le jardin ; c'était un homme, un vrai chevalier de Malte vivant en chair et en os, et cette pauvre peinture qui renaissait sous mes yeux était, après trois cents ans, comme si elle venait d'être finie d'hier.

Alors, il a constaté, loupe en main, une éraillure qui part du front, vient mourir au-dessous de l'œil, composée de petits trous faits avec la pointe d'une aiguille ; puis une tache de cire sur le front et une coulure sur les mains. Quand la peinture a été sèche, il a pris une aiguille et avec la pointe et une légèreté surprenante, il a enlevé les taches, n'enlevant que la cire et ne touchant pas la couleur. Puis il a mis, avec la pointe du pinceau, de la couleur dans les petits trous. Enfin, il a fait boire à tout le portrait une mixtion qui est son secret, et qui, sans traverser la peinture et sans l'altérer le moins du monde, lui rend du corps, le fond, la fait reparaître et la solidifie. Tout, en huit jours, est devenu frais, onctueux; c'est un miracle.

Bien des gens croient ici que je suis un mystificateur, et que c'est peint d'hier. Ce restaurateur déclare Sébastien del Piombo incapable d'avoir fait cela; il admet votre opinion et dit que ce doit être d'un Flamand, élève de Raphaël; moi, je me flatte que c'est d'Albert Dürer dans son voyage à Rome. C'est, en tout cas, une des plus belles œuvres de la renaissance italienne; c'est de l'école de Raphaël, avec progrès dans la couleur. Enfin, mon petit vieillard regarde cela comme une des choses les plus précieuses de l'art, parce qu'il y trouve le dernier mot de trois écoles : Venise, Rome et la Flandre.

Je vous devais ce récit, mon cher Georges; mais j'aimerais bien mieux montrer l'ardoise à votre admiration. Ce bon petit vieux m'a cédé pour peu de chose (relativement), tant il m'aime, une magnifique trouvaille qu'il vient de faire, d'un portrait de la femme de Greuze, fait par Greuze et qui lui a servi de modèle pour sa fameuse *Accordée de village*. Tant que vous n'aurez pas vu cela, vous ne saurez pas, croyez-moi, ce que c'est que l'école française. Dans un certain sens, Rubens, Rembrandt, Raphaël et Titien ne sont pas plus forts. C'est de la chair palpitante, c'est la vie elle-même, et il n'y a pas de travail, c'est l'inspiration, c'est cette *furia francese* qui nous fait triompher même des fautes qu'elle nous fait commettre; c'est troussé en deux heures, avec le reste de la palette, dans un moment de passion et d'enthousiasme auquel a cédé l'artiste. Greuze avait donné cette esquisse à sa femme en lui défendant de jamais la vendre. Elle l'a léguée à sa sœur. Cette sœur vivait encore il y a vingt ans. Un accident a crevé la toile, elle l'a crue perdue et l'a donnée à une voisine qui, à son tour, s'en est débarrassée comme d'une chose inutile et encombrante dans son petit ménage.

Mon restaurateur a ressoudé ou, pour mieux dire, recousu la toile; il n'y paraît plus, et je vous assure que, dans son genre, c'est aussi beau que *le Chevalier de Malte*. Ma collection s'est enrichie dernièrement : 1° d'une *Aurore* du Guide, dans sa manière forte, quand il était tout *Caravage*, et 2° d'un *Enlèvement d'Europe* que Lazard m'a affirmé être du Dominiquin, mais que je crois être plutôt d'Annibal Carrache.

Je voudrais vous voir devant ces deux tableaux, vous qui n'aimez pas l'école de Bologne; je vous assure que je les trouve dignes de ce que nous avons vu de plus beau à la galerie Borghèse. Ces deux tableaux de chevalet ont l'étendue de toiles de vingt pieds pour moi comme impression; c'est, dans un certain sens et toute proportion gardée, l'effet, comme immensité, produit par le petit et sublime tableau de *la Vision d'Ézéchiel*. Mon *Aurore* du Guide est une grande dame, habillée comme les habille Véronèse, bien campée sur un nuage à gauche du tableau. Le fond représente une villa magnifique, quelque chose comme la villa Pamphili; sur le devant, il y a un bassin garni de petites statues ou plutôt de figurines qui jettent de l'eau. Cette portion du tableau dans les demi-teintes du jour et de la nuit est dans la manière de Canaletti, ou, du moins, le rappelle, mais c'est plus grandiose ; l'eau est magnifique de fluidité. Du côté droit, l'Aurore ; dans un coin, l'Amour aux ailes colorées regarde l'Aurore avec tristesse et s'enfuit, son arc sans corde, débandé, et les nymphes fuient dans les bosquets comme effrayées et surprises. Enfin, pour moi du moins, c'est incomparable, c'est splendide. A Rome, on demanderait deux mille *luisses* de cette toile.

Récapitulons : avec mon *Jugement de Pâris, la Flamande*, le Greuze, *le Chevalier de Malte, la Vénitienne*, le Van Dyck, *l'Aurore, l'Enlèvement d'Europe*, c'est déjà un bon petit commencement de galerie. — Quand arriveront les connaisseurs et dilettanti, je leur dirai : « C'est à un jeune professeur d'entomologie que je dois cette tête, ce tableau ; charmant jeune homme, plein d'esprit et de cœur, qui est pour le moment enseveli dans le bonheur, la science et les steppes de l'Ukraine. Il se connaît en tableaux que c'est une bénédiction pour ses amis ! oh ! je vous en réponds, mieux à lui seul que tous les experts de Paris réunis. — Vous le nommez ? — Gringalet. — Pas possible ! — Aussi vrai que je me nomme Bilboquet. »

A bientôt, mon cher Georges ! je vous apporterai une boîte pleine d'insectes merveilleux, et je ne resterai, hélas ! avec vous que cinq ou six jours, comme à Bade. Je vais chercher des regrets, voilà tout. Si vous voulez quelque chose de Paris, vous avez encore le temps de me le demander.

Mille amitiés.

CCCXVI.

A M. FROMENT MEURICE, A PARIS.

11 août 1846.

J'ai oublié, mon cher monsieur Meurice, un renseignement important pour la toilette, et qui regarde l'ornement. C'est qu'on y désire par-dessus tout des coléoptères et des Amours. Enfin parmi les propriétés de la jeune comtesse, elle possède un comté dont le nom veut dire *champ d'hermines;* on y trouve, depuis des temps immémoriaux, de ces pauvres bêtes, en sorte que vous avez là un motif pour des émaux avec l'hermine en nature.

J'espère que cette lettre arrivera à temps pour ne rien vous faire refaire; et n'oubliez pas surtout le bracelet pompadour, avec les chiffres et dates que je vous ai indiqués dans le bel autographe qui était dû à un homme de talent comme vous.

Mille compliments.

CCCXVII.

A M. GEORGES MNISZECH, A VIESBADEN.

Paris, septembre 1846.

Mon cher et bon Georges,

Aussitôt que vous aurez reçu cette lettre, faites-moi le plaisir d'aller à Mayence et d'y acheter, chez le tapissier qui organise des émeutes le soir par l'exposition de ses riches *meubels*, un bon fauteuil à la Voltaire et une chauffeuse couverts en perse, et faites stipuler dans la facture qu'il reprendra les deux objets au bout d'un mois pour une somme déterminée. Ainsi, par exemple, si cela coûte deux cents francs, qu'il les reprendra pour cent; puis, après avoir conclu cet arrangement, vous ferez expédier aussitôt que possible ces objets, et vous les ferez placer dans le salon de notre chère Atala. Elle ne se plaint jamais, vous le savez; mais, nous qui la voyons si mal assise, nous ne pouvons le souffrir plus longtemps. Faites-lui-en la surprise de la part de la troupe, je vous rendrai la somme que cela aura coûté. Votre Altesse coléoptérique profitera de ce confort par certains moments. J'ai fait pareille affaire à Stuttgart pour Carnstadt, où elle n'était pas mieux assise qu'à Wiesbaden, et je vous conjure de me remplacer cette fois. Votre lettre et le petit mot de la si gentille Zéphirine m'ont fait bien de la joie, et j'y ai répondu, sans que vous le sachiez, en allant retenir ma place à la malle pour le 15.

Le 17 octobre, je souperai avec vous, ou je dînerai, car je ne sais à quelle heure j'arriverai. Dites à la comtesse de m'écrire l'heure des départs de Mayence pour Wiesbaden, le 15 octobre, afin que je sache si, en payant les postillons, je puis gagner assez de temps pour arriver juste pour un départ du chemin de fer.

Je vous apprends officiellement que le chef de votre troupe qui n'a jamais eu sa pareille, et qui en est l'humble serviteur, va peut-être acheter la petite maison du célèbre financier Beaujon, et que la structure de la glacière sur laquelle cette petite maison est bâtie, doit comporter l'existence de coléoptères inconnus. Si cette exploration peut décider Votre Seigneurie professoriale à y venir un jour, vous y serez reçu avec tous les honneurs dus à Sa Majesté le roi des coléoptères, et un certain Gaymard se recommande à vous pour diriger la garde nationale des insectes inconnus.

Que vous dirai-je ici de Zéphirine et pour Zéphirine? Rien qui puisse être digne de cette charmante et adorable perfection, malgré les faibles valeurs littéraires qu'on m'accorde, car je ne fais que de la prose, et il faudrait pour elle faire de la poésie sans le savoir. La seule chose que je puis me permettre, c'est de vous complimenter, car on doit être fier d'être aimé ainsi ; elle n'a plus une goutte de sang dans les veines à elle, elle est tout vous-même. Quand, plus tard, vous serez arrivé dans la vie à la pointe alpestre où je me trouve et où l'on s'aperçoit qu'il faudra descendre le revers qui mène à la boue d'où l'on était sorti, vous saurez combien les attachements vrais sont rares, combien ces diamants de l'âme sont précieux, et vous vous direz à vous-même que vous n'en sentiez pas aujourd'hui le mérite, malgré les qualités qui vous caractérisent, et au nombre desquelles je place l'observation, la finesse et la perspicacité.

A bientôt, mon cher Georges; en attendant, veuillez dire à Zéphirine que je mets à ses pieds mes amitiés et mes hommages; elle aimera mieux le savoir de vous que si je le lui écrivais directement.

Demain, notre grande et chère Atala recevra une lettre de moi; mais je ne vous en charge pas moins de l'assurer qu'il n'y a pas une fibre de mon cœur qui ne soit à elle, et que je me dis, comme depuis treize ans, le seul moujik de Pawlofka qui lui restera pour le temps et l'éternité. Ai-je besoin de me dire tout à vous?

CCCXVIII.

AU MÊME.

Paris, octobre 1840.

Mon bien cher Georges,

Comme je ne doute pas que vous n'ayez fait ma commission du fauteuil pour notre chère, grande et bien-aimée Atala, je vous en remercie vivement, tendrement, et, s'il faut vous aller chercher quelque affreux insecte au pôle ou sous la torride, j'irai !... J'ai la douleur de vous annoncer que je n'avais pris le *catoxantha* que sous la condition expresse qu'il serait *sain, entier, pas recollé*, vu le prix qu'on en demandait, et que, le vendeur n'ayant pas répondu affirmativement, je n'ai pas osé le prendre, votre chère belle-mère voulant que cet insecte fût l'orgueil de votre collection. Ai-je bien fait ? vous seriez-vous contenté d'un catoxantha invalide ?...

Je vous remercie mille et mille fois de vos attentions en fait de bric-à-brac; mais il faut songer désormais à ne plus tant amasser de porcelaines : l'hôtel *Bilboquet* en a vraiment à cette heure assez et trop.

Je ne vous en dis pas davantage, car je vous embrasserai le 17 au soir, à moins d'accident; ma place est retenue à la malle, et je travaille à force à finir *la Cousine Bette*.

Baisez pour moi la petite main blanche du charmant colibri nommé Zéphirine, qui est si gentille de me rappeler avec une insistance si affectueuse la mi-octobre. J'ai vu bien des jeunes personnes, mais je n'en connais pas que je puisse placer à côté d'elle sans lui faire un tort immense. Avant-hier encore, je la comparais à ma nièce, qui est venue me consulter pour un mariage, et je trouvai ma pauvre nièce d'une infériorité humiliante. Anna possède ce qui fait le charme de la vie : elle a la grâce. Je la préfère de beaucoup à ma nièce, qui cependant a la fraîcheur d'une belle Normande. Pendant qu'elle me parlait, je plaçais involontairement Zéphirine à côté d'elle, et je ne sais si c'est l'effet d'une affection particulière pour une jeune fille qu'on a vue petite enfant et en qui on aimait sa mère, mais je préférais de beaucoup l'image absente à ma nièce qui était là en chair et en os. Il est vrai que ma nièce pleurait beaucoup, et que votre chère Anna ne connaît de la vie que ses sourires, ou, si une larme d'émotion vient parfois mouiller ses yeux, elle n'y reste jamais assez de temps pour les enfler et les rougir.

Donc, pour finir par vos insectes, si vous voulez le catoxantha, quoique mutilé, écrivez-le-moi ; vous en avez encore le temps, à moins qu'il n'ait été acheté par quelqu'un d'aussi goulu que vous en fait de petites bêtes. L'absence de ma chère troupe me rend dévot. Je me surprends à prier Dieu avec ferveur en lui demandant de protéger Madame mère, Anna et vous. Soignez-vous les uns les autres, en attendant que je sois là pour vous soigner tous.

Mille gracieuses choses, mille pensées et fleurs d'affection à votre chère et gentille Anna, et mille amitiés à Votre Excellence, cher comte, duc de Gringalétie en Géorgie, de la part de votre vieil ami.

CCCXIX.

AU MÊME.

Paris, 18 octobre 1840.

Mes excellents, adorables, amoureux, gentils, chers petits saltimbanques, le père Bilboquet donne sa démission : Gringalet a grandi, Zéphirine est émancipée ; elle épouse, dans la pièce, un affreux Ducantal ; mais nous avons changé tout cela, comme dit Molière ; elle est heureuse avec Gringalet, un Gringalet sphynx-lépidoptère-coléoptère-antédiluvien, non fossile, je l'espère. La troupe, mes chers enrôlés, est si célèbre, qu'elle n'a pu donner sa dernière représentation mystérieusement, comme elle le voulait, vu le paletot de Gringalet.

Quelque journaliste qui jouait ses derniers feuilletons les a vus, et maintenant l'Europe sait qu'un second mariage Montpensier a eu lieu. Je vous envoie le fait-Paris publié par *le Messager* le jour où je me débottais de la malle-poste, et que les *Débats, la Presse, le Constitutionnel*, etc., ont répété, voyant là dedans sans doute un événement qui compromettait l'équilibre européen. Dès lors, Bilboquet a compris qu'il ne pouvait plus diriger des races royales, quoiqu'il y ait chez elles de fameux saltimbanques, et il s'est replongé dans son travail.

Votre lettre collective m'a fait vraiment bien plaisir, ainsi que la carte; je vous vois si heureux (et pour jusqu'à la fin de vos jours), que c'en est attendrissant. La chère mère d'Anna est, vous le savez, la seule affection que j'aie eue dans toute ma vie; elle a été la seule consolation que j'aie eue à tous mes chagrins, mes travaux, mes malheurs, et elle suffisait à tout apaiser, à tout contre-balancer; c'est vous dire, mon cher Georges, combien je suis attaché à sa fille, et vous le dire, c'est vous exprimer toute la part que je prends à son bonheur. Non-seulement elle vous aime de toute la force de l'âme la plus pure et la plus fière que j'aie admirée chez une jeune fille, mais, je vous l'avoue sans la moindre envie de vous flatter, vous méritez cette affection de diamant, et c'est pendant ces deux années que j'ai vu combien elle avait raison de vous aimer. La chère comtesse est pour beaucoup dans les perfections d'Anna, qui ne l'a jamais quittée; elle vous réservait ce trésor, sachant que vous en étiez digne.

Ces trois ou quatre derniers jours passés avec vous m'ont rafraîchi l'âme et la cervelle, bien fatiguées par mes derniers travaux. Je vous écris pour la dernière fois peut-être jusqu'au jour où vous m'aurez donné par un mot l'adresse à mettre et le lieu de votre séjour, soit en Autriche, soit en Russie; je veux donc vous dire combien je suis sensible à ce témoignage d'affection que me donne votre lettre dans des moments où deux charmants êtres comme vous n'ont pas assez de temps pour s'en donner à eux-mêmes. Laissez-moi vous répéter que vous avez en Bilboquet une âme d'acier d'un dévouement absolu. Je vous prie, mon cher Georges, de bien me préciser où et comment il faudra diriger la collection des fossiles du bassin de Paris, si toutefois je l'obtiens.

Les richesses de Bilboquet commencent à faire du tapage, et tout va bien dans la petite maison de Beaujon; les ouvriers travaillent à force et vous allez rire, mais il y aura l'appartement des Mniszech. Si jamais ils viennent à Paris, Bilboquet mourrait de chagrin de les voir aller dans un hôtel. Cet appartement consiste en une belle chambre et un petit salon, ronds tout deux, sculptés en entier, ornés de peintures aux voûtes, et d'une recherche royale, digne de leurs ancêtres; tout cela n'est pas de mon fait, mais de celui de Beaujon. Ce digne financier, prévoyant qu'un Georges lépidoptérien y viendrait, y a fait peindre de beaux papillons exotiques sur des fleurs.

Quand vous lirez ce griffonnage, *la Cousine Bette* sera terminée, *le Cousin Pons* peut-être aussi, car la baisse est effrayante sur le Nord et il faut des capitaux pour l'hôtel *Bilboquet*. Adieu donc! vous êtes heureux, vous n'avez qu'à vous aimer, sans penser à travailler comme des mercenaires d'écrivains publics; et vous êtes dignes de ce bonheur qui n'est pas un sujet d'envie, mais qui fait l'admiration d'un vieux Bilboquet de quarante-sept ans. Prenez bien garde à tout, portez-vous bien, soignez-vous, mon bon et gentil Georges, et veillez sur Anna, qui est un peu étourdie et qui, pendant quelque temps, n'aura plus sa mère près d'elle.

Je prie Dieu rarement; je voudrais le prier plus souvent pour vous deux et pour cette incomparable mère que nous aimons.

CCCXX.

A MADAME HANSKA, A WIESBADEN.

Passy, 18 octobre 1846, six heures du matin.

Me voici, chère étoile souveraine, imperturbablement à mon bureau, à l'heure dite, comme je vous l'ai annoncé hier dans cette petite lettre écrite à la hâte dans le cabinet du *Messager*, et, avant de reprendre mon travail, mon cœur, ce pauvre cœur tout à vous, a comme un besoin impérieux de s'épancher dans le vôtre, en vous racontant les plus petits détails de cette vie devenue la vôtre, par ce miracle de pensée constante, immuable, depuis tant d'années d'affection exclusive dont vous seule, après moi, pouvez apprécier l'immensité et la profondeur. De Francfort à Forbach, je n'ai vécu que de vous, repassant mes quatre jours comme un chat qui a fini son lait se pourlèche les babines. Toutes les précautions dont votre bonté pour moi et celle de vos chers enfants m'avaient entouré, le châle, le capuchon, ont parfaitement guéri mon rhume, et je me suis admirablement bien porté. Pendant qu'on chargeait les caisses, je vous ai écrit un mot pour vous empêcher de vous faire du mal, tant je vous ai laissée inquiète.

J'ai payé les droits sur le petit service de Saxe. La douane m'a appris qu'on avait écrit un mot pour envoyer mes caisses à Paris et j'ai demandé qu'on attende les trois caisses de Wiesbaden, pour faire un seul envoi. Les douanes ne respectent pas les chagrins du cœur, et il a fallu quitter mes rêveries pleines de tristesse et mes souvenirs s'attendrissant de plus en plus sous le charme de votre sourire et de vos regards toujours présents, pour m'occuper de ces caisses. Comme le rhume m'étouffait l'estomac, j'ai relayé cet organe par deux petits pains de Francfort et deux larges entailles faites au jambon de Wiesbaden entre Francfort et Forbach. Voilà, j'espère, un bulletin complet. J'étais seul dans la malle, et c'était un bienfait du ciel. A Metz, nous n'avons eu personne. J'ai rencontré à Verdun Germeau, venant de Paris avec sa femme, et je l'ai remercié de son intervention à la douane. Quand vous viendrez à Forbach dans votre voiture, vous serez reçue avec tous les égards dus à votre position sociale, et vous ne serez pas visitée, je vous le promets. J'ai volé comme la malle à Paris, où je suis arrivé sur les six heures du matin. Dans cette partie du voyage, le rhume a redoublé, en dépit de mes précautions, qui étaient, je vous assure, infinies; mais il avait plu à torrents en France, et l'humidité malicieuse traversait les pores de la carapace rugueuse de la malle; j'avais peu dormi et mal, je tombais de faim, de sommeil et de fatigue; je me suis couché à sept heures et me suis levé à onze heures pour déjeuner. Au milieu de ce repas frugal m'est tombé des nues le directeur du *Constitutionnel*, qui m'a trouvé moitié mangeant, moitié corrigeant les épreuves de *la Cousine Bette*, laquelle, m'a-t-il avoué, a un succès étourdissant. Les inquiétudes de Véron en sont d'autant plus grandes, et alors j'ai calmé tout, en avouant mon voyage et disant que j'étais revenu tout finir. Cela m'a mené jusqu'à une heure; il a fallu aller à la poste chercher mes lettres, et débrouiller le quiproquo de la lettre de Francfort. J'ai trouvé beaucoup de lettres parmi lesquelles brillait une petite étoile de Wiesbaden, votre jolie écriture. J'avais pris Louis, il fallait courir aux journaux... Mais savez-vous, *belle dame*, ce que c'est que d'aller dans cinq bureaux de rédaction? c'est cinq causeries plus ou moins longues; outre cela, je m'étais donné pour tâche de faire moi-même les payements que vous m'aviez chargé de faire pour vous : Buquet, Lirette, la cheminée, le bahut, etc., etc.; enfin, de faire toutes mes courses d'affaires et autres, pour pouvoir me jeter sans arrêt sur *la Cousine Bette*.

J'ai tout fait et j'ai trouvé le moyen de vous écrire un petit mot sur le bureau du *Messager*, à trois heures, pendant que l'on composait votre article. On me l'a donné en quadruple épreuve; mais je ne suis revenu chez moi qu'à sept heures, je ne me suis endormi qu'à neuf heures et demie, et me voici.

Je viens d'écrire à Lirette, et je vais lui envoyer votre lettre collective; j'irai bientôt lui donner des détails. Voici le jour qui se lève, il faut donc vous quitter, vous qui êtes toujours là devant moi, bénissant mon travail comme une douce et blanche colombe que vous êtes. Vous apprendrez avec quelque plaisir, j'en suis sûr, qu'il y a une immense réaction en ma faveur. Enfin, j'ai vaincu! Encore une fois, mon étoile protectrice a veillé sur moi; encore une fois, un ange de paix et d'espérance m'a touché de son aile vigilante et gardienne. En ce moment, monde et journaux se tournent favorablement vers moi ; il y a plus, il y a comme une acclamation, comme une consécration générale. Ceux qui luttaient ne luttent plus, ceux qui m'étaient le plus hostiles, comme par exemple Soulié, me reviennent. Vous savez qu'il a fait (Soulié) amende honorable dans son nouveau drame de l'Ambigu. C'est une grande année pour moi, chère comtesse, surtout si *les Paysans* et *les Petits Bourgeois* sont publiés coup sur coup et si j'ai le bonheur de faire bien, et si votre goût et celui du public s'accordent à le trouver beau. Allons, dites-moi donc de m'arrêter et de revenir à *la Cousine Bette*; vraiment je bavarde trop et avec trop de plaisir ; mais c'est pour moi une jouissance si délicieuse, si irrésistible, que de me jeter ainsi tout entier dans votre âme fraternelle !

Ah ! j'ai lu votre gentille lettre arrivée le lendemain de mon départ de Paris, d'après le timbre, et, si elle m'avait trouvé encore ici, je me serais autrement vêtu et je n'eusse pas attrapé mon rhume. Pauvre chère, vous voyez qu'encore en ceci je vous ai compris à distance ; j'étais à Mayence quand votre lettre arrivait à Passy, me disant que, puisque j'étais souffrant, il fallait laisser là *le Constitutionnel* et venir me reposer auprès de vous. Vous m'avez gâté par tant de bonté, que je l'avais déjà fait avant de savoir que vous l'approuviez. Tout le temps que je perds en courses et en démarches depuis mon retour est véritablement effrayant. Furne a fait des annonces gigantesques pour LA COMÉDIE HUMAINE, je me hâte de vous le dire, car je ne sais trop si je pourrai vous écrire d'ici à quelque temps. Nous voici le 20. Cette lettre ne peut plus aller qu'à Dresde, hôtel de *Saxe*, et j'attends même un mot de vous pour vous l'expédier.

Allons, à la plume et à l'œuvre !

Mercredi au soir.

Hier, j'ai travaillé comme un nègre, j'ai écrit la valeur de deux chapitres et j'ai corrigé les trente colonnes que j'avais en épreuves sur mon bureau. En ce moment, je ne puis compter que sur l'argent du *Constitutionnel* et celui d'un traité par lequel je m'engagerais à un autre travail; mais cet autre travail m'est tout à fait impossible. Dans le dédale où je suis, il faut travailler, travailler sans relâche, finir avant tout *les Parents pauvres*; car ce n'est pas des élégies qui me donneront de l'argent, et il en faut; il n'y en a pas du tout ici, à l'heure qu'il est, et je suis à la merci de bien des payements à faire, et j'attends des caisses de partout, de Genève, de Wiesbaden, etc. Pourtant ne vous préoccupez pas de mes affaires et n'assombrissez pas la pureté de votre front par d'inutiles inquiétudes; la librairie donnera quelque chose, mais quand? Voilà! il faut quinze jours pour aboutir à un traité.

J'espère trouver, ce matin, à la poste une lettre de vous qui me dise où je dois vous adresser celle-ci; j'ai envie de vous l'envoyer à Dresde par Bossange; mais si par hasard vous n'alliez plus à Dresde! Évidemment, pour vous envoyer ce premier paquet, je dois attendre votre prochaine lettre, elle ne peut plus tarder. De grâce, ne vous attristez pas de tout ceci; ne me punissez pas d'avoir cru à du bonheur dans les affaires, à défaut d'un autre plus complet mais impossible. Je travaillerai, comme j'ai toujours travaillé, c'est une habitude à reprendre, et non pas à prendre, ce qui serait plus difficile; je me sens jeune, plein d'énergie et de talent devant ces nouvelles difficultés. Positivement, quand je serai dans ma petite maison Beaujon, bien close, bien meublée, bien tranquille, et à l'abri du contact des importuns, je ferai successivement *les Paysans, les Petits Bourgeois, la Dernière Incarnation de Vautrin, le Député d'Arcis, une Mère de famille,* et le théâtre ira son train. C'est surtout pour me livrer à cette immense et nécessaire production que je voulais me caser promptement à Beaujon, puisqu'il m'est impossible de rester plus longtemps à Passy.

Adieu pour aujourd'hui, car il faut faire au moins vingt feuillets pour me tirer d'affaire.

Je vous aime, je vous admire, je vous vénère, je vous bénis comme tout ce qu'il y a de plus grand et de meilleur au monde. Si vous êtes en route, je vous souhaite à tous les trois, qui êtes mes seuls aimés en ce triste monde, tous les petits bonheurs du voyage.

La plupart des Parisiens croient que je ne suis pas allé à Wiesbaden et que c'est un canard; voilà Paris! Madame de Girardin m'a dit qu'elle tenait d'une personne qui vous connaissait parfaitement, que vous étiez excessivement flattée de mes hommages; que vous me faisiez venir partout où vous alliez, par vanité et par orgueil; que vous étiez très-heureuse d'avoir pour *patito* un homme de génie, mais que votre position sociale était trop élevée pour me permettre d'aspirer jamais à autre chose. Et, là-dessus, elle se mit à rire d'un rire ironique en me disant que je perdais mon temps à courir après des grandes dames, pour n'arriver qu'à échouer auprès d'elles. Hein ! comme c'est parisien ! Mais, comme vous voyez, les contradictions des cancans de Paris et leurs invraisemblances les rendent très-peu dangereux.

Aujourd'hui, tous les travaux extérieurs à Beaujon doivent être terminés, excepté la galerie qui est ajoutée, et qui, par conséquent, est un bâtiment neuf ; mais elle doit être couverte cette semaine ; ainsi, de ce côté au moins, je suis tranquille.

Voici quatre heures et demie, il faut brosser de la copie ; je vous salue comme les oiseaux saluent l'aurore. A demain !...

Jeudi 19.

Hier, je suis allé dès huit heures à la poste ; hélas ! pas de lettre ! Mon inquiétude m'a vraiment ôté toutes mes forces et toutes mes idées. Je n'ai rien fait que penser à vous, et c'est périlleux de rester oisif et perdre un jour dans la situation où je suis. A quatre heures de l'après-midi, en allant au *Constitutionnel*, j'ai enfin trouvé votre lettre, car je suis retourné à la poste, me mourant d'anxiété et d'inquiétude... Non, certes, je ne vous ai rien caché dans ma lettre de Forbach, et, comme je vous l'ai dit dans le bout de lettre écrite au *Messager*, mon rhume, que je croyais passé, a redoublé, et en ce moment il est affreux ; mais, chose étrange, il n'a pas eu d'action sur le cerveau. Je travaille à épouvanter les heureux oisifs du monde, car aujourd'hui je n'ai plus que cinquante-six feuillets à écrire pour finir *la Cousine Bette*, et ce sera terminé vraisemblablement dimanche.

Dame ! je suis sans argent, et il en faut. Et je ne veux

pas vous savoir tourmentée de mes ennuis financiers, car je connais mon étoile, et je la veux toujours brillante et sereine. La lettre collective de vos chers enfants m'a rendu bien heureux ; je les vois si contents, si gentils, sans la moindre crainte de malechance pour l'avenir ; mais aussi comme vous avez élevé votre Anna, comme vous l'avez soignée moralement et physiquement! En vérité, Georges vous doit beaucoup, et je crois qu'il le sent bien, car un cerveau comme le sien comprend toute chose, et il y a en lui l'union d'un grand savoir et d'un grand caractère. Plaignez-moi de toujours batailler avec les affaires ; la maison, les réparations, les constructions, les entrepreneurs, on va de l'un à l'autre, on fait des courses insensées, on a des tracas de tout genre, et il faut écrire comme si l'on était tranquille, et il faut être tout entier à cette insupportable et affreuse vieille fille qui s'appelle *la Cousine Bette,* quand on voudrait être tout à vous, et rien qu'à vous seule. C'est vraiment atroce, et je n'ai jamais eu un pareil moment dans ma vie. Mais ma foi et ma croyance en vous me donnent un courage, une patience, une lucidité, un talent à surprendre les plus téméraires et les plus hardis lutteurs. Hélas! il faut bien vous quitter, car le temps a marché depuis que je cause ainsi à tort et à travers avec vous. Il est huit heures et demie, et il faut aller porter cette lettre.

A demain donc ; quand pourrais-je dire : « A bientôt ! »

CCCXXI.

A LA MÊME.

Paris, 20 novembre 1846.

Je vous disais hier, chère comtesse, que je n'avais guère plus le temps de vous écrire, puisque j'allais vous voir le 6 au plus tard. Eh bien, que voulez-vous! le cœur et l'âme sont à Dresde, et il n'y a que le corps et le courage à Paris. Causer avec vous est un impérieux besoin, et il faut que je vous écrive, que je vous parle, que je vous raconte tout : et mes livres, et mes meubles, et mes calculs financiers, et l'architecte, et la maison, les ennuis, les riens, les conversations, comme je me parle à moi-même ; n'êtes-vous pas *moi-même?*... n'êtes-vous pas depuis longtemps ma conscience? Si vous ne l'étiez pas, vous aurais-je parlé avec tant d'abandon et de sincérité de mes sottises, de mes fautes, de tout ce que j'ai fait enfin, soit en bien, soit en mal?...

Hier, j'ai été au Vaudeville, où Arnal m'a fait mourir de rire dans *le Capitaine de voleurs,* et j'ai mis ma lettre à la poste trop tard pour qu'elle partît hier ; elle ne part qu'aujourd'hui. J'ai ce matin encore trente-deux feuillets à faire pour *la Cousine Bette,* et soixante-huit pour *le Cousin Pons,* total : cent, d'ici au 29. Vendredi, j'irai prendre ma place à la malle...

Ouf! je viens de corriger huit cents lignes pour *la Cousine Bette,* et les huit premiers chapitres du *Cousin Pons.* Depuis ce matin, je ne me suis pas levé de mon fauteuil, et il est trois heures un quart. J'ai remis du bois au feu et j'ai pensé à vous, là, sur ma chauffeuse. Quel bonheur me donne l'idée de vous revoir bientôt! Mon âme tout entière en tressaille; j'ai tant besoin d'être avec vous trois! et penser qu'il faut encore écrire cent feuillets et les corriger!...

Décidément, je ferai venir de Tours le secrétaire et la commode Louis XVI; la chambre sera complète alors C'est une affaire de mille francs, mais, pour mille francs, que peut-on avoir en meubles modernes?... Des platitudes bourgeoises, des misères sans valeur et sans goût.

Jeudi; quatre heures.

Je sors! Il m'a été impossible de vous écrire, car j'ai fait vingt feuillets, et j'ai corrigé six numéros; j'ai encore vingt feuillets à faire, et il les faut pour samedi, car je suis au jour le jour, je n'ai même plus le temps de réfléchir; et à peine celui de corriger ce que je fais. Je sors en ce moment pour aller voir le feuilleton de demain, où l'on m'a fait des bêtises.

Vendredi.

J'ai eu vos lettres, la vôtre et celle des enfants! Grâce à Dieu, elles m'apprennent que vous allez mieux, et que je pourrai vous voir le 6 à Leipsick. Je viens de relire votre lettre, car le papier en est si fin que le verso empêche de lire le recto en voiture. Or, hier, je suis allé à la poste, de là à votre maison, — où rien ne marche, — et au *Constitutionnel*; puis je suis revenu dîner chez moi et me coucher tout aussitôt. Vous me dites de ne pas tant travailler, de prendre garde à ma santé, de me distraire, de voir du monde, etc. Mais, chère comtesse, ne vous ai-je pas écrit *que j'avais pris des engagements pour le payement de mes dettes, comptant sur une hausse pour vendre mes actions du Nord?* Or, le Nord était hier à 627 francs; il tombera à 575; c'est donc deux cents francs au-dessous de mon prix d'acquisition. Il faut, comme vous voyez, que ma plume gagne ce que les actions devaient me donner, et qu'elle travaille à payer mes créanciers, auxquels je veux tenir parole. Voyez si j'ai le temps de m'amuser! C'est un miracle que je m'en tire. *Les Parents pauvres* devaient me donner en tout (les deux histoires) douze mille francs; *la Cousine Bette* en donne à elle seule treize mille, et *le Cousin Pons* en donnera neuf mille; j'ai donc presque doublé la production, j'ai fait quarante-huit feuillets de COMÉDIE HUMAINE, au lieu de vingt-quatre. Et croyez-vous que cela se fasse en griffonnant à bride abattue comme je vous écris? Ah! bon Dieu, c'est effrayant! Eh bien, je tremble en vous l'écrivant..., je ne suis pas bien sûr que cela me tire d'affaire!... Il faut finir *les Paysans* et encore autre chose peut-être; c'est nécessaire et même indispensable. Si j'arrive, je ne vous verrai guère, car je ne quitterai pas ma table et mes paperasses. Je ne puis pas m'occuper de ma santé, je ne puis prendre ni soin, ni souci de moi-même; je suis une machine à copie, voilà tout. Mon courage est réellement surprenant, je le reconnais, et vous en serez convaincue quand vous saurez que, depuis mon retour de Wiesbaden, j'ai fait tout ce que vous lirez de *la Cousine Bette*, depuis le célèbre chapitre *Bilan de madame Marneffe*, — qui, par parenthèse, a eu un succès prodigieux; — tout cela, chère comtesse, ces vingt chapitres ont été écrits *currente calamo*, faits la veille pour le lendemain, sans épreuves. Vous avez été, cette fois comme toujours, mon vrai génie inspirateur.

Samedi.

Hier, je suis allé chez Laurent-Jan lui proposer de dialoguer la pièce des Variétés, car j'ai une avalanche de travaux jusqu'au 30 novembre, et je veux partir le 1er décembre. Je n'ai pas le temps de m'occuper de la pièce. Elle lui aurait rapporté quelques mille francs; mais il a refusé, sous prétexte que c'était trop fort, trop colossal pour ses *faibles talents*. Le vrai dessous de cartes de cette touchante modestie est son invincible paresse. La nature donne le talent, mais c'est à l'homme à le mettre en œuvre et en évidence, à force de volonté, de persévérance et de courage; or, ce garçon a de l'esprit, mais il n'en fera jamais rien, que de le dépenser en pure perte, en l'usant avec ses bottes sur les boulevards, ou dans les loges d'actrices de petits théâtres qui se moquent de lui...

Je suis interrompu par le docteur Nacquart; il m'a beaucoup grondé en me trouvant attablé à écrire, après tout ce qu'il m'avait dit là-dessus; ni lui ni aucun de ses confrères et amis médecins ne conçoivent qu'on puisse soumettre le cerveau à de pareils excès. Il me dit et me répète d'un air sinistre que cela tournera mal; il me supplie de mettre au moins quelque intervalle dans ces débauches de cervelle (comme il les appelle). Les efforts de *la Cousine Bette*, improvisée en six semaines, l'ont effrayé.

Il m'a dit : « Cela finira nécessairement par quelque chose de fatal. » Le fait est que je me sens moi-même en quelque façon atteint ; je cherche, dans la conversation, très-péniblement parfois, les substantifs. La mémoire des *noms* m'échappe. Il est bien temps que je me repose ! Si je n'avais pas eu la préoccupation de mes affaires financières, les soins à donner à l'arrangement définitif de ma petite maison auraient fait une heureuse et bonne diversion à mes occupations littéraires. J'ai été bien malheureux à ce sujet-là encore. Quand le docteur m'a fait ces observations sur mes excès littéraires, je lui ai dit : « Mais, mon ami, vous oubliez donc mes dettes ? J'ai des obligations, je me suis engagé à payer à des termes fixes, à des fins de mois, je ne saurais y manquer ; il me faut donc gagner de l'argent, c'est-à-dire écrire jusqu'à ce que je fasse tomber mes chaînes à force de courage et de travail. » Vous ne devineriez jamais la réponse du docteur. Elle peint l'homme ; car partez de ce principe que c'est un ami, qu'il m'aime réellement et qu'il a non-seulement beaucoup d'affection, mais aussi beaucoup d'estime pour moi. « Eh bien, mon ami, dit-il, je n'écris pas comme vous de belles choses, mais j'administre mieux. Pour preuve, je vous dirai que j'ai acheté, il y a trois jours, aux criées, une maison à cinq étages, rue de Trévise, pour 235,000 francs ; comme il y a 25,000 francs de frais, c'est 260,000 francs. »

Tout l'esprit, tout le caractère de notre bourgeoisie est là ; elle fait la roue avec sa fortune, comme l'aristocratie des temps passés la faisait avec des avantages personnels ou des priviléges. Il ne faut pas en vouloir au pauvre docteur, c'est un excellent et digne homme; il est de sa caste et de son époque, voilà tout.

Quant à ce que vous me dites de vos affaires, je ne cesse de vous répéter : « Dépêchez-vous !... »

Vous avez dû lire l'article du *Constitutionnel* sur la Sibérie; c'est à faire frémir des gens plus confiants que vous ne l'êtes. Donc, ne perdez pas de temps, car l'avenir ne me paraît pas couleur de rose, je vous assure. Je vois l'Italie et l'Allemagne bien près de se remuer; tout cet état de paix ne tient qu'à un fil, à la vie de Louis-Philippe, qui se fait vieux, et Dieu sait, la guerre arrivant, ce que nous deviendrions?... Pour un souverain jeune et ambitieux qui ne voudrait pas avant tout, comme Louis-Philippe, mourir tranquille dans son lit, voyez comme le moment serait favorable pour reprendre la rive gauche du Rhin! Les populations sont tracassées par de petits souverains imbéciles; l'Angleterre est aux prises avec l'Irlande, qui veut la ruiner ou s'en séparer; l'Italie entière s'apprête à secouer le joug de l'Autriche; l'Allemagne veut son unité ou peut-être plus de liberté seulement. Enfin, croyez-le bien, nous sommes à la veille de grandes catastrophes politiques. En France, on a tout intérêt à gagner du temps, notre cavalerie et notre marine n'étant pas de force à nous faire triompher sur terre et sur mer; mais, le jour où ces deux armes seront en état, les fortifications armées, nos travaux de défense finis et nos travaux publics complétement terminés, la France sera bien redoutable! Il faut convenir qu'à la manière dont Louis-Philippe administre et gouverne, il en fait la première puissance du monde. Songez donc! rien n'est factice chez nous; notre armée est une belle armée, nous avons de l'argent, tout est fort, tout est réel en ce moment-ci. Le port d'Alger terminé, nous avons un second Toulon devant Gibraltar; nous avançons dans la domination de la Méditerranée. Nous voilà avec l'Espagne et la Belgique à nous. Cet homme a fait bien du chemin, vous avez raison, et, s'il était ambitieux, s'il voulait chanter *la Marseillaise,* il démolirait trois empires à son profit. S'il empaume Mehemet-Ali comme il a fait du bey de Tunis, la Méditerranée est tout entière à la France en cas de guerre. C'est une grande conquête, faite moralement, sans avoir tiré un coup de canon. Nous venons, d'ailleurs, de faire des pas de géant en Algérie par le déplacement des centres d'action militaire; c'est la conquête consolidée et la révolte rendue impossible.

J'espère que vous serez contente de moi et que vous trouverez que je rends enfin justice au souverain que vous avez toujours soutenu contre moi, non par sympathie, disiez-vous, mais par conviction. Peut-être avez-vous raison au fond... Peut-être, en effet, la France a-t-elle moins besoin de gloire que de liberté et de sécurité, et, puisqu'elle a obtenu ces deux grands bienfaits, souhaitons qu'elle sache apprécier et conserver le gouvernement qui les lui a donnés.

Voici le jour; il y a deux heures que je cause avec vous, avec plaisir et sans fatigue, et je vous dis, avec bonheur: « A bientôt ! »

CCCXXII.

A M. GEORGES MNISZECH, A DRESDE.

Novembre 1846.

Mon cher Gringalet et ma chère Zéphirine,

Je vous remercie de cœur pour la ponctualité avec laquelle vous me donnez des nouvelles de notre grande et bonne Atala; je ne vous dirai rien de mes chagrins; mais, je vous prie, avertissez-moi du jour où je ne pourrai plus envoyer de lettres à Dresde, car j'imagine que le docteur ne défend pas à votre chère et bien-aimée mère de lire; dans ce cas, je vais lui écrire tous les jours. Dès qu'elle m'a écrit qu'elle restait jusqu'à la fin de novembre à Dresde, sans avis, je vous ai fait adresser les journaux et toute *la Cousine Bette* pour distraire la chère malade. J'espère que vous avez tout reçu.

Le Nord est en ce moment de 120 francs au-dessous du pair. Si je conserve quelque santé, je vais par un travail insensé tâcher de rétablir la caisse. Dans huit jours, je me mets à finir *les Paysans*, et il s'agit d'écrire et de corriger huit volumes en un mois! Je ne sais pas trop dans quel état je serai alors. Ah! j'aurai bien besoin du bonheur que j'éprouve à être au milieu de vous, et surtout de vous voir heureux tous les deux, heureux l'un par l'autre, comme vous l'êtes. Car je vous devine : je vois Anna toute joyeuse des merveilles de son trousseau, qui lui permet de plaire de plus en plus à son Georges, et vous, Georges, arrangeant vos coléoptères et allant avec

Anna voir le musée et les collections. Comme tout cela me rafraîchit l'âme ! car je n'ai si bien que vous au monde, que, s'il me fallait aller vivre à Vierzschovnia, pour rester avec vous, j'abandonnerais la belle France sans un regret. Il ne faut pas me demander si je pense à vous ; à l'imitation de vous, mon cher et gentil Georges, je dis à Bilboquet : « Bilboquet, que font à cette heure Gringalet, Zéphirine et Atala ? » Je cherche à deviner vos occupations. Mais vous ne me chargez de rien ici, je ne trotte plus pour vous. Je n'ai que les coquilles fossiles du bassin de Paris et un sphinx à chercher. Je n'ai pas pu rejoindre encore Gaymard.

Adieu, mes chers amoureux ! aimez-vous bien, car vous êtes deux belles et nobles créatures, dignes l'une de l'autre et faites par le bon Dieu l'une pour l'autre. Ne voyez personne, laissez-là le monde et surtout celui de Dresde.

Le père Bilboquet, croyez-le bien, ne pense plus à rien acheter, il ne pense qu'à payer et à trrravailller sur la place publique de la Littérature ; oui, je me suis donné pour tâche de gagner quarante mille francs dans six semaines.

Mille amitiés. Oh ! comme j'aurais voulu voir la troupe dans sa belle voiture ! Je baise les mains si jolies des deux comtesses, et je vous serre les mains, mon cher et bon Georges. Adieu ; ceci est volé sur la quantité de *copie* à faire. Tout à vous de cœur et d'âme.

DUC DE BILBOQUET,
pair de France et autres lieux.

CCCXXIII.

AU MÊME.

Paris, décembre 1846.

Merci, mon bon Georges, de vos deux lettres! merci, chère et charmante Anna! Eh bien, vous êtes donc fêtés, vous vous amusez et vous soignez votre chère maman! Je me désole d'être ici tout seul, sans ma troupe. Que Georges se rassure : sa bibliothèque ne sera pas achetée faute d'espace, car c'est une excellente affaire, comme placement. Enfin, j'ai pu jouir de l'aspect de la magnifique potiche géorgienne ; elle va dans mon estime immédiatement après mes grands mandarins ; elle fait l'admiration des marchands, qui demandent où je trouve de pareilles choses ; et je leur réponds : « Ah! j'ai de fameux commis voyageurs!... » Cette potiche est saine et entière, c'est un grand mérite. Le plat d'Anna est un de plus beaux que j'aie vus. L'illustre bronzier Paillard a ordre de le faire tenir debout, empoigné par deux lions. Et il sera glorieusement installé, au-dessus du meuble hollandais acheté en présence de Georges à Amsterdam, entre sa potiche et celle de Bosberg. Tout, mes chers amis, est arrivé dans un parfait état, sans une écornure, et la bonne douane parisienne, prenant des *ff* (florins) pour des francs, ne m'a demandé que quarante-huit francs de droits.

Le grand plat fêlé va être restauré, on en fera un guéridon. Voilà les nouvelles de vos folies, ô Zéphirine, ô

Gringalet ! heureux saltimbanques, qui faites peut-être trop voir votre bonheur à la patrie des porcelaines. Vous saurez que, moyennant soixante-quinze francs, j'ai eu le bonheur incroyable de compléter le service à thé de Wiesbaden ; j'ai le sucrier et le pot au lait absolument pareils, et signés du même numéro ; vous ignoriez, et moi aussi, que ce fût un service de Watteau. Atala, menée par son charmant beau petit nez fin, a mis sa belle patte là-dessus. Et vous saurez avec étonnement, que, complet, cela vaut deux mille francs, offerts... Mais aucune détresse ne déterminera le père Bilboquet à lâcher de pareils souvenirs. Tout ce à quoi vous avez touché, ce qui me rappelle les deux ouistitis chéris, les deux amoureux, les deux zingaris, tout cela m'est sacré. Je vous quitte pour aller boire mon poison de café dans la tasse à couvercle d'Anna. Vous avez pu voir comme je travaille ! Eh bien, ce n'est rien auprès de mes obligations et de mes travaux d'aujourd'hui. Il faut tout gagner, tout payer à la pointe de cette plume qui vous dit ce matin mille tendres choses et qui vous envoie mille vœux de bonheur.

J'ai acheté, pour la chambre des amis, le lit prétendu de madame de Pompadour ; je ne sais pas de qui il est, mais je vous assure qu'il est magnifique, et on le dore à neuf. Enfin, le salon de l'hôtel *Bilboquet* paraissait si mesquin à côté des deux pièces à coupoles sculptées et peintes en Louis XVI, que j'ai acheté tout un salon en boiseries sculptées de la dernière magnificence comme art, et il est douteux qu'il y en ait un pareil à Paris. Les sculpteurs de cette époque sculptaient d'après les fleurs naturelles et vivantes, et cela se voit par la disposition et la légèreté des sculptures. Quant à dorer cela, je n'ai pas, hélas! la monnaie de la chose, cela écraserait d'ailleurs la pièce, qui n'est guère élevée.

Adieu; mille choses affectueuses. Votre chère maman aura demain une longue lettre.

CCCXXIV.

A M. THÉOPHILE THORÉ, DIRECTEUR DE *L'ALLIANCE DES ARTS*, A PARIS.

Paris, 13 décembre 1846.

Mon cher monsieur Thoré,

Je vous remercie infiniment de votre obligeance; mais je n'en puis profiter, car, à aucun prix, je ne voudrais me défaire du groupe de la grosse Flamande et de son enfant. Les collectionneurs, qui achètent et qui gardent, vendent peu. Je ne vendrai pas ma tête de Greuze : à dix mille francs, je la garde; à douze mille, je suis ébranlé, mais je ne la donnerais qu'à regret. Aussi, ne pensez à moi que quand vous aurez l'occasion d'acquérir pour trois ou quatre cents francs une vraie belle chose. Je suis chasseur et voilà tout. J'aime à aller à la chasse des tableaux et des objets d'art, et à faire patiemment et péniblement un petit musée. Mais, malheureusement, je ne me connais pas en tableaux.

Depuis que nous nous sommes vus, j'ai reçu la fontaine de salle à manger que Bernard Palissy a faite pour Henri II ou pour Charles IX; c'est un de ses premiers morceaux et l'un des plus curieux. Il est digne du Musée. Voilà un objet que je puis céder, car je ne veux pas m'engager dans cette nature de collection. J'en veux quinze cents francs. Cela vaut trois mille francs, comme une médaille. Cette fontaine vient d'Écouen et porte encore des fleurs de lys dans les dessins.

Depuis que je ne vous ai vu, j'ai reçu d'Allemagne le reste de mon service Watteau. J'ai le pot au lait, qui est magnifique, et les deux boîtes à thé ; mais c'est un objet que je ne puis céder. Ainsi je n'ai que deux choses à vendre : l'esquisse de *Madame Greuze* et ma fontaine (morceau hors de prix, car elle porte de quarante à cinquante centimètres de diamètre et soixante et dix centimètres de hauteur). Si vous trouvez chaland, l'argent qui en proviendra retournera en tableaux. J'attends donc l'effet de votre promesse et quelque belle chose.

Trouvez ici l'expression de mes sentiments distingués.

Arrangez la partie de venir avec Véron[1] ; le jour de neige est excellent pour voir mon cabinet.

CCCXXV.

A MADAME GEORGES MNISZECH, A DRESDE.

> Paris, janvier 1847.

Ma chère Anna,

Je serais bien ingrat si je ne répondais pas à votre gentille lettre, surtout au commencement de cette année, qui

---

1. C'était Véron qui avait proposé dix mille francs de la tête de

verra, je l'espère, de nouveaux bonheurs pour vous. Vous savez si l'affection que je vous porte depuis tant d'années peut augmenter encore; je n'ai rien à vous en dire, je ne puis que vous la continuer. Aussi vous demandé-je de soutirer à Georges de nouvelles commandes entomologiques. Dites-lui bien que je le remercie de tout cœur pour son portrait de Léonidas, et qu'en revanche je le prie de me dire quelles sont les coquilles et les insectes qu'il désire avoir des pays les plus lointains; car, en pensant à lui, je me suis assuré de six vaisseaux baleiniers, de six docteurs Darnel quelconques qui brûlent du désir de m'obliger jusque dans les banquises du pôle antarctique. Un de ces vaisseaux s'appellera sans nul doute *le Balzac*, et nous aurons positivement les plus beaux insectes polaires qui peuvent se trouver *dans, sur* et *autour* des baleines, cachalotis, etc., sans oublier les coquilles; mais encore faut-il les demander.

Adieu, chère Zéphirine; je sais par votre adorable mère, qui vous aime plus même que vous ne le savez tout deux, que vous êtes heureuse, et que, dans votre bonheur et votre sagesse, vous êtes décidée à renoncer à la toilette de Froment Meurice; mais n'êtes-vous pas toujours digne de votre mère et de vous-même? n'êtes-vous pas toujours la svelte et mignonne hermine que j'ai tant admirée cette année, et à qui je souhaite tous les bonheurs que Dieu nous permet ici-bas!

Je n'écris pas cette fois à notre cher Georges, persuadé

femme peinte par Greuze, laquelle est aujourd'hui dans le cabinet de madame de Balzac.

qu'il lira cette lettre avec vous et qu'il prendra sa part dans les fleurs d'amitié que vous envoie ici votre vieux et bien dévoué ami.

CCCXXVI.

A M. GEORGES MNISZECH, A VIERZSCHOVNIA.

Paris, 27 février 1847.

Ma chère Anna et mon cher Georges,

N'ayez pas la moindre inquiétude pour votre chère maman. D'abord, elle est ici dans le plus strict incognito, puis elle est pleinement rassurée sur sa santé. Enfin, chargé de la tâche immense de suppléer ses enfants bien-aimés si essentiels à son bonheur, et je puis dire au mien, car toutes mes affections humaines sont concentrées sur ces trois têtes chéries, je me suis mis en quarante mille pour, non pas faire oublier ceux qui sont l'âme de sa pensée et de sa vie, mais pour rendre leur absence aussi supportable que possible. Notre chère Atala adorée est dans un charmant et magnifique appartement (et pas trop cher). Elle a un jardin; elle va beaucoup au couvent et un peu au spectacle. — Je tâche de la distraire et je m'efforce d'être le plus Anna possible pour elle; mais le nom de sa chère fille est si journellement et si continuellement sur ses lèvres, qu'avant-hier, comme elle s'amusait beaucoup aux Variétés, — riant aux éclats au *Filleul de tout le monde*, joué par Bouffé et Hyacinthe, — au plus fort de sa joie, elle s'est demandé, avec un accent déchirant et qui m'a fait venir les larmes aux yeux, comment elle pouvait rire ainsi et s'amuser sans *sa chère petite*. J'avoue, chère Zéphirine, que j'ai pris la liberté de lui dire que vous vous amusiez infiniment sans elle, avec votre seigneur et maître, Sa Majesté le roi des coléoptères; que j'étais même sûr que vous étiez, à cette heure, une des plus heureuses femmes de la terre; et j'espère que Gringalet, sur qui je tirais cette lettre de change, ne m'a pas démenti. J'ai à faire avancer contre votre souvenir perpétuel des forces respectables : 1° le Conservatoire; 2° l'Opéra; 3° les Italiens; 4° l'Exposition, etc. J'ai laissé de côté toutes mes affaires, excepté l'arrangement de la maison, et je me suis attaché à cette grande œuvre, la plus belle que j'aura faite : empêcher une mère, séparée d'une enfant aussi adorable que Sa Grâce la comtesse Georges, de mourir de chagrin.

Vous savez qu'au mois d'avril je la reconduis en Allemagne et que, de là, elle ira vous rejoindre à Vierszchovnia. Quant à moi qui ne peux pas trop vivre sans vous, j'espère aller vous voir un peu plus tard.

Bientôt, mes chers bien-aimés, j'aurai achevé la grande tâche de ma vie, j'aurai acquitté toutes mes dettes; j'espère même avoir une centaine de mille francs de capital, et le premier usage que je ferai de mon indépendance, en fait d'argent, ce sera d'aller vous voir dans vos terres. La littérature a beaucoup donné; voilà quarante à cinquante mille francs que j'aurai gagnés en trois mois; encore un trimestre pareil et je deviendrai capitaliste. Aussi croyez bien que l'hôtel *Bilboquet* s'en ressentira. Je veux que cette petite maison soit un écrin digne des bijoux qui y seront serrés, et qu'en venant des splendeurs de

Vierzschovnia, mes amours de saltimbanques et leurs enfants ne soient pas trop dépaysés.

Adieu, chère Anna; adieu, mon bien-aimé Georges. Pensez à capitaliser, devenez des papas Grandet, faites comme Bilboquet, qui ne pensera plus qu'à amasser, une fois sa maison pleine de belles choses; travaillez à vous donner l'indépendance financière qui permet de planter sa tente là où l'on veut. Vous devez savoir qu'il ne se dit pas ici dix paroles sans que vous soyez nommés, et que Bilboquet ne vous sépare jamais dans ses vœux, dans ses rêves et dans tous ses plans. Je donne à travers les distances une bonne poignée de main à mon cher naturaliste, volcans, soulèvements admis, et je mets des hommages pleins d'affection aux pieds mignons de la gracieuse, charmante et mille fois bénie comtesse Anna, autrement dite *Zéphirine, épouse Gringalet.*

Mille tendresses et mille encore de votre fidèlement dévoué

BILBOQUET.

CCCXXVII.

A MADAME LA COMTESSE MERLIN[1].

Mars 1847.

Chère comtesse,

Je me suis informé de vous à tout le monde au commencement de cet hiver, et on m'a dit que vous étiez à Dissay; par un hasard assez concevable, votre lettre ne

---

1. *Les Marana* lui sont dédiés.

m'est arrivée que par ricochets et je l'ai eue dimanche. J'ai dit à madame Gay, chez Victor Hugo, que je ne pouvais pas aller dîner avec vous et vos amis, — ce qui, vous le savez, me prive d'un grand plaisir. — J'ai dans ce moment, et pour dix jours seulement, un travail exorbitant, qui veut tous mes instants; mais, dès que j'aurai fini, j'irai vous voir, savoir de vos nouvelles, et vous demander une revanche; car, vous le voyez, tout n'est pas rose dans la vie littéraire, il faut souvent renoncer à bien des plaisirs!...

Permettez-moi de vous offrir mille amitiés dans mes hommages.

CCCXXVIII.

A MADAME LA BARONNE DE CRESPY-LE-PRINCE,
A PARIS.

1847.

Chère et aimable amie,

Voici le nom et l'adresse des personnes à qui vous enverrez une invitation :

M. le comte et madame la comtesse Guidoboni-Visconti, et mademoiselle Sophie Koslovski, 14, rue Castellane.

J'ai appris hier au bal, après vous avoir quittée, que la comtesse était indisposée; mais envoyez toujours : vous êtes une si grande magicienne !

En tout cas, gardez cette adresse parmi vos lettres d'invitation.

On m'apprend que ma lecture est remise à jeudi[1];

---

1. Lecture de la pièce de *l'École des Ménages* à l'ambassade d'Autriche.

mais je ferai vite et viendrai si les chevaux peuvent prendre de mon impatience.

Trouvez ici l'expression de mes sentiments les plus distingués.

CCCXXIX.

A MADAME ÉMILE DE GIRARDIN, A PARIS.

Avril 1847.

Je ne vous savais pas en mal de feuilleton.

Je venais vous dire que je suis dans le même cas : pour 1° *la Presse*, 2° *l'Union*, 3° *le Constitutionnel*, et que je ne puis pas disposer d'un instant; car, outre l'emménagement de mes romans, j'ai le déménagement de tout mon mobilier.

Enfin, j'ai vu Émile, à qui cet article sur les trois ouvrages précédents est tellement indifférent, qu'il en veut très-peu. Quant à moi, je n'en ai parlé qu'au point de vue des abonnés de *la Presse*, qui ne connaissent pas tous *la tête* dont cette petite nouvelle est *la queue*[1]. Vous savez que, pour ce qui me concerne, je n'ai jamais rien voulu.

Ici, l'impossibilité me prend à la gorge. Je suffis à peine à mes travaux, et je transporte ma bibliothèque lundi.

Gautier, connaissant *le Père Goriot*, les *Illusions perdues* et *Splendeurs et Misères des courtisanes*, voyait dans l'article en question matière à un grand feuilleton critique, narratif, etc. Mais remarquez que c'est à son point de vue,

1. *La Dernière Incarnation de Vautrin.*

et non au mien, qu'il le ferait. Mes idées sur moi sont très-mesquines.

Mille amitiés respectueuses.

CCCXXX.

MADAME LAURE SURVILLE, A PARIS.

1847.

Ma chère Laure,

Tant que je ne t'écrirai pas: « Cela va bien! » c'est que cela va toujours de plus mal en plus mal. Je travaille jour et nuit, je suis attaqué de tous les côtés, et il faut une terrible énergie pour que la tête reste libre quand le cœur souffre tant!

Mille tendresses.

Ça ne s'appelle plus *Mercadet*, ça s'appelle *le Spéculateur*. C'est vraiment, je crois, profondément comique. Mais il ne faut pas arrêter sur les romans! C'est affreux! toujours créer, travailler de la main droite, et combattre de la gauche!

CCCXXXI.

A LA MÊME.

Vierzschovnia, 8 octobre 1847.

Ma chère sœur,

Je suis arrivé ici sans autre accident qu'une excessive fatigue; car j'ai fait le quart du diamètre de la terre, et même d'avantage en huit jours, sans m'arrêter ni me coucher; si j'avais doublé le chemin, je me serais trouvé par delà l'Himalaya ! Comme je suis arrivé dix jours avant ma lettre, j'ai beaucoup surpris mes amis, qui ont été très-touchés de mon empressement.

Cette habitation est exactement un Louvre, et les terres sont grandes comme un de nos départements. On ne se figure pas l'étendue et la fertilité de ces terres qu'on ne fume jamais, et où l'on sème du blé tous les ans. Quoique le jeune comte et la jeune comtesse aient à eux deux quelque chose comme vingt mille paysans mâles, ce qui fait quarante mille âmes, il en faudrait quatre cent mille pour pouvoir cultiver toutes les terres. On n'ensemence que ce qu'on peut récolter.

Ce pays est singulier en ce sens qu'à côté des plus grandes magnificences, on y manque des plus vulgaires choses de notre confort. Cette terre est la seule du pays qui ait une lampe Carcel et un hôpital. Il y a des glaces de dix pieds et pas de tentures sur les murs. Encore Vierzschovnia passe-t-il pour l'habitation la plus luxueuse de l'Ukraine, qui est grande comme la France. On y jouit d'une admirable tranquillité. Les autorités ont été pleines d'attention et je dirai même de galanterie pour moi; mais, sans ces miracles, jamais je n'aurais pu faire un pas, ignorant les langues des pays que je traversais. De la frontière européenne à Odessa, c'est comme un même champ de la Beauce.

Mon arrivée a été tristement annoncée par un affreux incendie qui a consumé plusieurs maisons; et, deux jours après, il en a éclaté un autre dont j'ai eu l'effrayant spectacle.

Malgré de si fertiles terres, la métamorphose de la

denrée en argent est excessivement difficile, car les intendants volent, et les bras manquent pour battre le blé, qui se bat avec des machines. Néanmoins, on ne se figure pas la richesse et la puissance de la Russie; il faut le voir pour le croire. Cette puissance et cette richesse sont toutes territoriales; c'est ce qui rendra tôt ou tard la Russie maîtresse du marché européen pour les productions naturelles.

Et, à ce sujet, voici les renseignements que j'envoie à ton mari et les questions que je le prie de me résoudre.

Les deux comtes Mniszech ont une terre, l'une des plus belles du royaume, et située, heureusement pour eux, sur la frontière russe, à cinq lieues de France de la ville de Brody. A Brody commence la grande route de la Galicie, qui aboutit au chemin de fer de Cracovie; et, de Cracovie en France, le chemin de fer sera terminé le 15 de ce mois-ci, car il n'y avait plus qu'une lacune de quelques lieues pour achever la section entre Haman et Hanovre, qui s'inaugure à l'heure où cette lettre vous parviendra. Or, en ce moment, la France, où il se fait une immense consommation de bois de chêne pour les traverses des chemins de fer, manque presque de bois de chêne. Je sais que les bois de chêne ont doublé presque de prix dans les constructions et dans la menuiserie en bâtiment.

Cela posé, ces messieurs, qui ont vingt mille arpents de bois de chêne de haute futaie, peuvent vendre soixante mille pieds de chêne de dix mètres de hauteur, qui auraient en moyenne quinze pouces de diamètre à la base et dix pouces à l'endroit où l'on coupe la poutre par le petit bout. Il faudrait calculer le prix que l'on pourrait donner de chaque pièce au propriétaire en tenant compte : 1° du transport de Brody à Cracovie (quatre-vingts lieues), et 2° du fret des chemins de fer de Cracovie à Paris, y compris le passage du Rhin à Cologne et de l'Elbe à Magdebourg ; car, sur ces deux fleuves, les ponts-viaducs n'étant pas faits à Cologne et se faisant à Magdebourg, exigent des transbordements ; et le transbordement de soixante mille poutres semblables n'est pas une petite affaire. Mais, si l'acquisition première est de dix francs par exemple, et que les frais soient de vingt francs pour le transport (je pose des chiffres pour expliquer mon raisonnement), que la poutre revienne à trente francs, la question est de savoir ce que valent à Paris soixante mille pièces de bois de chêne de trente pieds de longueur avec l'équarrissage, lesquelles fourniraient soixante mille poutres de vingt pieds et soixante mille traverses de chemin de fer de dix pieds. Si cela valait seulement vingt francs de bénéfice, cela ferait douze cent mille francs.

Une affaire de ce genre ne peut pas se faire sans un banquier ; puis il va sans dire qu'elle ne peut se faire que par parties, qu'on peut commencer par dixièmes, et prendre deux ans pour cette énorme exploitation, en donnant des garanties. Or, je sais qu'en France, on vend un chêne de la dimension annoncée plus de cent francs. Dis à ton mari qu'il aura à l'administration du chemin de fer du Nord tous les renseignements possibles, soit sur le fret des quatre chemins de fer, qui sont au bout les uns des autres et qui vont de Paris à Cracovie, soit sur les transits et sur les rabais que font les compagnies quand il s'agit d'une pareille opération.

Il faut me répondre catégoriquement sur cette affaire, qui, si elle pouvait nous donner seulement cinq francs de bénéfice par poutre et deux francs par traverse, tous frais faits, serait une fortune de quatre cent vingt mille francs. Cela vaut la peine d'y penser. Or, il n'y a pas de doute sur l'existence des soixante mille pieds de chêne, et encore moins sur la faculté que j'ai de les faire acheter à un prix de x; mais je doute que l'on puisse les donner à moins de huit francs, ce serait le dernier terme de vente. Comme je ne parle que de la bille de chêne et non des branches, il y aurait, si on se chargeait de l'abatage, peut-être cent vingt mille traverses à trouver dans les grosses branches, sans compter une incalculable quantité de bois de chauffage. De Cracovie à Brody, on compte quatre-vingts lieues de France sur toute cette route excellente et où, en hiver, le traînage a lieu. Il y a des postes organisées et, en outre, des relais tenus pas des juifs qui sont intelligents, d'une audace excessive en marchés, et qui donnent alors tous les bénéfices de la concurrence. Ainsi donc, répondez-moi le plus tôt possible, et que Surville me fasse un bordereau exact de tous les frais que causeraient le transport de Cracovie à Paris, les frais de transit, les droits d'entrée, s'il y en a en France, etc. Je saurai ici quels frais coûtera le transport de Brody à Cracovie et je l'ajouterai. Nous éclaircirons cette affaire par correspondance, et, au printemps, elle pourra se faire, si elle est faisable après un mûr examen. Il ne faut pas s'étonner de ce qu'elle soit encore à faire quand on connaît l'insouciance des propriétaires de ces pays, qui sont des espèces d'Antilles glacées, où les propriétaires sont des créoles exploitant des habitations avec des moujiks. Ces deux messieurs Mniszech sont la loyauté même ; il ne peut y avoir aucune difficulté sur l'exactitude de leur parole ou du contrat, et, quant à la coupe, ils ont l'intention de défricher deux mille arpents ; ainsi sur deux mille arpents il n'y a nulle difficulté. On marquerait les arbres dans les quatorze mille autres arpents. Je souhaite que cette affaire soit faisable, et l'avis que je vous en donne vous prouve que je pense toujours à vous et à mes nièces. La question se réduit à savoir quel transport est plus cher, du transport par eau ou du transport par chemin de fer ; car, si l'on transborde avec d'énormes bénéfices des *sapins* de Riga et d'Archangel au Havre, en faisant des fortunes à Riga, au Havre et à Paris, que sera-ce quand, au lieu de transporter des sapins, ce sera des chênes dont la valeur est au moins double !

Maintenant, je te charge pour moi d'une commission extrêmement importante : c'est de lire les journaux avec attention et de m'écrire un mot d'avis à l'instant, si le chemin de fer du Nord faisait un appel de fonds et indiquait un versement. Ceci, je te le répète, est de la dernière importance. Voici mon adresse, que je te prie de ne donner à personne : « Monsieur de Balzac, à Vierzschovnia, près Berditchef, gouvernement de Kiev (empire russe), par Forbach, Cracovie et Brody. »

Je souhaite que cette lettre vous trouve tous en bonne santé et que je vous aie envoyé plus qu'une espérance.

J'ai, depuis deux jours, attrapé un gros rhume qui va durer probablement deux mois, et qui est tel que je ne puis quitter la maison. Je dois aller à Kiev, la Rome du

Nord, la ville aux trois cents églises, pour saluer le général gouverneur, le vice-roi de trois gouvernements grands comme un empire, et obtenir mes permis de séjour. Il est matériellement impossible que je puisse retourner à Paris avant six ou huit mois, car l'hiver commence, et je ne peux pas me risquer à voyager en hiver. Il est probable que je serai à Paris vers le mois d'avril ; mais je reviendrai bien certainement ici, car nous voulons faire le voyage de la Crimée, du Caucase, et aller jusqu'à Tiflis. Ce voyage me sourit beaucoup ; il n'y a rien de beau comme ces pays-là. On dit que c'est la Suisse, plus la mer et les végétations des tropiques.

Allons, adieu ; mais encore un mot. Le choléra va nous revenir : il est à Kiev ou à peu de distance, et fait les ravages d'un choléra consciencieux. N'ayez pas pour moi la moindre inquiétude, car le choléra ne tue que les oncles à succession, et la mienne n'est pas encore assez considérable pour que le choléra me prenne en considération ; il laisse en repos les gens qui ont encore des dettes.

Mille amitiés à tous et à toi en particulier.

CCCXXXII.

A LA MÊME.

Novembre 1847.

Ma chère sœur,

Dis à Surville que les bois ont bien la dimension qui manque en France et qu'il y a bien cent mille pieds d'arbres; mais ses calculs sont exacts, et il n'est que trop vrai que les prix de transbordement d'un chemin de fer dans l'autre, à Breslau, à Berlin, à Magdebourg, à Cologne, rendent impossible l'exploitation de ces richesses. C'est à quoi je réfléchissais pendant que venait ta lettre. Il n'y a pas moyen de transporter les bois jusqu'à la Vistule, et de les charger à Dantzick pour le Havre, car il n'y a point de chemin entre le lieu de production et le Bug, qui est un des affluents de la Vistule. Cela m'a rappelé l'histoire d'une forêt de quarante-huit mille arpents, achetée cinq cent mille francs en Auvergne, et qui a ruiné l'acquéreur, à cause de l'impossibilité des transports. Depuis, on m'a dit qu'il y avait à Archangel des millions de pieds d'arbres gigantesques qui couvrent comme d'un immense radeau la mer Glaciale.

On ne se figure pas les richesses énormes qui sont accumulées en Russie, et annulées faute de voies de transport. Nous nous chauffons ici (et Vierzschovnia est un palais) avec de la paille! on brûle, par semaine, dans les poêles, toute la paille qui se voit au marché Saint-Laurent à Paris. L'autre jour, je suis allé dans le *follwark* de Vierzschovnia, qui est l'endroit où l'on met les meules de blé, où l'on bat le blé avec des machines, et il y avait, pour ce seul village, vingt meules de trente pieds de hauteur sur cinquante pas de longueur et sur douze pas de largeur. Mais les vols des intendants, les dépenses, diminuent beaucoup les revenus. Nous n'avons pas idée, chez nous, de ces existences-là. A Vierzschovnia, il faut avoir toutes les industries chez soi, céans : il y a un confiseur, un tapissier, un tailleur, un cordonnier, etc., attachés à la maison. Je comprends maintenant les trois cents domestiques dont me parlait à Genève feu M. H..., qui avait à son service un orchestre tout entier. Le comte Georges Mniszech, l'heureux mari de la comtesse Anna, possède, en Wolhynie, un château qui est le Versailles de la Pologne; je dois l'aller visiter. C'est son frère qui l'habite, car le comte Mniszech vit à Vierzschovnia.

Mon plus grand désir n'est pas encore près de s'accomplir. Madame Hanska est indispensable à ses enfants : elle les guide, les éclaire dans la vaste et difficile administration de ces biens. Elle a tout donné à sa fille, je savais ses intentions depuis Pétersbourg. Je suis, d'ailleurs, ravi de ce que le bonheur de ma vie soit dégagé de tout intérêt; je n'en suis que plus ardent à garder ce qui m'est confié. Je serai dans l'embarras pour environ deux années encore, car l'année 1848 sera si dure à passer, que j'aurai besoin de retarder de quelques mois l'entier payement du solde de ma mère; à moins que mes travaux littéraires ne soient très-productifs. Il fallait venir ici pour me rendre compte des difficultés de tout genre qui se rencontrent dans l'accomplissement de mes vœux.

Le choléra sévit d'une façon cruelle autour de nous. A Savataf, il a enlevé neuf mille personnes, et, à Kiev, où je suis allé, il enlevait de quarante à cinquante personnes par jour; car je suis enfin allé à Kiev, et ces dames m'ont accompagné; le jeune comte était en route : il revenait d'une terre d'une immense étendue, grande comme tout notre département de Seine-et-Marne et arrosée par trois fleuves, le Dnieper, le Pripet et le Teterof; il s'agissait de renvoyer un intendant prévaricateur. Nous sommes allés à sa rencontre, et j'ai donc vu la Rome du Nord, la ville orthodoxe aux trois cents églises, et les richesses de la Layza, la Sainte-Sophie des steppes. C'est bon à voir une fois. On m'a comblé de prévenances. Croiriez-vous qu'un riche moujik a lu tous mes ouvrages, qu'il brûle un cierge pour moi à saint Nicolas, toutes les semaines, et qu'il a promis de l'argent aux domestiques d'une sœur de madame Hanska pour savoir quand je reviendrai, afin de me voir. Le choléra a également passé à Vierzschovnia; dans ce moment, il est à Vienne, dit-on; mais nous sommes tous bien portants. Il a emporté un fils de la riche madame Branicka, à cinquante verstes d'ici. Nous avons, d'ailleurs, un excellent médecin, fixé dans le pays depuis vingt ans; car Vierzschovnia a une certaine population à cause d'une fabrique de draps, fort bons. On me fait un paletot, fourré de renard de Sibérie, en drap indigène, afin de passer l'hiver, et ce drap vaut celui de France. On fabrique dix mille pièces de drap par an.

J'ai un délicieux petit appartement composé d'un salon, d'un cabinet et d'une chambre à coucher; le cabinet est en stuc rose, avec une cheminée, des tapis superbes et des meubles commodes; les croisées sont toutes en glace sans tain, en sorte que je vois le paysage de tous les côtés. Vous pouvez imaginer par là ce que c'est que ce Louvre de Vierzschovnia, où il y a cinq ou six appartements de ce genre à donner.

Comme je travaille beaucoup en ce moment pour pouvoir publier à mon retour de quoi liquider mes affaires, je déjeune chez moi, et je ne descends qu'au dîner; mais ces dames et le comte Georges me font de petites visites.

C'est une vie toute patriarcale, sans aucun ennui. Tout est convenable ici, tandis qu'ailleurs il y a une curieuse alliance de luxe et de misère. C'est le spectacle que donnit Kiev. Je rapporte, pour mon escalier, des vues de Kiev faites par un allemand et fort bien lithographiées.

Vos lettres m'ont fait beaucoup de plaisir, et je suis enchanté de savoir par ma mère que la petite maison de la rue Fortunée est bien gardée, car madame Hanska avait les plus vives craintes sur cette habitation, où sont tant de richesses. C'est le produit de six années d'économies, et elle a peur des voleurs ou des malheurs.

J'ai reculé devant les frais de l'assurance du mobilier, car toute dépense effraye, quand il y a encore là tout à payer, et tout à dépenser en argenterie, linge, complément de mobilier, voitures, etc. C'est un nid construit brin à brin. Ma mère fera bien d'aller toutes les semaines demander si je suis arrivé, en ayant l'air de m'attendre : cela tiendra les gens en haleine.

Ce dont tu me parles est excellent si les choses sont comme tu me les écris ; mais, si cela se faisait, je serais à temps à Paris, car j'espère y arriver dans les premiers jours de mars. Je le souhaite vivement pour mon compte et, si la liaison est réelle entre *l'Ethnographe* et M. Chevallier, c'est là un sérieux motif pour hâter mon retour, car M. Chevallier sera tôt ou tard influent dans les affaires industrielles ; il sera ministre dans un temps donné, soit de l'instruction publique, soit des travaux publics. Ici, tout dépendrait du caractère et du talent : c'est les deux seuls avantages à rechercher, la fortune n'est rien. On a vu des gens riches perdre leur fortune et ne pas la refaire. Tout le bonheur d'une femme est dans la capacité et le caractère agréable de son mari.

Adieu ; c'est aujourd'hui le jour où l'on envoie un cosaque porter les lettres à Berditchef, à travers soixante verstes de steppes, et il faut finir.

Tu sais tout ce que je puis répondre à mes nièces ; embrasse-les pour moi. Remercie bien Surville de la peine qu'il a prise, et que Dieu vous protége tous ! Tu ne m'as pas dit si Surville avait des ponts à construire en 1848, si ses affaires vont bien.

Écrivez-moi tant que vous pourrez, et croyez à toute l'affection de l'oncle, du frère et du fils.

Accusez-moi toujours réception de mes lettres, car les cosaques s'enivrent, perdent les lettres, et, si on les bat, cela ne rend pas la correspondance.

CCCXXXIII.

A LA MÊME.

Vierzschovnia, 26 janvier 1848.

Ma chère sœur,

Je reçois aujourd'hui toutes vos lettres, et n'ai que le temps de vous en remercier, car je me dispose à partir, et je vais faire ce voyage par un tel froid (nous avons eu 21 degrés ce matin !) qu'il faut prendre toute sorte de dispositions ; mais mes chers amis se connaissent à ce métier, et je viens d'essayer un manteau à mettre par-dessus la pelisse, qui est comme une muraille.

Il y a quelques jours, en me promenant en traîneau, je me suis aperçu que ma pelisse de renard de Sibérie était comme une feuille de papier brouillard devant ce froid terrible. Je pars dans cinq jours. Le versement à effectuer au chemin de fer m'appelle absolument à Paris, et tout plaisir disparaît devant les affaires, surtout celles qui ne sont pas encore les miennes. Je t'écris donc ce mot à la hâte, pour te prier de dire à ma mère d'aller rue Fortunée prévenir qu'à compter du 16 février, il faut m'attendre tous les matins.

Ce ne serait pas une raison pour être inquiet si je n'arrivais point, car on peut, par suite de l'accumulation des neiges, avoir des retards de huit et même de dix jours, et rester prisonnier dans d'affreuses petites villes.

D'ailleurs, j'ai des affaires à Francfort et à Mayence, et je compte me reposer à Berlin, que je n'ai jamais eu le temps de bien voir.

Cette nouvelle de versement que m'a donnée Surville dans sa lettre, m'a pris au milieu d'un grand travail qui allait bien, et que j'ai été forcé d'interrompre.

Ne dis mon arrivée à personne, car je veux rester quelque temps à Paris sans être visité par bien des gens qui fondraient sur moi et je veux avant tout finir mon travail.

A bientôt donc. Embrasse ma mère et tes filles pour moi. Fais mille amitiés à Surville, et trouve ici toutes mes tendresses.

CCCXXXIV.

A MADAME DE BALZAC, A SURESNES.

Vierzschovnia, janvier 1848.

Ma chère mère,

Je te remercie du fond du cœur des quelques lignes que tu as jointes à la lettre de Laure, et je vais mettre ta complaisance et ton exactitude à contribution.

M. Gavault est chargé par moi de faire une échéance excessivement lourde à fin février 1848; mais M. Gavault a des affaires, et ce serait abuser beaucoup de sa bonté que de lui faire passer un ou deux jours à attendre, rue Fortunée, les arrivées très-capricieuses des effets à toucher là. Aucun des deux domestiques ne sait lire; personne que toi ne connaît bien ma signature et mon écriture. Donc, j'écris à M. Gavault le petit mot ci-inclus, que tu lui porteras. M. Gavault te remettra les fonds la veille de l'échéance, et tu retireras tous les effets, que tu lui reporteras acquittés. La veille, M. Gavault ira dire qu'on fasse du feu dans la salle à manger; on chauffera bien le calorifère, et l'Italienne te fera à déjeuner et à dîner. S'il fallait revenir le lendemain, car il y a des billets qui souvent viennent le surlendemain, tu voudrais bien y retourner. Je tiens, pour bien des motifs, à ce que les choses d'argent se passent en mon absence comme si j'y étais : il ne s'agit pas là de mes intérêts, il s'agit de ceux d'une personne qui m'est chère. Ainsi, je ne peux me fier qu'à toi pour une affaire de ce genre.

L'année 1848, par des causes indépendantes de toute volonté, me sera très-lourde et difficile à passer. Je travaille ici comme si j'étais à Paris.

Toutes mes dettes auront été payées par moi, et avec ma plume. Ce n'est qu'en 1849 que je commencerai ma propre fortune. En ce moment, tout le monde a des ennuis.

Mille tendresses; j'espère que je vous trouverai tous bien portants. Pour moi, je vais très-bien.

CCCXXXV.

A M. CHAMPFLEURY, HOMME DE LETTRES, A PARIS.

Paris, 29 février 1848.

Monsieur,

La dédicace que vous m'avez fait l'honneur de m'adresser[1] est une de ces choses dont on ne remercie que par un serrement de main. Je devrais aller chez vous, et je suis obligé, en raison de circonstances que vous connaîtrez, de vous dire : « Venez me voir. »

Je suis arrivé d'un long et pénible voyage quelques heures avant la révolution; ce qui explique déjà bien des choses, sans parler du retard de cette lettre.

Vous arrivez, et nous nous en allons; vous êtes jeune, et nous sommes vieux. Moi, j'ai l'espérance pour ce qui vient. Vous donnez l'exemple du respect de ce qui fut et des consciencieux travailleurs; c'est bien.

1. M. Champfleury avait dédié à Balzac un de ses ouvrages, *Feu Miette*.

Si vous me faites l'honneur de venir, venez le matin, et songez que je repars dans quelques jours.

Trouvez ici, quoi qu'il en soit, l'assurance des sentiments les plus distingués de confraternité littéraire avec lesquels j'ai l'honneur de vous saluer.

Carnaval ne s'appelle pas ainsi : il faut écrire *Carnevale*[2].

CCCXXXVI.

A M. HIPPOLYTE ROLLE, RÉDACTEUR DU *CONSTITUTIONNEL*, A PARIS.

Août 1848.

Mon cher Rolle,

Je vous remercie cordialement des lignes flatteuses par lesquelles vous avez exprimé vos espérances pour la comédie des *Petits Bourgeois*[1], et qui me rendront ma tâche bien difficile. Mais j'ai fait rentrer la pièce dans les limbes du portefeuille ; vous comprendrez facilement les motifs qui me forcent d'ajourner la présentation de cette comédie bourgeoise. Est-ce au lendemain d'une bataille où la bourgeoisie a si généreusement versé son sang pour la civilisation menacée, est-ce quand elle est en deuil qu'on peut la traduire sur la scène ?

Le directeur du théâtre a pensé comme moi, et il a bien

---

1. Il s'agit de la biographie du musicien napolitain, publiée dans la première édition de *Chien-Caillou*.
2. Dans le feuilleton du *Constitutionnel* du 8 août 1848.

voulu, au nom des comédiens, accepter en échange une autre comédie, qui sera, nous l'espérons, incessamment représentée ; ainsi la grande épreuve que vous avez si magnifiquement annoncée aura lieu, non sans périls pour celui qui se dit toujours avec plaisir votre tout dévoué camarade.

CCCXXXVII.

A MADAME DESBORDES-VALMORE, A PARIS.

Paris, 8 septembre 1848.

Les prières des poëtes sont des ordres ; ils ne parlent pas, ils chantent, et les écouter, c'est être charmé. Voilà ce que je vous puis répondre, en vous faisant observer que ma porte n'a jamais été qu'ouverte toute grande pour vous ; car elle vous écoute et n'a pas de résistance contre la poésie. Seulement, vous n'avez jamais songé, en votre qualité de poëte, que l'humble prosateur est un travailleur à qui les vingt-quatre heures de la journée n'ont jamais suffi, et qu'il ne pouvait grossir la cour que vous fait un grand nombre d'amis. Il ne peut qu'agir quand il le faut, et quand il sait qu'il le faut

Tous mes hommages.

Je quitte la France pour bien longtemps ; je ne sais si vous me ferez la faveur de venir recevoir mes adieux, et je mets ici un souhait de bonheur pour vous et tous les vôtres. Si je finis par être utile à la Comédie-Française, peut-être un jour M. Valmore y aura-t-il une place que son mérite lui devrait valoir depuis longtemps, et où il rendrait tant de services et au théâtre et aux auteurs.

Mille compliments pour lui.

CCCXXXVIII.

A M. CHAMPFLEURY, A PARIS.

Paris, 10 septembre 1848.

Mon cher monsieur,

Si l'on donne *la Reine des Carottes* avant le 16, faites-moi manger de ce légume littéraire, en m'avertissant et en me donnant une place.

CCCXXXIX.

A M. FROMENT MEURICE, A PARIS.

Vierzschovnia, 1848.

Mon cher monsieur Froment Meurice,

Le jour de mon départ, j'ai été si affairé, que j'ai oublié de vous reparler de la coupe de cornaline que vous avez à monter *depuis deux ans*, et j'ai été très-chagrin pour vous d'avoir à dire ici que cette chose était à faire; car vous perdez ainsi le commerce français, dont les inexactitudes sont l'antipode des mœurs de ce pays-ci, qui vit d'obéissance et d'exactitude. Aussi les Français passent-ils, à juste titre, pour des fous, surtout depuis février 1848. Je suis très-humilié de voir les individus appuyer ces opinions-là.

Mais vous pouvez réparer cette omission en y mettant un peu de bonne volonté. Voici les détails de cette monture, que je vous répète, car vous les avez bien certainement oubliés.

Je désire que la coupe soit soutenue à ses deux extrémités par deux figures, l'une représentant l'Espérance et l'autre la Foi. Vous trouverez des allégories dans le tombeau du duc de Bretagne ou dans quelques ouvrages de dessin. Au besoin, M. Laurent-Jan vous en dessinerait pour moi, si vous l'en priiez. L'Espérance doit tenir une page, sur laquelle sera gravé en émail bleu : *Neuchatel, 1833,* et la Foi une autre page, sur laquelle il y aura un Amour à genoux qui tiendra la coupe de ses deux mains. La terrasse sur laquelle le tout reposera doit représenter des cactus, des plantes épineuses et des ronces. Sur les champs de la terrasse, disposée ainsi, et qui aura deux côtés, il faut de petits bas-reliefs représentant des arabesques ou des guirlandes de fleurs et de fruits. Le tout en vermeil.

Comme je vous donne cinq à six mois pour exécuter ce petit travail, vous pouvez m'en faire faire un croquis et le remettre à ma mère, qui me l'enverra.

Agréez mille compliments, pour vous et madame Froment Meurice.

CCCXL.

A MADAME DE BALZAC, A SURESNES.

Vierzschovnia, 26 octobre 1848.

Ma chère mère,

Je suis arrivé depuis un mois environ, en très-bonne santé; c'est une nouvelle que tu donneras toi-même à ma sœur, si elle est à Paris; car j'espère qu'elle peut être dans le Midi, tant je désire que son mari ait eu l'affaire. J'espère aussi que ma lettre te trouvera heureuse et bien portante dans ton nouveau domicile, et que les complaisances que tu as eues pour moi n'auront pas trop dérangé tes habitudes.

Voici deux commissions que je te prie de faire :

1° Tu prieras Surville de t'indiquer le véritable et exact titre de l'ouvrage de Vicat sur les chaux hydrauliques et les bétons, et tu prieras Souverain de l'acheter pour mon compte et de l'envoyer par les messageries; il faut faire plomber cet ouvrage à la douane de Radzivilof, et le soumettre à la censure de Kiev; 2° tu m'enverras la mesure exacte d'une nappe et de son napperon pour la table de ma salle à manger.

Dis au tapissier et à Grohé que je reviens dans les premiers mois de l'année prochaine, et talonne M. Paillard pour qu'il apporte la garniture de la cheminée du salon. Aie la bonté d'assortir les bobèches en cristal doré, de manière à garnir toutes les bougies qui en manquent;

mais tu ne t'occuperas de cela que lorsque les bras seront mis au salon blanc.

Enfin j'espère, ma chère mère, que nos affaires seront en assez bon état, malgré tous les malheurs, pour que je puisse, mes travaux aidant, te continuer, sans aucune chance de cessation, à Suresnes, la petite pension que je te fais actuellement, et c'est une nouvelle qui te fera autant de plaisir que j'en ai à te l'annoncer. Tous mes efforts tendront à pouvoir augmenter le chiffre le plus tôt possible.

Chère mère, dans ta première lettre, donne-moi la liste de tout ce qu'il y a de vaisselle plate à la maison, pour que je sache ce qu'il y a à commander à Froment Meurice, et que le service soit bien complet.

Enfin, lorsque M. Feuchère apportera les bras, je te recommande de les faire monter dans la chambre à coucher du premier étage et de le prier de prendre la mesure de deux consoles en cuivre doré à mettre de chaque côté de la porte des cabinets, dans le champ que fait le retrait de la boiserie; qu'il veuille bien me composer de très-jolies consoles dont la tablette soit en bois noir orné sur le champ de marqueterie de Boule. Il faut que ces consoles soient faites pour le mois d'avril, et le prix de chacune d'elles ne doit pas dépasser quatre-vingts francs. Elles sont comprises dans mon inventaire et doivent supporter deux vases de Chine, l'un en céladon gris craquelé (qu'il faudra que tu prennes par le bas pour le mettre en place, car tu ferais casser le haut, dont la monture est trop lourde), et l'autre est plat, à médaillons et à reliefs de fleurs et d'animaux. M. Paillard m'a tellement mécontenté que je ne lui ai pas commandé ces consoles et j'ai oublié de les demander à M. Feuchère.

J'espère que tout va bien, que tu es bien servie, que Zanella et François ont bien soin de toi. Tâche donc de trouver une jolie galerie en cuivre doré pour ta cheminée; c'est la seule chose qui manque dans ta chambre, et elle est urgente à cause du tapis. Je te recommande surtout que personne ne vienne dans la maison, nous tenons à cela plus que jamais.

Adieu, ma chère mère; soigne-toi bien, ne te laisse manquer de rien, et, si tu as besoin de quoi que ce soit, dis-le-moi dans ta réponse pour que je voie à te contenter. Embrasse bien mes nièces et Laure pour moi si elles sont à Paris, et mille amitiés à Surville. Si Surville en avait le temps, il serait bien aimable de te donner une note sur la manière de fabriquer le béton pour faire des digues en attendant que nous ayons Vicat, et de tout y bien expliquer sur les caractères de la chaux hydraulique. Mes amis sont dévorés par l'entretien des digues des étangs, et une instruction sur la manière dont on peut faire des digues en béton leur rendrait grand service. Ils font leurs digues avec des fascines de paille et de la terre.

Adieu encore, ma chère mère; je t'envoie mille tendresses en me disant, comme toujours, ton fils affectionné et respectueux.

CCCXLI.

A M. LAURENT-JAN, A PARIS.

Vierzschovnia, 1848.

Mon cher Laurent,

Si le Théâtre-Français refuse *Mercadet*, tu peux offrir la pièce, avec toutes les précautions d'usage, à Frédérick Lemaître. Je jouis ici d'une tranquillité qui m'a permis de travailler; aussi recevras-tu, cet hiver, plusieurs scénarios qui pourront occuper tes loisirs, car je veux ta collaboration. Tu auras bientôt *le Roi des Mendiants*. Je voudrais bien savoir ce que devient notre pauvre France, que les républicains tiennent au lit, il me semble. Je suis trop patriote pour ne pas penser à la profonde misère qui doit étreindre chacun, les artistes et les gens de lettres surtout! Quel gouffre que celui du Paris actuel! Il a englouti L..., H... et bien d'autres sans doute. Et toi, mon ami, que deviens-tu? La République te permet-elle encore de déjeuner au café *Cardinal* et de dîner chez Vachette?

Nous avons ici un homme qui travaille le fer d'une manière merveilleuse; si tu voulais m'envoyer le dessin d'une coupe, si riche qu'elle soit, il saurait l'exécuter, soit en fer, soit en argent. C'est un Benvenuto Cellini poussé en pleine Ukraine, comme un champignon. Si tu pouvais enfin joindre à ce dessin quelques bonnes gravures qui se vendent souvent pour peu de chose et faire une petite collection d'ornements, je te rembourserais ces frais avec plaisir ; je te dirais comment tu peux me les faire parvenir, et nous aurions aidé ainsi un digne et grand artiste en lui donnant des modèles.

Mille amitiés, malgré ton laconisme. Tout à toi de cœur.

CCCXLII.

A MADAME DE BALZAC, A PARIS.

Vierzschovnia, 6 novembre 1848.

Ma chère mère,

Je t'envoie la somme que je t'avais annoncée. Depuis que je t'ai écrit, j'ai été attaqué si vigoureusement par une espèce de bronchite aiguë, que je suis resté dix jours sans pouvoir ni écrire ni sortir ; et cette maladie n'a pas fait de bien au poumon en traitement. Donc, je ne pourrai pas être au jour de l'an à Paris, comme je le croyais ; mais ce n'est pas une raison pour que j'oublie tes étrennes et celles de François. Puisque tu es contente de ce garçon, remets-lui de ma part quarante francs. Toi, chère mère, tu prendras cent francs avec lesquels tu te feras le cadeau qui te plaira. En outre, je crois qu'il y a pour vingt ou vingt-cinq francs d'étrennes indispensables, ce qui te rend compte du surplus ajouté à la somme que je devais t'envoyer ; d'ailleurs, tu encaisseras le tout et tu m'enverras un arrêté de compte.

Nous avons ici un temps des plus doux, en sorte que le traînage ne pourra pas avoir lieu avant le mois de janvier, et je ne pourrai partir qu'alors. Dans cette extrêmité, comme madame Hanska reçoit son fermage vers cette époque et qu'elle veut éteindre la dette faite pour la rue Fortunée, il est probable que je t'enverrai la somme nécessaire, avec des instructions à M. Gavault, pour que cette affaire soit terminée dans les premiers jours de janvier; à cet égard, je t'écrirai en temps et lieu.

J'ai été bien malade avant la bronchite; mais, au moment où je t'écris, il y a un tel mieux dans le cœur et dans le poumon, qu'il faut croire que ces deux maladies successives ont été des crises heureuses pour la grande affection chronique que traite le docteur. Maintenant, il n'y a plus que les mouvements de haut en bas et les mouvements des bras qui déterminent des étouffements. Je puis marcher et même monter sur des collines sans trop de peine. On va reprendre le traitement pour deux mois.

Aussitôt mon arrivée, je terminerai tous les comptes de maison et les reliquats des fournisseurs.

Je te remercie bien d'avoir fini avec Zanella, elle quittera le faubourg où elle n'a rien à faire; mais recommande bien à François (à qui elle voulait jouer les plus mauvais tours) de finir par ne plus avoir *aucune relation avec elle;* et surtout qu'elle ne mette jamais le pied à la maison ni même à la porte, car elle est trop dangereuse.

Recommande toujours à François la plus grande discrétion avec les personnes du faubourg, car il a bien par là quelques petites accointances.

Vous pouvez, toi et Laure, toujours m'écrire, jusqu'à ce que je vous avertisse de ne plus le faire; car je calculerai l'époque à laquelle la correspondance de Paris devra cesser.

Avant l'hiver, fais prier le couvreur de bien visiter les toits, les gouttières et surtout la terrasse des coupoles et les coupoles elles-mêmes, afin qu'il ne puisse arriver aucun accident par la neige et les pluies.

N'oublie pas de faire du feu dans toutes les cheminées par les temps humides; n'épargne rien là-dessus et fais régner, au moyen du calorifère, la même température dans toute la maison.

Enfin, ma chère mère, voilà une terrible année terminée! elle a coûté des efforts qu'il est impossible de recommencer. Et n'y a-t-il pas de quoi effrayer en pensant qu'il sera dû encore tant d'argent pour cette maison?

Adieu; soigne-toi bien, attends-toi à me revoir pour la fin de janvier ou au plus tard les premiers jours de février, et fais bien des amitiés de ma part à mes nièces, à ma sœur et à Surville. Je ne sais rien de leurs affaires, j'attends des lettres. Mille tendresses de ton fils soumis et respectueux.

CCCXLIII.

A MADAME LAURE SURVILLE, A PARIS.

Vierzschovnia, novembre 1848.

Ma chère sœur,

J'ai renvoyé Zanella, car il m'était impossible de garder une femme qui me coûte des gages et de la nourriture, par le temps qui court; je conserve François, qui est indispensable pour garder la maison.

Mes obligations remplies, il ne me reste pas deux cents

francs, et, après cela, je n'aurai plus de ressources qu'au théâtre, où je prévois que, même avec des chefs-d'œuvre, on ne fera pas de recettes. Dans cette extrémité, puis-je, moyennant une pièce de quarante sous donnée à ta cuisinière, l'avoir tous les lundis de grand matin? Elle ferait du bœuf à la mode pour huit jours, à moi et à François.

Mes amitiés à tout le monde.

Ce moment d'espérance qu'on a ne me trompe pas : la hausse est faite pour réaliser des bénéfices; je regarde les affaires comme plus mauvaises que jamais, et je ne sais ce que nous deviendrons.

CCCXLIV.

A MESDEMOISELLES SOPHIE ET VALENTINE SURVILLE,
A PARIS.

Vierzschovnia, novembre 1848.

Mesdemoiselles et très-honorées nièces,

Je suis très-satisfait de vos lettres, qui m'ont fait ici le plus grand plaisir et dont tout autre qu'un oncle *connu par d'agréables ouvrages* aurait conçu la plus noire jalousie, à cause de la légèreté gracieuse et de la perfection du style. Aussi vous vaudront-elles à l'une et à l'autre, comme récompense due à de si beaux talents un caraco, en magnifique *termolama*[1], garni des plus belles fourrures que votre auguste oncle tâchera de faire passer à la douane, et qui vous rendront l'envie de toutes vos com-

1. Étoffe de soie fort épaisse.

pagnes à la classe de dessin. Vous n'userez sans doute jamais vos termolamas; cette belle et solide étoffe circassienne dure des dix et quinze années; il en est des termolamas comme des oncles à succession, il faut les assommer, les détruire soi-même avec préméditation, ce qui conduit (pour les oncles) en cour d'assises et (pour les termolamas) à en avoir de neufs; voilà!

Maintenant, ma pauvre Sophie, il ne faut pas t'inquiéter de la musique à faire avec madame la comtesse Georges, car elle a le génie de la musique comme elle en a l'amour, et, si elle n'était pas de naissance une héritière, elle eût été grande artiste. Si elle peut, dans dix-huit mois ou deux ans, venir à Paris, elle y prendra des leçons de contre-point et de composition; car il n'y a que cette science-là qui lui manque. Elle a des mains (sans exagération) d'enfant de huit ans, et ces mains imperceptibles, fluides, blanches, dont trois tiendraient dans la mienne, ont un doigté de fer, comme celles de Listz, proportion gardée. Ce n'est pas les doigts, c'est les touches qui plient, et elle étreint dix touches par l'envergure et l'élasticité de ses doigts; il faut voir ce phénomène pour le croire. La musique, sa mère et son mari, voilà son caractère en trois mots. C'est la Fenella du foyer domestique, elle est le feu follet de nos âmes, notre gaieté, la vie du château. Quand elle n'y est pas, les murs mêmes le savent, tant elle les égaye par sa présence. Elle n'a jamais connu le malheur, elle ne sait pas ce que c'est qu'une contrariété, elle est l'idole de tout ce qui l'entoure et elle est d'une sensibilité, d'une bonté d'ange; c'est, dans une seule expression, rassembler des termes que tout moraliste regarderait comme des impossibilités, et c'est pourtant d'une vérité qui saute aux yeux de tout ce qui la connaît.

Elle est profondément instruite sans pédanterie; elle est d'une naïveté délicieuse en plein mariage et d'une gaieté d'enfant, rieuse comme une petite fille; ce qui ne l'empêche pas d'être d'un enthousiasme religieux pour les belles choses. Au physique, elle possède la grâce, plus belle encore que la beauté, et qui triomphe d'un teint encore brun (elle a seize ans à peine!), d'un nez bien dessiné, mais qui n'est charmant que dans le profil; la taille est ravissante, souple, svelte; les pieds, les mains d'une attache fine, distinguée et d'une petitesse dont je viens de parler. Puis tous ces avantages sont mis en relief par un air fier, plein de race, par cet air de grandeur aisée que toutes les reines n'ont pas, et qui est tout à fait perdu en France, où tout le monde veut être égal. Cette distinction extérieure, cet air grande dame est un des plus précieux dons que Dieu, le Dieu des femmes, puisse leur donner.

La comtesse Georges parle quatre langues, comme si elle était née dans les pays dont elle connaît à fond le langage. Elle est d'une finesse d'observation qui m'étonne moi-même; rien ne lui échappe et elle a, de plus, une excessive discrétion et une sûreté de commerce admirable. Enfin, après quinze jours passés près d'elle, on ne trouve rien de mieux que le mot de *perle fine* pour se la peindre à soi-même. Son mari l'adore, je l'adore, deux cousines sur le point de *vieillefillifier* l'adorent; et on l'adorera toujours, car on trouvera toujours de nouvelles raisons pour mieux l'aimer.

Je serais bien heureux d'apprendre que Valentine étudie autant que la comtesse Georges, qui, en dehors de toutes ses autres études, travaille encore spécialement et tous les jours son piano. Ce qui a fait réussir cette sublime éducation, c'est le travail, que miss Valentine fuit un peu trop; or, je dirai à ma chère bien-aimée nièce que *ne faire que ce qui plaît* est l'origine de toutes les dépravations, surtout chez les femmes. La règle, le devoir accompli ont été la loi de l'enfance de la jeune comtesse, bien que fille unique et riche héritière; aussi, à cette heure encore, est-elle petite fille devant sa mère; elle dispute à tout le monde l'honneur de la servir; elle est d'un respect anglais et féodal pour sa mère; elle sait concilier le profond amour avec le profond respect, la tendresse avec la familiarité, sans le moindre danger pour l'énorme distance qui se trouve entre une mère qui nous a fait ce que nous sommes et une fille, quelque achevée, quelque complète qu'elle soit. La jeune comtesse n'a jamais dit que *vous* à sa mère, et le problème de la plus excessive tendresse et de ses obligations respectueuses est admirablement résolu. Ceci n'est pas une critique de nos mœurs, c'est une tentative d'explication de cette grande tournure, de cet air inexplicable de madame Hanska et de sa fille, et qui n'existe que par les *nuances*; or, nous avons, en France, supprimé les *nuances*, les *distances*; on ne peut donc plus y rencontrer, chez les femmes, ces mélanges, ces alternatives de la dignité personnelle et de ces humilités domestiques et religieuses. C'est en mesurant à chacun ce qui lui est dû, et en s'en acquittant avec grâce et dignité que l'on a plus ou moins cet air.

Ne prenez pas ceci pour une leçon, mes chères nièces, car je connais votre affection absolue pour vos parents, qui vous ont donné tout entier ce beau poëme de l'enfance, que ni votre mère ni moi n'avons connu, et que votre excellente mère se jurait de vous laisser goûter. Nous ne sommes pas nés en voyant des populations se prosterner devant des grandeurs sociales; nous n'avons plus, en France, le droit de nous croire des inférieurs, et, si personne n'y a plus l'air grande dame, nous sommes tous obligés d'acquérir une immense valeur personnelle ; c'est ce qui pourrait faire de nous un grand peuple, si nous ne nous laissions pas dominer par des vanités bourgeoises.

Donc, je conjure Valentine de ne pas se laisser prendre à la nonchalance créole, de bien écouter sa sœur, de se donner à elle-même des tâches, des travaux à exécuter, ne fût-ce que pour s'accoutumer au devoir, sans négliger les soins ordinaires et quotidiens du ménage, et surtout de réprimer sans cesse la pente que nous avons tous plus ou moins à nous abandonner à *ce qui nous plaît;* car c'est par cette pente-là qu'on devient mauvais et qu'on roule dans les malheurs.

Assez de morale, car vous êtes de petites pestes bien capables de penser que je vous rends les caracos amers, et Dieu me garde d'imiter ces parents qui vous font acheter les plaisirs par des coups ou par des tartines pleines de rhubarbe morale. Néanmoins, je dirai encore à Sophie qu'il ne faut plus se moquer d'Armand. Armand est tout l'avenir de sa famille, il est l'espoir de sa vieille tante, il a pris la littérature comme état, il pioche beaucoup. A son âge, je ne faisais peut-être pas mieux qu'il ne fait; pourquoi ne finirait-il pas par réussir? Il y a plus de Dominiquins que de Raphaëls dans les arts. Laissez-lui ses illusions; sans elles, que ferait-il? Laissez-lui cuver ses chutes, c'est son instruction; le public le cognera bien sans vous. Le rôle des femmes est de panser les blessures et de ranimer les courages abattus. Armand *doit croire* qu'il fait des chefs-d'œuvre; hélas! j'ai cru que *la Dernière Fée* était un livre incomparable, et le premier emprunt que j'ai fait a servi à imprimer les cinq cents exemplaires qui sont restés trois ans au fond d'un magasin! D'ailleurs, pensez à cette héroïque tante, si vraie mère! dorez ses vieux jours de quelques espérances, elle n'a plus que cela pour l'aider à mourir. Songez que, auprès d'Armand, il y a un père *enrhumé* de la gloire de son fils, comme le père du jeune Ducantal, et qu'il faut faire la part des énormités qu'une ferveur paternelle de ce genre fait commettre à un jeune auteur. Si l'on m'eût admiré comme cela, chez les miens, je ne sais pas ce que j'aurais pu envier au soleil!

Vous trouverai-je encore à Paris?... Je ne le crois guère. Vous serez sans doute dans le Midi. J'espère que votre mère se donnera le plaisir de me bavarder sur tout cela dans sa réponse. Engagez beaucoup votre grand'mère à venir vous voir, car j'ai peur qu'elle n'outre les devoirs qu'elle s'impose en gardant la petite maison de la rue Fortunée; François est sûr, et, quand elle lui dira de ne pas sortir qu'elle ne soit rentrée, elle peut être tranquille. Dites-moi bien ce que vous comptez faire dans le Midi et si vous vous y établissez tout à fait... Puisque vous donnez tant dans les arts, vous devez voir, mes petites filles, que c'est bien utile, non pas pour faire parade de ses talents ou d'en ennuyer son mari, mais pour devenir un vrai connaisseur et acquérir des objets d'art d'une grande valeur à des prix relativement insignifiants.

La petite maison de la rue Fortunée va bientôt recevoir de beaux tableaux; il y a, entre autres, une tête charmante de Greuze, connue sous le nom de *la Jeune Fille effrayée*, qui provient de la galerie du dernier roi de Pologne; deux Canaletti ayant appartenu au pape Clément XIII (Rezzonico); le portrait de la première femme de Jacques II, fille de Hyde Clarendon, par Netscher, et le portrait de Jacques dans sa jeunesse par Lely; deux Van Huysum, un Van Dyck, etc. Il y a aussi trois toiles de Rotàri, peintre vénitien du xviiie siècle, presque inconnu en France, qui a peint à Vienne, à Dresde, à Varsovie, à Saint-Pétersbourg. Il a fait une grande fortune moyennant ses pinceaux, et l'impératrice Marie-Thérèse l'a fait comte d'empire romain; c'est le Greuze de l'Italie. Ces tableaux sont *di primo cartello* et ne dépareraient pas la plus belle galerie. Il y a, entre autres, une *Judith* de Cranach qui est une merveille. Quelle destinée ont les tableaux de toujours voyager, aller, venir, comme les pinceaux qui les ont faits!

Adieu, mes chères petites filles; étudiez le dessin et même la peinture, apprenez à distinguer les maîtres, à saisir leur manière, *leur faire*, afin de vous donner ces connaissances réelles qui vous empêcheront d'acheter de petites horreurs s'étalant effrontément dans leurs cadres dorés, qui ont l'air d'en jaunir d'humiliation et de dégoût.

Adieu, mes petites chéries. Je vous embrasse et vous aime.

CCCXLV.

A MADAME DE BALZAC, A PARIS.

Vierzschovnia, 29 novembre 1848.

Ma chère mère,

Je ne veux pas écrire à Laure et à ses petites, sans te dire un mot d'affaires et de tendresse. Tu n'as jamais répondu à une question que je t'ai faite à deux reprises sur François ; à savoir *si tu l'as bien formé à faire et nettoyer les lampes;* car c'est un article essentiel. J'aimerais mieux être assuré qu'il a ta dextérité, la propreté voulue dans cette fonction que d'apprendre qu'il fait de la tapisserie. Ainsi la direction des calorifères, la surveillance de la chaleur dans la maison, le service des cheminées, celui de la porte, et le soin des belles choses, voilà à quoi je destine maître François. Or, toi seule peux bien lui enseigner à avoir des mains de fille allemande, douces à ces belles choses, à les traiter avec délicatesse, à ne pas lâcher son balai ou son plumeau à travers tout. Tâche surtout de lui inspirer de l'attachement pour la maison, pour moi-même, en stimulant son amour-propre et lui disant qu'il doit être fier d'être à moi, que je m'intéresse à lui, que je compte sur lui; car il est vraiment du bois dont se font les bons vieux domestiques d'autrefois qui s'incrustaient dans les familles.

J'ai dit un mot de Marguerite à Laure, car j'ai besoin

de savoir si elle peut être à la rue Fortunée vers le 20 janvier. Il faut qu'elle connaisse l'usage du fourneau, et, pour elle, un peu novice, il sera peut-être nécessaire que M. Santi ou le fumiste lui fasse la leçon et lui apprenne à bien s'en servir.

Je te rappelle aussi qu'un domestique sûr, dans le genre d'Antoine, me sera indispensable, si nous ne rattrapons pas Antoine, dont tu m'as parlé comme d'une perfection.

Depuis la lettre que je t'ai écrite il y a quelques jours, j'ai repris mon traitement et le docteur demande six semaines pour me mettre en état de voyager; ainsi je serai bien sûr vers la fin de janvier à Paris, mais je t'écrirai quinze jours à l'avance, comme tu le désires pour arranger la maison et lui donner tout son lustre. J'ai un peu repris, la maigreur a disparu, et je reviendrai rajeuni, nonobstant la maladie.

J'espère que tu vas bien, et que tu prendras en patience les deux mois que tu as encore à passer dans ton petit désert parisien. Ah! si tu étais ici, que deviendrais-tu donc?... Il faut faire quatre lieues dans les neiges ou les champs de blé avant de trouver un curé qui, rien que pour se montrer, demande seize francs, et qui n'administre les sacrements qu'à beaux deniers comptants. Ah! quinze jours en Ukraine te feraient trouver la rue Fortunée bien ravissante, d'autant plus que, sûre de François, tu peux aller voir Laure et ses filles, tant que tu veux. Nous serions désespérés de te savoir esclave au point de n'oser aller et venir; amuse-toi donc autant que tu le pourras. Si tu savais combien nous sommes reconnaissants ici des peines que tu te donnes pour tout bien entretenir rue Fortunée, car ce serait affreux d'avoir dépensé tant d'argent et de ne pas trouver cette maison dans toute sa fraîcheur; pour ma responsabilité, j'en serais au désespoir.

Adieu, ma chère mère, je t'embrasse bien tendrement et te présente mes respects.

CCCXLVI.

A MADAME CHIRKOVITCH, NÉE RZEVUSKA, A DRESDE.

Vierzschovnia, 20 novembre 1848.

Je ne m'attendais pas, madame, au plaisir de vous remercier, à Dresde, de l'aimable lettre d'adieu que vous m'avez écrite d'Ostende et qui a fait tant de plaisir à votre sœur. Je vous croyais en Italie, et vous voici sur la route d'Olesine; permettez-moi de vous en féliciter; vous savez pourquoi, et je ne veux pas imiter M. de Voltaire en me répétant. Passer l'hiver à Dresde quand la comtesse Olizar s'y trouve, cela vaut mieux que Nice, et vous ne perdez pas au change, car, par les quelques heures que j'ai eu le bonheur d'obtenir d'elle, j'ai vu pourquoi votre sœur l'aimait tant; c'est une délicieuse personne, aimante, spirituelle; enfin, je ne sais si c'est l'affection si touchante qu'elle lui porte qui a été le talisman, mais elle m'a tourné la tête. Vous savez par vous-même que tout ce qui a frôlé la rose m'est sacré. Je suis ici, vous le comprenez, le plus heureux du monde. Georges et Anna sont deux anges du plus beau modèle, s'aimant évidemment pour la vie, exquis et gracieux pour tous ceux qui les entourent, et particulièrement pour moi, ce qui m'ôte jusqu'à la pensée de Paris. Je ne sais pas comment l'on ne préfère pas Vierzschovnia au monde entier, quand on a la possibilité d'y être près de votre adorable sœur et de ses deux enfants.

Mais rien n'est insupportable comme les gens heureux; cela fait une si grande dissonance avec le monde, que je me hâte d'en finir sur notre égoïsme à quatre.

Parlons de vous et de vos enfants. Votre chère Pauline aura, je l'espère, recouvré sa fraîcheur de camellia qui la rendait si ravissante, que tous les Parisiens se retournaient pour la voir, et peut-être aussi pour déguster la grâce de la mère. Elle se porte sans doute à merveille et vous la marierez peut-être à Dresde. J'ai vu, par un passage de la lettre de madame Caroline à Anna, que, sans doute, grâce à vous, j'avais le bonheur de ne pas lui être indifférent; j'ai reconnu là votre partiale amitié. Je vous en prie, donnez de la grâce aux remercîments que je vous prie de lui faire pour moi. Peut-être vous remercierai-je de ce service d'amie si vous venez en Ukraine, dans ce paradis terrestre où j'ai déjà remarqué soixante-dix-sept manières d'accommoder le pain, ce qui donne une haute idée de l'invention des naturels du pays pour varier les choses les plus simples. Aussi croiriez-vous que, dans cette vie en apparence uniforme de Vierzschovnia, il n'y a pas la moindre monotonie! Voilà deux mois et demi que j'y suis, et je n'ai pas eu encore dix minutes pour penser à la littérature ou à mes affaires, et je ne prévois pas le jour où je pourrai travailler. En est-il ainsi en Lithuanie ? Y arrangez-vous les gruaux de soixante-dix-sept manières ?

A propos, y apportez-vous des bronzes et des pendules ? Cette si forte envie de mettre des pendules chez vous m'a fait soupçonner qu'on devait y oublier les heures [1].

Puisque vous voyez madame Olizar, rendez-moi le service de mettre mes hommages à ses pieds, en me rappelant à son souvenir ; dites-lui que sa lettre a fait sauter de joie madame Éveline, et que j'ai raconté très-orgueilleusement sa visite de point en point à la petite maison Beaujon que vous avez honorée de votre attention.

Vous savez tout ce que vous devez dire pour moi à vos chers enfants ; mais, quant à vous, cela se dit en deux volumes ou en trois mots ; aussi faut-il prendre ici le plus court, en signant avec respect, tout à vous.

CCCXLVII.

À MADAME DE BALZAC, À SURESNES.

Vierzschovnia, 20 décembre 1848.

Ma chère mère,

Les affaires sont si dures, ici comme ailleurs, que j'ai été obligé d'écrire à Souverain pour le prier d'attendre encore. C'est assez te dire que les sacrifices ont un terme,

---

[1] Les Polonais ont un goût très-prononcé pour les pendules et les bronzes, ils le poussent même jusqu'à l'extravagance : point d'hôtel ni de château qui ne soit littéralement encombré de ces objets, lesquels ne sont pas toujours des œuvres d'art.

et qu'il ne faut lasser personne, pas même les gens qui nous sont le plus attachés. Ces perpétuelles dettes de la maison n'ont pas été sans faire un mauvais effet, et, si quelque nouvelle affaire survenait, je ne sais pas si mon avenir n'en serait pas atteint.

Néanmoins, songe bien que, quant à toi, rien n'est changé; ta petite pension sera toujours exactement payée, et je suis très-chagrin lorsque j'apprends, par la lettre de Souverain, qu'à ton âge tu vas à pied, de la rue Fortunée chez lui. Songe bien que, si tu vas à pied, c'est parce que tu le veux bien, car je t'autorise, pour tout ce qui me regarde, à prendre des voitures et à les porter en dépense sur mes comptes. Il n'est pas naturel que tu ne fasses pas pour moi comme je ferais moi-même.

Je ne veux revenir que tout fini, en bien ou en mal.

Sois donc extrêmement prudente pour tout ce qui me regarde, car il serait fatal de *causer* de mes espérances, qui deviennent très-hypothétiques.

J'aime mieux que tu paraisses désespérée qu'autrement. Et j'ai mes raisons pour t'écrire ainsi. Dis toujours que tu m'attends d'ici à trois mois.

Souverain a dû envoyer chez moi un Dictionnaire des sciences médicales relié; mais il aura maintenant à envoyer d'autres livres que je lui ai demandés pour ma bibliothèque.

Nous avons fini l'inventaire de la maison, et nous trouvons que mobilier et maison vont à trois cent cinquante mille francs! C'est cela qui épouvante; nous ne sommes pas encore à même d'en jouir, et l'on est fâché d'avoir engagé une si forte somme, en voyant quel parti l'on en tirerait actuellement dans les fonds publics, au prix où ils sont.

Je confie à cette lettre mes vœux pour l'année 1849 ; je souhaite que tu te portes bien et que les affaires de Surville aillent à son gré; que la grande affaire de ma vie se termine, et qu'alors tu puisses vivre tranquille et heureuse.

Relis attentivement mes notes sur mes affaires, pour les bien suivre au pied de la lettre.

Enveloppe tous les bronzes dorés de vieux linges en coton, car il faut tout conserver frais.

Adieu, ma chère mère ; pense que les peines que tu prends pour moi seront les derniers petits ennuis que je te donnerai.

Mille tendresses respectueuses de ton fils affectionné.

CCCXLVIII.

A MADAME LAURE SURVILLE, A PARIS.

Vierzschovnia, 6 janvier 1849.

Ma chère sœur,

Je vais te charger d'une commission à la bonne exécution de laquelle je tiens énormément, car il s'agit d'être agréable à quelques personnes ici, et c'est une de ces occasions rares que je saisis avec empressement.

Ton rôle est excessivement agréable, car il ne s'agit que d'aller remettre, en compagnie de M. Ambroise Thomas, qui ne sera pas inutile, la lettre ci-incluse à M. Sauvageot, ancien premier violon de l'Opéra et ancien inspecteur des douanes. M. Sauvageot est un des plus célèbres connaisseurs en bric-à-brac ; c'est un archéologue pratique d'une haute distinction, et il a la plus belle collection de Paris. Je devais toujours l'aller voir, mais je n'aurai de temps à moi qu'après que j'aurai conquis à la fois mon bonheur et ma tranquillité. Je lui écris pour le prier de me chercher deux violons, voilà tout, et je lui donne les indications nécessaires. Tu te borneras donc à lui demander l'heure à laquelle on peut le voir pour lui remettre une lettre de moi, à lui aller porter cette même lettre, à tâcher de voir sa collection, et à le prier de permettre que tu envoies ou viennes savoir le résultat de ses recherches.

M. Thomas doit connaître M. Sauvageot, et il peut t'épargner la peine de lui écrire en allant voir M. Sauvageot, qui demeure rue du Faubourg-Poissonnière, 56, maison de Poirson, ou à côté. Et alors, une fois que M. Thomas aura demandé à M. Sauvageot l'heure favorable pour le venir voir, tu lui remettras ma lettre, et il sera possible que, séduit par tes grâces, le célibataire Sauvageot vienne te donner lui-même sa réponse, que tu m'enverras aussitôt que tu l'auras.

Comme le cosaque va à Berditchef et que, par un effet du hasard, je t'écris au moment même où il va partir, je n'ai que le temps de te faire mille amitiés, et de t'embrasser, toi et tes filles, en te souhaitant une bonne année. Une poignée de main à Surville.

CCCXLIX.

A M. MICHEL LÉVY, ÉDITEUR, A PARIS.

Berditchef, 19 janvier 1840.

Mon cher monsieur Lévy,

La façon dont la Comédie-Française a accueilli la pièce du *Faiseur*, en manquant à des conventions préalables qui l'engageaient, m'a obligé à retirer la pièce. Je n'oublie point qu'elle a été composée sous votre responsabilité; donc, je vous prie de faire faire le compte de ce qui peut être dû pour la composition et les corrections, de remettre ce mémoire à ma mère, rue Fortunée, 14; et de la prier de me l'envoyer; et, alors, à la fin d'avril, on l'acquittera chez moi. Seulement, veillez à ce que le mémoire soit strictement fait, comme pour vous.

Je vous remercie de tous vos bons soins dans cette circonstance, et, dans peu, j'espère que cette affaire sera remplacée par d'autres. Il y a bien longtemps que je pense qu'on ne doit travailler que pour des théâtres à directeurs, et encore avec des traités.

Puis-je compter sur vous, monsieur, pour veiller à ce qu'il ne soit pas tiré d'épreuves du *Faiseur*, pas même pour moi, et à ce que les formes soient distribuées promptement?

Mille pardons de ces petits soins, que je réclame de vous à cause de mon absence; et agréez l'assurance des sentiments distingués avec lesquels j'ai l'honneur d'être

Votre tout dévoué serviteur.

CCGL.

A MADAME LAURE SURVILLE, A PARIS.

Vierzschovnia, janvier 1849.

Ta lettre, ma chère sœur, m'a fait un très-grand chagrin, à cause de la nouvelle du non-payement de C... Les affaires ne peuvent pas aller bien en France, tant qu'il n'y aura pas un gouvernement régulier; et Louis-Napoléon est, comme dit Laurent-Jan, une échelle pour nous retirer de l'égout de la République. Ainsi, pendant encore un an, les affaires souffriront et seront en suspens en France. Que Dieu nous protége !

Je travaille beaucoup, car je ne vois rien en beau. J'ai mes amis avec trois grands procès sur les bras, et nous irons sans doute à Pétersbourg, où ces procès les mèneront. La comtesse ne veut rien décider que ses enfants ne soient tranquilles et sans ennuis de fortune. D'ailleurs, les dettes de ton frère, soit particulières, soit communes à la maison, l'inquiètent énormément. Néanmoins, j'espère revenir vers la fin d'août, et, dans tous les cas, je ne veux plus me séparer de la personne que j'aime. Ainsi, je suis comme le Spartiate : je reviens dessus ou dessous le pavois.

Je compte beaucoup sur toi pour la petite commission musicale que je t'ai donnée. J'ai si peu d'occasions de faire plaisir à mes amis, que je les saisis au vol.

Laurent-Jan a ordre que, pour *le Faiseur*, tu aies une bonne loge; car, puisque ma mère ne va pas au spectacle, toi, ton mari et tes filles, vous représentez la famille, et vous devrez avoir une place d'honneur, comme à une bataille. S'il y a victoire, cela ne peut pas faire d'argent; ce sera un succès... *Marâtre!* et je finis une pièce, *le Roi des Mendiants*, qui, j'en suis sûr, donnera à Hostein les cent quarante belles représentations des *Girondins*, et à moi vingt mille francs dont j'ai bien besoin, car, depuis septembre 1847, je n'ai rien gagné.

Comment t'en tires-tu dans ton ménage? comment Surville voit-il les affaires? comment vont ses ponts? L'alternative que je savais, pour C..., m'a navré. Mais quelles fortunes sont sûres par le temps qui court! Mes amis sont bien inquiets; aussi travaillé-je à me créer un répertoire, car l'avenir m'épouvante! Et comme nous regrettons la maison, cette scélérate de bonbonnière du prix de quatre cent mille francs! Que ne fait-on pas aujourd'hui avec quatre cent mille francs! Il est vrai que nous en devons encore cent mille.

Tout est désespérant! car figure-toi qu'on ne peut pas envoyer d'argent hors de ce pays. Outre la défense impériale, les juifs prennent quinze et vingt pour cent de commission; en sorte que, le voudrait-on, le pourrait-on, c'est une ruine! On n'a pas idée de l'avidité des juifs d'ici. Shylock est un drôle, un innocent. Songe qu'il ne s'agit que de change. Quant au prêt, c'est du cinquante pour cent quelquefois, et même de juif à juif!

Vous avez, toi et tes filles, tout le temps de m'écrire. Ainsi, tenez-moi au courant de ce que ne disent pas les journaux.

Si Hostein avait su avoir Frédérick (qui, me dit-on, a

quitté la Porte-Saint-Martin) pour jouer *le Faiseur*, tout eût été sauvé : il aurait eu cinquante bonnes représentations, et il aurait pu reprendre *Vautrin*. C'eût été un bien beau coup de partie. Mais je vois d'ici que cet esprit d'audace lui a manqué entièrement. Mercadet sans Frédérick ou sans Régnier, c'est la mort du *Faiseur*. Peut-être, lorsque tu auras cette lettre, tu seras à la veille de cette catastrophe... ou du triomphe. Que l'un et l'autre te soient légers !

Mille gentillesses à tes deux petites. Je vois déjà Valentine insurgée contre les murmures et les sifflets, Sophie plus digne, toutes deux en grande toilette ; et toi ma chère sœur... Mais que peut une loge contre une salle ?

J'attends des lettres de vous, car vous avez dû en recevoir de moi.

Mille amitiés à Surville, et à toi mille tendresses, ma pauvre Laure! Hein, la vie est lourde, n'est-ce pas ? Eh bien, sois tranquille, tu n'es pas la seule à trouver tes épaules chargées, et je ne sais pas si l'incertitude du bonheur n'est pas plus cruelle que l'incertitude de la paix et du travail ; car enfin Surville est un grand travailleur, et jamais le travail n'a été sans récompense. Espérons tous ! l'espérance m'a toujours sauvé.

J'espère que tu me rafraîchiras le cœur de quelques bonnes nouvelles. Si ma lettre arrive à temps, je te recommande de n'oublier personne dans la distribution des loges ; et demandes-en largement à Hostein ; s'il ne te satisfait pas, gare à lui !

Encore mille tendresses, et mille bénédictions à tes enfants !

CCCLI.

A MADAME CHIRKOVITCH, A DRESDE.

Vierzschovnia, janvier 1849.

Madame,

Votre aimable lettre m'a prouvé, pour la dix millième fois, que les hommes suspectés de supériorité sont des parias. Si j'eusse été un homme ordinaire, vous seriez venue à Vierzschovnia, et vous nous auriez accordé le charme de votre présence. Il y a bien longtemps que j'envie les sots. Par politesse, tout le monde s'efforce de prouver à un sot qu'il est un homme supérieur ou qu'il n'a rien à envier aux gens supérieurs, tandis que le monde tend à prouver à ceux à qui souvent par erreur il accorde le fatal don de supériorité, qu'ils ressemblent, la plupart du temps, à des sots. Je me suis trouvé un homme très-ordinaire en lisant votre lettre, car elle était évidemment destinée à me démontrer que j'étais encore plus supérieur que je ne le pensais, dans ces moments où l'on prend les flatteries pour des vérités, et c'est à ce seul titre que j'accepte la promesse d'amitié que vous daignez me faire. Je serai sûr qu'une autre fois j'aurai le bonheur de vous voir et celui d'être toujours bien accueilli de vous.

Plaisanterie à part, je crois qu'on admire les gens supérieurs qui sont toujours supérieurs, mais qu'on aime ceux qui, dans la vie ordinaire, oublient complétement leurs rayons. C'est ce qui m'a expliqué pourquoi l'on ne pouvait pas aimer faiblement l'adorable sœur que vous avez à

Vierzschovnia. Voilà, madame, la plus extraordinaire supériorité que j'aie rencontrée : elle a tout, même la vertu la plus rigide, et elle ne montre jamais ni son universelle instruction, ni sa piété, ni sa vertu, ni ses immenses qualités. Il est impossible de lui appartenir sans lui ressembler, et c'est parce que je le crois que tous les siens me sont sacrés.

Vous comprenez alors, madame, qu'il m'est impossible de rester indifférent aux bontés que vous daignez me témoigner. Je regarde, d'ailleurs, votre amitié sincère comme une chose trop précieuse pour ne pas en être fier, et j'irais jusqu'à Dresde vous en remercier, s'il m'était possible de quitter votre sœur; or, on peut tout faire ici-bas, excepté l'impossible.

Je ne peux vivre que là où est madame Éveline, et, avec le temps, l'attachement et ses douceurs, c'est devenu pour moi la nécessité de mon existence. Il n'y a plus en France ni gloire, ni ambition, ni succès ; tout cela, pour moi, c'est elle! Mais, entre nous, ne mérite-t-elle pas d'être servie et aimée ainsi, celle dont toute la vie est piété vraie, devoirs accomplis, sentiments profonds, douceur, bienfaisance, et qui certainement, pour ceux qui la connaissent, est le Bien qui s'est fait beau et femme?

Quant à moi, je ne comprends pas qu'on ne vive pas près d'elle, car elle est, pour l'âme, ce que le climat de Naples et de Nice est pour les poitrinaires.

Pardonnez-moi, madame, de vous faire ainsi l'éloge d'une personne de votre famille et que vous connaissiez bien avant que j'eusse le bonheur de la rencontrer ; mais j'ai une excuse, car si vous saviez avec quelle ardeur je voudrais avoir le droit de ne plus rien dire d'elle ! L'aurai-je jamais? Si Dieu le veut, je me dirai alors avec une bien grande joie autre chose que

Votre respectueux serviteur.

CCCLII.

A M. MIDY DE LA GRENERAYE-SURVILLE, A PARIS.

Vierzschovnia, 9 février 1849.

Mon cher Surville,

La fin de ta lettre m'a fait bien du chagrin, car ce que tu avais en vue était magnifique!... Tant que la monarchie, et la monarchie forte et puissante, ne sera pas rétablie, il n'y aura pas d'affaires possibles en France. Bien plus, je crois que prochainement il y aura un mouvement *montagnard*; mais je crois que ce sera le dernier et qu'on en finira avec l'impossible République, qui nous coûte, à nous deux particulièrement, et à la France tant de pertes et de misères. Si tu n'as pas cette affaire, que feras-tu? Je suis resté deux jours, avant-hier et hier, triste de cette lettre; car, comme tu le dis, je ne puis rien ici et je ne pourrais rien là-bas, puisque, loin d'avoir quelque chose à moi, j'ai une grosse dette pour la personne dont je suis en quelque sorte le prête-nom.

Ne crois pas qu'on jouisse de sa tranquillité en pensant à la situation des siens, telle que je la vois. Aussi, suis-je bien heureux, dans ce grand chagrin, d'avoir au moins assuré le bien-être nécessaire à ma mère, à qui je suis certain de donner la tranquillité jusqu'à ce que je puisse faire mieux. C'est une inquiétude de moins aussi pour Laure.

Les personnes avec qui je vis sont excellentes pour moi; mais je ne suis encore qu'un hôte très-choyé et un ami dans la véritable acception du terme. On connaît ici toutes les personnes de ma famille, et mes chagrins sont très-vivement partagés; mais que faire contre des impossibilités? Mon cher ami, l'Allemagne entière est minée, il n'y a pas d'intermédiaire entre la Russie et la France; enfin, l'empereur a défendu tout transport de fonds hors de ses États. Les payements que nous faisons à Paris coûtent douze pour cent de la somme envoyée, et encore *par exception*, grâce à l'intimité qui règne entre les Rothschild et la maison juive de Berditchef; c'est à se ruiner! Non-seulement il y a cette double entrave, mais, en outre, la personne chez qui je suis a subi deux incendies en deux ans. Cela a été le coup le plus funeste porté à notre avenir.

Tu me dis, mon cher ami, de jouir de la tranquillité et de l'hospitalité que je trouve ici. Hélas! les affaires des miens et mes propres affaires ne me laissent pas la tranquillité bien nette. Je comprends trop les malheurs, en ayant souffert d'inouïs... Il y a d'admirables affaires à faire ici; mais les Français ne peuvent entrer dans l'empire et je suis, avec notre ambassadeur, la seule exception à l'ordre de fermer les frontières aux gens de notre pays. Tu ne peux pas te figurer les immenses ressources de ce vaste empire! La Russie et l'Angleterre sont les deux seules puissances réelles, et l'Angleterre est factice, tandis que la Russie est positive; elle possède les grandes matières premières de toutes les productions.

Tu as bien fait pour toi d'aller chez Victor Hugo; mais, pour moi, c'était inutile, et c'eût été dangereux, si je n'avais pas l'intention de ne plus me présenter à l'Académie. Il a parfaitement deviné que je voulais *mettre l'Académie dans son tort*.

D'après ce que me dit Laure, je vois, mon cher ami, que, pour le moment, tu vas procéder par une énorme réduction dans les dépenses et que tu vas chercher un appartement au fond de quelque faubourg. Je te recommande le faubourg du Roule; il y a dans Chaillot et dans Passy, du côté de l'Étoile, des logements pour rien. J'aurais bien des choses encore à te dire, mais le temps et le papier me manquent, et, d'ailleurs, j'écris à Laure. Conserve bien ta santé, c'est ta fortune.

Tout à toi.

CCCLIII.

A MADAME LAURE SURVILLE, A PARIS.

Vierzschovnia, 9 février 1849.

Ma chère Laure,

Quoique j'aie écrit à Surville quelques mots, j'ai oublié de lui dire que, s'il a du temps de reste, s'il est à Paris, et qu'il puisse épargner à ma mère l'ennui de l'affaire du versement par action, il me fera bien plaisir d'aller au chemin de fer du Nord.

J'espère que tu as fini l'affaire des violons et que tu

auras vu la superbe collection de M. Sauvageot, dont la connaissance t'aura été procurée par l'auteur du *Caïd*. Pardonne-moi de t'avoir ennuyée de cela; mais, à cette distance, il faut bien abuser des siens; d'ailleurs, la vue des merveilles Sauvageot aura été une compensation. J'attends avec bien de l'impatience la réponse pour les violons, et, par le temps qui court, ils doivent être à bien bon marché.

Tu as grand tort, à ton âge, de vouloir éclairer les amours-propres littéraires. Eh! qu'est-ce que cela te fait qu'Armand soit ou non un génie? D'abord, moi, je crois que, si Armand a une vocation, il peut parfaitement devenir un Clairville, et il fera fortune. En littérature, les médiocrités persévérantes font fortune, elles y gagnent l'incognito et dix mille livres de rente. Cela vaut bien une place. Il y a deux cents auteurs dramatiques sur six cents dans ce cas-là à Paris. C'est le dilemme que j'aurais posé si l'on m'avait consulté. J'aurais dit : « Ou Armand a du génie ou il n'a que de l'entêtement; s'il a du génie, il sera malheureux, sans le sou et glorieux comme tous ceux qui ont du génie; s'il a de l'entêtement, il sera M. Clairville, M. Anicet, M. de Comberousse, qui gagnent, en travaillant, en piochant la terre dramatique, quinze ou vingt mille francs par an. » Ai-je pu éclairer B... lorsqu'il est venu à Passy et que j'ai essayé de lui démontrer que le français ne consistait pas à mettre des mots français à côté les uns des autres, et qu'une *idée* n'était ni un conte, ni une nouvelle, et qu'on ne pouvait gagner sa vie en littérature qu'en se faisant un nom? L'amour-propre littéraire en croit à peine *l'expérience*, comment veux-tu qu'il croie en ta parole? D'ailleurs, dans ta position de mère, ayant en expectative deux filles à pourvoir, tu dois être, comme Sosie, *amie de tout le monde!*

Ce que tu m'as écrit de madame Delannoy me fend le cœur! Mon Dieu, moi qui ne peux rien tant que la littérature ne reprendra pas, et quand reprendra-t-elle? Je travaille beaucoup ici; mais je ne me mettrai à écrire que dans quelques jours, car j'attends une nouvelle qui doit influer sur mon sort, et, dans l'état d'incertitude où je suis, je ne peux pas me livrer à un travail suivi.

Je réponds par ce courrier à Laurent-Jan sur *le Faiseur*, relativement à ce que tu m'en as écrit. Si, par hasard, tu peux voir Laurent-Jan, qui est ton voisin, à propos de tout cela, tâche bien de déraciner en lui l'idée absurde qu'on lui a fourrée en tête sur les prétendus millions dans lesquels je nage. Une personne surtout aurait pu lui dire que je suis riche, ne fût-ce que pour me mettre en tort vis-à-vis de lui. Mais, hélas! tu ne le sais que trop, j'ai encore personnellement quelques dettes, et j'ai, en outre, plus de soixante-quinze mille francs à payer pour le compte de la maison de la rue Fortunée; sans mes amis, je ne saurais que devenir. Mais fais cela bien adroitement, car Laurent est un homme assez spirituel pour prendre le contraire de ce qu'on dit pour le vrai, lorsqu'on fait trop d'efforts pour le lui faire croire.

Tu me dis que vous pensez à quitter l'hôtel Rogron et à prendre sans doute un appartement à meilleur marché. Vous ferez bien; car, dans ces moments de crise, il faut restreindre les dépenses à la nécessité pure, et, sous ce rapport, je puis me citer, car je ne dépensais à Paris que deux cents francs, tout compris, même mes voitures et mes voyages à Saché. Je vous conseille de battre les alentours de Passy du côté de l'Étoile, les Ternes, Chaillot, et vous trouverez, à bon marché, un appartement aussi considérable que le vôtre, et avec cela, si vous le voulez, vous pouvez réduire toutes les dépenses. A la place de Surville, je prendrais une seule chambre, dans un quartier central, où je mettrais mon bureau pour mes affaires. Et vous passeriez ainsi la crise. Tu sais quels moyens j'employais pour vivre à bon marché : je ne faisais la cuisine que deux fois par semaine, le lundi et le jeudi, et je mangeais la viande froide dans de la salade. En me contentant du strict nécessaire, à Passy, je pouvais restreindre toutes les dépenses à un franc par tête. Je recommencerais cela très-bien sans sourciller.

Hélas! ma chère sœur, mes deux dents de devant, celles d'en bas, sont tout à fait perdues. L'une est tombée comme un fruit mûr, et l'autre sera tombée quand tu recevras cette lettre; ainsi nous ne pourrons plus nous mordre dans nos grandes petites querelles. C'est un vif chagrin pour moi, car je n'ai pas encore ce que tu as : mari et enfants. Ma carrière est libre, et ni le maire ni le curé ne l'ont ouverte; l'âge augmente, les agréments diminuent. O mes nièces! mes nièces! pensez à votre oncle, priez pour lui, pendant qu'il prie pour vous!

Alfred a pris un bon parti, car, en Afrique, il gagnera un grade et perdra ses illusions sur madame ***. En effet, elle aura sûrement un amant, et cela seulement pourra dégriser le pauvre garçon! Quant à Marie, rien ne m'étonne d'elle : elle a la légèreté de sa mère ou son insouciance sans avoir ses millions ; elle vit toujours dans les nuages ; je la plains comme je plaindrais un oiseau-mouche qui serait transporté en une seconde des tropiques en Laponie. Elle était faite pour fleurir dans un monde riche, élégant, sans s'inquiéter de rien, et les circonstances en veulent faire une madame Grandmain : il y a incompatibilité d'humeur entre son sort et son caractère.

J'espère que tes filles vont bien ; je sais que, dans les circonstances où vous allez vous trouver, elles ne manqueront pas de courage, qu'elles sauront se passer de bien des choses, car elles ont un père et une mère comme il y en a peu sous le rapport de la tendresse ! Surtout, toi, Laure, défie-toi de ton imagination, qui grossit le mal autant que le bien. Si j'avais fait des recettes au théâtre par *le Faiseur*, j'aurais pu partager avec vous ; mais il faut attendre.

Adieu ! n'oublie pas de m'écrire ; car, même les choses pénibles, il faut les dire à ceux qui nous aiment et les cacher aux autres. Donc, tiens-moi au courant de toutes vos affaires.

Embrasse pour moi tes deux chères petites et songe à te vouer avec elles « aux choses les plus embêtantes de l'économie domestique », comme disait Flore dans je ne sais plus quelle pièce des Variétés. On s'y livre ici avec amour pour, un jour, n'avoir plus à s'en occuper. Les amis chez qui je suis sont admirables ; ils vivent loin de tout commerce, dans une île déserte, avec cinq ou six Vendredis, et moi pour Robinson !

Allons, mille tendresses encore à tout le monde, et espérons que c'est au milieu des malheurs que tout change en mieux. Adieu.

CCCLIV.

A M. LAURENT-JAN, A PARIS.

Vierzschovnia, 9 février 1849.

Mon cher Laurent,

Ma sœur m'écrit les étranges transformations que Hostein veut faire subir au *Faiseur*. Ton esprit et ta raison ont dû te démontrer avant ma lettre qu'il est impossible de changer une comédie de caractère en un gros mélodrame.

Je n'ai jamais pensé que cette pièce pût aller au boulevard sans Frédérick Lemaître, Clarence, Fechter et Colbrun.

Donc, je m'oppose formellement à ce qu'on la travestisse. Mais je n'empêche pas que Hostein fasse faire une pièce sur ce sujet, seulement, il faut que tu saches et que tu dises qu'au théâtre personne ne s'intéresse aux affaires d'argent; elles sont antidramatiques et ne peuvent donner lieu qu'à des comédies comme celle du *Faiseur*, qui rentre dans l'ancien genre des pièces à caractère.

Donc, je me résume : ma pièce restera telle qu'elle est. Les sujets sont à tout le monde. Hostein, qui a une grande habitude du théâtre, n'en fera pas faire un drame, car il faudrait alors aller jusqu'à l'assassinat pour intéresser.

Maintenant, mon cher Laurent, si tu peux savoir de

source certaine quels sont les deux académiciens qui m'ont donné leur voix dans ma seconde défaite, tu me feras grand plaisir, car je veux les remercier d'ici moi-même. Mais, comme plusieurs voudront être de ces deux voix, ne te trompe pas ; je veux être sûr des deux vraies voix.

L'Académie m'a préféré M. de Noailles. Il est sans doute meilleur écrivain que moi ; mais je suis meilleur gentilhomme que lui, car je me suis retiré devant la candidature de Victor Hugo. Et puis M. de Noailles est un homme rangé, et, moi, j'ai des dettes, palsambleu !

Janin a été très-gracieux pour moi ; je te prie de l'en remercier vivement. Si tu rencontres Gautier, dis-lui des choses affectueuses de ma part, car il me revient, de côté et d'autre, des nouvelles de *la Presse*. Ses articles font sensation en Allemagne, malgré les révolutions, les sermons philosophiques et autres nuages allemands. Autant à Rolle, mon vieux camarade, qui a, dit-on, parlé fort gentiment de LA COMÉDIE HUMAINE.

Tu auras sous peu *le Roi des Mendiants*, pièce de circonstance en république et flatteuse pour la majesté populaire. Un scénario superbe !

Dieu te garde, et compte sur moi comme sur un homme qui se dira toujours ton ami.

CCCLV.

A MADAME DE BALZAC, A SURESNES.

Vierzschovnia, février 1849.

Ma chère mère,

Tu te plains de mon silence, et pourtant, si je compte bien, je ne t'ai pas écrit moins de sept fois depuis mon départ. Au reste, tu ne sais pas que la poste coûte fort cher dans ce pays, qu'*on* affranchit les lettres que j'envoie, qu'on paye celles qui m'arrivent, et qu'on est trop délicat pour m'en parler. Or, je ne suis encore ici qu'un hôte, magnifiquement, royalement reçu, mais rien qu'un hôte qui ne doit pas abuser de l'hospitalité.

Il te paraît singulier que je n'écrive pas à mes nièces. C'est toi, leur grand'mère, qui as de pareilles idées sur l'étiquette de famille ! Tu trouves que ton fils, âgé de cinquante ans, est obligé d'écrire à ses nièces ! Mes nièces doivent se trouver très-honorées et très-heureuses quand je leur adresse quelques mots, je leur écris quand j'ai le temps ; leurs lettres sont gentilles, d'ailleurs, et me font toujours plaisir.

Ce que tu me dis de la situation de Surville est navrant ! Je devinais bien que, depuis un an, il n'était pas sur des roses ; et j'ai le chagrin de ne pouvoir encore lui venir en aide.

Surville, une si belle intelligence, un si grand, un si courageux travailleur, le voilà traqué par les événements, comme je l'ai été pendant vingt années ! Mais, moi, j'étais seul, et lui a femme et enfants, et sa femme est ma sœur, et ses filles sont mes nièces ! Aussi quels regrets n'ai-je pas d'avoir entrepris la maison de la rue Fortunée sur des bases si coûteuses ! et d'y devoir encore soixante-dix-sept mille francs, lorsque soixante-dix-sept mille francs, au taux des rentes, sont aujourd'hui une fortune, lorsque toutes mes ressources m'ont manqué, par suite de l'année de chômage littéraire !... Quand je pense que, sans Souverain, qui m'a prêté cinq mille francs, je ne pouvais pas partir, et que ces cinq mille francs sont remboursables en avril prochain ! Est-ce gai ?... Mais à quoi sert de gémir ; il faut payer, et c'est ce que j'essayerai de faire.

N'oublie pas, je te prie, d'aller chez l'agent dramatique, qui demeure rue Saint-Marc, 4 ou 6, au deuxième étage ; — M. Hostein te dira le nom ; — et, là, tu toucheras ce qui peut me revenir de mon tiers dans *Madame Marneffe*[1], et un reste de compte de *la Marâtre*. Tu te feras connaître comme ma mère, et, au besoin, tu prieras l'agent de faire vérifier chez Gossart que ma procuration y existe en minute, afin de n'avoir pas la peine d'en prendre une expédition. Dès lors, il te payera mes droits tous les 8 ou 10 de chaque mois. J'espère qu'à la longue ce tiers de *Madame Marneffe* me donnera une petite somme.

Allons, adieu, ma bonne chère mère ; car j'ai beaucoup à écrire, et c'est demain le jour de départ du courrier. Tout ce qu'il me reste à te dire, c'est de te bien soigner, de ne pas te tourmenter et de prendre, pour tout ce qui

---

1. Drame-vaudeville en cinq actes, tiré de *la Cousine Bette*, par M. Clairville, et représenté le 14 janvier 1849, au Gymnase-Dramatique.

me concerne, omnibus et voitures à gogo! Quand je dis
ce qui me concerne, tu sais bien que ces affaires-là sont
aussi celles de la comtesse, et elle entend que tu aies le
moins de fatigue possible.

Cette pauvre comtesse va de malheur en malheur : non-
seulement elle a subi deux incendies, mais encore on lui
a volé des sommes considérables dans la succession d'un
oncle! Tous ces événements funestes ont agi sur les heureux résultats qui sont à venir ; et voilà comment nous
sommes comme des oiseaux sur la branche, et comment
je ne suis toujours que l'hôte très-aimé, très-choyé de
Vierzschovnia.

Adieu encore. Mille tendresses filiales et surtout mille
remercîments pour tous les soins et toutes les peines que
tu prends de mes affaires.

Je t'en supplie, quitte le moins possible la maison de
la rue Fortunée ; car, si François est fidèle et bon, il n'est
pas très-spirituel et peut faire bien des sottises!

CCCLVI.

A MADAME LAURE SURVILLE, A PARIS.

Vierzschovnia, 3 mars 1840.

Il y a bien longtemps que je n'ai reçu de lettres de
toi, ma chère sœur, et je n'en recevrai bien certainement
plus ; car, lorsque tu auras celle-ci, je serai déjà ailleurs
qu'à Vierzschovnia, préparant mon départ, qui, par les
temps que nous avons, n'est pas une chose facile. Quand

le *traînage* cesse, le dégel rend les routes impraticables, et les débordements font de tous les cours d'eau des obstacles invincibles, puisque les rivières sont sans ponts. L'hiver ne nous a pas épargnés ici : nous avons eu les froids de 1812, et j'ai été pris, à Kiev, d'un quatrième rhume qui m'a fait longuement et cruellement souffrir ; le traitement de la maladie du cœur et du poumon étant interrompu, je n'avais plus de force ; car la période où j'en suis est un affaiblissement total du système musculaire dans ces deux organes. De là ces étouffements à propos de tout, même d'une parole dite sur un ton trop élevé. Pourtant, ce dernier rhume tire à sa fin, et nous allons tâcher maintenant de remédier à cette atonie musculaire ; autrement, le voyage serait bien difficile. Déjà l'état où je suis m'oblige à prendre un domestique, étant, quant à moi, incapable de porter un paquet et de faire des mouvements tant soit peu violents.

Tout cela n'est pas gai !

Je ne sais de vos affaires que les quelques lignes que ma mère m'en dit. Il paraît qu'elles vont bien. Je sais que tes petites s'amusent, et que vous *ballez* même quelquefois.

J'aurais bien voulu apprendre que M*** est de tous ces bals et que la grande affaire touche à sa fin. Mais le silence de la grand'maman à cet égard me fait croire que, malgré les singuliers obstacles que je rencontre et qui sont interminables, l'oncle de cinquante ans pourrait bien devancer la jeune nièce et finir par gagner le pari. Nous sommes sevrés depuis bien longtemps des jolis bavardages de ces filles, à notre grande douleur.

J'espère être à Paris ou le 15 ou le 30 avril ; cela dépend de beaucoup de choses. L'état de la Galicie offre aujourd'hui de si graves dangers aux voyageurs, qu'il faut attendre le résultat des mesures que prend le gouvernement pour rendre la sécurité aux routes. Il y a des bandes de voleurs armés qui pillent dans les villes en plein jour et y font des enlèvements. Puis, ici, la conclusion de la grande affaire de toute ma vie rencontre des difficultés malheureusement prévues et causées par de simples formalités ; en sorte que, bien qu'il nous tarde à l'un comme à l'autre de voir la rue Fortunée, il y a une grande incertitude sur le départ.

J'ai vu à la foire des Contrats, à Kiev, de magnifiques tapis persans dans le genre de la portière que M. H... m'a donnée l'année dernière, et, entre autres choses, douze chaises d'un travail miraculeux. Mais tout cela était d'un tel prix, qu'il a fallu y renoncer. Nous avons préféré avoir des *termolamas*, pour Sophie et Valentine, qui auront là des meubles éternels ; car la jeune comtesse a un vêtement fourré fait avec du termolama que sa mère portait en 1830, et qui conserve encore ses couleurs. Je ne sais pas comment les Orientaux font pour traduire ainsi leur soleil en étoffes dans tous les genres. Ces peuples-là sont ivres de la lumière.

Je suis resté pendant vingt jours dans ma chambre, et mon seul plaisir a été de voir madame Georges Mniszech allant au bal dans des costumes d'une magnificence royale, car on ne sait pas ce que sont les toilettes en Russie ; c'est au-dessus, bien au-dessus de tout ce qu'on voit à Paris. La plupart des femmes ruinent leur mari par le luxe de leurs toilettes, et les danseurs ruinent la toilette des femmes par leurs brutalités. Dans une figure de la mazurka où l'on se dispute le mouchoir de la danseuse, on a mis en pièces un mouchoir de plus de cinq cents francs de la jeune comtesse, un des plus beaux de sa corbeille, que j'avais admiré avant son départ. La mère adorable a réparé cela en donnant le plus beau des siens, qui était deux fois plus riche : il n'y a de toile que pour se pincer le nez, tout est en point d'Angleterre. Voilà nos grands événements juge du reste.

Adieu ; mille tendresses à toi et à tes *muettes* filles, que je boude, et mille amitiés à Surville, à qui je souhaite un bon succès.

CCCLVII.

A LA MÊME.

Vierzschovnia, 22 mars 1849.

Ma chère Laure,

Il n'y a point de nouvelles à donner d'un désert ; il n'y a que celles qui me regardent personnellement, et celles-là ne sont point favorables.

Mes affaires se gâtent. Aussi ai-je hésité à t'écrire ; car pourquoi nous affliger de choses fatales qu'on ne peut que déplorer et subir ? Je n'ai rien dit à ma mère de ces tristesses ; elle ne les a déjà que trop aggravées en compliquant ma situation d'une lettre où, pour la première fois, elle m'écrit *vous !...* « Je comprends, mon cher fils, quelles ont pu être vos inquiétudes là-bas, à la réception, etc... »

Il faut que tu n'aies pas su cela, car tu l'aurais empêché, toi qui es si bonne et si conciliante ! Dans les circonstances où je suis, c'était bien fatal. M'écrire une lettre qui, pour des gens logiques, donnait à penser qu'il en résultait ou un mauvais fils ou une mère d'un caractère difficile, pointilleux, etc. Enfin, c'était la lettre d'une mère à un petit garçon de quinze ans qui a fait des fautes. Et, au milieu de tout cela, ma mère est toute à mes affaires ; elle me remplace ; elle ne mérite que des éloges, et je la vénère !

Il est à peu près sûr que je reviendrai comme je suis parti ; sans l'état de la Galicie, qui offre des inquiétudes, je serais en route. Cette lettre si inopportune, où ma pauvre mère non-seulement ne me dit pas un mot de tendresse, mais termine en déclarant qu'elle subordonne sa tendresse à ma conduite (une mère maîtresse d'aimer ou non un fils comme moi ; soixante et douze ans d'une part, cinquante de l'autre !), est arrivée au moment où je vantais les services de ma mère, où je disais quelle bonne comptable elle était, quelles peines elle se donnait à son âge en allant au chemin de fer, etc., etc.

Enfin, j'avais amené la comtesse à concevoir qu'il fallait que ma mère eût une bonne à Suresnes, qu'il fallait s'occuper d'elle, la rendre heureuse, quand est survenue cette bise en forme de lettre, deux mois après un reproche que j'avais fait à ma mère, et tu sais s'il était fondé !... Dans quelles inquiétudes nous avons été pendant un grand mois ! Moi, je n'en ai pas eu ; mais pouvais-je empêcher les commentaires d'une personne ultra-prudente, même défiante, et que ceci regardait exclusivement? J'ai deviné d'ici comment la chose s'était faite là-bas. Enfin, à propos des volumes que je lui écris, ma mère se plaignait que je ne lui écrivisse point ; bien plus, elle me créait des obligations d'écrire et de répondre à mes nièces, ce qui était un renversement des principes élémentaires de la famille ; et il faudrait que tu susses bien ce que sont les personnes chez qui je suis pour comprendre le mauvais effet de ces phrases, que ma mère, dans sa réponse, traite de plaisanteries mal entendues. Elle oublie que, depuis six mois, mes nièces ne m'ont rien écrit, et, comme leurs lettres ont été remarquées pour leur gentillesse, cette plaisanterie de ma mère a paru plus que sérieuse. Je te dis cela pour te faire voir comment des bêtises prennent des proportions gigantesques, quand on est si loin les uns des autres. Sur quoi veux-tu qu'on juge les miens, si ce n'est sur les rapports que nous avons ensemble, vous et moi?

Eh bien, donc, la lettre de ma mère est venue dans les circonstances que je te dis et dans d'autres bien plus graves. J'en étais arrivé à me faire permettre d'écrire à Saint-Pétersbourg pour avoir l'autorisation du maître souverain, et non-seulement le maître n'a pas consenti, mais encore, par l'organe du ministre, il nous a été dit qu'il y avait des lois et que je n'avais qu'à y obéir.

De guerre lasse, madame Hanska a parlé de m'envoyer tout vendre rue Fortunée. Elle est ici riche, aimée, considérée ; elle n'y dépense rien, elle hésite à aller dans un endroit où elle ne voit que troubles, dettes, dépenses

et visages nouveaux ; ses enfants tremblent pour elle !
Joins à cela la *lettre digne et froide* d'une mère qui gronde
son petit dernier (cinquante ans), et tu te diras que,
sur des doutes exprimés relativement au bonheur et à
l'avenir, un galant homme part, remet la propriété de
la rue Fortunée à qui elle est, reprend sa plume et va
s'enfouir dans un trou comme celui de Passy. A quarante-
cinq ans, les considérations de fortune pèsent d'un poids
énorme dans les plateaux du sort.

Toi qui as deux filles à marier, laisse-moi te donner
une leçon extrêmement amicale et positive :

Tu as fait une belle affaire, je suppose ; tu as cent mille
livres de rente, un château, et tu donnes quatre cent mille
francs de dot à chacune de tes filles ; naturellement, elles
sont très-recherchées, les gens les plus considérables, les
fils des meilleures familles demandent Sophie ; mais
Sophie a rencontré un sculpteur comme David, comme
Pradier, elle l'aime et vous l'avez reçu chez vous ; il est
au château, vous vivez pendant trois ans en famille, et la
vie de famille s'est si bien établie, que vous vivez cœur à
cœur ; rien de caché, tout est à jour, tout est à découvert.
Alors, vous apprenez que l'état de sculpteur a des chances,
que le gouvernement réduit ses commandes, que les travaux s'arrêtent, que l'artiste a eu des dettes, les a payées,
mais qu'enfin il doit encore à un marbrier, à des prati-
ciens, et qu'il compte sur son travail pour payer cela. Une
lettre d'un frère marié vous révèle que ce frère lutte avec
courage pour sa femme et ses enfants, et qu'il est en
péril ; qu'une sœur mal mariée est à Calcutta dans une
profonde misère, ayant une petite place qui suffit à peine

à ses besoins; et enfin une autre révélation vous arrive que le sculpteur a une vieille mère à laquelle il est obligé de faire une pension, et qui vit dans un village après avoir eu autrefois une très-belle existence, et cette mère écrit à son fils, qui est David ou Pradier ou Ingres, une lettre où elle le traite comme un gamin, et lui dit qu'elle l'aimera sous condition.

Suppose encore que, dans ces circonstances, un autre parti se présente. Le jeune homme est bien, il n'est grevé d'aucune dette, il a trente mille francs de rente et est avocat général. Que font madame Surville et son mari? Ils voient d'un côté une famille pauvre, un avenir incertain; ils trouvent des prétextes, et Sophie devient femme d'un procureur général avec trente mille livres de rente.

Le sculpteur remercié se dit: « Que diable ma mère a-t-elle fait en m'écrivant! que diable ma sœur de Calcutta faisait-elle de m'écrire sur sa situation! que mon frère ne se tenait-il tranquille! Nous voilà tous bien avancés; j'avais un mariage qui faisait ma fortune, mais par-dessus tout, mon bonheur; tout est à vau-l'eau pour des vétilles! »

Sache qu'il en est des mariages comme de la crème, qu'un rien, une atmosphère changée, une odeur fait tourner; que les mauvais mariages se font avec la plus grande facilité, que les bons veulent des précautions infinies, une attention scrupuleuse, ou qu'on ne se marie pas, et que je suis en train de rester garçon.

J'ai et j'aurai toujours dans madame Hanska la meilleure, la plus dévouée des amies, une amie comme on n'en a qu'une dans sa vie ; ses enfants m'aimeront comme si j'étais de la famille, mais ils ne veulent point de chances mauvaises pour l'avenir d'une mère *exactement adorée*, et ils ont bien raison.

On ne se figure pas la raison, la sagesse de madame Hanska : elles sont égales à son instruction, qui est colossale ; elle est belle encore, mais elle a le monde et ses tracas en horreur ; elle aime le repos, la solitude et l'étude.

Nous sommes de plus en plus inquiets sur la situation de la France, et il faut avouer que celle de Paris n'a rien d'engageant.

Que fait Surville ? Comment passez-vous la tourmente ? Ces questions, au milieu du calme et de la solitude où je suis, me préoccupent continuellement, et mes amis, qui épousent mes sentiments, sont aussi tourmentés que moi. La comtesse Georges Mnizsech connaît Sophie et Valentine, elle parle d'elles ; j'ai fait leur description, et on s'intéresse à elles. Mes nièces auraient dû m'écrire tous les mois. Quoiqu'une lettre de l'étranger coûte dix francs, on aurait toujours salué de cris de joie les caquetages de ces deux jolies perruches.

Songe donc, ma bonne chère Laure, qu'aucun de nous n'est, comme on dit, *arrivé*; que, si, au lieu d'être obligé de travailler pour vivre, je devenais le mari d'une des femmes les plus spirituelles, les mieux nées, les mieux apparentées et d'une fortune solide quoique restreinte, malgré le désir de cette femme de rester chez elle et de n'avoir aucune relation, pas même de famille, je serais dnas une position bien plus favorable pour vous être utile à tous. J'ai la certitude d'une bienveillance et d'un intérêt vifs pour les chères petites chez madame Hanska.

C'est donc plus qu'un devoir pour ma mère et pour tous ceux qui m'appartiennent de ne pas me nuire dans l'heureux accomplissement d'une union qui, *avant tout*, est pour moi *le bonheur*... Il ne faut pas non plus oublier que cette personne s'est vue, à raison de la maison dont elle sort, et à raison de sa grande réputation d'esprit, de beauté, de fortune (car on lui donnait les millions de sa fille), demandée par les personnages les plus illustres et les plus élevés, et cela constamment. Elle est mieux que riche et noble, elle est d'une exquise bonté, d'une douceur d'ange, d'une facilité d'existence intérieure qui étonne de jour en jour, et enfin réellement pieuse. Aussi, quand le monde considère de si grands avantages de toutes parts, mes espérances sont-elles l'objet d'une incrédulité quasi moqueuse. On nie, et cela part de tous côtés, on nie la possibilité du succès.

Si nous devions tous vivre sur le même vaisseau et sous le même toit, je concevrais les questions de dignité que soulève ma mère ; mais, pour rester dans les termes où doit être cette personne, qui apporte avec elle (fortune à part) les plus précieux avantages sociaux, je crois qu'il faut se contenter de donner de soi l'idée de parents très-affectueux et très-affectionnés à l'homme qu'elle aime. C'est le meilleur moyen d'exciter son intérêt et de se conserver son influence, qui sera énorme ! Vous pouvez tous dire, dans un bel accès d'indépendance, que vous n'avez besoin de qui que ce soit et que vous parviendrez par vous-mêmes. Mais je crois, entre nous, que les événements de ces dernières années vous démontrent qu'on ne fait rien sans relations, sans la puissance d'autrui; et les forces sociales les moins à dédaigner sont celles qui sont les plus proches.

Va, Laure, c'est quelque chose, à Paris, que de pouvoir, quand on le veut, ouvrir son salon et y rassembler l'élite de la société, qui y trouve une femme polie, imposante comme une reine, d'une naissance illustre, alliée aux plus grandes familles, spirituelle, instruite et belle ; il y a là un grand moyen de domination. On compte avec une maison ainsi établie, et bien des gens des plus haut placés l'envieront, surtout lorsque ton cher frère n'y apportera que gloire et très-habile esprit de conduite. Entrer dans des luttes quelconques avec une femme qui résume tant de grandeurs en elle, est donc une folie; et je te dis cela confidentiellement. Ni servilité, ni morgue, ni susceptibilité, ni trop de complaisances ; du naturel et de la bonne affection, voilà ce que le bon sens écrit comme ligne et règle de conduite vis-à-vis d'une telle femme.

Je n'ose pas te dire que, pour ces trois personnes, je suis, comme talent, l'objet d'une admiration qui ne s'est pas démentie depuis huit ans, et que les rapports intimes des voyages à quatre, que la connaissance de mon caractère, de mes sentiments, de mes habitudes, de mes manières n'ont fait qu'accroître. Tu t'imagineras que je m'encense; non, je te dis un fait, un fait certain, qui repose sur des fictions de cœur, ou sur des réalités. Or, les trois chères personnes ne *pardonnent jamais* à ceux qui blessent leurs sentiments sur moi. C'est ce que j'ai essayé de faire comprendre à ma mère dans la lettre qui m'a valu la sienne, et cette dernière lettre n'a pas guéri le mal. Si j'avais su ce que contenait sa lettre, je l'aurais gardée pour moi, car je suis bien le maître de ne pas communiquer une lettre ; mais j'ai poussé une exclamation, en disant: « Ma mère est fâchée contre moi ! » De là le dommage.

Tu sens bien que la lettre que j'ai répondue à ma mère et celle-ci sont écrites, cachetées et remises au comte Georges au départ du cosaque pour Berditchef, et, si tu m'écrivais des choses que tu voulusses n'être lues que de moi, tu n'as qu'à mettre en tête « Pour toi » ou « Confidentiel », et c'est fini. Les personnes avec qui je vis me montrent toutes leurs lettres, les plus intimes, d'affaires et de famille ; mais elles ont autant de respect que d'affection pour moi ; je suis le vieillard de la famille, et il ne faut pas vous imaginer que je sois en lisières. L'union qui nous fait vivre tous quatre d'un seul cœur n'est comparable qu'à notre attachement les uns pour les autres. Mes peines sont les peines des trois autres, et, quand ta lettre, ta première, où tu peignais ta position si sombre est arrivée, mon chagrin a été si partagé, que cela faisait oublier l'impuissance où sont mes amis et qui est de plusieurs genres : impuissance venant des lois et impuissance réelle ; car tu sais que les deux frères Mniszech ont à sauver la royale terre de Viezniovicz qui a sept mille paysans et seize mille arpents de forêts plantés par le roi Michel Vieznioviçki, dont ils ont été héritiers, le roi n'ayant laissé que des nièces. Le père de madame Hanska descend d'une de ces nièces et les Mniszech de l'autre, car c'est la troisième fois que ces deux grandes familles s'allient. Le jeune comte André épouse, au moment où tu recevras cette lettre, la comtesse Anna Potocka, l'une des deux ou trois riches héritières qui restent en Pologne, car elles sont aussi rares par ici qu'en France, les héritières ! Ce mariage est un grand bonheur de toute façon.

Tu vois que je t'écris comme à une sœur aimée ; aussi n'en laisse transpirer que ce que tu croiras possible de dire : tâche de rendre ma mère raisonnable. Ne prends pas en mal tout ce que je te dis ; cela part d'un bon cœur et d'une envie de t'éclairer sur les manières d'agir en fait de mariage. Alors, chère enfant, il faut marcher comme sur des œufs, réfléchir à un mot, à toutes tes actions. Enfin, si j'ai tort en quelque point de cette longue lettre, il ne faut pas m'en vouloir ; surtout n'en parlons plus ; c'est ce que je recommande aussi à ma mère. Mets-toi bien dans la tête que je n'ai nulle envie de *mener ma famille,* d'être *absolu* et *tyrannique* : c'est bien ce qui m'ennuierait le plus au monde. La seule chose dont j'ai soif, c'est la tranquillité, la vie intérieure et le travail modéré pour terminer LA COMÉDIE HUMAINE. J'espère, si par hasard mes projets se renouent ici, faire, comme on dit, une bonne maison ; si j'échoue complétement, je reprendrai ce qui m'appartient rue Fortunée et je recommencerai philosophiquement ma vie ; mais, cette fois, je me mettrai en pension dans un établissement quelconque, et je n'aurai qu'une chambre garnie, afin d'être indépendant de toute chose, même de mobilier. Et, le croirais-tu ? cette perspective n'a rien qui m'effraye, excepté pour ma mère ; et encore pourrais-je, en ne dépensant que cent cinquante francs par mois, lui servir sa pension. Que veux-tu ! pour moi, l'affaire actuelle, sentiment à part (l'insuccès me tuerait moralement), c'est tout ou rien, c'est quitte ou double. Une fois la partie perdue, je ne vivrai plus, je me contenterai de la mansarde de la rue Lesdiguières et de cent francs par mois : le cœur, l'esprit, l'ambition, ne veulent pas en moi autre chose que ce que je poursuis depuis seize ans ; si ce bonheur immense m'échappe, je n'ai plus besoin de rien et je ne veux plus rien. Il ne faut pas croire que j'aime le luxe : j'aime le luxe de la rue Fortunée avec tous ses accompagnements, une belle femme bien née, dans l'aisance et avec les plus belles relations ; mais je n'ai rien de tendre pour cela en soi-même, et la rue Fortunée n'a été faite que *pour et par elle*. J'attends donc tout de ce difficile succès, contre qui tout conspire. Si je ne suis pas grand par LA COMÉDIE HUMAINE, je le serai par cette réussite, si elle vient.

Comme j'agis toujours dans le bon sens et en vue du triomphe, dis à ma mère de faire les doubles rideaux de l'alcôve et d'y coudre les dentelles qu'elle a. Dis-lui aussi de faire prendre l'air aux tapisseries qui sont dans un tiroir de la commode de la Reine.

Adieu, ma chère Laure ; que Dieu protége toi et les tiens, et que nous puissions nous revoir heureux ! Mille tendresses à tes deux filles et mille amitiés à Surville.

On ne peut rien faire venir ici de Paris, car il est probable que vos marrons glacés arriveront en été. Les affaires de Galicie rendent les transports du commerce très-difficiles ; il ne passe sûrement que les lettres.

A propos, mon portrait par Boulanger est devenu la croûte la plus hideuse qu'il soit possible de voir ; les couleurs étaient ou mauvaises ou mal combinées, et c'est tout noir, c'est affreux ! Nous n'avons plus de peintres ; ils ignorent tous quelles couleurs ils emploient, et il n'y a pas de peinture sans science des couleurs. Je suis honteux pour la France d'une pareille toile ; et elle est reléguée dans une bibliothèque où l'on va peu. Quelle différence avec ce Holbein de ma galerie, frais et pur après trois cents ans !

Mille tendresses encore, ma pauvre chère sœur, et adieu. Vous saurez toujours, toi ou ma mère, si je reviens. Avez-vous des nouvelles d'Henry ? Je vous embrasse tous.

CCCLVIII.

A MADAME DE BALZAC, A PARIS.

Vierzschovnia, 9 avril 1849.

J'ai reçu avant-hier ta lettre du 23 mars dernier, ma bonne chère mère, et j'y réponds aussitôt. Il n'y a pas moyen de faire cette année le moindre payement, et, si je reviens seul, — ce qui paraît malheureusement probable ! — il faudra que je travaille comme aux plus rudes années de ma vie.

Ta caisse de bonbons nous est arrivée hier ; mais, hélas ! tout y était pêle-mêle et plus ou moins gâté, par suite du ballottement. Sans doute tu avais rempli les vides avec des journaux, et tout ce qu'il y avait d'*imprimés* aura été retranché par la douane ! Je vois que vous ne comprendrez jamais ni la Russie ni ses habitants. Envoyer des imprimés, c'est me causer les plus grands ennuis ; on peut être renvoyé d'ici pour ce simple fait.. Recommande bien à Souverain de n'employer dans ses ballots que du papier gris ou blanc, c'est absolu, cela ; ainsi l'instruction pour les lampes et tous les imprimés de Gagneau sont à la censure à Pétersbourg et occupent les censeurs, qui tâchent d'y chercher un sens politique.

Maintenant, quant à Marguerite, je la prends ; elle n'aura jamais à entrer dans les appartements ; elle n'aura rien à faire que la cuisine et ne sortira pas de là.

Tu me parles de désastres, tu veux te parer du nom de Cassandre ; tu oublies que Laure tient à ce titre-là. Mais, je t'en supplie, ne me parle jamais de choses pareilles : j'en sais plus que toi là-dessus, et tu ne saurais avoir, en ce qui touche les affaires d'argent, plus de prudence que la personne à laquelle tu t'adresses. Cette personne a peu de choses, mais elle y tient beaucoup ; aussi est-elle avare et prévoyante au delà de toute expression, parce qu'elle ne croit pas ton fils, malgré tous ses mérites, capable de prudence, d'avarice et de prévoyance. Tu vois comme elle s'effraye d'avoir *anticipé* sur ses revenus, et comme tout est en question à cause de quelques broutilles de dettes !

Quand je te prie de faire quelque dépense pour la maison, ce n'est pas de mon chef, c'est parce qu'elle le désire. *On* ne veut même pas d'union que toutes les dettes de la maison ne soient payées, car une personne de quarante ans bien passés n'est pas une jeunesse folle, et *on* ne veut pas une seule cause de trouble à la profonde tranquillité dans laquelle *on* veut vivre.

Adieu, ma chère mère ; soigne-toi bien, n'épargne rien pour ton bien-être, et j'espère que, vers juillet, je reviendrai te décharger de ton fardeau, te rendre tout à fait à ta campagne de Suresnes, où, étant avec ta bonne et ton petit revenu, tu seras un peu moins malheureuse. Je verrai à te débarrasser de toute obligation dès que j'aurai fini avec les miennes, car j'ai bien soif de savoir qu'à ton âge tu es, dans le coin que tu as choisi, bien servie, et jouissant de toutes les aises qui sont dues à une vieille mère de famille.

Ne t'étonne pas si quelque retard survenait pour des réponses attendues, car, dans quelques jours, il faut que j'aille à Kiev me présenter au général gouverneur ; c'est une obligation imposée à tous les étrangers et que des rhumes continuels m'ont obligé de retarder, et ce n'est pas une bagatelle que ce coûteux voyage. J'ignore combien de temps il prendra et quand nous serons de retour.

CCCLIX.

A MADAME LAURE SURVILLE, A PARIS.

Vierzschovnia, 9 avril 1849.

Nous avons été si attendris de ce que tu m'as écrit du désespoir de Surville, ma chère Laure, que nous avions tous des larmes aux yeux ; mais heureusement que tu nous as rendu de l'espoir à la page suivante, et nous voilà tous attendant de savoir si les affaires s'arrangeront, et Dieu sait quels vœux nous formons pour la combinaison la moins onéreuse à vos intérêts. Écris-moi la nouvelle à ce sujet, aussitôt qu'elle sera sûre, car tu ne te figures pas l'intérêt que nous prenons à Surville et à tes petites.

Comprends-tu que les chagrins m'aient fait tomber deux dents saines, entières, blanches, et cela sans douleur ! On ne sait pas ce que me coûtent l'année 1847 et février 1848, et surtout l'incertitude actuelle de mon sort ! J'ai ici la tranquillité matérielle, voilà tout. Et qu'eussé-je fait en France ? les journaux et le théâtre ne donnent pas de quoi vivre ; au moins, malgré mon éloignement, j'ai pu mettre ma mère à l'abri du besoin.

Elle m'écrit que tu ne gardes pas Marguerite ; si c'est par économie, je te prierai de dire à cette brave fille de rester chez toi ; je payerai ses gages et, à mon retour en France, je la prendrai à mon service. Il me suffit qu'elle soit probe et bonne cuisinière, car elle n'aura rien à faire chez moi que la cuisine, rien autre chose que cela.

Comme voilà deux ou trois maisons qui tombent autour de toi, il se peut que tu entendes parler d'un vieux domestique, c'est-à-dire d'un homme de quarante à cinquante ans au plus, fait au service, bien propre, rangé et sûr. J'ai bien besoin d'un pareil sujet et tu pourrais me l'arrêter, car, avec François et Marguerite, je serais tranquille ; je ne peux me passer d'une cuisinière qui soit *cuisinière* et d'un domestique capable de tenir la maison. Or, François ne peut faire que la porte, le calorifère, les cours, les escaliers, les commissions, les lampes et le gros ouvrage; il me faut une personne spéciale pour mon service et les appartements. C'est en lâchant son balai pour courir à la porte que François m'a crevé un tableau et qu'il me casserait des porcelaines et des cristaux. D'ailleurs, il est impossible de laisser cette maison seule : que François fasse une commission et que je sois à travailler, est-ce qu'une femme peut aller à la porte dans ce quartier-là? Donc, si tu entendais parler d'un phénix quadragénaire, capable de remplir la place, écris-m'en, et surtout pense qu'il faut qu'il frise l'homme de confiance.

Ma mère dira à Marguerite (s'il y a lieu, bien entendu) quand elle devra venir chez moi, car il faut qu'elle soit mise au fait avant mon arrivée.

Pardon de t'ennuyer de tous ces détails; mais remarque que je ne t'en parle qu'en cas d'un hasard, d'une rencontre heureuse. Je tiens par-dessus tout à la propreté flamande et à l'adresse, qui ne gâte rien.

Je remercie bien tes deux petites de leur lettre; il m'est impossible d'écrire à d'autres que toi et ma mère, car je n'en ai pas le temps. Aussi te prié-je de dire à Laurent-Jan de ma part que je le remercie de son excellente et spirituelle lettre; la comtesse Anna m'a prié de la lui laisser dans ses autographes, tant elle l'a trouvée bien écrite; je l'appelle *M. de Sévigné*. Dis-lui qu'il recevra *la pièce* dès que j'aurai une occasion sûre, et c'est là ce qu'il faut attendre, car comment envoyer un manuscrit? on ne les reçoit pas à la poste; il faut trouver une occasion pour Pétersbourg (nous en sommes à quatre cents lieues) et obtenir que l'ambassadeur s'en charge.

Quant à la Californie, tu m'as fait frémir en m'en parlant : c'est aussi stupide que les projets de Cabet ! Qu'un savant comme ton mari pense qu'il y a encore des gisements comme ceux de l'Oural (prophétisés par Humboldt, vingt-cinq ans avant leur exploitation), comme ceux de la Californie, et aille les chercher, en se fondant sur des similitudes géologiques et minéralogiques, bien ; mais aller là où le monde entier (vingt-cinq mille Chinois!) se précipite, aller là où le fret et le retour sont si difficiles, aller là où il y a concurrence effrénée, c'est ce qui me semble folie. Se mettre à la recherche d'un autre Oural, d'un autre Sacramento où l'on sera le premier, voilà ce qui est possible et *ce que je ferais avec lui*, si j'avais dix ans de moins. J'y ai pensé il y a vingt-cinq ans : c'est madame de Berny qui m'en a empêché; si elle vivait, elle pourrait dire qu'en 1829, je lui ai dit qu'il devait y avoir des tas d'or au pied des chaînes de montagnes non explorées et nouvelles par rapport à nos recherches.

Je voudrais avoir à te dire quelque chose de rassurant sur mon avenir; mais tout est en question et du plus mauvais côté. Je reviendrai bientôt et sans doute seul. Tu sauras cela par ma prochaine lettre.

Adieu ; mille amitiés à Surville ; tu as là un bien vaillant mari ! tes enfants doivent bien aimer leur père et on ne peut faire trop de sacrifices à un si grand courage.

Embrasse bien mes chères petites nièces, et qu'elles m'écrivent toujours, car leurs lettres nous réjouissent comme des fleurs qu'on voit dans les appartements. Tu sais tout ce que je te souhaite et ce que je suis pour toi. Continue à m'écrire avec force détails... Adieu.

CCCLX.

MESDEMOISELLES SOPHIE ET VALENTINE SURVILLE,
A PARIS.

Vierzschovnia, avril 1849.

Mes chères petites nièces,

Faites-moi le plaisir de me glisser, dans la première lettre que m'écrira votre mère ou votre grand'mère, une note bien rédigée et bien claire, assez claire et assez bien rédigée pour que nous puissions faire faire à des cuisiniers moujiks : 1° la sauce tomate inventée par votre mère, de manière qu'il n'y ait pas de différence avec celle qu'on mange à votre table ; 2° la purée d'oignons comme la faisait Louise chez votre grand'mère ; car, ici, voyez-vous, nous sommes dans un vaste désert, et, pour avaler le morceau d'un bœuf qui, tout entier, ne vaut que cent francs, et des moutons qui ne sont pas de Pré-Salé, il faut toutes les ressources et toute la coquetterie des inventions de la cuisine parisienne.

Soyez fières, Sophie et Valentine, d'avoir été, ce faisant, les bienfaitrices d'un pays entièrement dénué de veau ; je veux dire de veau passable, car les vaches font des veaux ici comme ailleurs ; mais ces veaux sont d'une maigreur républicaine. Le bœuf, tel qu'on en trouve à Paris, est un mythe ; on s'en souvient en rêve ; en réalité, on a des viandes âgées de vingt ans, filandreuses, dont on grossit les paquets de chanvre destinés à l'exportation. On se console par d'excellent thé, du laitage exquis ; quant aux légumes, ils sont exécrables ; la carotte sent la rave, les navets ne sentent rien. En revanche, on a découvert des gruaux à l'infini ; on fait des gruaux avec le millet, le sarrasin, l'avoine, l'orge, etc. On en fera avec des écorces d'arbre.

Donc, mes nièces, ayez pitié de ce pays, si riche en blé, mais si pauvre en légumes. Oh ! comme Valentine rirait en voyant les pommes, les poires et les prunes ! elle n'aurait pas fini de rire au bout d'un an.

Adieu, mes petites filles ; prenez la République en patience, car vous avez du vrai bœuf, du veau, des légumes vrais, et un bon oncle bien heureux et nourri de gruau. Soyez toujours gentilles, et écrivez votre politique à votre oncle, relativement aux sauces.

CCCLXI.

A MADAME DE BALZAC, A PARIS.

Vierzschvonia, 30 avril 1849.

Ma chère mère,

J'ai reçu hier ta lettre du 12 avril, et je m'empresse d'y répondre.

Si tu retournes t'établir à Suresnes, viens souvent à Paris, tous les jours si tu peux, pour jeter un coup d'œil rue Fortunée ; et prends des voitures, car tu sais que je ne veux pas que tu les épargnes. Ne me cause pas la plus légère inquiétude : je ne peux plus en ressentir !...

Il faudrait bien que le tapis de la salle à manger fût raccordé. Tâche que M. Henry envoie son ouvrier poseur. Je dois un bon pourboire à cet homme, qui a posé tous les tapis et que j'ai brusqué un jour. Tu lui diras qu'en septembre, il pourra venir chercher sa gratification ; je tiens à la lui donner moi-même.

Si M. Santi fait faire les travaux que je lui demande, sois là, je t'en prie, pour veiller à tout.

Une indisposition au cœur peu sérieuse et qui est en voie de guérison m'a empêché de faire le voyage de Kiev ; je ne le ferai que dans une dizaine de jours, et, au retour, j'aurai probablement des nouvelles de toi.

La pièce dont on parle pour les Français ne peut être que *le Faiseur* ou celle que j'enverrai à Laurent-Jan par la première occasion. La pièce que je destine au Théâtre-Historique a un grand rôle pour madame Dorval ; si elle revient, tu peux le lui dire ; c'est un rôle immense, à sa convenance.

D'après tous mes calculs, il faudra que Marguerite vienne rue Fortunée dans la dernière quinzaine de juillet.

J'ai confié à ma sœur la pêche miraculeuse de deux bons domestiques, et si, toi ou ta Pigache, vous pouvez y coopérer, je t'engage à te mettre de la partie ; car, pour rencontrer de pareils phénomènes, plus on est de monde, mieux cela vaut. Si ces deux phénix se rencontrent, ils se tiendront prêts à entrer en fonctions vers le 1er ou le 10 août.

Je souhaite, ma chère mère, que tu te portes bien et que tu te soignes ; n'épargne rien pour cela, car je te veux heureuse.

Ah! n'oublie pas d'aller, le jour de la Sainte-Anne, chercher une magnifique fleur ou deux; tu mettras dessus: *Un ami absent*; tu feras porter la chose chez madame Gavault, la veille de la fête. Si je te dis cela de si bonne heure, c'est qu'il est très-possible que je sois en état de l'oublier en juin.

Mes affaires les plus chères ne vont pas aussi bien que je le voudrais; mais, comme la raison en est triste et m'est entièrement personnelle, je n'ai pas besoin de te la dire, je ne veux t'annoncer que du bon; si j'étais entièrement libéré, je serais bien plus fort.

Adieu, ma chère mère; nous faisons tous des vœux pour ta santé. Quant à ton bien-être, je l'ai déjà commencé, et tu auras de bons vieux jours, si Dieu me prête vie; aussi prie-le bien pour moi, j'en ai besoin!

Mille tendresses de ton fils respectueux.

CCCLXII.

A MADAME LAURE SURVILLE, A PARIS.

Vierzschovnia, 30 avril 1849.

Ma chère sœur,

J'ai reçu ta lettre du 12 de ce mois, incluse dans celle de ma mère et je t'en remercie. Celle des petites était très-gentille; elle nous a fait le plus grand plaisir. — Une observation: Sache bien que, affranchies ou non, les lettres *venant de France* coûtent toujours le même prix. — Il est donc bien inutile de les affranchir, c'est une grande dépense ici, que les ports de lettres; car le jeune comté a des correspondances dans l'univers entier pour ses collections d'insectes, et il reçoit des lettres des Indes et du Brésil qui coûtent des prix fous. Si tes petites, dont les lettres plaisent beaucoup à la jeune comtesse, veulent m'écrire, qu'elles ne se gênent pas, et toi-même ne te gêne pas non plus. Écrivez-moi directement, mais ne donnez mon adresse à personne.

Je reste ici cloué par la maladie. Hélas ! j'ai payé tribut à 1848, comme tous ceux qui en sont morts ou qui en mourront ! seulement, mon tempérament de taureau donne du fil à retordre à la souveraine de l'humanité ; je fais partie de l'opposition qui s'appelle la vie. A la suite des chagrins de février, qui a sapé fortune et littérature, il s'est déclaré chez moi, pendant que j'étais à Saché, une hypertrophie du cœur (tiens cela secret pour ma mère !). Je ne pouvais pas marcher vite ni gravir la moindre éminence. Enfin, ici, je suis arrivé à ce point que je ne pouvais pas me peigner sans des étouffements et des palpitations ; et il y a eu deux fois des attaques de strangulation complète, par impossibilité d'aspirer et d'expirer l'air. Il m'est impossible de monter un escalier, où il faut que j'y mette les plus grandes précautions ; aussi a-t-il été de la dernière urgence de me remettre entre les mains des docteurs. Heureusement, il y a ici l'un des premiers élèves du fameux Franck, l'original de mon *Médecin de campagne*, et, depuis ma dernière attaque, je l'ai consulté. Lui et son fils ont reconnu une *hypertrophie simple*, et ils sont unanimes à répondre de ma guérison. Mais me voilà dans les remèdes ! pour combien de temps, Dieu le sait ! Toujours est-il qu'il me serait impossible de faire, sans danger, les huit cents lieues qui me séparent de Paris, tant que je ne serai pas tout à fait guéri. Ces affreux étouffements me prennent pour des contrariétés, pour des *sentiments trop forts;* il faut que dans ma vie tout soit couleur de rose. Les atrocités de la dame que tu sais ont été l'origine du mal; puis les désastres de 1848, qui m'a emporté soixante mille francs de travaux sur lesquels je comptais; les pertes que madame Hańska a subies ici et qui ont changé la face heureuse de mes affaires, tous ces ennuis m'ont achevé.

Cette horrible maladie, horrible pour un homme de ma vivacité (car est-ce vivre que de prendre garde à tout, à la moindre expression de sentiment, à une parole trop vive, à un pas trop rapide?), s'est compliquée, depuis quinze jours, du tribut que je paye au climat. Jusqu'à présent, je n'avais pas ressenti les influences terribles de ce climat asiatique. C'est effrayant! j'ai des migraines tous les jours, je dors avec des maux de tête continuels. Ici, chaleur et froid, tout est excessif. L'Asie nous envoie des vents chargés de principes tout autres que ceux de l'atmosphère européenne. Mais, comme je te le dis, les deux docteurs Knothe répondent de ma guérison, et je t'avouerai que je serais plus mal soigné à Paris qu'ici, où tout le monde a pour moi des sentiments si tendres, si paternels, si filiaux, et des attachements si sincères, qu'ils suppléent à ceux de la famille la plus aimante.

Assez parlé de moi; surtout motus à ma mère! dans l'état où tu me la dépeins, elle pourrait s'affecter outre mesure; seulement, dis-lui d'éviter dans ses lettres tout ce qui pourrait me faire de la peine.

Tu as bien fait de rester rue des Martyrs; tu as pensé ce que je pensais moi-même : c'est que le déplacement coûterait plus cher que tu ne ferais d'économies en déménageant. On peut se rétrécir comme existence, dans un appartement de quinze cents francs comme dans un appartement de trois cents. Tu n'as pas répondu aux choses essentielles de ma lettre ; par exemple, sur Marguerite et sur le phénix que je te priais de me chercher. Ces deux points sont très-importants, car il faut que j'aie quelqu'un pour le mois d'août au plus tard. Coûte que coûte, je serai revenu en août. Il faut mourir au gîte... Peut-on offrir une vie délabrée comme la mienne ! Je veux mettre ma situation en règle avec l'amie incomparable qui, depuis seize ans, a lui sur ma vie comme une étoile bienfaisante.

Ah ! ma pauvre sœur, tous les désastres de la révolution de Février ne sont pas connus ni finis. Cette sotte levée en masse de la démocratie, Lamartine en tête, a causé bien du mal à la France, et elle dévorera ses auteurs ! Si tu rencontres dans cette débâcle un brave homme, de quarante à cinquante ans, d'une probité reconnue, pouvant tenir à orgueil d'être chez moi, pour tout mettre sur le pied d'une propreté flamande, arrête-le incontinent ! Si tu rencontres également la femelle de ce mâle, garde-la-moi aussi ; mais surtout observe-les avec finesse pour savoir s'ils ont *réellement* les qualités dont se parent tous les domestiques qui veulent une place, et réponds-moi sur ces trois articles, car je ne veux de Marguerite que si tu la renvoies.

Sans doute, le fameux violon sera déjà en route lorsque

tu recevras cette lettre. Remercie bien M. Sauvageot de ma part, s'il m'a trouvé quelque belle chose, car ce violon est un cadeau que destinent au docteur qui me guérit deux demoiselles, cousines de la comtesse Anna et qu'il a sauvées elles-mêmes.

Adieu, ma chère sœur ; que Dieu protége ta famille et tes intérêts ! que Surville soit toujours en bonne santé ! que ses affaires prospèrent ! Il faut que j'aille à Kiev présenter mes devoirs au général gouverneur, et je ne recevrai de vos nouvelles qu'à mon retour. Soigne-toi bien, prends garde aux inflammations. Tu as deux petites filles charmantes ; leurs lettres font toujours les délices de la jeune comtesse Anna. Je t'envoie mille bénédictions de tendresses. Merci des nouvelles d'Henry.

Prends du papier moins fin, car je peux à peine te déchiffrer.

CCCLXIII.

A LA MÊME.

Vierzschovnia, 21 juin 1840.

Ma chère Laure,

J'attends réponse à deux lettres que j'ai écrites à ma mère et surtout une réponse pressée de M. Gavault. Vous ne vous figurez pas, dans ce Paris si ignorant de tout ce qui n'est pas lui, que vos réponses mettent vingt ou vingt-cinq jours à me parvenir, tandis que mes lettres vous arrivent en dix jours.

J'ai tardé près de quinze jours à te répondre, ma chère

sœur, car j'ai eu une affreuse crise. Ma maladie de cœur (sans parler de mes douleurs à l'estomac qui en sont une conséquence) était arrivée à un degré d'intensité si visible, qu'il a fallu se remettre entre les mains des médecins de Vierzschovnia. On m'a ausculté, et la maladie a été parfaitement reconnue; on l'a nommée, pour ne pas m'effrayer, *hypertrophie simple*. Le père a été d'avis d'entreprendre la guérison contre l'avis de son fils, qui, imbu de nos idées françaises, me regardait comme fini. Au bout d'un mois et demi de traitement, traitement qui a consisté à rétablir la circulation du sang veineux assez oblitéré et à le purifier, attendu qu'il s'était épaissi et que la pléthore était causée par un défaut d'équilibre entre le sang artériel et le sang veineux, — il est venu une période de traitement qui me soumettait à prendre deux fois par jour du citron pur et dans laquelle je vais rentrer. Or, un beau matin, il éclate une perturbation telle dans le plexus solaire, que je commence par être comme foudroyé, renversé d'un canapé, et il arrive des vomissements qui me font croire à ma dernière heure. On me couche, et alors les sensations extraordinaires que le hachich développe en plaisir se manifestent en douleur. Ma tête pesait des millions de kilogrammes et je suis resté neuf heures sans la pouvoir bouger; puis, lorsque j'ai voulu faire un mouvement, j'ai ressenti des douleurs vertigineuses telles que, pour les expliquer, il faudrait comparer ma tête à la coupole de Saint-Pierre, imaginer les douleurs pareilles à des sons qui se répercuteraient sous les étendues de cette coupole. J'avais la sensibilité démesurément agrandie pour souffrir. Le médecin ne me quittait pas, il craignait une *fièvre gastrique*. J'ai eu un second vomissement; enfin, après vingt-cinq heures d'agonie, j'ai pu prendre une médecine préparée pour empêcher l'inflammation des intestins.

Je suis resté six jours au lit et six jours en convalescence. Il paraît que c'était une violente émeute de ma maladie contre mon excellent tempérament, et voilà que, relevant de mon lit de douleur, je constate que les symptômes de ma maladie de cœur ont disparu : je puis monter, marcher, me coucher de plat, les voies sont libres, le cœur l'est aussi. Néanmoins, sans se fier à ce mieux, le docteur va achever son œuvre et me remettre à neuf; il faut encore un mois. C'est un bien grand médecin, tout à fait *inédit*. Il rend justice aux médecins français, les premiers du monde pour *reconnaître* et *déterminer* les maladies; mais il les déclare tout à fait ignorants, à quelques exceptions près, en thérapeutique, c'est-à-dire dans la connaissance des moyens curatifs. N'est-il pas affreux de penser que Soulié est mort faute de ce docteur, car j'étais, il y a deux mois, aussi malade que l'était Soulié quand il s'est mis à se traiter. J'avais sa maladie, causée par les mêmes excès de travail et je ne pouvais plus faire dix pas sans m'arrêter; toutes mes douleurs d'estomac ont disparu depuis deux mois. Quelle reconnaissance ne dois-je pas à ce médecin ! Il aime les violons; une fois à Paris, il faut que je trouve un vrai stradivarius pour le lui offrir.

25 juin.

Cette lettre n'ayant pu être remise au cosaque expédié à Berditchef pour le dernier courrier, je la reprends aujourd'hui, et je me félicite d'autant plus qu'elle ait été ajournée que j'ai reçu le paquet de lettres du 25 mai. Donc, si vous avez promptement nos lettres, les vôtres tardent à nous arriver.

Ma chère sœur, tu as tort de ne pas suivre mes recommandations, car tout ce que tu me dis de particulier était dans les six journaux que nous recevons et qui ont quinze jours d'avance sur les lettres, quoiqu'ils nous viennent de Pétersbourg ; j'enrage de te voir gaspiller ainsi ton papier !

Je n'ai que des actions de grâces et mille millions de remercîments à t'adresser pour la découverte d'Antoine, surtout si Antoine, bien examiné, répond à tout ce que tu m'en dis. Envoie-le à ma mère pour qu'elle le soumette à ses investigations. Antoine, François et Marguerite feront une trilogie d'où dépendra mon repos, car tu comprends que, « à voyager passant ma vie », il est de la dernière importance que la rue Fortunée soit bien gardée et que ma mère ne soit plus liée comme un chien de garde ; c'est bon une fois, je serais au désespoir de l'employer une seconde.

Hélas ! je n'ai pas de bonnes nouvelles à t'envoyer d'ici. Quant à l'affection, à la tendresse de tous, au désir de sarcler les mauvaises herbes qui encombrent ma route dans la vie, mère et enfants sont sublimes ; mais l'affaire principale est encore soumise à des embarras, à des retards qui me font douter que Dieu veuille que ton frère soit heureux au moins dans ce sens-là, car il est impossible d'avoir une famille pareille comme union, amour mutuel, délicatesse et bonté. Nous vivons comme si nous n'avions qu'un cœur pour quatre; c'est une répétition indispensable, c'est la seule définition de la vie que je mène ici.

Les lettres de tes petites font une joie indicible; on a deviné leur caractère, leur genre de beauté, leurs façons, leur esprit, d'après le style et l'écriture. C'est leurs lettres qu'on demande à grands cris lorsqu'un paquet arrive où je reconnais ton écriture. Si jamais la comtesse Anna vient à Paris, elle leur offrira souvent des places aux Italiens, à l'Opéra et à l'Opéra-Comique; mais Paris n'est-il pas menacé de perdre bientôt ces deux *petits quinquins!* Tu m'as mis du baume dans le sang par ce que tu me dis; Surville a fort bien mené sa barque. Surtout écris-moi promptement les nouvelles, bonnes ou mauvaises. Je voudrais savoir, dans ce Longchamps de malheur, qui sera le premier déguignonné, de lui ou de moi?

Marie est doublement follette! Comment donc ignore-t-elle qu'on traverse aujourd'hui l'Allemagne en cinquante heures sans s'arrêter, de Cracovie à Cologne, pour deux cent quarante francs; que son projet ou le service qu'elle réclame exigerait un voyage de capitale à capitale, où chaque séjour coûterait deux fois tout le voyage d'Allemagne actuel; que l'éternelle prétention des Allemands est de ne jamais ressembler aux Français; qu'ils ragent toutes les fois qu'on leur parle de la France; que les Viennoises ont, non pas la prétention, mais la certitude d'être *plus comme il faut*, plus élégantes, plus spirituelles que les Parisiennes, et que, d'ailleurs, l'Allemagne est le pays le plus gueux, le plus dénué du monde; qu'il y a soixante-cinq mille Allemands dans le faubourg Saint-Antoine et qui y vivent, faute de pouvoir vivre en Allemagne; qu'il n'y a pas une seule Allemande venue à Paris, depuis que Paris existe, pour y faire autre chose que vendre des petits balais ou sa personne, ce qui se fait sans aucune instruction.

Après cela, te figures-tu monsieur ton frère reçu chez M. de Humboldt à Berlin, ou à la cour, ou chez les ambassadeurs, ou chez les riches banquiers (juifs pour la plupart) et *saisissant un joint* pour expliquer sa petite réclame. L'idée m'est venue d'exécuter la scène en façon de Sosie parlant à sa lanterne, et nous avons tous failli mourir de rire.

Espérons, ma bonne chère sœur, qu'un rayon favorable luira sur nous; et je serai bien heureux s'il luit d'abord sur l'étang du Midi.

Ce matin, en reprenant le citron, j'ai eu une crise qui me fait abandonner ce moyen curatif; mon estomac ne le supporte pas, et cependant je l'aime, chose étrange! Est-ce un legs de ma mère que je recueille à cinquante ans, et de son vivant? Sais-tu que, m'étant couché par suite de cette crise au milieu de la journée, je t'écris à deux heures de la nuit et que je commence, voyant le jour se lever, à ne plus savoir ce que je fais? Donc, je te dis adieu, en souhaitant avoir bientôt de bonnes nouvelles. Mille amitiés à Surville; embrasse tes petites pour moi; je leur écrirai par le premier courrier. Quant à toi, ma chère Laure, trouve ici les vieilles (hélas!) tendresses de ton pauvre frère, dont le cœur est toujours le même, quoique refait par un docteur de l'Ukraine.

Tu vois que les Allemands font de telles bêtises, qu'on ne peut plus passer par chez eux! Quel peuple que celui-là ! il fait une révolution, soi-disant pour se débarrasser de ses princes, et il commence par s'en donner un de plus.

Par où reviendrai-je, je ne sais, mais je serai en septembre à Paris.

Après m'avoir trouvé Antoine, pense au phénix femme de charge (quarante ans et pas de malheurs) !

CCCLXIV.

À MADAME DE BALZAC, A SURESNES.

Vierzschovnia, 5 août 1849.

Ma chère mère,

J'ai reçu hier ta lettre du 23 juillet dernier, et j'y réponds, ainsi qu'à celle du 8 juillet précédent.

D'abord, n'ayez aucune inquiétude sur ma santé, car je suis tout à fait hors d'affaire ; mais, quoique la maladie ait été *coupée*, pour ainsi dire, il reste toujours à supprimer la cause même du mal, c'est-à-dire à remettre le cœur et le poumon dans un état parfait, et comme si rien ne les avait altérés ; or, cette œuvre est plus difficile que la première, elle veut plus de temps, et elle exige encore au moins un grand mois. Maintenant, je puis marcher, faire ma toilette, monter un escalier ; mais, si je voulais faire des mouvements de bas en haut ou de haut en bas, accélérer la marche ou monter un peu rapidement, soulever des meubles lourds, l'essoufflement reparaîtrait ; et je ne veux partir que complétement rétabli, c'est-à-dire quand la cause de la maladie sera détruite ; car, en voyage, on n'est pas maître de ses mouvements, et je pourrais retomber dans l'affreuse situation où j'étais. Le docteur m'a imposé un régime : je prends une mixture quatre fois dans la journée les jours pairs, et deux fois une poudre les jours impairs. Comment abandonnerais-je ce traitement à la veille peut-être d'obtenir un résultat?

Je crois que mes amis peuvent avoir affaire à Moscou, et alors je reviendrais par Moscou et Riga, ne fût-ce que pour éviter de revenir par la Galicie, qui est trop près du théâtre de la guerre, et occupée par les troupes russes. Ce détour exigera bien vingt jours de route; en sorte que si je suis dans les dix premiers jours d'octobre sur les bords de la Baltique, c'est tout le bout du monde; donc, je ne serai que vers le 20 à Berlin, et vers la fin du mois à Paris.

Ainsi te voilà tranquillisée et sur ma santé et sur l'époque de mon retour.

Les affaires sont ici, sous le rapport financier, dans une situation très-périlleuse. Beaucoup de denrées, point d'argent. Enfin, pour des raisons qui ne sont pas de nature à être données dans cette lettre, je dois regarder le projet qui m'amenait comme *indéfiniment retardé*.

Il va donc falloir venir reprendre le collier de misère et travailler plus courageusement que jamais, en se confiant à Dieu pour le reste.

Tu comprends que, dès lors, il est inutile de s'occuper d'une femme de chambre. Je regrette beaucoup de ne pas avoir l'Antoine de ma sœur; mais, dans la situation actuelle, j'aurai assez de Marguerite et de François.

A compter du 15 octobre, tu peux mettre la maison sous les armes. J'espère être du 20 au 25 octobre à Paris, ayant vu Moscou; c'est la seule occasion de ma vie que j'aurai de voir cette merveille; aussi ne regretté-je pas le mois de retard qu'éprouvera mon retour.

Fais observer à M. Froment-Meurice que ma coupe de cornaline ne m'est pas rendue; qu'en *un* *an*, je n'ai pas eu de dessin, qu'elle n'est sans doute pas montée, et qu'*on* me la demande toujours ici, en me parlant avec ironie de son activité prodigieuse!

Tu diras à Laurent-Jan qu'il faut attendre mon retour pour ce que demande M. Louis Perrée, car mes traités sont sous clef, et je sais seulement que les œuvres vendues au *Constitutionnel* ne peuvent pas être reproduites par *le Siècle*; d'ailleurs, rien ne peut être fait dans ce genre-là avant l'expiration de mon traité pour LA COMÉDIE HUMAINE, et il n'expire qu'en octobre prochain; ainsi, il faut de toute manière que Perrée attende le 1er novembre, et je serai au plus tard le 20 octobre à Paris, où je reprendrai mon métier de théâtre et de roman avec la plus grande activité, puisque je serai radicalement guéri et rajeuni pour le corps comme pour le cerveau.

Adieu, ma bonne mère; je recevrai encore une lettre de toi; et toi ou Laure en recevrez encore une, soit d'ici, soit de Moscou ou de Riga, qui vous annoncera le jour exact de mon arrivée.

Ah! j'oubliais! Dis à M. Santi de *négocier absolument* le petit terrain en fichu qui est entre moi et la maison de concierge de Gudin. *On* est tout à fait décidé à ce sujet, dans l'intérêt bien entendu de la maison, qui acquerra alors une valeur certaine. Qu'il ne néglige rien pour que, aussitôt mon retour, je puisse terminer cette affaire, si elle est faisable. Il sait bien ce qu'on peut offrir.

Adieu, chère mère; je t'ai écrit par une migraine folle; car ce climat donne d'affreuses migraines, dues aux intermittences de la température. Mille tendresses; songe que je vais te relever de garde, te décharger du fardeau que tu as porté pour moi pendant cette année, Dieu sait avec quel dévouement! J'espère que tout ira bien pour toi, et, à mon arrivée, nous verrons quelle sera la meilleure position à te faire, la plus agréable, car je veux que tes vieux jours soient sereins et tranquilles. Je t'embrasse.

Mille amitiés à Laure, à Surville et aux petites.

CCCLXV.

A LA MÊME.

Vierzschovnia, 14 septembre 1849.

Ma chère mère,

J'ai encore pour un mois de traitement. On m'a ausculté trois ou quatre jours avant l'arrivée de ta dernière lettre, et on a trouvé encore quelques points du poumon gauche entrepris. J'ai toujours la respiration crépitante et les bronches ne sont pas nettoyées; aussi as-tu été bien mal inspirée en m'annonçant des chagrins d'une manière si vague, et avec des expressions si inquiétantes, car c'est me causer des crises qui, selon les remèdes, peuvent être mortelles. L'effet n'a pas été si violent sur moi que sur madame Hanska, qui m'a lu ta lettre, *car, le soir, je ne puis plus lire,* tant mes yeux sont devenus faibles par suite de cette affreuse maladie et du mode de traitement. Une simple contrariété me met dans des états nerveux épouvantables. Si tu veux relire mes lettres, tu verras quelles recommandations je t'ai faites à ce sujet. Pourquoi, d'ailleurs, me parler de *chagrins réels* sans les préciser? n'est-ce pas alors vous donner tous les chagrins à la fois? Pour moi, je ne t'en veux pas, car je n'ai pas trop souffert; mais, d'ici à ce que je reçoive ta réponse, madame Hanska ne vivra pas, tant elle prend vivement tout ce qui me concerne; elle a fait une maladie de la grande crise où j'ai failli mourir.

Il y a trois mois, au fort du choléra, en lisant *le Droit*, qui donnait la liste des morts, nous avons vu le nom de madame de V...; mais, comme il y a beaucoup de personnes de ce nom, nous nous sommes dit que ce pouvait bien ne pas être elle, qui, d'ailleurs, demeure à Versailles. Si cela était, dis-le-moi, mais simplement et sans commentaires.

Voilà un an que je ne gagne plus rien. Si j'avais été à Paris et que j'eusse travaillé, je serais mort, car le docteur de Vierzschovnia me défend le travail encore pour longtemps.

Mes amis ont subi, en moins de six semaines, quatre incendies qui ont brûlé sous mes yeux un beau moulin frappé par la foudre, la récolte d'une terre, des maisons, etc. Les grandes fortunes, ma chère mère, ont des revers et des charges qui les rendent égales aux petites fortunes, surtout dans ce pays-ci.

Pour revenir à ta lettre, aurait-on brisé des objets précieux chez moi, perdu des tableaux? Tu me l'aurais dit. Est-ce que Surville aurait éprouvé quelque nouvelle déception? Serais-je menacé d'un procès? je ne me vois de difficultés possibles avec personne. Nous nous perdons en conjectures! Et tu vois le danger d'écrire des paroles vagues à sept cent cinquante lieues et à quarante jours de distance. Pourquoi me donner tous les soucis possibles, et surtout quand je t'ai averti que, par certaines phases de mon traitement, un chagrin pouvait compromettre le succès de cet excellent docteur et même me mettre sur le flanc pour plusieurs années?

Ainsi, chère mère, dans les trois jours de la réception de cette lettre, fais-moi la réponse; dis-moi quelle supposition est la vérité.

Je suis bien content de ce que tu m'annonces au sujet de la maison, car je désire qu'elle soit sous les armes et finie, que tout soit complet, dans l'attente d'un événement heureux, qui cependant, à l'heure où j'écris, est tout à fait ajourné. Je n'ai plus d'espoir qu'en la Providence, et elle a été toujours grande pour moi, puisque je vis.

Maintenant, ma chère mère, tu ne m'as rien dit de la négociation dont est chargé M. Santi pour le petit terrain en face de ma maison. On ne s'arrêtera pas pour le prix de ce petit bout de terre, qui double le prix de l'immeuble. Ainsi, pousse M. Santi.

Adieu. J'écrirai à Laure par le prochain courrier, car j'attends le violon du docteur, afin de joindre à sa lettre un mot pour M. Sauvageot; or, nous n'aurons le violon que dans quatre jours, et il est parti en mai!...

Mille tendresses, ma chère maman. Soigne ta précieuse santé; mille tendresses à Laure, à ses filles, et mes amitiés à Surville.

CCCLXVI.

A MADAME LAURE SURVILLE, A PARIS.

Vierzschovnia, 20 octobre 1849.

Ma chère sœur,

Si tu es étonnée de recevoir si tardivement cette lettre, tu seras affligée en apprenant le motif du retard ; seulement, si tu aimes ta mère et ton frère, ne dis pas un mot de cela à ma mère, pour qui ce serait un coup terrible.

Il s'est déclaré chez moi ce que le médecin appelle une fièvre céphalalgique intermittente ; c'est affreux ! Il croyait, à chaque accès, que cette fièvre deviendrait cérébrale. J'ai eu le dernier accès il y a trois jours ; elle a donc duré trente-quatre jours. Je suis maigre comme en 1819 ; pourtant il y a encore un peu de ventre, car le mien était si gros que c'est le dernier refuge de l'embonpoint attaqué par la maladie. Enfin, la fièvre a cédé à six doses de quinine, mêlé à je ne sais quoi, par jour. Les fièvres de ces pays-ci sont célèbres ; quand on attrape la fièvre moldave, on en garde les traces toute sa vie : témoin Labois, qui, l'ayant prise à Odessa, est devenu l'ombre de lui-même. Naturellement le voyage de Moscou est abandonné. Je t'écris le premier jour de ma convalescence.

Ma fièvre a été d'abord quotidienne, puis heureusement elle est devenue tierce, puis quarte, et elle est tombée avant-hier. Je compte sur toi non-seulement pour cacher cette maladie à ma mère, mais encore pour la rassurer sur le retard que cette chienne de fièvre apporte à mon retour. La maladie est bien passée, c'est fini; mais elle a produit un mal autrement grand : c'est l'interruption totale du traitement de l'affection chronique. Les poumons et le cœur ont regagné en mal le terrain que le traitement leur avait fait perdre, et il faudrait au moins deux mois, novembre et décembre, pour me mettre en état de voyager sans danger. Il paraît qu'il faut que j'absorbe cent soixante doses d'un médicament en pilules qui alterne, de deux jours l'un, avec des poudres que je prends dans du pain à chanter. A dix pilules par jour, cela fait trente-deux jours de traitement ; mais il y a des intervalles de repos qui doublent les trente-deux jours. Enfin, on ne peut plus voyager, quand novembre arrive, que si le *traînage* est possible, c'est-à-dire si la neige atteint à un degré d'épaisseur qui permette d'aller dans des traîneaux ; et le traînage n'est sûr qu'en janvier, car tu comprends ce que deviennent les équipages par un dégel ! Or, il faut que l'hiver soit bien établi, bien affermi, pour qu'on ose se risquer, et que le tapis de six pieds d'épaisseur soit étendu de Berditchef à Cracovie, sur un espace de deux cent cinquante lieues. Voilà pourquoi, au lieu d'être à Paris en novembre, comme je l'espérais, je n'y puis être qu'à la fin de janvier. Aussi, dès que ma maladie m'a pris, il a fallu obtenir une prolongation de séjour de six mois, attendu que je n'avais de permis de séjour que pour un an, et que l'année expirait. Si jamais je m'absente, je reviendrai à mon ancien système : *ne pas écrire.*

Le traitement de la maladie de cœur et des poumons me met dans un état exceptionnel : les nerfs sont d'une faiblesse, d'une susceptibilité incroyables. Vous aurez cru sans doute à quelque exagération de ma part ; mais vous devez bien vous figurer que j'ai, au contraire, tout atténué pour ne pas vous inquiéter. Le docteur Knothe promet toujours de me guérir, et ce qu'il a déjà fait prouve qu'il a une conviction. Bien sûr, en France, j'aurais succombé, comme Frédéric Soulié, à une maladie exactement semblable. J'ai eu trois vomissements de sang écumeux, extravasé dans les poumons, avant de me livrer à l'Esculape de Vierzschovnia, qui, par délicatesse, n'osait m'entreprendre. Encore trois mois, l'hydropisie de poitrine était incurable.

Donc, dis à ma mère que si je ne reviens pas, c'est que sans doute j'ai des espérances de finir heureusement mon voyage, et tu n'auras pas tout à fait tort ; qu'il vaut mieux pour moi rester un ou deux mois de plus que de revenir pour repartir encore ; ajoute que les choses vont peut-être mieux que je ne le dis ; enfin, arrange cela de manière qu'elle n'ait aucun soupçon de la vérité. Puis mets dans ta tête, dans celle de ma mère et dans celle de Sophie (qui laisse deux pages blanches dans sa lettre!) que quand on est à sept cent cinquante lieues, où il ne faut pas écrire, où il ne faut pas envoyer de papier blanc : 1° à cause de l'énorme prix du papier blanc ; 2° à cause de l'énorme bénéfice que le papier écrit offre *au cœur* et à la bourse. Quand la poste était chère, les Anglais, qui, avant tout, pensent au bénéfice, écrivaient deux fois sur la même feuille, en long et en large.

Ici, si l'on n'écrit pas deux fois, je suis sûr qu'on *lit* deux fois ; ce n'est pas la même chose, mais cela peut expliquer la cherté des lettres. Sophie m'a tracé un catéchisme de *mes devoirs* envers toi, comme l'an dernier ma mère me traçait un catéchisme de mes devoirs envers mes nièces; c'est un petit choléra particulier à notre famille, où l'on instruit les oncles à domicile et à l'étranger. Je plaisante, mais ces petites choses-là sont remarquées, et je ne l'aurais pas voulu. Puis je suis furieux contre les pages blanches. Vous me répondrez que ce sont les seules irréprochables, à ce qu'il paraît. Je pardonne à Sophie à cause du motif, qui est *toi*, et de tout ce qu'elle a fait avec Valentine pour ta fête. Ah! si mes vœux se réalisaient, comme j'aimerais à montrer mes chères nièces, si peu sujettes du diable! J'ai tant chanté leurs louanges ici, que la comtesse Anna ne rêve que de faire de la musique avec sa rivale Sophie quand elle sera à Paris, et à la faire jouir des Italiens et de l'Opéra. Si je dis que Sophie est une grande musicienne, j'ajoute que Valentine est *homme de lettres*, et la voilà fatiguée pour avoir écrit trois pages!

Je continuerai demain; on n'envoie que dans deux jours à Berditchef. Nos jours de poste sont le mardi et le samedi.

Ce 21.

Je viens d'écrire une longue lettre à madame Delannoy, avec laquelle mes affaires sont terminées; mais cette conclusion me laisse encore envers elle des obligations de conscience que mon premier ouvrage acquittera, car il est impossible d'avoir été plus mère, plus touchante, plus adorable qu'elle ne l'a été dans tout cela. Elle a été mère, je serai fils. Maintenant, il n'y a plus que mes affaires avec Dablin à terminer aussi.

Veux-tu savoir ce que sont les intendants en Russie ? Pendant vingt-cinq ans, la comtesse n'a eu que des comptes balancés d'une terre qui, mise en fermes, rapporte aujourd'hui vingt-huit mille francs de fermage. Les bras manquent dans ce pays-ci, une Beauce où l'on ne fume jamais ; aussi qu'arrive-t-il ? Cette année, il y avait un froment superbe, il est venu une herbe plus forte que le blé qui a étouffé le froment et a poussé à sa place. J'ai vu l'herbe, elle était plus haute que moi avec des gerbes d'or où il n'y avait rien ; elle a pris six dixièmes de la récolte. Cette plante a fait l'effet des sauterelles.

J'ai eu pour ma maladie une robe de chambre qui destitue à jamais les robes blanches des chartreux ; c'est une robe de chambre en termolama. Or, il faut te dire que cette étoffe persane ou circassienne était pour moi à l'état de rêve, et, depuis 1834, où il me fut donné d'en admirer des spécimens à Genève, je me figurais que les reines seules pouvaient porter cela. C'est une étoffe toute en soie, qui offre dans son tissu tous les miracles du travail des cachemires de l'Inde, c'est le châle exécuté en soie, mais alors beaucoup plus brillant. Cela dure des années. On est vêtu de soleil. C'est chaud et léger. Mon termolama est à fond noir semé de palmettes pressées et entourées de fleurs d'une délicatesse admirable, à reflets d'or. C'est fait à la main, et cela ressemble au brocart de Venise ; car le brocart, c'est cela exécuté en soie, or et argent. Ma maladie m'a rendu enfant : j'ai eu l'une de ces joies qu'on n'a qu'à dix-huit ans, quand à dix-huit ans on n'en a que douze. J'ai marché dans la gloire de mes palmes comme un sultan, et je t'écris dans ledit termolama. Les juifs caraïtes n'apportent cela que fabriqué en robe de chambre; car aucune industrie européenne ne tiendrait devant ce produit; en sorte qu'on ne peut avoir qu'une robe de chambre avec soi. J'ai gémi de ne pouvoir *armer* Valentine ou Sophie d'un termolama. Les femmes, en Pologne, ne s'en servent qu'en robe de chambre ou pour pelisse. Chacune de ces dames ici a son termolama. Je crois que cela se fabriquait du temps d'Abraham.

Le domestique qui me sert s'est marié, et lui et sa femme sont venus saluer leurs maîtres. La femme et l'homme s'étalent exactement à plat ventre, frappent trois fois la terre du front et vous baisent les pieds. On ne sait se prosterner qu'en Orient. C'est là seulement que le mot *pouvoir* a un sens. Il faut régner comme l'empereur de Russie ou ne pas s'en mêler. Un homme de Viezniovicz est venu avec des effets qu'il apportait ici, et il a souhaité à ses maîtres *un règne heureux*. Il faut dire aussi que Michel Koributh, dont les biens ont été partagés entre les Rzevuski et les Mniszech, avait (sous Louis XIV) toute l'Ukraine à lui, toute la Podolie, toute la Volhynie, et des biens en Galicie; c'est trois fois la France actuelle, et voilà ses descendants par les femmes qui, de tout cela, n'ont que quelques villages!... Comme les familles tombent! La comtesse Anna et son mari ont rapporté de Viezniovicz le réveil de Marina Mniszech, la tsarine, qui avait dans son trousseau, dont le détail existe dans leurs archives, un boisseau de perles orientales et *six chemises*. Leur oncle était le dernier roi de Pologne, à qui madame Geoffrin est venue vendre ses tableaux. Ils ont rapporté pour madame Hanska le plus beau Greuze que j'aie vu, fait par Greuze pour madame Geoffrin; deux Watteau, faits par Watteau pour madame Geoffrin; ces trois tableaux valent quatre-vingt mille francs. Il y a avec cela deux Leslie admirables, *Jacques II et sa première femme;* un Van Dyck, un Cranach, un Mignard, un Rigaud, sublimes; trois Canaletti achetés par le roi aux Rijzonico, trois Rothari, plus beaux que le Greuze; enfin, vingt tableaux de premier ordre. La comtesse possède déjà un Van Dyck acheté à Van Dyck par son trisaïeul; un Rembrandt, etc. Quels tableaux!... La comtesse Georges veut que les trois Canaletti soient dans ma galerie, les deux Watteau, le Greuze et les deux plus beaux Rothari sont pour le salon de marqueterie, auquel alors il ne manque plus que deux vases plats en malachite et deux buires pour être complet. Ah! il y a deux Van Kuysum qui, couverts de diamants, ne seraient pas payés. Quels trésors dans ces grandes maisons polonaises! C'est effrayant comme les trésors y coudoient la barbarie.

Allons, adieu; je bavarde comme un convalescent. Tu peux encore me répondre, mais il n'y a de temps que pour une réponse.

Envoie l'incluse à M. Sauvageot en la jetant à la poste.

Mille amitiés et mille vœux de prospérité à ton mari. J'embrasse tendrement mes nièces, et, quant à toi, c'est ta fête tous les jours dans mon cœur, à toi, vieille compagne de ma jeunesse, des bons et des mauvais jours. Adieu! sois moins concise.

CCCLXVII.

A M. HIPPOLYTE SOUVERAIN, A PARIS.

Berditchef, 1849.

Mon cher Souverain,

Je suis atteint de la même maladie que Soulié, mais j'ai trouvé ici un excellent médecin. Si Soulié avait eu ce médecin-là, il ne serait pas mort.

Tout à vous.

CCCLXVIII.

A MADAME ZULMA CARRAUD, A FRAPESLE.

Berditchef, novembre 1849.

Ma bien chère et bonne madame Zulma,

Mes nièces et ma sœur m'ont, à deux reprises, donné de bien tristes nouvelles de vous, et si je ne vous ai pas écrit, c'est que je ne le pouvais pas. J'ai été bien près de la mort du pauvre Soulié ; car j'ai vu éclater ici une terrible maladie de cœur, préparée par mes quinze ans de travaux forcés, et voilà huit mois que je suis entre les mains d'un docteur qui, en pleine Ukraine, se trouve être un grand médecin attaché au palais et aux terres des amis chez lesquels je suis. Le traitement a été interrompu par une de ces terribles fièvres dites moldaves qui, des marais du Danube, arrivent à Odessa et ravagent les steppes. Cela s'appelle une intermittence céphalalgique, et elle m'a duré deux mois. Il n'y a que huit jours que j'ai repris le traitement de la maladie chronique du cœur; et, avant-hier, mes nièces m'ont envoyé une lettre où l'on me dit que vous espérez garder Frapesle, mais que vous en vendez les terres.

Ces mots : Frapesle, madame Carraud, etc., ont réveillé tous mes souvenirs avec tant d'intensité, que, quoique tout travail, même celui d'une lettre à écrire, me soit interdit, j'ai voulu vous dire pourquoi et comment je n'ai pu écrire que quelques lettres d'affaires depuis *février* dernier, afin que vous ne croyiez pas que les vrais amis s'en vont et que vous sachiez que je n'ai jamais cessé de penser à vous, de vous aimer, de parler de vous même ici, où l'on connaît Borget depuis 1833!... Comme la vie est autre vue du haut de cinquante ans! et que souvent nous sommes loin de nos espérances! Vous souvenez-vous de Frapesle, quand j'y endormais madame Desgrès! j'ai endormi, je crois, bien du monde depuis! mais, que de choses, que d'illusions jetées en même temps par-dessus le bord! et croiriez-vous que, sauf l'affection qui va croissant, je ne sois pas plus avancé là où je suis? Quelle rapidité pour l'éclosion du mal et quels obstacles pour les choses du bonheur! Non! c'est à donner le dégoût de la vie. Voilà trois ans que j'arrange un nid qui a coûté ici une fortune (hélas!), et il y manque les oiseaux. Quand viendront-ils? Les années courent, nous vieillissons et tout se flétrira, même les étoffes et les meubles du nid. Vous voyez, chère, que tout n'est pas rose, pas même pour ceux qui, en apparence, ont la fortune. Cela devrait nous consoler et cela ne console personne, ni ceux et celles qui, dans l'opulence, rêvent la liberté dont jouissent les malheureux qui, dans la liberté, veulent la fortune.

Le château où je suis est comme un îlot dans un océan; l'océan est le blé et des steppes d'une étendue asiatique; mais, dans ce château, l'on parle quelquefois de vous, d'autant plus que le temps nous a manqué pour vous voir à Bourges. Nous sommes arrivés à neuf heures du soir et repartis à deux heures après midi, ayant vu la cathédrale, Jacques-Cœur et les Filles-Bleues. D'ailleurs, obtenez de femmes mises en costume de voyage d'aller en voir une autre inconnue sans les splendeurs de la toilette!... L'une des deux étrangères est maintenant mariée; elle est la petite souveraine de quinze mille âmes, et elle est heureuse; au moins faut-il qu'il y ait des heureux pour qu'on sache ce qu'est le bonheur ici-bas.

Je sais qu'Ivan est bien placé, que X..., est la dispensatrice des plaisirs d'Yorik; mais je voudrais avoir une lettre de vous pour en savoir plus que l'on ne m'en dit avec les généralités des lettres où les amis, quoi qu'on fasse, ont une phrase dans une page. Si vous ne voulez pas négliger un vieil ami d'enfance qui vous aime bien et qui vous est bien sincèrement attaché, vous pouvez m'écrire à l'adresse suivante : « M. de Balzac, à Berditchef, empire russe, par Berlin et Brody »; mais, si vous ne m'écrivez pas dans la huitaine qui suivra la réception de ma lettre, je ne recevrai peut-être pas la vôtre, car on me met en état de revenir, et il faut que je sois à Paris pour les premiers jours de février.

Allons, adieu ; le cosaque part pour aller porter les lettres à Berditchef, et je n'ai plus que le temps de vous embrasser de huit cents lieues de distance. Mille amitiés au commandant et à Borget. Resterez-vous à Bourges ou à Frapesle? Dites-moi bien vos projets. Viendrez-vous cet hiver à Paris? Allons, mille bien bonnes choses de votre tout dévoué.

Qu'est devenu Périollas? Où est-il? Est-il à Tournon? En avez-vous des nouvelles?

CCCLXIX.

A MADAME LAURE SURVILLE, A PARIS.

Vierzschovnia, 29 novembre 1849.

Ma chère sœur,

Ta dernière lettre, reçue il y a deux jours, m'a fait grand plaisir; car enfin j'aperçois un terme à tes angoisses que j'entrevoyais et que nous partagions tous ici. Avec quelle impatience nous attendons ta lettre du 20 décembre prochain pour savoir si l'affaire sera définitivement assurée!

Que je voudrais voir votre maison rebâtie pour en faire une belle et bonne maison de produit. Avec ce bien-là et une belle campagne en Touraine, vous auriez une honnête et douce aisance. Il est bien temps, car ton mari a énormément travaillé. Me voici arrivé à mes cinquante et un ans dans quelques mois. Il me faut la même petite aisance. Hélas! *dans le cas d'un heureux résultat*, il nous faudra bien de l'économie pour atteindre à ce but. Je sais maintenant ce que c'est que d'avoir *sa* maison! Il faut acheter encore trois terrains, pour pouvoir recevoir les enfants de la comtesse quand ils viendront, et bâtir!

Moi, j'ai repris le traitement de ma maladie de cœur, il y a huit jours. Notre docteur est un très-grand médecin, enseveli à Vierzschovnia, mais qui, semblable à beaucoup de génies, aime peu l'art où il excelle et ne l'exerce qu'à contre-cœur. Il est collectionneur de violons, d'armes et d'enfants, car il a beaucoup de ces produits naturels. Son aîné est un médecin qui poursuit sa profession avec ardeur, et qui promet d'être un grand médecin aussi. Comme médecin, le père a inventé *les poudres*. Il guérit par des substances réduites en poudre qu'on avale dans des pains à chanter; mais les effets en sont miraculeux. Il les varie, les dose, les compose au fur et à mesure des besoins du malade et des plus petites phases de la maladie. Cela exige des soins et des observations d'une minutie extrême; mais il se rend ainsi maître des maladies les plus désespérées. Il faut encore six ou huit mois de traitement pour que les valvules de mon cœur aient repris leur élasticité, leur force et leur jeunesse; car la cause de ma maladie était le dépérissement du sang veineux; les deux sangs ne s'infusaient plus facilement; les valvules du cœur ne fonctionnaient plus bien, et le sang s'extravasait dans le poumon droit, puis sortait par les bronches au moindre effort. A Paris, je serais déjà mort, comme Soulié. Nos médecins de Paris sont trop occupés pour avoir des soins si minutieux, et surtout ils ont tous l'opinion préconçue de la morbidité incurable des maladies de cœur; en outre, ils ignorent complétement les traitements à ordonner *selon les tempéraments*. Le docteur garde un si profond secret sur la composition de ses poudres, qu'il ne le livre pas même à son fils aîné. Il a radicalement guéri des gens plus malades que moi. En ce moment, je puis monter les vingt marches qui conduisent à mon appartement; mais trois marches de plus, je ne pourrais pas les franchir. En six semaines, il m'aura mis en état de voyager; et, l'année prochaine, je reviendrai pour quelques mois achever la cure radicale. La fièvre céphalalgique m'a retardé de trois mois. Ah! l'on ne connaît ce que c'est qu'un *climat excessif,* asiatique, qu'en le subissant!

Mes chers amis ont eu mille malheurs, cette année. Par exemple, un coup de tonnerre, pendant un orage où il n'a tonné que deux fois, a atteint un moulin à six cents mètres du château et l'a brûlé en cinq minutes, sous mes yeux. D'un autre côté, il n'y a pas de récolte. Le blé a été remplacé, sans qu'on sache pourquoi, par une herbe stérile ayant les apparences du blé. Ce phénomène n'est pas particulier à nos terres, il a affligé toute l'Allemagne.

Tu dois être très-fière de tes deux petites; elles ont écrit deux lettres qui sont charmantes, et qu'on a bien admirées ici. C'est la récompense de ta vie que deux filles semblables; il ne faut pas être injuste envers la destinée, tu peux accepter bien des malheurs. C'est comme moi avec madame Hanska. Le don de son affection m'explique tous mes chagrins, mes ennuis et mes travaux; je payais par avance au mal le prix d'un pareil trésor; comme l'a dit Napoléon, tout se paye ici-bas, rien n'est volé. Je trouve même que j'ai payé très-peu. Ce n'est rien que vingt-cinq ans de travaux et de luttes pour acquérir un attachement si splendide, si radieux, si complet. Voilà quatorze mois que je suis ici, dans un désert, car c'est le désert, et il me semble qu'ils ont passé comme un songe, sans une heure d'ennui, sans une discussion, et cela après cinq ans de voyages et seize ans accomplis d'une connaissance constante. Les seules inquiétudes ont été causées par nos santés et par les affaires. Il est vrai que la comtesse Anna et le comte Georges sont deux perfections idéales; je ne croyais pas que deux êtres pareils existassent. C'est une noblesse de vie et de sentiments, c'est une douceur de mœurs, une égalité d'humeur auxquelles on ne peut croire qu'en vivant avec eux; un enjouement, une gaieté sans fatigue ni monotonie. Jamais je n'ai été dans ma sphère comme là. Je ne pense pas à la France ni à Paris, mais je pense à toi, à ma mère, à mes nièces, et au bon Surville pour vous souhaiter le mieux que vous désirez. Aussi les petites auraient dû nous écrire leurs petits babillages tous les quinze jours.

Mon départ est fixé, je n'attends que le *traînage*; dans cette saison, il est impossible de se mettre en route tant que la neige n'est pas établie à une certaine hauteur et n'atteint pas une certaine consistance; autrement, je pourrais rester quinze jours, un mois dans un village, après avoir fait cent lieues. Nous avons eu hier de la neige, mais insignifiante, elle fond. C'est une famine dans ce pays quand la neige ne tombe pas sur le sol gelé par dix degrés de froid, et le froid n'a pas encore paru.

Adieu, ma chère Laure; écris-moi le 20 décembre où en sera ta grande affaire, car, jusque-là, nous serons inquiets. Dis-moi, en même temps, si tu me cèdes Marguerite; car je ne veux la prendre que si tu n'en as pas le moindre regret et si elle ne te suit pas en Languedoc.

Mille amitiés à Surville, dont j'admire les efforts; je ne

dis rien pour tes filles, à qui j'écris collectivement. J'espère être à Paris à la fin de janvier ; mes affaires l'exigent ; mais celles d'ici dominent tout.

L'histoire de Laurent-Jan, racontée par Valentine, m'a fait bien rire ; il a trop d'instruction, trop d'esprit et de réelle valeur pour ne pas comprendre qu'il y a une époque de la vie où elle devient sérieuse, et les gamineries de l'atelier ne sont plus de mise à l'âge où nous arrivons, quelque spirituelles et plaisantes qu'elles soient ; je l'aime beaucoup, et il fait semblant de l'ignorer. Fais-lui bien mes amitiés, et dis-lui que je compte tout à fait sur lui pour tous mes travaux de théâtre, que je veux lui faire partager.

CCCLXX.

A MESDEMOISELLES SOPHIE ET VALENTINE SURVILLE,
A PARIS.

Vierzschovnia, novembre 1840.

Mes chères petites chattes,

Vos lettres me font beaucoup de plaisir, et si vous étiez des nièces obéissantes, — car vous êtes un produit de la grande émancipation femelle de 1830, et vous n'en faites qu'à votre tête, — vous écririez tous les quinze jours à votre oncle, en bavardant avec la grâce qui vous caractérise. Seulement, épargnez-moi les compliments, mademoiselle Sophie ; ne me parlez ni de mes œuvres, ni de mes *talents;* parlez-nous de vous, de vos manières de voir et de vos idées. Vos lettres ont les honneurs d'une lecture publique, et sont dégustées comme un pâté de Strasbourg, sans aucune comparaison malivole avec les oies.

Je vois avec une extrême satisfaction qu'au milieu des anxiétés du moment, vous avez conservé votre gaieté, votre philosophie *valentinoise*, et ce doit être un bien grand bonheur pour les *auteurs de vos jours*. Mes chères petites, vous devez tout faire pour leur adoucir les peines que l'exécrable révolution de 1848 a infligées à tant de familles, car vous avez un père et une mère comme il y en a peu; ils ont fait de votre enfance ce que doit être l'enfance, un poëme de tendresse.

La jeune comtesse Anna prend le plus vif plaisir à vos spirituels bavardages, et vous êtes comme deux rossignols de poste qui enchantent notre solitude. Faites-nous donc nos plaisirs moins rares et permettez-vous les quatre pages, les huit pages, tous les quinze jours; et surtout prenez un papier moins diaphane, car on vous déchiffre péniblement; par contre, votre oncle vous rendra tous les plaisirs possibles à Paris. Enfin, vous marcherez ainsi dans une voie toute *sévignéenne*, et, si vous ne vous créez pas une réputation à Paris, vous en laisserez une colossale en Ukraine, où l'on commence à parler de mesdemoiselles Sophie et Valentine.

J'espère que vous lirez cette lettre en robe de chambre, car j'ai peur, si vous êtes en corset, que vous ne vous gonfliez outre mesure.

Adieu, chères petites; comptez sur le constant intérêt et sur la tendresse de votre oncle.

CCCLXXI.

A M. LAURENT-JAN, A PARIS.

Berditchef, 10 décembre 1849.

Mon cher Laurent,

Une maladie de cœur, longue et cruelle, à péripéties diverses, qui m'a saisi depuis le milieu de l'hiver dernier, m'a empêché d'écrire, excepté pour mes inextricables affaires et les stricts devoirs de famille.

Mais, aujourd'hui, les docteurs (il y en a deux) me permettent, non pas le travail, mais seulement la distraction, et j'en profite pour t'écrire un petit mot.

Si je reviens à Paris dans deux mois, ce sera grand bonheur, car il me faut au moins ce temps pour achever ma guérison. J'ai tristement payé, hélas! les excès de travail auxquels je me suis livré depuis dix ans surtout; mais ne parlons pas de cela.

Donc, vers les premiers jours de février prochain, je serai à Paris, avec la ferme et nécessaire envie de travailler comme membre de la Société des auteurs dramatiques; car, dans mes longs jours de traitement, j'ai trouvé plus d'une petite Californie théâtrale à exploiter; mais que faire d'ici? Il est impossible d'envoyer des manuscrits d'une certaine dimension. Les frontières ont été fermées à cause de la guerre, et nul étranger ne serait maintenant admis. Donc, attendons mon retour pour faire mieux que d'en parler.

Je suis sûr qu'il y a chez nous de grandes souffrances

dans la littérature et dans les arts. Tout chôme, n'est-ce pas? En février 1850, trouverai-je un public hilare? C'est douteux. Néanmoins, je travaillerai. Pense qu'une scène écrite par jour fait trois cent soixante-cinq scènes par an, qui font dix pièces. En tombât-il cinq, trois n'eussent-elles que des demi-succès, resterait encore deux succès qui feraient un joli résultat.

Oui, du courage! que la santé me revienne, et je m'embarque hardiment sur la galère dramatique avec de bons sujets. Mais que Dieu me garde d'échouer contre des bancs d'huîtres!

Je te le répète, mon ami, tout bonheur est fait de courage et de travail. J'ai vu bien des jours de misère, et, avec de l'énergie et surtout des illusions, je m'en suis toujours tiré; c'est pourquoi j'espère encore et beaucoup.

Nous avons ici un savant revenu de l'Arménie qui a retrouvé dans le Kurdistan les Juifs de Moïse pur sang.

A bientôt et mille amitiés.

CCCLXXII.

A MADAME DE BALZAC, A SURESNES.

Vierzschovnia, 10 janvier 1850.

Ma chère mère,

J'ai reçu aujourd'hui ta dernière lettre, une bien bonne longue lettre, comme nous les aimons.

Mes hôtes ont un désir relativement à la *loterie nationale*, et j'espère que cette lettre arrivera encore à temps;

dès que tu l'auras reçue, fais bien vite la commission expliquée dans la note ci-jointe.

Depuis que je t'ai écrit, j'ai fait encore une véritable maladie au milieu d'un si effroyable rhume, que je me voyais déjà enterré ici, ayant craché mes poumons. Il m'a fallu rester dix jours dans ma chambre sans en sortir, et même au lit ; mais ces dames ont eu l'adorable bonté de me tenir compagnie, sans se rebuter de ma jolie manière de cracher que tu connais. J'ai eu des sueurs à croire que j'avais la suette ; enfin, j'ai bien souffert ! Mais me voilà quitte encore une fois, et je crois même que je suis *acclimaté :* les céphalalgies et tous les mille malaises de l'acclimatement ont cessé. C'est depuis trois ou quatre jours seulement que la santé m'est revenue ; néanmoins, la maladie chronique est toujours là. Le docteur va reprendre le traitement dans deux jours ; je le suivrai jusqu'au dernier moment, car je suis sur mon départ. Avant de quitter la Russie, nous devons aller à la foire des Contrats, à Kiev, et j'en profiterai pour accomplir dans cette ville mes obligations de passe-port.

Ce voyage commence le 15 de ce mois. Il faut avoir loué une maison et y avoir expédié voitures, chevaux, vaisselle, cuisine, lits, meubles, etc. Nous en reviendrons dans les premiers jours de février, et alors je reprendrai la route de la rue Fortunée, qui sera bien difficile, car les neiges ont tellement encombré les chemins de fer, qu'on ne marche pas tous les jours et la route n'est sûre qu'au delà de Dresde. On a la chance de rester des sept ou huit jours dans des villages ; j'espère pourtant aller de manière à arriver vers la mi-février, à moins d'accidents imprévus, comme il s'en rencontre dans cette saison.

J'ai vu l'annonce d'un versement de quarante francs par action du Nord ; si nous nous décidons à envoyer ce versement d'ici, tu le sauras par le premier courrier, et tu recevras l'argent comme par le passé.

Quant à l'ouvrage de tapisserie de mes nièces, dont vous me parlez, ma sœur et toi, nous n'en sommes pas encore à avoir des choses de femme dans la maison ; puis je sais que, dans ce genre d'ouvrages, on aimerait mieux le nécessaire que le superflu, et qu'un beau foyer pour le salon blanc, par exemple, ferait bien plus de plaisir ; cela se voit mieux, est constamment sous les yeux, dure plus longtemps et est toujours de mode. Nous avons ici un tapis turc pour la salle à manger ; le foyer du salon blanc nous occupe beaucoup.

J'attends ta lettre de situation de caisse et je t'écrirai encore une fois.

Nous avons déjà vaincu ici beaucoup d'obstacles ; mais il en reste encore de grands et je ne saurai qu'à la foire aux Contrats si tout sera fini. En supposant que les choses s'arrangent dans le sens heureux, tu le pourras pressentir par ce que je te dirai relativement à la maison de la rue Fortunée.

Je ne peux pas monter vingt marches ; la maladie, bien qu'elle soit arrêtée, est toujours là dans ses effets. Quoi qu'il arrive, il faudra toujours que je vienne achever ici le traitement.

Je suis forcé de te dire brusquement adieu, car le comte se décide, à cause des neiges, à faire partir le cosaque pour Berditchef un jour d'avance, et j'ignorais cette circonstance. Comme je l'écrirai au reçu de ta lettre que j'attends, ce n'est que demi-mal. Donc, mille tendresses, et mes amitiés à Laure.

Ton fils soumis et respectueux.

CCCLXXIII.

A LA MÊME.

Vierzschovnia, 26 janvier 1850.

Je reçois ce soir, ma bien bonne mère, ta lettre du 3 janvier ; les vingt-trois jours qu'elle a mis à venir te peuvent expliquer dans quel état sont les chemins ; ils sont tout à fait impraticables à cause de la rigueur de la saison ; nous avons 30 degrés avec du vent, ce qui équivaut à 60. Ce matin, la température a cédé, et dans deux jours, si le froid se maintient aussi rude, nous partons pour Kiev, où il faut rester environ quatorze ou quinze jours. Mon passe-port, qui expire dans deux mois, sera visé, et, si le temps le permet, vers le 15 février, je serai en route ; mais, comme il fait encore de terribles froids en fin février, il ne faut pas compter sur moi avant le 15 mars, car il faudra bien certainement aller par étapes, s'arrêter à Brody, puis en Galicie, à Cracovie, à Breslau, à Berlin, à Francfort, et séjourner quelques jours à Dresde, entre Berlin et Francfort. Tout cela fait environ vingt jours d'arrêt et sept jours de route ; en tout, vingt-sept jours. Dans mon état de maladie, aller autrement serait une folie.

Comme cette lettre est la dernière à laquelle je puisse

avoir une réponse, et que, passé le lendemain du jour où tu la recevras, il ne faut plus rien m'adresser ici, fais-moi le plaisir de me répondre le jour même de la réception, en m'envoyant un autre compte de caisse.

Tu recevras encore une lettre de moi pour te dire quand tu dois arranger la maison.

N'épargne le feu ni dans la bibliothèque ni dans la galerie.

Dans le cas où vous auriez à m'écrire pour quelque chose de très-urgent, il y a deux endroits où vous pourriez m'adresser vos lettres :

1° A Berlin, hôtel de *Russie*; 2° à Francfort, chez MM. de Rosthchild frères.

Pendant les quinze ou vingt jours de la foire aux Contrats de Kiev, où l'on se rend de tous les points de la Russie, il y a tant de mouvement, d'affaires, de plaisirs, qu'il est impossible que je t'écrive, ni à personne autre.

Au retour de Kiev, je t'adresserai donc ma dernière lettre; car, à moins d'accident, celle-ci est l'avant-dernière. Dieu veuille que la dernière soit aussi une lettre de faire part! Tu es si bien avec le bon Dieu, que tu devrais le prier et faire quelque neuvaine.

Ma chère mère, si tu avais besoin de quelque chose pour toi, n'hésite pas à me le dire, car nous voulons que tu aies toutes tes aises. Le mot *omnibus* m'a fait la plus vive peine sur ton compte ; à ton âge, dans ta position de santé, quand tu vas dîner chez Laure ou que tu en reviens, et surtout quand tu sors pour mes affaires, prends des voitures. Je te le répète, tes omnibus m'ont fait saigner le cœur! J'espère bien, par mes travaux, faire en sorte que jamais tu ne montes en omnibus, et que tu puisses désormais toujours prendre une bonne petite voiture pour toute espèce de course qu'il ne te plaira pas de faire à pied.

Fais bien mes amitiés à Surville, embrasse Laure et ses petites pour moi, et trouve ici mille tendresses de ton fils affectionné et respectueux.

CCCLXXIV.

A LA MÊME.

Vierzschovnia, 28 février 1850.

Ma chère bonne mère,

J'ai reçu ici, il y a deux jours, ta lettre du 11 de ce mois, et j'avais reçu la précédente à Kiev. Hélas ! le voyage de Kiev a été funeste à ma santé. Dès le second jour de mon arrivée, pendant que je faisais mes visites aux autorités, un terrible et délétère coup de vent, dit *chasse-neige,* venu par le cours du Dniéper et qui arrivait peut-être des côtes de la mer Noire, m'a saisi, quoique je fusse enveloppé de fourrures à ne pas laisser une place à frapper, et j'ai eu le plus atroce rhume que j'aie éprouvé de ma vie. J'ai eu quatre jours de fièvre et j'ai gardé vingt jours la chambre, sans sortir. Les bronches, les poumons, tout a été attaqué. Ce n'est pas encore fini. Décidément, ma nature se refuse à l'acclimatement. Ce pays-ci est impossible pour les tempéraments nerveux. Te dire à quel point je suis maigre et faible est inutile. Dans l'état de santé où je suis, il est impossible de voyager sans un domestique; mon excursion à Kiev n'aura pas été absolument vaine, car j'y ai trouvé un jeune homme d'une vingtaine d'années, connu, très-probe, et à qui je puis me fier; qui sait l'allemand, le français (il est Français), le russe et le polonais. S'il peut devenir un bon valet de chambre, ce serait un sujet précieux pour moi.

Maintenant, quand partirai-je? On n'en peut rien savoir. D'abord, la Galicie est pleine de bandes de brigands armés, qui, d'après des nouvelles sûres, font des expéditions en plein jour. Tu as dû voir dans les *Débats* qu'aux environs de Cracovie, la loi martiale est proclamée, et qu'il y a des troupes employées à réduire ces brigands. Il faut donc attendre que l'ordre soit rétabli. Puis nous sommes à attendre encore le dégel. Quand il y a dégel, les routes sont impraticables et il faut que le terrain soit redevenu solide; enfin, mes paquets doivent avoir dix jours d'avance sur moi, car il faut que je les trouve à Radzivilof pour les expédier, de douane autrichienne en douane française, par le roulage, comme j'ai fait à Paris. Or, nous sommes au 28 février, il est donc assez téméraire de croire que je serai en route pour le 15 mars; et, dans cette supposition, j'arriverai dans les premiers jours d'avril. Mais, si mes espérances tant caressées se réalisaient, il y aurait un retard de quelques jours, attendu qu'il faudrait aller à Kiev pour régulariser mes papiers. Sous ce rapport, tout est probable; car ces quatre ou cinq maladies successives, les souffrances de la période d'acclimatement que l'affection me fait prendre en riant, ont plus touché cette belle âme qu'elle n'est effrayée, comme femme raisonnable, des quelques petites dettes qui me restent à payer, et je vois que tout ira bien. Dans cette heureuse hypothèse, il ne faudrait pas regretter le voyage de Kiev, car la comtesse m'a héroïquement gardé sans sortir, et il ne faudrait pas non plus s'affliger du petit retard que cela causerait. Mais, même dans ce cas-là, *mon* ou *notre* arrivée aurait toujours lieu dans la première quinzaine d'avril.

Voilà tout ce que je puis te dire quant à mon retour, à ma santé et à ce qui m'intéresse le plus. D'ailleurs, un mois de traitement de la maladie chronique serait nécessaire pour me mettre en état de faire le voyage ; ce dernier rhume est cause d'une interruption de deux mois et demi dans le traitement de la maladie de cœur, et voilà mes étouffements à propos de rien revenus.

Parlons d'autres choses...

J'en suis bien fâché pour Marguerite, mais il est impossible d'admettre un chat dans une maison comme la mienne ; puis madame Hanska exècre particulièrement cet animal. Je suis sûr qu'avec toi, il ne pénétrera nulle part où sa présence ferait des dégâts souvent irréparables. Mais où Marguerite peut-elle tenir son chat? Dans la cuisine? Est-elle sûre qu'il ne s'en échappera pas? Et l'odeur? C'est donc impossible, elle doit bien le voir.

Je tiens à cette femme parce qu'elle est très-probe, et que, n'ayant à faire chez moi que la cuisine, elle devra se trouver très-heureuse et bien servir ; mais, si elle ne sent pas son bonheur (ce que je verrai par moi-même), si elle a des caprices insoutenables, comme elle ne manque pas de places, je chercherai, nous chercherons quelque autre trésor moins coûteux ; mais je veux la voir moi-même et lui parler. Je te supplie de lui faire comprendre qu'elle sera avec deux braves et honnêtes gens, François et Eugène, que j'ai déniché à Kiev; et j'espère que la femme de chambre que nous aurons sera aussi très-probe, travailleuse et supportable.

Je t'écrirai encore une fois d'ici, puis de Berlin; de là, je pourrai t'indiquer, à un jour près, la date de mon arrivée, et tu auras encore cinq ou six jours au moins devant toi pour tout finir, approprier et arranger, en cas de double arrivée, car nous prendrions par Francfort et Strasbourg à cause des cinq douanes qui sont entre Berlin et Paris.

Ainsi, chère mère, quand tu recevras cette lettre, quoi qu'il arrive, il n'y aura plus qu'un mois à attendre pour que je sois de retour. J'espère que le voyage me remettra et que je n'arriverai pas aussi maigre que je le suis en ce moment; mais, quant à la maladie de cœur, elle persiste, et il faudra revenir ici pour la faire guérir radicalement par celui qui l'a entreprise.

Mille tendresses, en attendant que je puisse t'embrasser, et trouve ici les respects et l'obéissance de ton fils soumis et affectionné.

CCCLXXV.

A LA MÊME.

Berditchef, 11 mars 1850.

Ma chère mère,

Me voici enfin à Berditchef, où tout est préparé pour l'affaire que tu sais; mais je ne t'en écrirai qu'à Vierzschovnia, après la terminaison : ces choses-là, ici comme partout, ne sont finies que quand on sort de la cérémonie. Aussi ne t'écrive-je aujourd'hui que pour te dire un changement important dans l'itinéraire. Au cas où je ne reviendrais pas seul, nous ne passerions plus par Berlin, et, si tu as à m'écrire, adresse ta lettre « à M. de Balzac, hôtel de la ville de *Rome*, à Dresde (Saxe royale) »; car ce sera notre premier séjour, et c'est même de là seulement que je te pourrai dire le jour probable de l'arrivée.

Je te recommande toujours la plus grande discrétion; elle est aussi nécessaire à Paris qu'ici. Dans le cas de succès, ce serait le 14 de ce mois, à sept heures du matin. Nous repartirons le jour même pour Vierzschovnia, où nous resterons une dizaine de jours pour terminer d'importantes affaires; puis nous irons à Kiev, pour arranger les passe-ports; en sorte que nous ne serons pas sur la route avant le 1er avril, et il faut alors plus de dix-huit jours pour le voyage.

Maintenant, chère mère, fais bien attention à la recommandation suivante :

Je voudrais que madame Honoré trouvât la maison dans sa plus belle parure, et qu'il y eût de belles fleurs dans toutes les jardinières. Mais, comme il faut que les fleurs soient fraîches, je t'écrirai de Francfort pour t'indiquer le jour où tu devras faire placer les fleurs. C'est une surprise que je prépare, et je n'en dis rien. Je ne t'écrirai donc, dans cette lettre, que ceci : *N'oublie pas, pour tel jour, de faire arranger les jardins.*

Tu trouveras, dans le grand bol de Chine qui est au-dessus de l'armoire brune de la première pièce d'en haut, du côté du salon de marqueterie, l'adresse d'un jardinier des Champs-Élysées ; ce jardinier est déjà venu, en 1848, chez moi, pour voir ce qu'il fallait de fleurs par quinzaine, pour garnir la maison et faire un prix pour toute l'année. Il s'agissait de six à sept cents francs par an. Comme je devais partir, j'ai ajourné cette dépense, qui ne peut être faite que si les fonds suffisent, et si elle plaît à une personne qui, d'ailleurs, adore les fleurs. Donc, ce jardinier, ayant garni une fois la maison, aura des bases pour faire avec toi le marché. Tâche d'avoir de belles fleurs ; sois exigeante.

Voici ce qui doit être garni : 1° la jardinière de la première pièce ; 2° celle du salon en japon ; 3° les deux de la chambre en coupole ; 4° de petites bruyères du Cap dans les deux petitissimes jardinières de la cheminée de la pièce grise en coupole ; 5° les deux grandes jardinières des deux paliers de l'escalier ; 6° de petites bruyères dans les deux bols montés par Feuchères.

Je ne sais pas si Grohé a fini la jardinière en marqueterie du salon vert. Si elle est prête (elle se place entre le meuble à écrire et l'armoire en marqueterie), il faudra la garnir de *belles, belles* fleurs.

Adieu, ma chère mère. Dans quatre jours, je t'écrirai plus amplement. Je ne pouvais t'écrire que d'ici pour les fleurs.

Mille respectueuses tendresses.

CCCLXXVI.

A LA MÊME.

Vierzschovnia, 15 mars 1850.

Ma bonne chère mère aimée,

Hier, à sept heures du matin, grâce à Dieu, mon mariage a été béni et célébré dans l'église Sainte-Barbe de Berditchef, par un envoyé de l'évêque de Jitomir. Monseigneur aurait bien voulu me marier lui-même ; mais, empêché qu'il était, il s'est fait représenter par un saint prêtre, le comte abbé Czarouski, l'aîné des gloires du clergé catholique polonais. Madame Ève de Balzac, ta belle-fille, a pris, pour lever tous les obstacles d'affaires, une résolution héroïque et d'une sublimité maternelle : c'est de donner toute sa fortune à ses enfants, en ne se réservant qu'une rente.

Ainsi, maintenant, l'époque de mon retour est assurée : elle dépend d'un autre voyage à faire à Kiev pour régulariser mon passe-port en y inscrivant le nom de ma femme. Or, nous avons pour dix jours à emballer ici, dans quatre ou cinq grandes caisses, tous les effets que nous expédions sur Paris, et qui doivent partir au moins quinze jours avant nous ; car, autrement, nous serions obligés de les attendre à la frontière, où il faut les plomber pour le transit. Donc, il est difficile que nous soyons à Brody avant le 1er avril ; et, de là, il nous faut quinze jours pour être à Paris, en supposant que tout aille comme sur des roulettes. Au surplus, comme je te l'ai déjà écrit, tu recevras de Dresde une lettre dans laquelle je te donnerai les dernières instructions et t'indiquerai le jour précis de notre arrivée.

Nous sommes maintenant deux à te remercier des bons soins que tu as donnés à notre maison, comme nous serons deux à te témoigner notre tendresse respectueuse. J'espère que tu jouis d'une excellente santé. Je te réitère de ne pas épargner les voitures pour diminuer les peines que nous te donnons pour nos affaires.

A bientôt !

Trouve ici l'expression de mon respect et de mon attachement filial.

Ton fils soumis.

Ma femme avait l'intention d'écrire quelques lignes au bas de cette lettre ; mais le courrier attend, et elle est au lit, les mains tellement enflées qu'elle ne peut écrire ; elle te mettra ses soumissions dans ma première lettre.

CCCLXXVII.

A MADAME LAURE SURVILLE, A PARIS.

Vierzschovnia, 15 mars 1850.

Ma chère sœur,

Hier, à Berditchef, dans l'église paroissiale de Sainte-Barbe, un délégué de l'évêque de Jitomir, un saint et vertueux prêtre, en tout point semblable à notre abbé Hinaux, le confesseur de la duchesse d'Angoulême, a béni et célébré mon mariage. Il y a donc, depuis vingt-quatre heures, une madame Ève de Balzac, née comtesse Rzevuska, ou une madame Honoré de Balzac, ou une madame de Balzac l'aînée. Ce n'est plus un secret, et, comme tu le vois, je te l'annonce dans le plus court délai, car, hier, nous sommes partis de Berditchef après les cérémonies, nous avons voyagé jusqu'à dix heures et demie, et la fatigue a exigé que nous nous couchions tous. Je viens de me réveiller et je t'écris, ainsi qu'à notre bonne mère.

Les témoins étaient le comte Georges Mniszech, le gendre de ma femme, le comte Gustave Olizar, beau-frère de l'abbé comte Czarouski, l'envoyé de monseigneur l'évêque, et le curé de la paroisse de Berditchef. La comtesse Anna accompagnait sa mère, toutes les deux au comble de la joie. C'est, comme tu le sais, avant tout, un mariage de cœur, car madame Ève de Balzac a donné toute sa fortune à ses enfants, le comte Georges étant peut-être meilleur pour elle que beaucoup de fils ne le sont pour leur mère.

Malgré tous nos efforts, nous avons encore quelques dettes ; aussi, je vais être obligé de travailler encore d'arrache-pied ; mais nous avons la certitude qu'en 1852, au plus tard, notre ménage aura du moins l'aisance. C'est les soixante mille francs versés au chemin de fer du Nord qui nous ont si fort obérés ; je dis *nous,* car nous étions fiancés dès 1846, à Strasbourg. Mais enfin on voit le terme des sacrifices faits à l'idole moderne, le chemin de fer! Quant à madame de Balzac, que t'en dirai-je encore ? elle peut être enviée ; mais, à l'exception de sa fille, il n'y a pas, dans ce pays, de femme qui lui soit comparable ; c'est bien le diamant de la Pologne et le joyau de cette vieille et illustre famille Rzevuski ; on peut, dans tous les pays, être fier d'elle, et j'espère que, d'ici à peu, tu la verras, car, avant le mois de mai, je te présenterai ta belle-sœur. Elle ne veut plus, d'ailleurs, vivre que pour ses enfants et pour moi ; elle a bravement tout retranché de sa vie, hors ces trois êtres, la prédilection de son cœur. Malheureusement, elle est, depuis plusieurs années, atteinte d'une affection des plus douloureuses, une goutte arthritique qui travaille la lymphe, maladie dont est morte sa mère, mais qui peut encore se guérir. Les pieds et les mains enflent au point de ne pas lui permettre de remuer les doigts et de marcher. Il y a certitude de guérison à Paris, car elle y pourra faire de l'exercice, — ce qui n'est pas possible ici pendant six mois de l'année, — et suivre un traitement déjà prescrit par Chelius, de Heidelberg, et Hédénius, de Dresde, deux célèbres docteurs allemands. Il est plus que temps de se mettre à l'œuvre pour lui rendre la jeunesse réelle qui lui est due, car elle a la beauté extérieure de la jeunesse.

J'espère que nous serons en route dans quinze jours, et notre voyage durera à peu près autant ; ainsi je puis te dire : « A bientôt ! »

Ton frère HONORÉ, au comble du bonheur!

Mille amitiés à Surville et à mes nièces. Sophie me doit un cadeau, prix de notre pari.

CCCLXXVIII.

A MADAME ZULMA CARRAUD, A NOHANT EN GRAÇAY (CHER).

Vierzschovnia, 17 mars 1850,

J'ai remis jusqu'aujourd'hui à répondre à votre bonne et adorable lettre, car nous sommes de si vieux amis que vous ne pouvez apprendre que de moi le dénoûment heureux de ce grand et beau drame de cœur qui dure depuis seize ans. Donc, il y a trois jours, j'ai épousé la seule femme que j'aie aimée, que j'aime plus que jamais et que j'aimerai jusqu'à la mort. Cette union est, je crois, la récompense que Dieu me tenait en réserve pour tant d'adversités, d'années de travail, de difficultés subies et surmontées. Je n'ai eu ni jeunesse heureuse, ni printemps fleuri; j'aurai le plus brillant été, le plus doux de tous les automnes. Peut-être, à ce point de vue, mon bienheureux mariage vous apparaîtra-t-il comme une consolation personnelle, en vous démontrant qu'à de longues souffrances, la Providence a des trésors qu'elle finit par dispenser.

Je ne vous parlerai pas de votre lettre, elle m'a donné tout autant d'admiration que de douleur. Voilà tout ce que j'en peux dire; mais elle vous a valu la plus sincère amie dans la personne de ma femme, à qui, depuis longtemps, je ne cache rien et qui vous connaissait depuis longtemps aussi par toutes vos grandeurs d'âme que je racontais, par ma reconnaissance pour vos trésors d'hospitalité envers moi. Je vous ai si bien dépeinte et votre lettre a si bien achevé votre portrait, que vous êtes une connaissance de longue date. Aussi, d'un même élan, d'un commun accord, avec le même mouvement d'âme, vous avons-nous offert une bonne petite chambre en notre maison à Paris, pour que vous y puissiez venir absolument comme chez vous. Et que vous dirai-je? Vous êtes la seule personne à qui nous fassions cette offre, et vous devez l'accepter ou vous seriez digne du malheur; car, songez-y bien, je suis allé chez vous avec la sainte bonhomie de l'amitié, quand vous étiez heureuse et que, moi, je luttais contre tous les vents, les hautes marées de l'équinoxe, noyé dans les dettes! J'ai les douces et tendres représailles de la reconnaissance. Certes, si vous n'étiez pas un cœur, un esprit, une femme d'élite, je ne me conduirais pas ainsi. Ce que j'exige de vous serait mal apprécié. Nous, nous devons nous comprendre. Eh! chère, vous aimez l'élégance comme la poésie des choses, et non par vanité comme la plupart des Parisiens. C'est chez vous un besoin comme de respirer, de voir les fleurs que vous aimez tant; et, privée de cette grâce de la vie, vous devez, comme moi, comme la cantatrice retirée du théâtre, aimer à faire un *extra*, à revoir ce que vous adorez.

Eh bien, venez de temps en temps, voir votre enfant et respirer l'art, Paris, l'élégance, causer avec des gens supérieurs et vous retremper dans deux cœurs qui vous aiment, l'un parce que vous avez été bonne et douce amie, l'autre parce que vous avez été tout cela pour moi. Vous serez heureuse tous les trois mois quelques jours. Vous viendrez plus souvent si vous voulez; mais vous viendrez, c'est entendu.

J'ai fait cela, jadis ! je me suis retrempé pour les luttes, à Saint-Cyr, à Angoulême, à Frapesle, et j'y ai puisé des forces, j'y ai eu le spectacle de ce qui me manquait, j'y ai abreuvé mes désirs. Vous saurez combien c'est doux, et vous apprendrez par vous-même tout ce que vous avez été, sans le savoir, pour moi, travailleur incompris, accablé, pendant tant de temps, sous la misère physique et morale. Ah ! je n'oublie pas vos maternités, votre sympathie divine pour les souffrants. Aussi, en pensant à tout ce que vous valez, à la façon dont vous vous colletez avec l'adversité, moi qui me suis tant mesuré avec ce rude adversaire, je vous dirai que j'ai honte de mon bonheur en vous sachant malheureuse ; mais nous sommes tous deux plus haut que ces petitesses du cœur. Nous pouvons nous dire que le bonheur et le malheur sont des façons d'être où de grands cœurs se sentent vivre fortement ; qu'il faut autant de vigueur philosophique dans l'une que dans l'autre position, et que le malheur qui a de vrais amis est peut-être plus supportable que le bonheur envié. Je me suis reconnu dans la vie que vous menez à Nohant, et, si nous avons eu des larmes aux yeux, j'ai été aussi fier de vous. Là encore, vous faites du bien ! comme vous en faisiez à Frapesle ! Vous serez bénie, allez ! vous l'avez été ici.

Donc, dès que vous voudrez venir à Paris, vous y viendrez, sans même nous prévenir. Vous viendrez rue Fortunée comme chez vous, absolument comme j'allais à Frapesle. C'est mon droit. Je vous rappelle ce que vous avez dit un jour de moi à Angoulême, lorsque, brisé d'avoir fait *Louis Lambert*, malade, et vous savez comment, je craignais la folie, je parlais de l'abandon où l'on laisse ces malheureux: « Si vous deveniez fou, je vous garderais! » Jamais ce mot, votre regard ni votre expression n'ont été oubliés. Tout cela est encore en moi comme au mois de juillet 1832. C'est en vertu de ce mot-là que je vous réclame aujourd'hui, car je suis presque fou de bonheur.

Je souhaite bien vivement que cette lettre, qui n'est qu'une effusion de reconnaissance, vous fasse, à huit cents lieues d'ici, tout le bien que m'ont fait les rares, bien rares témoignages d'intérêt que j'ai reçus autrefois, entre autres de votre ami Borget, ces fleurs d'affection qui passent si vite, mais qui, chez moi, pour vous, sont éternelles. Quand on m'a questionné ici sur mes amitiés, je vous ai nommée en premier. J'ai raconté ce foyer toujours embrasé qui s'appelle Zulma, et vous avez eu deux sincères amies-femmes (ce qui est un tour de force), la jeune comtesse Mniszech et ma femme. Donc, à bientôt, car je pars dans quelques jours.

Trouvez ici toutes les tendresses d'une vieille affection. Mille amitiés au commandant, et mes souvenirs au bon Borget. Votre ami.

CCCLXXIX.

A MADAME DE BALZAC, A SURESNES.

Vierzschovnia, 2 avril 1850.

Ma chère mère,

Aujourd'hui seulement, les caisses destinées à prendre la voie du roulage sont parties, et les voituriers doivent mettre plus de douze jours pour aller à Radzivilof, à cause du dégel général qui vient de se déclarer. Nous ne partirons donc que dans une douzaine de jours, car il faut que j'arrive en même temps que les caisses à Radzivilof, où il faut remplir les formalités de douane; or, de Radzivilof à Paris, il y aura pour au moins seize jours de voyage; ce qui reporte notre arrivée vers le 30 avril *au plus tôt*, en ne nous supposant aucun retard par force majeure. Donc, il ne faut arranger la maison que pour le 30 avril.

J'ai une rechute grave de ma maladie de cœur et de poumon. Nous avons perdu beaucoup de terrain sur ce qui avait été gagné; les douze jours que je passe ici sont employés par le médecin à me mettre en état de supporter la route.

Fais parvenir la lettre ci-jointe à la bonne madame Delannoy; je ne l'avais pas oubliée; mais j'ai gagné à Kiev une ophthalmie: mes yeux ont une tache noire qui n'a pas encore disparu et qui couvre les objets, et cela m'empêche encore d'écrire; en sorte que j'ai interrompu mes écritures. Je tâche aujourd'hui d'écrire pour la première fois depuis ce coup d'air.

Nous sommes dans tous les préparatifs de ce long voyage, et ma femme n'a pas une minute à elle; d'ailleurs, ses mains sont si prodigieusement enflées par suite de l'humidité du dégel, qu'elle se fait remplacer par sa fille pour le peu de mots que les affaires exigent.

Notre apprenti valet de chambre fume, et, ce matin, je lui ai dit qu'à Paris je le renverrais s'il ne se déshabituait pas; ainsi tâche plus que jamais de m'avoir le fameux Antoine.

Nous te remercions de cœur de tout ce que tu fais, et enfin nous voyons arriver avec plaisir le moment de te décharger de ce fardeau que tu as porté pendant vingt mois.

Je suis bien chagrin d'être sans nouvelles de vous tous; mais la nécessité le veut ainsi.

Adieu, ma bonne mère; j'espère que ce mois ne finira pas sans que je sois à Paris et que je ne t'aie vue et embrassée. Hélas! ma santé a bien besoin de l'air natal, et j'en attends beaucoup pour la santé de ma femme, qui est aussi dans un état déplorable.

Mille tendresses à Laure et à mes chères petites nièces, auxquelles je me recommande pour des linges à barbe. Quant à toi, je t'embrasse de cœur en fils soumis et dévoué.

CCCLXXX.

A LA MÊME.

Vierzschovnia, 15 avril 1850.

Ma chère mère,

C'est à peine si je puis y voir pour t'écrire; j'ai un mal d'yeux qui ne me permet pas de lire ni d'écrire; c'est la suite d'un coup d'air et un effet de mon traitement, car le médecin ne s'en effraye point. Je ne t'aurais même pas parlé de cela; mais nous sommes retenus ici pour quelques jours encore par la maladie régnante, la rougeole, qui a atteint la jeune comtesse, notre chère enfant!

Nos bagages sont déjà partis, et ils doivent être arrivés aujourd'hui à la frontière. Donc, nous nous mettrons en route lorsque la santé de notre chère Anna ne donnera plus la moindre inquiétude à sa mère.

Si nous partons le 20, ce sera beaucoup. Que ce retard ne t'inquiète point. D'ailleurs, tu recevras, de notre première étape, une lettre qui te dira sûrement le jour probable de notre arrivée, laquelle aura lieu maintenant en mai. Je ne puis être certain de rien avant d'avoir atteint Cracovie, à cause du temps que me demandent les formalités de douane à la frontière russe, et celles d'expédition à la frontière autrichienne. Ces deux affaires exigent trois jours environ, et elles doivent être solidement arrangées, car nous avons deux mille kilos de bagages à envoyer en France. Une fois à Cracovie, je saurai bien à quoi m'en tenir.

Le médecin, d'ailleurs, souhaite que je prenne encore, au moins pendant six jours, ses remèdes; car je ne vais pas bien du côté du cœur et du poumon. Tout mouvement me syncope la parole et la respiration. Dieu veuille que ma femme ni moi n'ayons la rougeole ! Ce serait une bien autre cause de retard. Cette maladie est ici au moins aussi mauvaise qu'à Paris.

Ma femme me prie de te présenter ses respects; elle ne quitte pas le chevet de notre chère petite ; mais elle n'aurait pas cette douloureuse occupation, qu'elle est privée de ses mains et de ses pieds : les inquiétudes, les chagrins sont des véhicules pour cette humeur arthritique qu'elle tient de sa mère, seul legs que celle-ci lui ait laissé.

Adieu, ma chère mère. Attends une prochaine lettre pour tout préparer, et trouve ici les tendresses et les respects de ton fils affectionné.

Mille tendresses à Laure et à ses petites. Mes amitiés à Surville.

Oh! mes pauvres yeux, si bons!

CCCLXXXI.

A MADAME LAURE SURVILLE, A PARIS.

Dresde, 11 mai 1850.

Cette date, ma chère Laure, te dira bien des catastrophes de voyageur. Nous avons mis un grand mois à faire le chemin qui se fait en six jours. Ce n'est pas une fois, c'est cent fois par jour que notre vie a été en danger. Nous avons souvent eu besoin de quinze ou seize hommes et de crics pour nous retirer des bourbiers sans fond où nous étions ensevelis jusqu'aux portières. Enfin, nous voilà ici, vivants, mais malades et fatigués. Un pareil voyage vous vieillit de dix ans, car juge de ce que c'est que de craindre de se tuer l'un l'autre ou l'un par l'autre quand on s'aime!

Ma maladie d'yeux m'empêche de voir les lettres que je trace, et c'est cette maladie qui nous fait arriver à travers tout à Paris pour la guérir. Je n'ai donc lu vos lettres qu'hier en arrivant ici, et je ne réponds qu'aux choses essentielles.

Remercie cordialement Laurent-Jan de ce qu'il a fait

pour *Vautrin*. Comme ma mère a une procuration de moi, il faut que, aussitôt cette lettre reçue, on fasse défense par huissier à M. Hostein de jouer *Vautrin*. M. Gavault s'empressera, je le crois, de faire faire dans la journée cette signification. Moi, je suis indigné ; car, outre les considérations très-justes de Laurent, il y en a une foule d'autres. Si, au mépris de tous les droits, M. Hostein a commis un tel acte de piraterie, il s'en repentira toute sa vie, car il sera attaqué en police correctionnelle.

Ma femme est très-sensible à tout ce qu'il y a pour elle dans vos lettres; mais ses mains ne lui permettent pas d'écrire.

Quant à ma mère, il y a longtemps que j'ai consulté pour elle le docteur Nacquart, et il m'a dit que tout ce qu'elle croyait avoir était des effets nerveux. Ses accès de langueur ne sont qu'une forme nouvelle de cette maladie, jointe à quelques mouvements goutteux.

Je compte sur toi pour faire comprendre à ma mère qu'il ne faut pas qu'elle soit rue Fortunée à mon arrivée. Ma femme doit aller la voir chez elle et lui rendre ses respects. Une fois cela fait, elle peut se montrer dévouée comme elle l'est; mais sa dignité serait compromise dans les déballages auxquels elle nous aiderait.

Donc, qu'elle mette la maison en état, fleurs et tout, pour le 20, et qu'elle vienne coucher chez toi ou qu'elle aille à Suresnes chez elle. Le surlendemain de mon arrivée, j'irai lui présenter sa belle-fille.

Adieu ; dans neuf ou dix jours, je te verrai et je ne veux pas fatiguer mes yeux.

Mille amitiés à Surville.

CCCLXXXII.

A MADAME DE BALZAC, A SURESNES.

Dresde, 11 mai 1850.

Ma chère mère,

Tu sauras par Laure pourquoi je suis en retard d'un mois, et pourquoi je ne puis écrire que quelques lignes.

J'ai été désolé de ta maladie de langueur, et pour toi d'abord, et pour moi, à qui tu pouvais sauver un malheur, en défendant, en vertu de ma procuration, à M. Hostein de jouer *Vautrin*; ce qui m'obligera à faire un procès correctionnel.

Ce n'est que d'ici que je puis te dire exactement le jour de notre arrivée à Paris, car nous n'avons plus d'obstacles à rencontrer. Donc, j'espère être rue Fortunée le 20 ou au plus tard le 21; et, je t'en prie instamment, fais que tout soit prêt pour le 19, et que nous trouvions à déjeuner ou à dîner, quand même les provisions devraient être perdues, car j'ignore à quelle heure nous arriverons l'un de ces trois jours-là (19, 20 ou 21). Je mets trois jours parce que, avec la recrudescence de ma maladie de cœur, je ne sais pas si je ne serai point forcé de m'arrêter quelque part.

Je t'avais donné beaucoup d'occupation, imaginant que, dans les accès de souffrances nerveuses, cela te ferait du bien; mais, si tu es faible, n'en prends qu'à ton aise.

Je te conjure d'aller soit à Suresnes, soit chez Laure; car il ne serait ni digne ni convenable que tu reçusses ta belle fille chez elle. Elle te doit du respect et doit t'aller trouver chez toi.

Donc, mets en ordre tous mes papiers dans la chambre que tu as occupée. Tu sais que tu peux en confier, pour deux jours, la clef à François, qui me la remettra. Dépose sur les papiers les clefs que tu as, et recommande à François que personne, pas même lui, n'entre là.

Lorsque ma femme sera allée te rendre ses devoirs, tu viendras nous voir le lendemain, et nous arrangerons nos comptes.

Ma santé est si déplorable, que je ne resterai pas à Paris. Ma femme et moi, nous allons prendre les eaux des Pyrénées et les bains de mer à Biarritz. Ce terrible voyage a aggravé ma maladie.

N'oublie pas les fleurs.

Comme il m'est *impossible* de monter un escalier de plus de vingt-cinq marches, si tu étais chez Laure, j'en aurais un de moins à monter.

Adieu ! Je ne te dis rien de plus, car dans huit jours j'espère t'embrasser.

Ma femme, bien touchée de ton souvenir, t'envoie par avance ses respects.

CCCLXXXIII.

A M. LOUIS VÉRON, DIRECTEUR DU *CONSTITUTIONNEL*,
A PARIS.

Dresde, 11 mai 1850.

Mon cher Véron,

On se marie à sept cent cinquante lieues de Paris, dans un pays de gouvernement absolu; on se croit à l'abri du pillage, et me voilà pillé, abîmé dans ma considération, et trahi comme un roi[1]!

La lettre ci-jointe vous dira combien je suis furieux, et je vous prie de l'insérer dans *le Constitutionnel* dès qu'elle vous sera parvenue[2].

Excusez le griffonnage ; j'ai une maladie nerveuse qui s'est jetée sur les yeux et sur le cœur ; je suis dans un état affreux pour un homme nouvellement marié ; mais il y a dans cette misérable affaire une compensation, c'est que je puisse me rappeler à votre bon souvenir à travers mon voyage.

Oh! quelles belles choses il y a ici! J'en suis déjà pour une toilette de vingt-cinq à trente mille francs, qui est mille fois plus belle que celle de la duchesse de Parme. Les orfévres du moyen âge sont bien supérieurs au nôtre, et j'ai découvert des tableaux magnifiques. Si je reste, il n'y aura plus un liard de la fortune de ma femme, car

---

1. On avait annoncé, sans le consentement de Balzac, une reprise de *Vautrin*.
2. Voir cette lettre, t. XXII, p. 578.

elle a acheté un collier de perles à rendre folle une sainte.

Mille amitiés et à bientôt; je vous remercierai moi-même dans les Tuileries, car je ne peux pas monter plus de vingt marches, le cœur s'y oppose. J'espère que, vous et *le Constitutionnel,* vous allez bien.

CCCLXXXIV.

A M. THÉOPHILE GAUTIER[1], A PARIS.

Paris, 20 juin 1850.

Mon cher Théophile,

Je vous remercie cordialement de l'intérêt que vous avez bien voulu me témoigner. Si vous m'avez trouvé sorti, la dernière fois que vous êtes venu, ce n'est pas que j'aille mieux : je m'étais seulement traîné jusqu'à la Douane, en contravention aux ordonnances du médecin; car il fallait absolument en retirer mes bagages.

Aujourd'hui, je suis délivré d'une bronchite et d'une affection qui embarrassait le foie. Il y a donc amélioration; aussi, demain, attaque-t-on la véritable maladie inquiétante, maladie dont le siège est au cœur et au poumon, et qui me donne de grandes espérances de guérison. Mais je dois toujours rester à l'état de momie, privé de la parole et du mouvement; état qui doit durer au moins deux mois. Je devais ce bulletin à votre amitié, qui me semble encore plus précieuse dans la solitude où me tient la Faculté.

1. *Les Secrets de la princesse de Cadignan* lui sont dédiés.

Si vous venez encore, faites-moi savoir d'avance le jour et l'heure, pour que je puisse avoir le plaisir de vous recevoir et de jouir de vous, que je n'ai point vu depuis si longtemps !

A vous de cœur.

A la suite de ces lignes, dictées à madame de Balzac, le malade avait signé; puis il ajouta de sa main:

Je ne puis ni lire ni écrire !

FIN.

TABLE

1840.

CCXVIII.	A M. le rédacteur en chef du journal le ***...		Les Jardies.	1
CCXIX.	A M. Théodore Dablin.	2 mars	Paris.	2
CCXX.	A M. de Lamartine...	13 id.	id.	3
CCXXI.	A M. Léon Gozlan....	id.	id.	3
CCXXII.	A madame de V....		id.	4
CCXXIII.	A M. Dujarier.....	23 mai,	les Jardies.	5
CCXXIV.	A M. Hippolyte Souverain.........		id.	6
CCXXV.	A M. Armand Dutacq...	17 juillet,	Paris.	7
CCXXVI.	A M. Auguste Borget..	13 août,	les Jardies.	8
CCXXVII.	A M. Charles de Bernard...........		Paris.	10
CCXXVIII.	A madame Desbordes-Valmore.......		id.	10
CCXXIX.	A madame Laure Surville..........	23 septembre,	les Jardies.	11
CCXXX.	A M. Louis Desnoyers.		id.	12
CCXXXI.	A M. Charles de Bernard...........		id.	13
CCXXXII.	A madame Zulma Carraud.........		id.	14
CCXXXIII.	A madame Laure Surville..........	novembre,	id.	15
CCXXXIV.	A M. Charles de Bernard...........			18
				20.

1841.

CCXXXV.	A M. Jules Hetzel...			19
CCXXXVI.	A M. Victor Hugo...	1er juin,		19
CCXXXVII.	A M. Amédée Pommier.		Paris.	20
CCXXXVIII.	Aux membres de la Société des gens de lettres.			20
CCXXXIX.	Aux mêmes.			23
CCXL.	A M. Cauchois-Lemaire.	6 octobre,	Paris.	24

1842.

CCXLI.	A M. le directeur gérant du journal le ***...	1er janvier,	Paris.	27
CCXLII.	A M. Alophe Menut.		Id.	28
CCXLIII.	A M. Germeau...	10 janvier,	Id.	28
CCXLIV.	A madame Laure Surville.	février,		29
CCXLV.	A la même.		Paris.	29
CCXLVI.	A mademoiselle Sophie Koslovski.	6 mars,	Id.	30
CCXLVII.	A la même.	12 Id.	Id.	31
CCXLVIII.	A madame de Balzac.	avril,		34
CCXLIX.	A M. Amédée Pommier.	23 Id.		36
CCL.	A M. d'Apponyi.	17 août,	Paris.	36
CCLI.	A M. David (d'Angers).			38
CCLII.	A M. Hippolyte Souverain.	novembre,		39

1843.

CCLIII.	A M. Charles de Bernard.	6 mars,	Paris.	40
CCLIV.	A M. Armand Dutacq.	mars,		41
CCLV.	Au même.	4 juin,	Id.	42

CCLVI.	A madame Hanska	14 octobre,	Berlin.	42
CCLVII.	A la même	19 id.	Dresde.	53
CCLVIII.	A madame David (d'Angers).		Paris.	59
CCLIX.	A M. le contre-amiral Bazoche.	31 décembre,	id.	59

1844.

CCLX.	A M. David (d'Angers)	9 janvier,	Paris.	61
CCLXI.	A madame Hanska.	5 février,	Passy.	62
CCLXII.	A M. Charles Nodier.			77
CCLXIII.	A madame Hanska.	28 id.	Paris.	78
CCLXIV.	A M. de Potter.		id.	92
CCLXV.	A M. David (d'Angers)			92
CCLXVI.	A M. l'abbé Églé.	juin,	Paris.	93
CCLXVII.	Au même.	id.	Passy.	94
CCLXVIII.	A M. Auber.		id.	95
CCLXIX.	A madame ***.			96
CCLXX.	A madame Hanska.	11 octobre,	id.	97
CCLXXI.	A M. Albert Marchand de la Ribellerie.		Paris.	100
CCLXXII.	A madame Hanska.	21 id.	Passy.	107
CCLXXIII.	A un jeune auteur dramatique.	5 novembre,	Paris.	112
CCLXXIV.	A madame Émile de Girardin.	décembre,	id.	113
CCLXXV.	A M. Chlendowski.	20 id.		114

1845.

CCLXXVI.	A M. Théodore Dablin.	janvier,		115
CCLXXVII.	Au même.	id.		115
CCLXXVIII.	A madame Zulma Carraud	id.		117
CCLXXIX.	A madame Hanska.	15 février,	Passy.	118

CCLXXX.	A madame Émile de Girardin.....	mars,	Paris.	131
CCLXXXI.	A M. Armand Dutacq.	18 id.	Passy.	132
CCLXXXII.	A M. Bertall.....	20 id.	id.	132
CCLXXXIII.	Au même.......	2 avril,	id.	133
CCLXXXIV.	A madame Hanska..	3 id.	Paris.	135
CCLXXXV.	A la même......	10 id.	id.	142
CCLXXXVI.	A M. Froment Meurice.	mai,		146
CCLXXXVII.	A madame Émile de Girardin.......	2 août,	id.	146
CCLXXXVIII.	A madame Hanska...	8 septembre.	id.	147
CCLXXXIX.	A M. Georges Mniszech	id.	id.	150
CCXC.	A madame Hanska...	15 octobre,		158
CCXCI.	A M. Méry......	21 id.	id.	163
CCXCII.	A madame Hanska...	12 novembre,	Marseille.	164
CCXCIII.	A la même......	18 id.	Passy.	169
CCXCIV.	A la même......	13 décembre,	Paris.	180
CCXCV.	A M. Lazard.....	15 id.	Passy.	197
CCXCVI.	A M. Méry.......		Paris.	198
CCXCVII.	A madame Hanska...	17 id.		200
CCXCVIII.	A M. le docteur J. Moreau.	id.	Passy.	209

1846.

CCXCIX.	A madame Hanska...	1er janvier,	Passy.	211
CCC.	A M. A. Colomb....	30 id.	Paris.	218
CCCI.	A madame Hanska...	8 février,	Passy.	220
CCCII.	A la même.......	mars,	Paris.	227
CCCIII.	A M. Méry.......	7 id.		231
CCCIV.	A M. Émile de Girardin.	17 id.	id.	232
CCCV.	A madame Laure Surville.		Rome.	233
CCCVI.	A la même......	mai,	Paris.	237
CCCVII.	A madame Hanska...	14 juin,	id.	237
CCCVIII.	A la même......	13 juillet,	id.	244
CCCIX.	A la même......	17 id.	id.	251
CCCX.	A la même......	27 id.	id.	261
CCCXI.	A madame Georges Mniszech........	31 id.	id.	266

CCCXII.	A madame Hanska.	1er août,	Paris.	267
CCCXIII.	A M. Georges Mniszech.	id.	id.	273
CCCXIV.	A madame Georges Mniszech.	id.	id.	275
CCCXV.	A M. Georges Mniszech.	id.	id.	276
CCCXVI.	A M. Fromont Meurice.	11 id.		282
CCCXVII.	A M. Georges Mniszech.	septembre,	id.	282
CCCXVIII.	Au même.	octobre,	id.	285
CCCXIX.	Au même.	18 id.	id.	287
CCCXX.	A madame Hanska.	id. id.	Passy.	290
CCCXXI.	A la même.	20 novembre,	Paris.	298
CCCXXII.	A M. Georges Mniszech.	id.		305
CCCXXIII.	Au même.	décembre,	id.	307
CCCXXIV.	A M. Théophile Thoré, directeur de *l'Alliance des Arts*.	13 id.	id.	309

1847.

CCCXXV.	A madame Georges Mniszech.	janvier,	Paris.	310
CCCXXVI.	A M. Georges Mniszech.	27 février,	id.	312
CCCXXVII.	A madame la comtesse Merlin.	mars.		314
CCCXXVIII.	A madame la baronne de Crespy-le-Prince.			315
CCCXXIX.	A madame Émile de Girardin.	avril.		316
CCCXXX.	A madame Laure Surville.			317
CCCXXXI.	A la même.	8 octobre,	Vierzschovnia.	317
CCCXXXII.	A la même.	novembre.		323

1848.

CCCXXXIII.	A madame Laure Surville.	26 janvier,	Vierzschovnia.	328
CCCXXXIV.	A madame de Balzac.	id.	id.	330
CCCXXXV.	A M. Champfleury,			

	homme de lettres.	29 février,	Paris.	331
CCCXXXVI.	A M. Hippolyte Rolle, rédacteur du *Constitutionnel*.		août.		332
CCCXXXVII.	A madame Desbordes-Valmore.	8 septembre,	id.	333
CCCXXXVIII.	A M. Champfleury.	10 id.	id.	334
CCCXXXIX.	A M. Froment Meurice.		Vierzschovnia.	334
CCCXL.	A madame de Balzac.	26 octobre,	id.	336
CCCXLI.	A M. Laurent-Jan.		id.	339
CCCXLII.	A madame de Balzac.	6 novembre,	id.	340
CCCXLIII.	A madame Laure Surville.	id.	id.	342
CCCXLIV.	A mesdemoiselles Sophie et Valentine Surville.	id.	id.	343
CCCXLV.	A madame de Balzac.	20 id.	id.	350
CCCXLVI.	A madame Chirkovitch, née Rzevuska.	id. id.	id.	352
CCCXLVII.	A madame de Balzac.	20 décembre,	id.	354

1849.

CCCXLVIII.	A madame Laure Surville.	6 janvier,	Vierzschovnia.	356
CCCXLIX.	A M. Michel Lévy, éditeur.	19 id.	Berditchef.	358
CCCL.	A madame Laure Surville.	id.	Vierzschovnia.	359
CCCLI.	A madame Chirkovitch.	id.	id.	362
CCCLII.	A M. Midy de la Greneraye-Surville.	9 février,	id.	364
CCCLIII.	A madame Laure Surville.	id. id.	id.	366
CCCLIV.	A M. Laurent-Jan.	id. id.	id.	371
CCCLV.	A madame de Balzac.	id.	id.	373
CCCLVI.	A madame Laure Surville.	3 mars,	id.	375
CCCLVII.	A la même.	22 id.	id.	378

TABLE 467

CCCLVIII.	A madame de Balzac.	9 avril,	Vierzschovnia.	389
CCCLIX.	A madame Laure Surville.	id. id.	id.	391
CCCLX.	A mesdemoiselles Sophie et Valentine Surville.	id.	id.	395
CCCLXI.	A madame de Balzac.	30 id.	id.	396
CCCLXII.	A madame Laure Surville.	id. id.	id.	398
CCCLXIII.	A la même.	21 juin,	id.	402
CCCLXIV.	A madame de Balzac.	5 août,	id.	408
CCCLXV.	A la même.	14 septembre,	id.	411
CCCLXVI.	A madame Laure Surville.	20 octobre,	id.	414
CCCLXVII.	A M. Hippolyte Souverain.		Berditchef.	421
CCCLXVIII.	A madame Zulma Carraud.	novembre,	id.	421
CCCLXIX.	A madame Laure Surville.	29 id.	Vierzschovnia.	424
CCCLXX.	A Mesdemoiselles Sophie et Valentine Surville.	id.	id.	428
CCCLXXI.	A M. Laurent-Jan.	10 décembre,	Berditchef.	430

1850.

CCCLXXII.	A madame de Balzac.	10 janvier,	Vierzschovnia.	431
CCCLXXIII.	A la même.	20 id.	Id.	434
CCCLXXIV.	A la même.	28 février,	id.	436
CCCLXXV.	A la même.	11 mars,	Berditchef.	439
CCCLXXVI.	A la même.	15 id.	Vierzschovnia.	442
CCCLXXVII.	A madame Laure Surville.	id. id.	id.	443
CCCLXXVIII.	A madame Zulma Carraud.	17 id.	Id.	446
CCCLXXIX.	A madame de Balzac.	2 avril,	Id.	449
CCCLXXX.	A la même.	15 id.	Id.	451

CCCLXXXI.	A madame Laure Surville............ 11 mai,	Dresde.	45
CCCLXXXII.	A madame de Balzac.. id. id.	Id.	45
CCCLXXXIII.	A M. Louis Véron, directeur du *Constitutionnel*......... id. id.	id.	457
CCCLXXXIV.	A M. Théophile Gautier. 20 juin,	Paris.	458

P. AUREAU. — IMPRIMERIE DE LAGNY

www.ingramcontent.com/pod-product-compliance
Lightning Source LLC
Chambersburg PA
CBHW060516230426
43665CB00013B/1540